教員

採用試験対策

ステップアップ問題集❸

専門教科

高校 社会

基礎から実践へ段階的に得点力を付ける！
合格レベルまでステップアップできる！
教員採用試験必携の問題集

東京アカデミー 編

東京アカデミー七賢出版

はじめに

教員採用試験は，自治体ごとに実施され，その出題傾向は多種多様です。そのため，受験生にとっては対策を立てる上で大変困難を極めます。また，近年の試験では，人物試験を重視する傾向にあり，その対策にも多くの時間が必要となります。これらの状況を考えると，筆記試験においては，限られた時間の中でより的確かつ効率よく学習を進めていくことが求められます。

このオープンセサミシリーズは，全国に拠点をもつ東京アカデミーのネットワークを最大限に活かして過去の教員採用試験を徹底的に分析し，より効率よく，かつ合理的に，合格に必要な知識を身に付けることができるよう編集されたものです。

多くの受験生が見事合格を勝ちとり，晴れて教師としてご活躍されますよう，ご健闘を心からお祈り申し上げます。

本書が，受験生の皆さまの合格の一助となりましたら幸いです。

東京アカデミー編集部スタッフ一同

■本書の特徴と構成

本書は，教員採用試験の出題傾向を子細に研究・分析したうえで，頻出項目ごとにテーマ別に編集し，基礎・基本の知識整理から，実践的・即応的な合格力まで，段階的に実力がステップアップできるように構成しています。

▶STEP　1

各章に，頻出テーマの基礎事項確認・定着を図るための“例題”を掲載しています。

▶STEP　2

章末には，同章で学んだ知識を確認・反復するために“演習問題”を掲載しています。

▶STEP　3

巻末には，各章で学んだテーマを横断的に扱った問題や，発展的な論点をカバーした問題などを，総合問題形式で“実践問題”として掲載しています。

※　演習問題・実践問題は一部を除き，過去問題（及びその改題）を精選して掲載しています。

●表示説明：演習問題および実践問題に表示されている★印は，各問題の難度を示します。

★☆☆　普通　　★★☆　やや難しい　　★★★　難しい

Contents　高校 社会

第4編　地理

第5編　政治

第6編　経済

第7編　倫理

第8編　実践問題

第1編

学習指導要領

1 地理歴史編

傾向と対策

平成30年３月に新学習指導要領が告示されたが，本試験では，「地理歴史の目標」「各科目の目標」「内容」「内容の取扱い」「各科目にわたる指導計画の作成と内容の取扱い」から，まんべんなく出題されると予想される。特に，「各科目（地理総合・地理探究・歴史総合・日本史探究・世界史探究）の目標」「各科目にわたる指導計画の作成と内容の取扱い」については，全文を暗記するぐらいの気持ちで取り組もう。「内容」については，最低限大項目は覚え，「内容の取扱い」は，ポイントとなる語句を中心に覚えておこう。また，自治体によっては，『学習指導要領解説』からの出題，実際の授業を想定した板書計画，授業案・指導案の作成等が出題されるので，受験する自治体の傾向を分析した上で計画をたて，それに基づき学習しておこう。

例題１　教科目標

次の文章は，高等学校学習指導要領（平成30年３月告示）「地理歴史」の「第１款　目標」である。文章中の空欄に当てはまる語句を答えよ。

社会的な（　A　）・考え方を働かせ，（　B　）を追究したり解決したりする活動を通して，広い視野に立ち，グローバル化する国際社会に（　C　）に生きる平和で民主的な国家及び社会の有為な形成者に必要な公民としての（　D　）を次のとおり育成することを目指す。

(1)　現代世界の地域的特色と日本及び世界の歴史の展開に関して理解するとともに，調査や諸資料から様々な情報を適切かつ効果的に調べまとめる（　E　）を身に付けるようにする。

(2)　地理や歴史に関わる事象の意味や意義，特色や相互の関連を，概念などを活用して多面的・多角的に（　F　）したり，社会に見られる（　B　）の解決に向けて構想したりする力や，（　F　），構想したことを効果的に（　G　）したり，それらを基に（　H　）したりする力を養う。

(3)　地理や歴史に関わる諸事象について，よりよい社会の実現を視野に（　B　）を（　C　）に解決しようとする態度を養うとともに，多面的・多角的な（　F　）や深い理解を通して涵養される日本国民としての自覚，我が国の国土や歴史に対する（　I　），他国や他国の文化を（　J　）することの大切さについての自覚などを深める。

解答　A．見方　B．課題　C．主体的　D．資質・能力　E．技能
F．考察　G．説明　H．議論　I．愛情　J．尊重

解説　「地理歴史」が目指す目標は，広い視野に立ち，グローバル化する国際社会に主体的に生きる平和で民主的な国家及び社会の有為な形成者に必要な「公民としての資質・能力」を育成することである。

「社会的な見方・考え方」については，地理歴史の特質に応じた見方・考え方の総称であり，社会的事象等の意味や意義，特色や相互の関連を考察したり，社会に見られる課題を把握して，その解決に向けて構想したりする際の「視点や方法（考え方）」である。

そして,「社会的な見方・考え方を働かせ」るとは，そうした「視点や方法（考え方）」を用いて課題を追究したり解決したりする学び方を表すとともに，これを用いることにより生徒の「社会的な見方・考え方」が鍛えられていくことを併せて表現している。

次に,「課題を追究したり解決したりする活動」については，単元など内容や時間のまとまりを見通して学習課題を設定し，諸資料や調査活動などを通して調べたり，思考・判断・表現したりしながら，社会的事象の特色や意味などを理解したり社会への関心を高めたりする学習などを指している。

「広い視野に立ち」については，中学校までの社会科学習の成果を活用することを意味するとともに，多面的・多角的に考察しようとする態度と公正で客観的な見方・考え方に立つことに関わる意味と，国際的な視野という空間的な広がりに関わる意味の二つが含まれている。

「グローバル化する国際社会に主体的に生きる平和で民主的な国家及び社会の有為な形成者に必要な公民としての資質・能力を次のとおり育成することを目指す」の部分は，目標の(1)から(3)までにそれぞれ示された資質・能力を育成することが,「グローバル化する国際社会に主体的に生きる平和で民主的な国家及び社会の有為な形成者」に必要とされる「公民としての資質・能力」を育成することにつながることを示している。

例題2　各科目の目標

次の文章は，高等学校学習指導要領（平成30年３月告示）「地理歴史」における「各科目の目標」の一部である。文章中の空欄に当てはまる語句を答えよ。

【地理総合】

(1)　地理に関わる諸事象に関して，世界の生活文化の多様性や，（　A　），地域や（　B　）への取組などを理解するとともに，地図や地理情報システムなどを用いて，調査や諸資料から地理に関する様々な情報を適切かつ効果的に調べまとめる技能を身に付けるようにする。

【地理探究】

(3)　地理に関わる諸事象について，よりよい社会の実現を視野にそこで見られる課題を主体的に探究しようとする態度を養うとともに，多面的・多角的な考察や深い理解を通して涵養される日本国民としての（　C　），我が国の国土に対する（　D　），世界の諸地域の多様な生活文化を（　E　）しようとすることの大切さについての（　C　）などを深める。

【歴史総合】

(2)　（　F　）の歴史の変化に関わる事象の意味や意義，特色などを，時期や年代，推移，比較，相互の関連や（　G　）とのつながりなどに着目して，概念などを活用して多面的・多角的に考察したり，歴史に見られる課題を把握し解決を視野に入れて構想したりする力や，考察，構想したことを効果的に説明したり，それらを基に議論したりする力を養う。

【日本史探究】

(1)　我が国の歴史の展開に関わる諸事象について，地理的条件や世界の歴史と関連付けながら（　H　）に捉えて理解するとともに，諸資料から我が国の歴史に関する様々な情報を適切かつ効果的に調べまとめる技能を身に付けるようにする。

【世界史探究】

(1)　世界の歴史の大きな枠組みと展開に関わる諸事象について，地理的条件や（　I　）と関連付けながら理解するとともに，（　J　）から世界の歴史に関する様々な情報を適切かつ効果的に調べまとめる技能を身に付けるようにする。

解答　A．防災　B．地球的課題　C．自覚　D．愛情
E．尊重　F．近現代　G．現在　H．総合的
I．日本の歴史　J．諸資料

解説　各科目の目標は，「社会的事象の○○な見方・考え方を働かせ，課題を追究したり解決したりする活動を通して，広い視野に立ち，グローバル化する国際社会に主体的に生きる平和で民主的な国家及び社会の有為な形成者に必要な公民としての資質・能力を次のとおり育成することを目指す。」となっているが，下線部分について，「地理総合・地理探究」は「地理的な見方・考え方」，「歴史総合・日本史探究・世界史探究」は「歴史的な見方・考え方」となっている。

例題３　内容

次の表は，高等学校学習指導要領（平成30年３月告示）「地理歴史」における「第２款　各科目」の「内容」の大項目をまとめたものである。表中の空欄に当てはまる語句を答えよ。

【地理総合の内容】	【歴史総合の内容】
A　地図や（　A　）で捉える現代世界 B　国際理解と国際協力 C　持続可能な地域づくりと私たち	A　歴史の扉 B　近代化と私たち C　国際秩序の変化や大衆化と私たち D　（　C　）化と私たち
【地理探究の内容】	【日本史探究の内容】
A　現代世界の（　B　）的考察 B　現代世界の地誌的考察 C　現代世界におけるこれからの日本の国土像	A　原始・古代の日本と（　D　） B　中世の日本と世界 C　近世の日本と世界 D　近現代の地域・日本と世界
	【世界史探究の内容】
	A　世界史への（　E　） B　諸地域の歴史的特質の形成 C　諸地域の交流・再編 D　諸地域の結合・変容 E　地球世界の課題

解答　A．地理情報システム　B．系統地理　C．グローバル
D．東アジア　E．まなざし

例題4　内容の取扱い

次の文章は，高等学校学習指導要領（平成30年3月告示）「地理歴史」における「第2款　各科目　1　地理総合」の「3　内容の取扱い」の一部である。文章中の空欄に当てはまる語句を答えよ。

(1)　内容の全体にわたって，次の事項に配慮するものとする。

ア　省略

イ　（　A　）の読図や作図，衛星画像や空中写真，景観写真の読み取りなど地理的技能を身に付けることができるよう系統性に留意して計画的に指導すること。その際，教科用図書「（　A　）」を十分に活用するとともに，（　A　）や統計などの地理情報の収集・分析には，（　B　）や情報通信ネットワークなどの活用を工夫すること。

ウ　（　A　）の読図や作図などを主とした作業的で具体的な体験を伴う学習を取り入れるとともに，各項目を関連付けて地理的技能が身に付くよう工夫すること。また，（　A　）を有効に活用して事象を説明したり，（　C　）を加えて論述したり，討論したりするなどの活動を充実させること。

エ　学習過程では取り扱う内容の（　D　）を踏まえることとし，政治的，経済的，（　E　），地学的な事象なども必要に応じて扱うことができるが，それらは（　F　）な傾向性や諸地域の特色を理解するのに必要な程度とすること。

解答　A．地図　　B．地理情報システム　　C．自分の解釈　　D．歴史的背景　　E．生物的　　F．空間的

解説　「地理的技能」については，地理情報（地域に関する情報のことであり，地理的な事象が読み取れたり，地域的特色に結び付く事象を見いだしたりすることができる資料のこと）を「**収集する技能**（手段を考えて課題解決に必要な社会的事象等に関する情報を収集する技能）」，「**読み取る技能**（収集した情報を社会的事象の地理的な見方･考え方に沿って読み取る技能）」，「**まとめる技能**（読み取った情報を課題解決に向けてまとめる技能）」の三つの技能に分けることが考えられる。

これらの技能は，小・中・高等学校の学習において広く共通するものであり，一度にそれらの技能の全てを養おうとするのではなく，生徒の習熟の様子を踏まえて着実に身に付くよう，繰り返し指導する機会を設けることが大切である。

例題５　指導計画の作成と内容の取扱い

次の文章は，高等学校学習指導要領（平成30年３月告示）「地理歴史」における「第３款　各科目にわたる指導計画の作成と内容の取扱い」の一部である。文章中の空欄に当てはまる語句を答えよ。

２　内容の取扱いに当たっては，次の事項に配慮するものとする。

(1)〜(3)　省略

(4)　情報の収集，（　Ａ　）や発表などに当たっては，（　Ｂ　）や地域の公共施設などを活用するとともに，コンピュータや（　Ｃ　）などの情報手段を積極的に活用し，指導に生かすことで，生徒が主体的に学習に取り組めるようにすること。その際，課題の追究や解決の見通しをもって生徒が主体的に情報手段を活用できるようにするとともに，（　Ｄ　）の指導にも留意すること。

３　内容の指導に当たっては，（　Ｅ　）第14条及び第15条の規定に基づき，適切に行うよう特に慎重に配慮して，政治及び（　Ｆ　）に関する教育を行うものとする。

解答　Ａ．処理　　Ｂ．学校図書館　　Ｃ．情報通信ネットワーク
Ｄ．情報モラル　　Ｅ．教育基本法　　Ｆ．宗教

解説　コンピュータや情報通信ネットワークなどの情報手段の活用は，様々な情報を多様な方法で生徒に提示することにより，生徒自身，課題の追究や解決の見通しをもって，主体的に調べ分かろうとして学習に取り組むことが可能となる。また，生徒による主体的なコンピュータや情報通信ネットワークなどの情報手段の活用については，個別の事柄や概念などに関する知識の習得や，情報の収集，処理，共有や交流，及び発表などを通して社会科の学習をより豊かなものにする可能性をもっている。そこで，指導に際しては，コンピュータや情報通信ネットワークなどの情報手段の積極的な活用が期待される。また，生徒にコンピュータや情報通信ネットワークなどの情報手段を活用させる際には，「情報モラル」の指導にも留意することが大切である。

「政治に関する教育」については，良識ある公民として必要な政治的教養を尊重して行う必要があるとともに，いわゆる党派的政治教育を行うことのないようにする必要がある。「宗教に関する教育」については，宗教に関する寛容の態度，宗教に関する一般的な教養及び宗教の社会生活における地位を尊重して行う必要がある。なお，国・公立学校においては特定の宗教のための宗教教育その他宗教的活動を行うことのないようにする必要がある。

演習問題

1 ★☆☆

次の文章は，高等学校学習指導要領（平成30年３月告示）「地理歴史」における必履修科目に関する記述である。空欄に当てはまる科目名をそれぞれ答えよ。

> 全ての生徒に履修させる各教科・科目は，地理歴史では「（　A　）」及び「（　B　）」，公民では「（　C　）」となっている。

2 ★☆☆

次の文章は，高等学校学習指導要領（平成30年３月告示）「地理歴史」における「各科目の目標」の一部である。文章中の空欄に当てはまる語句を答えよ。

【地理総合】

(2)　地理に関わる事象の意味や意義，特色や相互の関連を，位置や分布，場所，（　A　）と（　B　）との相互依存関係，空間的相互依存作用，地域などに着目して，概念などを活用して多面的・多角的に考察したり，地理的な課題の解決に向けて（　C　）したりする力や，考察，（　C　）したことを効果的に説明したり，それらを基に議論したりする力を養う。

【地理探究】

(1)　地理に関わる諸事象に関して，世界の空間的な諸事象の規則性，（　D　）や，世界の諸地域の地域的特色や課題などを理解するとともに，地図や地理情報システムなどを用いて，調査や諸資料から地理に関する様々な情報を適切かつ効果的に調べまとめる（　E　）を身に付けるようにする。

【歴史総合】

(3)　（　F　）の歴史の変化に関わる諸事象について，よりよい社会の実現を視野に課題を主体的に追究，解決しようとする態度を養うとともに，多面的・多角的な考察や深い理解を通して涵養される（　G　）としての自覚，我が国の歴史に対する愛情，他国や他国の文化を尊重することの大切さについての自覚などを深める。

【日本史探究】

(3)　我が国の歴史の展開に関わる諸事象について，よりよい社会の実現を視野に課題を主体的に（　H　）しようとする態度を養うとともに，多面的・多角的な考察や深い理解を通して涵養される（　G　）としての自覚，我が国の歴史に対する愛情，他国や他国の文化を尊重することの大切さについての自覚などを深める。

【世界史探究】

(3)　世界の歴史の（　Ｉ　）と展開に関わる諸事象について，よりよい社会の実現を視野に課題を主体的に（　Ｈ　）しようとする態度を養うとともに，多面的・多角的な考察や深い理解を通して涵養される（　Ｇ　）としての自覚，我が国の歴史に対する愛情，他国や他国の文化を尊重することの大切さについての自覚などを深める。

3　★☆☆

高等学校学習指導要領（平成30年３月告示）「地理歴史」における「第２款　各科目」の内容構成について，次の空欄に当てはまる語句を答えよ。

【地理総合】	【歴史総合】
Ａ　地図や地理情報システムで捉える現代世界 Ｂ　国際理解と国際協力 Ｃ　（　ア　）地域づくりと私たち	Ａ　歴史の扉 Ｂ　近代化と私たち Ｃ　国際秩序の変化や（　ウ　）と私たち Ｄ　グローバル化と私たち
【地理探究】	【日本史探究】
Ａ　現代世界の系統地理的考察 Ｂ　現代世界の（　イ　）考察 Ｃ　現代世界におけるこれからの日本の国土像	Ａ　原始・古代の日本と東アジア Ｂ　中世の日本と世界 Ｃ　近世の日本と世界 Ｄ　（　エ　）の地域・日本と世界
	【世界史探究】
	Ａ　世界史へのまなざし Ｂ　諸地域の（　オ　）の形成 Ｃ　諸地域の交流・再編 Ｄ　諸地域の結合・変容 Ｅ　地球世界の課題

4 ★☆☆

次の文章は，高等学校学習指導要領（平成30年３月告示）「地理歴史」における「第２款　各科目」の「内容」の一部である。文章中の空欄に当てはまる語句をア～オからそれぞれ選べ。

【地理総合　内容　A　地図や地理情報システムで捉える現代世界　(1)　ア　(イ)】

日常生活の中で見られる様々な地図の読図などを基に，地図や地理情報システムの役割や（　A　）などについて理解すること。

ア．利便性　　イ．有用性　　ウ．目的　　エ．活用方法　　オ．有益性

【地理探究　内容　A　現代世界の系統地理的考察　(1)　ア　(ア)】

地形，気候，生態系などに関わる諸事象を基に，それらの事象の空間的な（　B　），傾向性や，地球環境問題の現状や要因，解決に向けた取組などについて理解すること。

ア．規則性　　イ．相互依存関係　　ウ．関係性　　エ．方向性

オ．多面性

5 ★☆☆

次の文章は，高等学校学習指導要領（平成30年３月告示）「地理歴史」における「３　内容の取扱い」の一部である。文章中の空欄に当てはまる語句を答えよ。

【第４　日本史探究】

キ　文化に関する指導に当たっては，各時代の文化とそれを生み出した時代的背景との関連，外来の文化などとの接触や交流による（　A　）や発展の過程などに着目させ，我が国の（　B　）の特色とそれを形成した様々な要因を総合的に考察できるよう指導を工夫すること。（　C　）や風習・信仰などの（　D　）についても，時代の特色や地域社会の様子などと関連付け，（　E　）や（　F　）などの成果の活用を図りながら扱うようにすること。

【第５　世界史探究】

エ　活用する資料の選択に際しては，生徒の興味・関心，（　G　）や（　H　）の実態などに十分配慮して行うこと。

6 ★☆☆

次の文章は，高等学校学習指導要領（平成30年３月告示）「地理歴史」における「第３款　各科目にわたる指導計画の作成と内容の取扱い」の一部である。文章中の空欄に当てはまる語句を答えよ。

1　指導計画の作成に当たっては，次の事項に配慮するものとする。

(1)　単元など内容や時間のまとまりを見通して，その中で育む資質・能力の育成に向けて，生徒の主体的・（　A　）で深い学びの実現を図るようにすること。その際，科目の特質に応じた見方・考え方を働かせ，社会的事象の意味や意義などを考察し，（　B　）などに関する知識を獲得したり，社会との関わりを意識した課題を追究したり解決したりする活動の充実を図ること。

(2)　地理歴史科の目標を達成するため，（　C　）などとの関連を図るとともに，地理歴史科に属する科目相互の関連に留意しながら，全体としてのまとまりを工夫し，特定の事項だけに指導が偏らないようにすること。

(4)　（　D　）生徒などについては，学習活動を行う場合に生じる困難さに応じた指導内容や指導方法の工夫を計画的，（　E　）に行うこと。

7 ★☆☆

次の表は，高等学校地理歴史科における評価の観点及びその趣旨である。空欄に当てはまる語句を答えよ。

観点	趣　旨
知識・技能	現代世界の地域的特色と日本及び世界の歴史の展開に関して（　A　）しているとともに，調査や諸資料から様々な情報を適切かつ効果的に調べまとめている。
思考・判断・（　B　）	地理や歴史に関わる事象の意味や意義,特色や相互の関連を，概念などを活用して多面的・多角的に考察したり，社会に見られる課題の解決に向けて構想したり，考察，構想したことを効果的に説明したり，それらを基に（　C　）したりしている。
（　D　）に学習に取り組む態度	地理や歴史に関わる諸事象について，国家及び社会の形成者として，よりよい社会の実現を視野に課題を（　D　）に解決しようとしている。

演習問題　解答・解説

1

A．地理総合　B．歴史総合
C．公共

解説

全ての生徒に履修させる各教科・科目は，地理歴史のうち「地理総合」及び「歴史総合」，公民のうち「公共」としている。

2

A．人間　B．自然環境
C．構想　D．傾向性
E．技能　F．近現代
G．日本国民　H．探究
I．大きな枠組み

3

ア．持続可能な　イ．地誌的
ウ．大衆化　エ．近現代
オ．歴史的特質

4

A．イ　B．ア

5

A．文化の変容　B．伝統と文化
C．衣食住　D．生活文化
E．民俗学　F．考古学
G．学校　H．地域

6

A．対話的　B．概念
C．公民科　D．障害のある
E．組織的

解説

障害者の権利に関する条約に掲げられたインクルーシブ教育システムの構築を目指し，生徒の自立と社会参加を一層推進していくためには，通常の学級，通級による指導，特別支援学級，特別支援学校において，生徒の十分な学びを確保し，一人一人の生徒の障害の状態や発達の段階に応じた指導や支援を一層充実させていく必要がある。そのために学校においては，個別の指導計画を作成し，必要な配慮を記載し，他教科等の担任と共有したり，翌年度の担任等に引き継いだりすることが必要である。

7

A．理解　B．表現
C．議論　D．主体的

2 公民編

傾向と対策

平成30年３月に新学習指導要領が告示されたが，本試験では，「公民の目標」「各科目の目標」「内容」「内容の取扱い」「各科目にわたる指導計画の作成と内容の取扱い」から，まんべんなく出題されると予想される。特に，「各科目（公共・倫理・政治経済）の目標」「各科目にわたる指導計画の作成と内容の取扱い」については，全文を暗記するぐらいの気持ちで取り組もう。「内容」については，大項目と中項目を覚え，「内容の取扱い」は，ポイントとなる語句を中心に覚えておこう。また，自治体によっては，『学習指導要領解説』からの出題，実際の授業を想定した板書計画，授業案・指導案の作成等が出題されるので，受験する自治体の傾向を分析した上で計画をたて，それに基づき学習しておこう。

例題１　教科目標

次の文章は，高等学校学習指導要領（平成30年３月告示）「公民」の「第１款　目標」である。文章中の空欄に当てはまる語句を答えよ。

社会的な見方・考え方を働かせ，現代の諸課題を追究したり解決したりする活動を通して，広い視野に立ち，（　A　）化する国際社会に（　B　）に生きる平和で民主的な国家及び社会の有為な（　C　）に必要な（　D　）としての資質・能力を次のとおり育成することを目指す。

⑴　選択・判断の手掛かりとなる概念や理論及び倫理，政治，経済などに関わる現代の諸課題について理解するとともに，諸資料から様々な情報を適切かつ効果的に調べまとめる（　E　）を身に付けるようにする。

⑵　現代の諸課題について，事実を基に概念などを活用して多面的・多角的に考察したり，解決に向けて公正に判断したりする力や，合意形成や社会参画を視野に入れながら構想したことを（　F　）する力を養う。

⑶　よりよい社会の実現を視野に，現代の諸課題を（　B　）に解決しようとする態度を養うとともに，多面的・多角的な考察や深い理解を通して涵養される，人間としての（　G　）についての自覚や，（　H　）を担う（　D　）として，自国を愛し，その平和と繁栄を図ることや，各国が相互に主権を（　I　）し，各国民が協力し合うことの大切さについての自覚などを深める。

解答 A．グローバル　B．主体的　C．形成者　D．公民
E．技能　F．議論　G．在り方生き方　H．国民主権
I．尊重

解説 「公民」が目指す目標は，広い視野に立ち，グローバル化する国際社会に主体的に生きる平和で民主的な国家及び社会の有為な形成者に必要な「公民としての資質・能力」を育成することである。

「社会的な見方・考え方」については，公民の特質に応じた見方・考え方の総称であり，社会的事象等の意味や意義，特色や相互の関連を考察したり，社会に見られる課題を把握して，その解決に向けて構想したりする際の「視点や方法（考え方）」である。

そして，「社会的な見方・考え方を働かせ」るとは，そうした「視点や方法（考え方）」を用いて課題を追究したり解決したりする学び方を表すとともに，これを用いることにより生徒の「社会的な見方・考え方」が鍛えられていくことを併せて表現している。

次に，「現代の諸課題を追究したり解決したりする活動」については，単元など内容や時間のまとまりを見通して学習課題を設定し，諸資料や調査活動などを通して調べたり，思考・判断・表現したりしながら，社会的事象の特色や意味などを理解したり社会への関心を高めたりする学習などを指している。

「広い視野に立ち」については，中学校までの社会科学習の成果を活用することを意味するとともに，多面的・多角的に考察しようとする態度と公正で客観的な見方・考え方に立つ社会科，地理歴史科，公民科の学習が目指している多面的・多角的に事象等を捉え，考察することに関わる意味と，国際的な視野という空間的な広がりに関わる意味の二つが含まれている。

「グローバル化する国際社会に主体的に生きる平和で民主的な国家及び社会の有為な形成者に必要な公民としての資質・能力を次のとおり育成することを目指す」の部分は，目標の(1)から(3)までにそれぞれ示された資質・能力を育成することが，「グローバル化する国際社会に主体的に生きる平和で民主的な国家及び社会の有為な形成者」に必要とされる「公民としての資質・能力」を育成することにつながることを示している。

例題 2　各科目の目標

次の文章は，高等学校学習指導要領（平成30年３月告示）「公民」における「各科目の目標」の一部である。文章中の空欄に当てはまる語句を答えよ。

【公共】

○　現代の諸課題を捉え考察し，選択・判断するための手掛かりとなる（　A　）や理論について理解するとともに，諸資料から，（　B　）などとして活動するために必要となる情報を適切かつ効果的に調べまとめる技能を身に付けるようにする。

【倫理】

○　古今東西の幅広い（　C　）を通して，現代の諸課題を捉え，より深く思索するための手掛かりとなる（　A　）や理論について理解するとともに，諸資料から，人間としての（　D　）に関わる情報を調べまとめる技能を身に付けるようにする。

【政治・経済】

○　よりよい社会の実現のために現実社会の諸課題を主体的に解決しようとする態度を養うとともに,（　E　）な考察や深い理解を通して涵養される，（　F　）を担う公民として，自国を愛し，その平和と繁栄を図ることや，我が国及び国際社会において国家及び社会の形成に，より積極的な役割を果たそうとする自覚などを深める。

解答　A．概念　　B．倫理的主体　　C．知的蓄積
D．在り方生き方　　E．多面的・多角的　　F．国民主権

解説　「**現代の諸課題を捉え考察し，選択・判断するための手掛かりとなる概念や理論について理解する**」については，単に知識を身に付けることではなく，基礎的・基本的な知識を確実に習得しながら，既得の知識と関連付けたり組み合わせたりしていくことにより，学習内容の深い理解と，個別の知識の定着を図るとともに，社会における様々な場面で活用できる，現代の諸課題を捉え考察し，選択・判断するための手掛かりとなる概念や理論を獲得していくことを示している。

「**よりよい社会の実現のために現実社会の諸課題を主体的に解決しようとする態度を養う**」については，現実社会の諸課題について主体的に追究して，学習上の課題を意欲的に解決しようとする態度や，よりよい社会の実現のために，多面的・多角的に考察，構想したことを社会生活に生かそうとする態度などを意味している。「**多面的・多角的な考察や深い理解**」については，社会科，地理歴史科及び公民科の学習における考察や理解の特質を示している。

例題３　内容

次の表は，高等学校学習指導要領（平成30年３月告示）「公民」における「第２款　各科目」の「内容」の大項目をまとめたものである。表中の空欄に当てはまる語句を答えよ。

【公共の内容】	【政治・経済の内容】
A　公共の扉 ⑴　公共的な空間を作る私たち ⑵　公共的な空間における人間としての（　A　） ⑶　公共的な空間における基本的原理 B　自立した主体としてよりよい社会の形成に参画する私たち C　（　B　）社会づくりの主体となる私たち	A　現代日本における政治・経済の諸課題 ⑴　現代日本の政治・経済 ⑵　現代日本における政治・経済の諸課題の探究 B　（　D　）する（　C　）の諸課題 ⑴　現代の国際政治・経済 ⑵　（　D　）する（　C　）の諸課題の探究
【倫理の内容】	
A　現代に生きる自己の課題と人間としての（　A　） ⑴　人間としての（　A　）の自覚 ⑵　（　C　）に生きる日本人としての自覚 B　現代の諸課題と倫理 ⑴　自然や科学技術に関わる諸課題と倫理 ⑵　社会と文化に関わる諸課題と倫理	

解答　A．在り方生き方　B．持続可能な　C．国際社会　D．グローバル化

例題４　内容の取扱い

次の文章は，高等学校学習指導要領（平成30年３月告示）「公民」における「第２款　各科目　1　公共」の「3　内容の取扱い」の一部である。文章中の空欄に当てはまる語句ア～コからそれぞれ選べ。

(1)　内容の全体にわたって，次の事項に配慮するものとする。

イ　（　A　）及び特別の教科である（　B　），（　C　）に属する他の科目，この章に示す（　D　），（　E　）及び（　F　）並びに（　G　）などとの関連を図るとともに，項目相互の関連に留意しながら，全体としてのまとまりを工夫し，特定の事項だけに指導が偏らないようにすること。

ア．公民科	イ．高等学校公民科	ウ．地理歴史科
エ．特別活動	オ．保健体育	カ．外国語活動
キ．中学校社会科	ク．道徳	ケ．家庭科
コ．情報科		

解答　A．キ　B．ク　C．イ　D．ウ　E．ケ　F．コ　G．エ

解説　「項目相互の関連に留意しながら，全体としてのまとまりを工夫し，特定の事項だけに指導が偏らないようにすること」については，この科目の固有の性格や目標及び内容構成の趣旨を踏まえ，各大項目やそれを構成する各項目がそれぞれ相互に密接な関連をもっていることに留意し，指導内容を構成する必要があるが，一方で，その関連を重視するあまり学習の焦点が定まらないという事態に陥ることのないよう，全体としてのまとまりをもった指導内容の構成を工夫することが大切である。なお，「倫理」についてもこのような配慮をするものとしている。

演習問題

1 ★☆☆

次の文章は，高等学校学習指導要領（平成30年３月告示）「公民」の「第１款　目標」である。文章中の空欄に当てはまる語句を答えよ。

> 社会的な（　A　）を働かせ，現代の諸課題を追究したり解決したりする活動を通して，広い視野に立ち，グローバル化する国際社会に主体的に生きる（　B　）で民主的な国家及び社会の（　C　）に必要な公民としての資質・能力を次のとおり（　D　）することを目指す。

2 ★☆☆

次の文章は，高等学校学習指導要領（平成30年３月告示）「公民」における「第２款　各科目」の「内容」の一部である。空欄に当てはまる語句を答えよ。

【公共】

⑵　公共的な空間における人間としての在り方生き方

主体的に社会に参画し，他者と（　A　）することに向けて，幸福，正義，（　B　）などに着目して，課題を追究したり解決したりする（　C　）を通して，次の事項を身に付けることができるよう指導する。

【倫理】

イ　次のような思考力，判断力，表現力等を身に付けること。

㈠　古今東西の（　D　）を手掛かりとして，より広い視野から人間としての在り方生き方について多面的・多角的に考察し，表現すること。

【政治・経済】

⑴　個人の尊厳と（　E　）の尊重，対立，（　F　），効率，（　B　）などに着目して，現代の諸課題を追究したり解決に向けて構想したりする（　C　）を通して，次の事項を身に付けることができるよう指導する。

（略）

3　★☆☆

次の文章は，高等学校学習指導要領（平成30年３月告示）「公民」における「第２款　各科目　３　政治・経済」の「３　内容の取扱い」の一部である。文章中の空欄に当てはまる語句ア～ケからそれぞれ選べ。

(1)　内容の全体にわたって，次の事項に配慮するものとする。

ア　（　A　）に属する他の科目，この章に示す（　B　），（　C　）及び（　D　）などとの関連を図るとともに，項目相互の関連に留意しながら，全体としてのまとまりを工夫し，特定の事項だけに指導が偏らないようにすること。

ア．公民科　　イ．高等学校公民科　　ウ．地理歴史科
エ．特別活動　　オ．小学校社会科　　カ．中学校社会科
キ．道徳　　ク．家庭科　　ケ．情報科

4　★☆☆

次の文章は，高等学校学習指導要領（平成30年３月告示）「公民」における「第３款　各科目にわたる指導計画の作成と内容の取扱い」の一部である。文章中の空欄に当てはまる語句を答えよ。

２　内容の取扱いに当たっては，次の事項に配慮するものとする。

(1)～(3)省略

(4)　情報の（　A　），処理や発表などに当たっては，（　B　）や地域の公共施設などを活用するとともに，（　C　）や（　D　）などの情報手段を積極的に活用し，指導に生かすことで，生徒が主体的に学習に取り組めるようにすること。その際，課題の追究や解決の見通しをもって生徒が主体的に情報手段を活用できるようにするとともに，（　E　）の指導にも留意すること。

３　内容の指導に当たっては，（　F　）第14条及び第15条の規定に基づき，適切に行うよう特に慎重に配慮して，政治及び（　G　）に関する教育を行うものとする。

5 ★☆☆

次の表は，高等学校公民科における評価の観点及びその趣旨である。空欄に当てはまる語句を答えよ。

観点	趣　旨
知識・技能	選択・判断の手掛かりとなる概念や理論，及び倫理，政治，経済などに関わる現代の諸課題について（　A　）しているとともに，諸資料から様々な情報を適切かつ効果的に調べまとめている。
思考・判断・（　B　）	現代の諸課題について，事実を基に概念などを活用して多面的・多角的に考察したり，解決に向けて（　C　）に判断したり，合意形成や社会参画を視野に入れながら構想したことを（　D　）している。
（　E　）に学習に取り組む態度	国家及び社会の形成者として，よりよい社会の実現を視野に，現代の諸課題を（　E　）に解決しようとしている。

演習問題　解答・解説

1

A．見方・考え方　B．平和
C．有為な形成者　D．育成

2

A．協働　B．公正
C．活動　D．先哲の考え方
E．基本的人権　F．協調

解説

「主体的に社会に参画し，他者と協働することに向けて，幸福，正義，公正などに着目して」については，人間と社会の在り方についての見方・考え方を働かせ，一人一人の人間が尊厳をもつかけがえのない人格として相互に尊重されなければならない存在であることへの認識を起点として，各人の幸福を実現できる自由で公正な国家・社会などの公共的な空間はどう在るべきかを問い，自分とは異なる価値観や行為の基準をもつ他者とも協働しながら，その形成と維持に参画する主体となることを目指すことを意味している。

3

A．ア　B．ウ
C．ク　D．ケ

4

A．収集　B．学校図書館
C．コンピュータ
D．情報通信ネットワーク
E．情報モラル　F．教育基本法
G．宗教

解説

コンピュータや情報通信ネットワークなどの情報手段の活用は，様々な情報を多様な方法で生徒に提示することにより，生徒自身，課題の追究や解決の見通しをもって，主体的に調べ分かろうとして学習に取り組むことが可能となる。また，生徒による主体的なコンピュータや情報通信ネットワークなどの情報手段の活用については，個別の事柄や概念などに関する知識の習得や，情報の収集，処理，共有や交流，及び発表などを通して社会科の学習をより豊かなものにする可能性をもっている。そこで，指導に際しては，コンピュータや情報通信ネットワークなどの情報手段の積極的な活用が期待される。また，生徒にコンピュータや情報通信ネットワークなどの情報手段を活用させる際には，「情報モラル」の指導にも留意することが大切である。

宗教に関する教育については，宗教に関する寛容の態度，宗教に関する一般的な教養及び宗教の社会生活における地位を尊重して行う必要がある。なお，国・公立学校においては特定の宗教のための宗教教育その他宗教的活動を行うことのないようにする必要がある。

5

A．理解　B．表現　C．公正
D．議論　E．主体的

第2編

世界史

1 古代

傾向と対策

中国史を除く古代史からの出題は，オリエントに比べるとギリシア・ローマの頻度が高く，古代インドも要注意である。対策としては，基本的歴史事項の把握とともに，ギリシア・ローマ史の主要論点について，論述問題対策も兼ねた要点整理を行う必要がある。オリエント史では新王国のアメンホテプ４世と，アケメネス朝のダレイオス１世の事績，ギリシア史ではアテネにおける民主政治の発展が重要である。ローマ史では２つの過渡期である前１世紀における「内乱の１世紀」と，後３世紀における「軍人皇帝時代」の国政の前後比較を明確にするとよい。

例題１　オリエントとギリシア

次の各問いに答えよ。

(1)　エジプトの新王国がシリアをめぐって抗争した，小アジアに建国されたインド＝ヨーロッパ語（系民）族の民族名を答えよ。

(2)　アメンホテプ４世は従来の宗教を多神教から一神教へ強制的に改宗させた。この唯一神を何とよぶか答えよ。

(3)　パルテノン神殿を造営した時期にアテネを指導していた人物名を答えよ。またこの人物の役職名を答えよ。

(4)　ヘレニズム時代はアレクサンドロス大王の東方遠征により始まるが，王の死後，帝国はディアドコイによる戦争によって諸国に分裂した。エジプトに成立した王朝名と首都を答えよ。

(5)　アッシリア王サルゴン２世に滅ぼされたヘブライ人の王国名を答えよ。

(6)　前６世紀のギリシア世界に関する記述として正しいものを選べ。

①　カイロネイアの戦いでアテネ・テーベ連合軍はマケドニアと戦った。

②　ギリシアの覇権をめぐって，アテネとスパルタを盟主とした同盟間でペロポネソス戦争がおこった。

③　クレイステネスが現れて陶片追放（オストラキスモス）の創設などの改革を行った。

④　サラミスの海戦でアテネはペルシア海軍を撃退した。

(7)　プラトンがアテネ郊外に建てた学園名を答えよ。

解答　(1)　ヒッタイト人　(2)　アトン（アテン）
(3)　人物名：ペリクレス　　役職名：将軍職
(4)　王朝名：プトレマイオス朝　　首都：アレクサンドリア
(5)　イスラエル王国
(6)　③　　　　(7)　アカデメイア

解説　(1)　オリエントで初めて鉄器を使用したヒッタイト人は，鉄製の武器と二輪の軽戦車の使用で軍事的に強大化していった。ラメス２世時代の新王国とは，シリアの都市カデシュで衝突した（前13世紀）。この戦いは両国間での世界最古の国際条約が締結され，終結した。なお，謎の民族“海の民”の攻撃で前12世紀にヒッタイト人は滅亡し，新王国は衰退した。

(2)　アメンホ（ヘ）テプ４世（イクナートン，アクエンアテン）は首都テーベの神官団（アモン＝ラー）の政治介入に対抗するため，従来の神々の崇拝を禁じて唯一神アトン（アテン）だけを信仰し，自らも改名しイクナートン（アトン（アテン）に愛される者）と名乗った。都も神官団の影響の大きいテーベからテル＝エル＝アマルナに遷都した。また，この時代に自由で写実的なアマルナ美術が生み出された。

(3)　アテネの全盛期の指導者ペリクレスは，15年間連続して将軍職に選出され，アテネの政治を指導し，民主政治の徹底に努めたとされるが，歴史家トゥキディデスによれば「名のうえでは民主政であったが，事実は第一人者による支配」といわれている。晩年はペロポネソス戦争中，アテネに蔓延した疫病で病死した。

(4)　アレクサンドロス大王の急死により，アレクサンドロスの帝国は３国に分裂し，アンティゴノス朝マケドニア，セレウコス朝シリア，プトレマイオス朝エジプトとなった。

(5)　残された南部のユダ王国は，前６世紀に新バビロニア（カルデア）のネブカドネザル２世により滅ぼされ，約50年間住民はバビロンに強制移住させられた。これを“バビロン捕囚”という。

(6)　①　前338年　　②　前431年～前404年
③　前508年　　④　前480年

(7)　アカデメイアは，プラトンの死後も学問の中心として，529年にユスティニアヌスによって閉鎖されるまで存続した。ソクラテス→プラトン→アリストテレスの順でそれぞれの哲学者は師弟関係にある。アリストテレスはリュケイオンという学校を創建した。

例題2　古代ギリシア

次の文章を読んで，各問いに答えよ。

アテネの民主政治の黄金時代を指導した（　A　）は，アテネが（　B　）同盟の盟主であることより，その共同資金を（　C　）戦争で破壊されたアテネの復興に利用した。この時代は全市民の成年男子に参政権が開放され，最高の決定機関は（　D　）であり，任期1年の役人は一般市民から抽選によって選ばれた。『治者と被治者は同一である』と主張した（　E　）の民主政治の理想が達成された時代であった。しかし，ペルシア海軍と組んだ（　F　）同盟の盟主であるスパルタと戦争となり撃破された。

ギリシアのポリスが対立抗争に力を注いでいる間に北方より（　G　）が台頭し，（　H　）の戦いでテーベとアテネの連合軍に勝利した。アリストテレスに師事したこともある（　I　）は（　J　）に出発し，オリエントとギリシアの東西融合を目指した。その結果できあがった世界とその時代のことを（　K　）時代という。

(1)　文章中の空欄に当てはまる語句を答えよ。

(2)　次の事項を年代順に並べ替えよ。

ア．ソロンの改革　　イ．クレイステネスの改革　　ウ．ペルシア戦争
エ．ペリクレス時代　　オ．ペイシストラトスの僭主政治

解答　(1)　A．ペリクレス　　B．デロス　　C．ペルシア
D．民会　　E．アリストテレス　　F．ペロポネソス
G．マケドニア　　H．カイロネイア　　I．アレクサンドロス大王
J．東方遠征　　K．ヘレニズム

(2)　ア→オ→イ→ウ→エ

解説　(1)　A．ペリクレスの死後，アテネはデマゴーゴスにあやつられる衆愚政治に陥り弱体化した。

B．デロス同盟は当初，ペルシアの再攻撃に対処するものであったが，アテネによる弱小ポリス支配の道具となり，事実上のアテネ帝国の出現といえる。

D．例外として軍事の最高職である将軍は，民会における選挙で選ばれた。

H，I．カイロネイアの戦いで勝利したマケドニア王はフィリッポス2世である。彼の暗殺後，若いアレクサンドロス大王が即位した。

(2)　ソロンの改革（前594年）→ペイシストラトスの僭主政治（前561～前528年）→クレイステネスの改革（前508年）→ペルシア戦争（前500～前449年）→ペリクレス時代（前5世紀半ば～前429年）

例題 3　古代ローマ

次の各問いに答えよ。

(1)　アテネの民主政とローマの共和政の違いを説明せよ。

(2)　ローマが西地中海の海上権を把握することになった戦争名と相手都市名を答えよ。

(3)　ローマの地中海征服がローマ・イタリアの社会に与えた影響を説明せよ。

(4)　コロナトゥスの成立及びその歴史を説明せよ。

解答　(1)　アテネでは貴族も貧しい平民も１人１票で議決する民会が最高決定機関となる直接民主政であった。これに対してローマでは法的に貴族と平民は平等とされながらも，複雑な政治制度によって１人１票による決定とはならなかった。また，アテネでは将軍など一部を除き，任期１年の執政官や法廷の陪審員は，全市民の中から抽選で選ばれたのに対して，ローマではコンスル（執政官・統領）などの重要官職に就くには実力と経験が要求された。さらにローマでは重要な官職経験者で構成される元老院が実権をもち続けた。そして，アテネは都市国家にとどまったため，直接民主政の担い手は，両親とも市民身分の18歳以上の成年男子のみが市民とされ，奴隷・在留外人・女性には参政権がなかった。これに対し，都市国家から世界帝国へと変質していったローマでは，カラカラ帝のときに帝国の全自由人（奴隷は除く）にローマ市民権が与えられた。

(2)　戦争名：ポエニ戦争　　都市名：カルタゴ

(3)　対外的発展はラティフンディア（ラティフンディウム）の拡大及び属州からの安価な穀物の輸入をもたらし，これは重装歩兵の担い手であった中小自作農民が無産市民への転落を余儀なくされる原因となり，さらに共和政の基盤の崩壊をも引きおこすというローマ社会の変質につながった。

(4)　帝政初期までは奴隷制ラティフンディアの経営が盛んであったが，戦争による奴隷が減少したことなどにより奴隷制大農場経営が衰退した。そこで大土地所有者は，貧困化して都市から逃げ出した下層市民や解放奴隷を小作人（コロヌス）として大所領で働かせた。コロヌスは自由身分であったが，コンスタンティヌス帝の時，移動が禁止され，農地にしばられるようになった。こうした農業生産体制は小作制（コロナトゥス）といわれ，ラティフンディアにとって代わった。

解説　(4)　コロヌスは，コンスタンティヌス帝の土地緊縛令（332年）により移動を禁止された。

演習問題

1 ★★☆

次の文章を読んで，各問いに答えよ。

新王国時代後半はラメスの名をもつ王が11人在位したため，ラメス時代ともよばれている。第19王朝第２代セティ１世，第３代ラメス２世の外征の目標は，$_a$アマルナ革命のときヒッタイトに奪われた旧アムル州の回復であった。特に$_b$ラメス２世は，治世５年，北シリアの要衝カデシュで，ヒッタイト王ムワタリ率いる同盟軍と激突するが痛み分けに終り，旧アムル州の奪回は果たせないまま，アッシリアの進出に対抗するため，治世21年，ヒッタイトと同盟条約を締結する。両王の治世はまた大建築時代でもあった。セティ１世は，アマルナ革命によって閉鎖され荒廃した神殿の復旧と，削除破壊された神々の図像の修復とを全土にわたって展開し，カルナックのアモンの大神殿に大列柱室を建設する事業に着手，アビュドスに$_c$オシリスの空墓と付属の神殿を建立した。続くラメス２世も，特に治世後半の平和な時代に，$_d$エジプト全土にわたって建築活動を展開し，現存する遺構のほとんどすべてに王の名をみることができる。カルナック神殿の大列柱室の完成，ルクソール神殿の増築，アビュドスでの神殿の建設のほか，特にアブシンベルをはじめヌビア各地に神殿を建立し，神殿を奉納した神とともにみずからを神格化して祀らせている。

（屋形禎亮『岩波講座世界歴史２』岩波書店1998　一部改）

⑴　下線部ａについて，アマルナ革命を行った王名を答えよ。

⑵　下線部ａについて，アマルナ革命の時代に，王が崇拝することを求めた神は何か答えよ。

⑶　下線部ｂについて，この王の頃，オリエント世界においては，ある語族が２回目の移動を行って大混乱をもたらした。ある語族とは何か答えよ。

⑷　下線部ｂについて，この王の治世の前後と考えられるが，ヘブライ人におこった大事件は何か答えよ。

⑸　下線部ｃについて，エジプト人の死生観を簡潔に説明せよ。

⑹　下線部ｄについて，エジプトではほぼ民族の独立を保持したのに対し，メソポタミアでは多くの民族が興亡をくり返した。その理由を簡潔に説明せよ。

〈長野県〉

2　★☆☆

次の文章を読んで，各問いに答えよ。

古代の地中海沿岸では，早くからオリエントの影響の下で$_a$エーゲ文明が栄えた。また，地中海の東部海岸地方では$_b$フェニキア人が海洋貿易に活躍し，アラム人は内陸貿易に活躍した。さらにパレスチナに生まれたユダヤ教は，後のキリスト教の母胎になった。エーゲ文明の崩壊後，ギリシアでは多数の都市国家が形成されたが，その１つであるアテネでは，$_c$紀元前７世紀頃から次第に発言力を増した平民が政治参加を要求するようになった。その後，様々な抗争や改革を経て，$_d$紀元前５世紀には直接民主政治が実現した。

イタリアの都市国家ローマにおいても，平民の政治参加が次第に実現されていった。しかし共和政はやがて$_e$帝政へと移るとともに，ローマは勢力を拡大して大帝国を形成した。

また，キリスト教は帝政ローマの迫害に耐えて民衆の中に広がり，$_f$313年に公認され，392年には帝政ローマの国教となった。キリスト教の文化や考え方を一般に（　A　）といい，ギリシア風の文化や考え方を広い意味で（　B　）というが，神中心，超合理主義的な（　A　）と，人間中心，合理主義的な（　B　）は，その後の西洋文明の２大源流となった。

⑴　下線部ａの遺物を次から選べ。

ア

イ

ウ

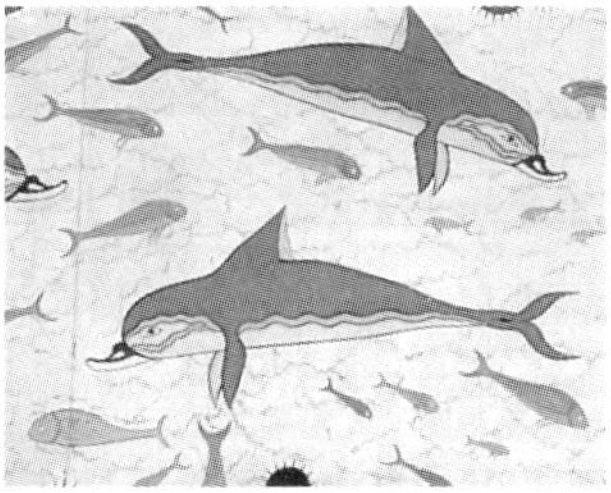

エ

(2)　下線部 b が現在のチュニジアに建設し，後にポエニ戦争でローマに滅ぼされた植民市名を答えよ。

(3)　下線部 c について，平民が発言力を増した理由を，当時の戦争技術（戦法）の面から簡潔に説明せよ。

(4)　下線部 d について，古代アテネ民主政全盛期の指導者名を答えよ。

(5)　下線部 e について，紀元前27年に元老院からアウグストゥス（尊厳者）の称号を受け，事実上の帝政を始めた人物名を答えよ。

(6)　下線部 f について，キリスト教を公認した皇帝名を答えよ。

(7)　文章中の空欄に当てはまる語句を次から選べ。

ア．ヒューマニズム　　イ．ヘブライズム　　ウ．リベラリズム

エ．イデアリズム　　オ．ヘレニズム

〈北海道・札幌市改題〉

3 ★☆☆

ギリシアの文化に関する記述として誤っているものを選べ。

①　アリストファネスは，悲劇『労働と日々』を創作した。

②　プロタゴラスはソフィストの代表的な者であり，普遍的真理を否定した。

③　ギリシアの文学は神々と人との交流をうたったホメロスの『イリアス』などの叙事詩から始まった。

④　万物の根源は水であるとしたタレスはイオニア学派の祖である。

⑤　ペリクリスの企画のもとで造られた，アテネのパルテノンは荘厳で男性的なドーリア式の建物である。

〈福岡県・福岡市・北九州市〉

4 ★★☆

「元首政（principatus）」について，100字程度で説明せよ。

〈山梨県改題〉

5 ★☆☆

次の略地図は，古代インドの３つの統一王朝の最大領域をそれぞれ表したものである。また，Ａ～Ｃの記号横の（　）内に示されている世紀は，それぞれの統一王朝が最大領域を支配した頃の世紀を示している。Ａ～Ｃに示される統一王朝の説明として正しいものを，ア～ケからそれぞれ２つずつ選べ。

Ａ（前３世紀後半～前２世紀前半）　Ｂ（２世紀中頃）　Ｃ（５世紀初め）

ア．この王朝を樹立したのは，創始者のチャンドラグプタ王である。
イ．この王朝を樹立したのは，ハルシャ＝ヴァルダナである。
ウ．この王朝の最盛期は，チャンドラグプタ２世の治世下であった。
エ．この王朝の最盛期は，カニシカ王の治世下であった。
オ．この王朝の最盛期は，アショーカ王の治世下であった。
カ．この王朝の時代に，ガウタマ＝シッダールタにより仏教が開かれた。
キ．この王朝の時代に，ヴァルダマーナを始祖とするジャイナ教が開かれた。
ク．この王朝の時代に，宮廷詩人カーリダーサによって，戯曲『シャクンタラー』が著された。
ケ．この王朝の時代に，ヘレニズムの文化の影響を受けたガンダーラ美術が栄えた。

〈北海道・札幌市改題〉

演習問題　解答・解説

1

(1)　アメンホ（ヘ）テプ4世（イクナートン）
(2)　アトン（アテン）
(3)　インド＝ヨーロッパ語（系民）族
(4)　出エジプト
(5)　霊魂が死後においても不滅であり，オシリスが死後の世界を支配していると信じていた。
(6)　エジプトが砂漠と海に囲まれた閉鎖的な地形であったのに対して，メソポタミアは大陸と陸続きの開放的で進入しやすい地形であったから。

解説

(1)，(2)は例題1の解説参照のこと。
(4)　前13世紀のできごとである。『旧約聖書』の伝承によれば，出エジプトを指導したのはモーセである。
(5)　オシリスの前で，死者は最後の審判を受ける。この審判に対処するための副葬品がパピルスに記された「死者の書」である。

2

(1)　ウ　　(2)　カルタゴ
(3)　重装歩兵部隊として戦争で活躍したため。
(4)　ペリクレス
(5)　オクタウィアヌス
(6)　コンスタンティヌス帝
(7)　A．イ　　B．オ

解説

(1)　ア．「死者の書」
イ．ミロのヴィーナス
ウ．クノッソスの壁画
エ．インダス文字の印章
(3)　密集隊系（ファランクス）を組んで戦う平民中心の重装歩兵部隊が，国防上重要性が増し，平民の政治的地位を高める結果となった。

3

①

解説

①　『労働（仕事）と日々』は前700年頃に活躍した詩人ヘシオドスの作品である。
②　ソフィストに対抗し，普遍的真理の探究を主張したのがソクラテスである。
③　『イリアス』はトロイア戦争の叙事詩である。
④　万物の根源について，タレスは水，ヘラクレイトスは火，ピタゴラスは数，デモクリトスは原子（アトム）とした。
⑤　柱頭と台座の特徴からドーリア式，イオニア式，コリント式の3つの建築様式に識別できる。

4

プリンケプスによる統治体制のことで，事実上の帝政を意味する。オクタウィアヌスはプリンケプス（市民のなかの第一人者）を自称し，共和政の伝統を尊重して元老院との共同統治という形態をとったが，事実上の皇帝独裁であった。

5

A．ア，オ　　B．エ，ケ
C．ウ，ク

解説

A．マウリヤ朝　　B．クシャーナ朝
C．グプタ朝
イ．ヴァルダナ朝　　カ，キ．前5世紀頃

2 中世

傾向と対策

中世史全体の頻度は必ずしも高くないが，ローマ＝カトリック教会の発展と十字軍，中世西ヨーロッパ諸国についての出題頻度が高い。また，中世西ヨーロッパ世界と関係するイスラーム世界の成立と発展・イスラーム帝国の興亡も出題頻度が高い。対策としては，ローマ教会の発展・ビザンツ帝国・十字軍・西ヨーロッパ諸国の時代的推移を，鳥瞰できるようにまとめておくのがよい。イスラーム史に関しては，ムハンマド→正統カリフ時代→ウマイヤ朝→アッバース朝（9世紀まで）までの歴史の流れをまとめておこう。

例題1　中世ヨーロッパ

(1)　次の文章を読んで，各問いに答えよ。

a中世ヨーロッパの封建制度は家臣の忠誠・従軍に対して主君が（　　　）を与えるという内容の契約によって成り立っていた。農民は小作地を貸与された代償として直営地の耕作，貢納の義務があり，この他にもb身分上の拘束があったために，自由に移転することができず土地に縛られていた。

問1　文章中の空欄に当てはまる語句を答えよ。

問2　下線部aについて，ゲルマンとローマの各々何という制度が結合したものか答えよ。

問3　下線部bについて，領主が荘園の慣習法に基づいて，農民の訴えを裁く権利を何というか答えよ。

(2)　フランク王国崩壊の前後1～2世紀間にわたり，ノルマン人による第2次ゲルマン人大移動があったが，この移動の意義を説明せよ。また，同時期，西ヨーロッパ世界に脅威を与えた諸民族を2つ答えよ。

解答 (1) 問1　封土（領地）

問2　ゲルマン：従士制　　ローマ：恩貸地制度

問3　領主裁判権

(2) 第2次民族大移動がおこったために西欧は混乱し，王権の衰退を招いた。そのため軍事的必要性から広義のレーン制が漸次的に成立した。これにより封建社会へ移行し，封建国家が成立した。

民族名：スラヴ人，マジャール人　　など

解説 (1) 中世西ヨーロッパの封建的主従関係は，主君の一方的権力に家臣が服従するといった形態ではなく，主君と家臣の双方に契約を守る義務がある双務的契約によって結ばれたのが特徴である。一方，中国の周の封建制では，周王は一族・功臣や各地の土着の首長に封土（領地）を与えて世襲の諸侯とし，諸侯は王に対して貢納と軍役の義務を負うという血縁を中心とした統治制度であった。もっともどちらも主君が家臣に土地を与えて両者の間に主従関係を形成する点は共通している。

(2) 中世西ヨーロッパ封建社会の構造は下図のようになっている。イスラーム勢力，ノルマン人，マジャール人などの外敵の侵入に対抗して，荘園の領主間の主従関係による結束と相互防衛として成立したのが封建制度である。ベルギーの著名な中世史家ピレンヌは「ムハンマドなくして，シャルルマーニュ（カール大帝）なし」と称したが，この言葉は，封建制度確立にイスラーム勢力の外圧が果たした役割を端的に表している。

〈西ヨーロッパ封建社会の構造〉

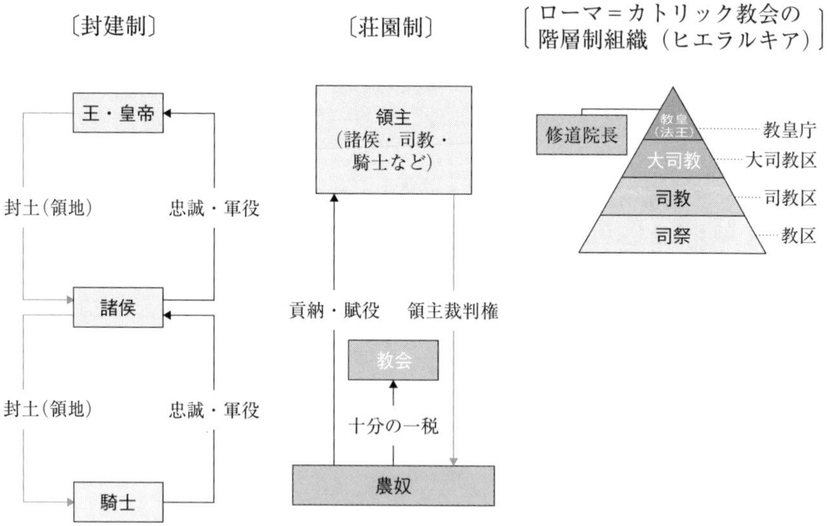

例題 2　オスマン帝国

次の文章の空欄に当てはまる語句を答えよ。

オスマン帝国は，13世紀末モンゴルの圧迫を避け（　A　）に移住していたルーム＝セルジューク朝から自立した（　B　）が建国したイスラーム国家である。ムラト１世は，ビザンツ帝国内に勢力を広げ，（　C　）半島を征服し（　D　）を都とした。バヤジット１世は（　E　）でヨーロッパ十字軍を破ったが，1402年，（　F　）でティムールに敗れ，帝国は一時断絶した。その後，メフメト１世が再興し，メフメト２世のとき（　G　）を滅ぼし，（　H　）を（　I　）に改称し首都とした。セリム１世のとき，サファヴィー朝，マムルーク朝を滅ぼし（　J　）を名乗ってイスラーム世界に君臨することになった。常備軍として（　K　）を備え，（　L　）のとき領土は最大となった。しかし，17世紀末第２次ウィーン包囲に失敗し，（　M　）条約でハンガリーをオーストリアに譲り衰え始めた。

解答

A．アナトリア（小アジア）　B．オスマン１世
C．バルカン　D．アドリアノープル
E．ニコポリスの戦い　F．アンカラ（アンゴラ）の戦い
G．ビザンツ帝国　H．コンスタンティノープル
I．イスタンブル　J．スルタン＝カリフ
K．イェニチェリ　L．スレイマン１世
M．カルロヴィッツ

解説　イスラーム史は大まかに３つに分けることができる。第１はムハンマドから９世紀までのアッバース朝の全盛期までで，最頻出分野である。第２は10世紀のイスラーム世界分裂後で，イスラーム史は地域別の各国史となる。出題頻度はそれほど高くない。第３は主要なイスラーム帝国の部分で，ティムール朝（帝国），サファヴィー朝，オスマン帝国，ムガル帝国である。特にこの中でもオスマン帝国が頻出である。オスマン帝国史の基本として，主要な歴史事項とスルタン（＝カリフ）を整理しておこう。

〈オスマン帝国（1300頃～1922年）〉

スルタン名	特記事項
オスマン１世（在位1299～1326年）	建国者
バヤジット１世（在位1389～1402年）	ニコポリスの戦い（1396年） アンカラの戦い（1402年）
メフメト２世（在位1444～46，51～81年）	ビザンツ帝国滅ぼす（1453年）
セリム１世（在位1512～20年）	マムルーク朝滅ぼす（1517年）
スレイマン１世（在位1520～66年） →最盛期となる	第１次ウィーン包囲（1529年） プレヴェザの海戦（1538年）

演習問題

1　★★☆

次の文章を読んで，各問いに答えよ。

$_a$ゲルマン人の大移動と西ローマ帝国の滅亡を経て，古代地中海世界は東ヨーロッパ世界，西ヨーロッパ世界，イスラーム世界の３つの世界に分裂した。東ヨーロッパでは，ビザンツ帝国がギリシア・ローマ文化を受け継いで独自の発展を遂げ，ギリシア正教が広く信仰された。帝国では$_b$皇帝が政教の両権力を握り，中央権力の強い，西ヨーロッパとは異なる封建社会が形成された。また，ビザンツ帝国の政治や文化は$_c$スラヴ人の国家形成にも影響を与えた。西ヨーロッパでは，ローマ教会がビザンツ皇帝の支配するコンスタンティノープル教会から次第に分離し，独自の活動を展開し始めた。$_d$フランク王国はローマ教皇と提携して勢力を拡大し，$_e$800年には西ローマ帝国を復興していわゆる西ヨーロッパ世界を成立させた。

その後，西ヨーロッパにおいては，11世紀から13世紀にかけて$_f$封建社会の最盛期を迎え，生産力の向上，商業や都市の発達がみられた。

14世紀以降になると教皇，封建領主の衰退も相まって国王が次第に権力を伸ばし，ルネサンス，地理上の発見，$_g$宗教改革とそれに伴う戦争や内乱を経て，16世紀から17世紀にかけて，それぞれの主権国家が並立し競合するヨーロッパの国際体制が形成された。この時代，各国は$_h$重商主義といわれる経済政策を採用し，財政収入の増大に努めた。

⑴　下線部ａを引きおこしたといわれるアジア系遊牧民族名を答えよ。

⑵　下線部ｂについて，

問１　６世紀に地中海帝国の復興を目指し，ローマ旧領の多くを回復するとともに，『ローマ法大全』を集成した皇帝名を答えよ。

問２　726年に聖像禁止令を発した皇帝名を答えよ。

⑶　下線部ｃについて，次の文章の空欄に当てはまる人物名（大公名）や語句を答えよ。

モスクワ大公（　Ａ　）は，1480年にキプチャク＝ハン国から独立してモスクワ大公国を建てた。彼は東北ロシアを統一し，ビザンツ皇帝の後継者として（　Ｂ　）の称号を用いた。

⑷　下線部ｄについて，スペインから侵入したウマイヤ朝軍を，732年にトゥール・ポワティエ間の戦いで撃退した宮宰名を答えよ。

⑸　下線部ｅについて，ローマ皇帝の帝冠を得て，西ローマ帝国を復興した人物名を答えよ。

(6)　下線部 f について，次の文章の空欄に当てはまる語句を答えよ。

　農奴は（　A　）に対して賦役や貢納の義務を負い，（　A　）の裁判権に服し，死亡税や結婚税を納めるなど，様々な身分的束縛を受けていた。また，（　B　）に対しても十分の一税を支払わなければならなかった。（　A　）は，封土として保証された所領内においては，課税や裁判について（　C　）の権限が及ぶのを防ぐために，不輸不入権をもっていた。11世紀から13世紀にかけては，一般に権力は分散し，（　C　）の権力は弱かった。

(7)　下線部 g について，1555年のアウクスブルクの宗教和議と1598年のナントの王令を，信仰の自由という視点からそれぞれ簡潔に説明せよ。

(8)　下線部 h を簡潔に説明せよ。　〈北海道・札幌市〉

2 ★★☆

キリスト教に関する次の年表を見て，各問いに答えよ。

年	できごと
452年	教皇（　A　），侵入したフン人のアッティラ王の説得に成功，ローマを破壊から救う
496年	フランク王クローヴィス，カトリックに改宗する
590年	教皇（　B　）即位。ゲルマン布教に活躍する（教皇権の確立）
754年	ピピンの寄進（教皇領の始まり）
800年	教皇（　C　），カール大帝に加冠する（西ローマ帝国の復活）
962年	教皇ヨハネス12世，（　D　）に加冠する（神聖ローマ帝国の成立）
1054年	東西教会の分裂
1077年	（　E　）の屈辱：教皇（　F　）に破門された神聖ローマ皇帝（　G　）がイタリアの（　E　）で謝罪し許された事件
1209年	教皇（　H　），イギリスの（　I　）を破門する（教皇権の絶頂期）
1270年	第7回十字軍：フランス王（　J　）が海路チュニスを攻撃したが失敗
1303年	（　K　）：フランス王（　L　）に対抗した教皇（　M　）が捕らえられ，憤死した事件
1309年～	（　N　）：フランス王（　L　）は教皇庁を南仏のアヴィニョンに移し，教皇がフランス王の支配化に置かれたことを指す言葉
1377年	教会大分裂（大シスマ）

⑴　年表中の空欄に当てはまる人物名または歴史的事件などを答えよ。

⑵　年表中のピピンが教皇に寄進した地を答えよ。

⑶　年表中の（　E　）がおこる背景となった闘争について，その対立が終結することになった協約名も入れて100字以内で説明せよ。

⑷　年表中の（　F　）の出身である修道院名を答えよ。

⑸　年表中の（　L　）と（　M　）が対立した原因を答えよ。

⑹　年表中の（　H　）のときの，教皇権の皇帝権に対する優位性を示した言葉を答えよ。

⑺　次のA～Dの公会議について，会議の召集者または要請者をそれぞれ答えよ。また，会議が開かれた場所を次の地図のア～キからそれぞれ選べ。

A．エフェソス公会議　　B．クレルモン宗教会議

C．ニケーア公会議　　D．コンスタンツ公会議

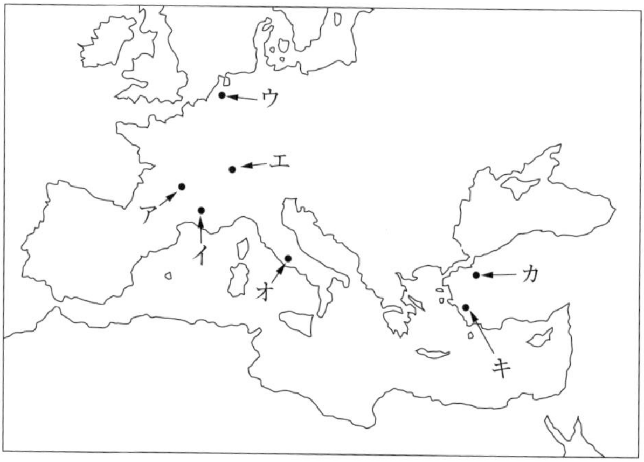

⑻　A～Dの公会議について，古い順に記号で並べ替えよ。

⑼　Aの公会議で異端となった派を答えよ。

⑽　Dの公会議の決定事項を２点答えよ。

〈茨城県改題〉

3　★★☆

次の文章を読んで，各問いに答えよ。

アラブ人の征服は，大変な速さで達成された。630年代，つまり預言者ムハンマドの死から10年も経ないで，アラブ・イスラーム軍は，地理上のシリアから$_{a}$ビザンチン勢力を駆逐してしまった。それからさらにわずかな年月のうちに，エジプトが征服され，北アフリカの海岸線に沿ってアラブ人支配が延びて，西方でのアラブ人の支配が続いたのである。東方では，アラブ軍がイランで完全にササン朝に取って代わり，中央アジアの支配に手を伸ばし始めた。そして北方では，コーカサスを征服した。8世紀の初めには，$_{b}$アラブ軍はスペインを征服した。このようにイスラーム勃興一世紀の間に，$_{c}$アラブ・イスラーム帝国は当時知られていた世界の中央部を支配するまでになったが，それは広大な地域だった。…（中略）…

このアラブ・イスラーム帝国の中では，アラビア語が科学や文化の媒体となり，イスラーム教は活力ある宗教となり，近東，エジプト，バビロン，$_{d}$ギリシア，ペルシアの古い伝統を継承したコスモポリタンで普遍的な社会が発達し，驚異的なスピードで，新しい世界文明が創造されていった。イスラーム教徒たちはコーランを神の言葉と信じ，徐々にコーランに依拠した偉大な宗教学問の体系を発展させていった。そのうちの最も重要なものは$_{e}$イスラーム法の研究だった。中世に入って，$_{f}$イスラーム高等教育が制度化されたとき，それらの学校ではイスラーム法の教育が主要な関心事だった。…（中略）…アラビア語はその間，主に9世紀の活発な$_{g}$翻訳活動を通じて，ギリシアの自然科学や近東の他の地域の伝統などを吸収していった。$_{h}$イスラーム教徒の科学者，哲学者，天文学者，数学者，医者，その他の学者たちは，古い民族的な伝統を維持し，それをさらに発展させた。$_{i}$中世のパリやオックスフォードが，アラブ人科学者の業績を知らなかったとしたら，絶望的なおくれをとっていたことだろう。アラビア語は中世の時代に入ると，主要な科学言語となったのである。…（中略）…

中世の$_{j}$都市共同体やアラブ・イスラーム文化を保護し，その古典的な様式をつくり上げた共同体のリーダーたちは一つの宇宙的なイスラーム教徒共同体であるウンマに属していると信じていた。このウンマは，現代のアラブ世界や国民的アイデンティティを現代的に定義したものより，もっと大きなものだった。アラブの人々のほんとうの歴史的なバックグラウンドは，政治的統一の歴史というより，この共通の文化的遺産なのである。（後略）

（バーシム・ムッサラーム著『アラブ人』より抜粋）

(1) 下線部aについて，ビザンツ帝国でおこった1204年のできごとについて，簡潔に説明せよ。

(2) 下線部bについて，11～12世紀にかけてイベリア半島を支配したイスラーム王朝名を答えよ。

(3) 下線部cについて，アッバース朝が「アラブ帝国」ではなく，「イスラーム帝国」とよばれる理由を説明せよ。

(4) 下線部dについて，ギリシアがオスマン帝国から独立を承認された和議が結ばれた年号を答えよ。

(5) 下線部eについて，イスラーム世界では法学者や裁判官は何とよばれるか答えよ。

(6) 下線部fについて，セルジューク朝時代にバグダードなどに設立された高等教育のためのマドラサは，宰相の名前をとって何とよばれたか答えよ。

(7) 下線部gについて，アラビア語からラテン語への翻訳活動の中心となったイベリア半島の都市名を答えよ。

(8) 下線部hについて，『医学典範』を著し，中世ヨーロッパでも著名であった医学者を答えよ。

(9) 下線部iについて，中世ヨーロッパではスコラ哲学（神学）において普遍論争が勃発したが，12世紀のパリ大学の神学教授で唯名論を唱えた人物名を答えよ。

(10) 下線部jについて，オスマン帝国では非トルコ系，非イスラーム系諸民族の構成する共同体に対し，保護と支配とを兼ねる特殊な宗教自治体を設けたが，これは何とよばれたか答えよ。

〈青森県〉

4 ★★★

中世ヨーロッパに関する次の各問いに答えよ。

(1) 次のA～Eの都市のおおよその位置を地図中ア～サから選べ。

A．リューベック

B．アウクスブルク

C．ミラノ

D．ブリュージュ

E．ヴェネツィア

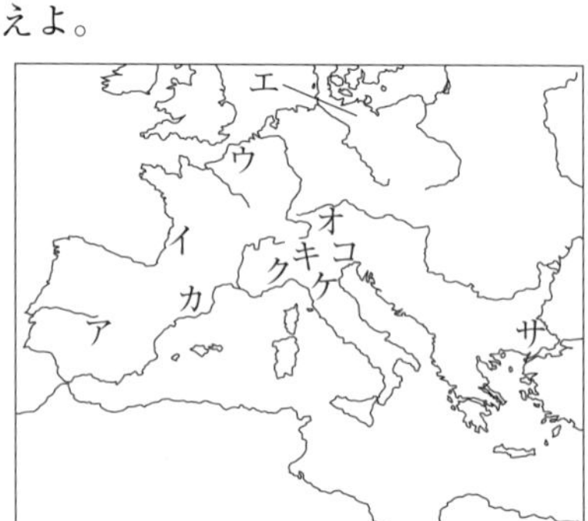

(2)　中世ヨーロッパにおけるＡ～Ｅの都市の経済面での特徴について，経済活動の発展に影響した地理的な側面も含めて，それぞれ簡潔に説明せよ。

(3)　中世の封建社会が変質し近代的中央集権国家が形成されていく動きについて授業を進めてきたところ，生徒から次のような質問があった。

「先生，教科書に『商業圏が拡大するにつれ，都市の市民たちは市場を統一する中央集権的な政治権力の出現を望んだ』と書いてありますが，この意味がよくわかりません。なぜ，都市の市民たちは市場を統一する中央集権的な政治権力の出現を望んだのですか。」

この質問にどう答えるか，説明せよ。

(4)　右の図Ａは，イタリア＝ルネサンスの代表的絵画である。この作者名を答えよ。

Ａ

(5)　14世紀における気候の寒冷化，凶作や飢饉，黒死病（ペスト）の流行と，西ヨーロッパでみられた農奴身分の解放との関係性について，「労働力」という用語を用いて説明せよ。

〈大阪府・大阪市・堺市改題〉

演習問題　解答・解説

1

(1) フン人（フン族）
(2) 問1　ユスティニアヌス大帝
問2　レオン3世
(3) A．イヴァン3世
B．ツァーリ
(4) カール＝マルテル
(5) カール大帝（シャルルマーニュ）
(6) A．領主　B．教会
C．国王
(7) アウクスブルクの（宗教）和議では，個人の信仰の自由やカルヴァン派の信仰は認められなかったが，ナントの王令（勅令）では個人の信仰の自由，カルヴァン派の信仰が認められた。
(8) 金銀の確保に努め，輸出の促進と輸入の抑制を進め，国内産業の保護・育成により財政の確保を図った政策。

解説

(1) フン人は，東ゴート人の大半を征服し，さらに西ゴート人を圧迫した。
(2) ユスティニアヌス大帝（在位527～565年）時代の6世紀はビザンツ帝国の全盛期であった。同時期，イラン高原南部ではササン朝がホスロー1世（在位531～579年）の下で全盛期にあり，両者は対立することになった。
(3) 正式なツァーリはイヴァン4世（在位1533～84年）からである。
(4)(5) カール＝マルテルの子ピピン（在位751～768年）は，メロヴィング朝を廃してカロリング朝を開き，ピピンの子カール大帝（在位768～814年）は，800年に教皇レオ3世からローマ皇帝の帝冠を受け，西ローマ帝国を受け継ぐ支配者となった。
(7) アウクスブルクの（宗教）和議の不徹底さゆえに，ドイツの新教・旧教両派の宗教対立は解消せず，17世紀に三十年戦争がおこった。その結果，神聖ローマ帝国（ドイツ）は事実上名目化し，ドイツの分裂が進行した。これに対して，フランス国内の宗教対立はナントの王令（勅令）によって沈静化し，ブルボン朝絶対王政の下でフランスは統一に向かった。
(8) 重商主義は絶対王政下の経済政策である。官僚と常備軍を維持するために多くの資金を必要としたので，財政収入の確保が重要であった。

2

(1) A．レオ1世
B．グレゴリウス1世
C．レオ3世
D．オットー1世
E．カノッサ
F．グレゴリウス7世
G．ハインリヒ4世
H．インノケンティウス3世
I．ジョン王　J．ルイ9世
K．アナーニ事件
L．フィリップ4世
M．ボニファティウス8世
N．教皇のバビロン捕囚
(2) ラヴェンナ（地方）
(3) 聖職叙任権をめぐり，ローマ教皇と神聖ローマ皇帝が対立していた。この対立は，1122年のヴォルムス協約で，叙任権は教皇がもち，帝国内の教会の領地の承認権は皇帝がもつことが定められ，一応の終結をみた。
(4) クリュニー修道院
(5) 聖職者への課税問題

(6) 教皇権は太陽であり，皇帝権は月である。
(7) A．テオドシウス2世，キ
B．ウルバヌス2世，ア
C．コンスタンティヌス帝，カ
D．ジギスムント，エ
(8) C→A→B→D
(9) ネストリウス派
(10) ・ウィクリフとフスを異端と宣告し，フスを火刑に処した。
・ローマの教皇を正統と認めて教会大分裂が解消された。

解説

(4) クリュニー修道院は，11世紀以降教会改革運動の中心となった。十字軍を提唱したウルバヌス2世もこの修道院の出身である。
(8) A．431年　B．1095年
C．325年　D．1414～18年
(9) ネストリウス派はキリストの人性と神性を分離して考える一派である。
(10) 公会議後，ベーメンではチェコ民族運動と結んだフス派の反乱が長く続き（フス戦争），教皇権の勢いはもどらなかった。

3

(1) ヴェネツィア商人の要求を受けた第4回十字軍によりコンスタンティノープルが占領され，ラテン帝国が建国された。
(2) ムラービト朝
(3) 非アラブ人でもイスラーム教に改宗すればジズヤ（人頭税）は免除され，アラブ人でも土地を耕作するものはハラージュ（地租）が課されるなど，アラブ人の特権が廃止され，ムスリムの平等が実現されたから。
(4) 1829年　(5) ウラマー
(6) ニザーミーヤ学院　(7) トレド
(8) イブン＝シーナー（アヴィケンナ）
(9) アベラール　(10) ミッレト

解説

(1) 第4回十字軍は資金を提供したヴェネツィア商人の要望により，イェルサレムに向かわず，商売上のライバルであるコンスタンティノープルを占領し，ラテン帝国を建てた。
(2) ベルベル人のムラービト朝は，サハラ砂漠の南の黒人王国ガーナ王国を11世紀に崩壊させた。ムラービト朝は12世紀，同じベルベル人のムワッヒド朝によって滅ぼされた。
(4) オスマン帝国は，ロシアとの講和条約であるアドリアノープル条約でギリシアの独立を承認し，翌年ロンドン会議で英・仏などがこれを承認した。
(6) マドラサ（学院）のニザーミーヤ学院はマリク＝シャー（在位1072～92年）の宰相ニザーム＝アルムルクにより創建された。

4

(1) A．エ　B．オ　C．キ
D．ウ　E．コ
(2) A．バルト海に面した北ドイツの海港都市で，海産物・木材・毛皮・塩・穀物・毛織物など生活必需品を取引する北海・バルト海貿易の中心として繁栄した。ハンザ同盟の盟主でもある。
B．北ドイツ諸都市と北イタリア諸都市を結ぶ地理的位置を占めた南ドイツ諸都市の中心として交易で発達した。また，銀を産出し，鉱山業でも繁栄した。15世紀末にはフッガー家が台頭した。

C．北イタリア・ロンバルディア地方の中心で，ヴェネツィア，ジェノヴァなどがもたらす東方産品を，西ヨーロッパの大消費地に運ぶ商業ルートのアルプス南側の中継地点となり，中継貿易などで繁栄した。

D．西ヨーロッパの大取引市場であるフランドル地方にあり，アルプス以北のヨーロッパ最大の国際商業都市である。対岸のイギリスからの羊毛供給に基づく毛織物産業で繁栄し，また，ハンザ同盟の商館もおかれていた。

E．アドリア海に面した北イタリアの海港都市で，香辛料や絹などの東方産品を輸入し，毛織物・銀などを輸出する東方（レヴァント）貿易で繁栄した。特に，14世紀後半からは事実上独占状態にあった。また，造船やガラス業なども発達していた。

(3)〔解答例〕

商業でより多くの富を得るためには，より多くの商品をより多くの人に売って利益を増やさなくてはならないが，そのためには，市場を拡大する，つまり，今までより遠くの地域にも売りに行かねばならない。そのときは多くの領主の土地を通行することになるが，領主は自分の土地を通る者に税をかけているから，領主の違う土地を通行するたびに商人は税をとられることになる。すると，最初はそれほど高価でなかった商品も税がかさんで高価になり，売りにくくなるし，価格を下げれば利益が減ることになる。それに，盗賊などを取り締まらない領主もおり，商人の道中は安全でもない。だから，国王が国を統一して国内を自由に移動して，国内のいろいろな場所で商売できる方が商人にとってはるかに都合がよい。また，都市は商工業によって発展しているのだから，都市と商業が発展するためには「中央集権的な政治権力」が必要になるということだ。

(4) ラファエロ

(5)〔解答例〕

黒死病の流行やあいつぐ戦乱などにより人口が激減し，領主は荘園での労働力確保のために農民の待遇を向上させなければならず，農民の農奴身分からの解放が進んだ。

解説

(1) ア．トレド　イ．ボルドー
カ．バルセロナ　ク．ジェノヴァ
ケ．フィレンツェ

3 近世

傾向と対策

近世はルネサンス・宗教改革・大航海時代が，文化・宗教・世界認識に大きな変化をもたらした。政治上でも，中央集権的な絶対王政が成立し，近代の国民国家の原型ができあがったといえる。また同時期，イスラーム世界でも強国が出現している。対策としては，ルネサンス・宗教改革・大航海時代は過去の良問などで整理するとよい。学習の重点をおくのは，各国の絶対王政，ヨーロッパ諸国の植民活動，イスラーム世界の興亡，オスマン帝国などであろう。なお，近年大航海時代の重要性が近代世界システム論などで強調されている。

例題 1　ルネサンス

(1)　14～16世紀イタリアにおいておこったルネサンスは市民階級の社会的・経済的発展を背景として行われたが，何を模範としたか答えよ。

(2)　ルネサンスがイタリアからおこった理由を2つ挙げよ。

解答　(1)　ギリシア・ローマの古典文化

(2)　①　古代ローマの遺跡が模範として各地に残っており，さらに地中海交易によってイタリア諸都市が繁栄し，イスラーム文明やビザンツ文明との接触も多かったため。

②　フィレンツェの金融財閥メディチ家のような富裕な商人やミラノ公，ローマ教皇などが芸術家や学者を保護したため。

解説　(2)　①　新航路の開拓によって，貿易活動の中心が地中海から大西洋沿岸諸国に移った。これを商業革命といい，イタリア＝ルネサンスの経済的背景が失われることになった。

②　イギリス・フランス・スペインでは国王の保護下でルネサンス文化が栄えたため，貴族的性格をおび，既存の政治・教会・社会体制を正面から批判する力とはならなかった。

例題2　宗教改革

ドイツの宗教改革に関する次の各問いに答えよ。

(1)　当時の贖宥状（免罪符）の販売をした教皇名とそれは何のための資金であったか答えよ。

(2)　ドイツで贖宥状（免罪符）の販売が可能となった理由と，そのような状態は一般に何とよばれたか答えよ。

(3)　ルターは当初，農民の反乱であるドイツ農民戦争に同情的であったが，やがてこれを弾圧する諸侯の側にまわった。それはなぜか説明せよ。

(4)　アウクスブルクの宗教和議は誰と誰の間で結ばれたものか答えよ。

(5)　カルヴァン派の予定説について簡潔に説明せよ。

解答　(1)　教皇名：レオ10世
目的：サン＝ピエトロ大聖堂の新築資金を調達するため。

(2)　ドイツは政治的に分裂していたため，教皇による政治的干渉や財政上の搾取を受けやすかったため。ドイツは「ローマの牝牛」といわれた。

(3)　ドイツ農民戦争が農奴解放など社会改革の性格をもつようになると，ルターは諸侯の保護を受けており，身分制度などこれまでの社会秩序を破壊することには反対であったから。

(4)　カトリック側の諸侯・帝国都市とルター派の諸侯・帝国都市。

(5)　魂が（神に）救われるかどうかは，人間の意志や善行の有無にかかわりなく，あらかじめ神によって定められているとする考え。

解説　(4)　長期に及んだ宗教戦争は，1555年に旧教・新教両派の妥協が成立し，締結されたのが**アウクスブルクの（宗教）和議**であった。その内容は，諸侯・帝国都市（自由都市）の単位でカトリックかルター派かの自由を認めたものであり，個人の信仰の自由は認められなかった。また，中産市民層に支持されたカルヴァン派は選択肢の中には入っていなかった。こうして個人の宗教選択権を認めず，諸侯や帝国都市がカトリックかルター派のどちらかの宗教を選択し，住民に強要することになったことから，ドイツ国内における両派の対立を固定化し，17世紀になるとこの対立は**三十年戦争**へと発展した。

(5)　カルヴァン派は，利子や蓄財を否定したカトリックと異なり，職業は神から与えられた天職と考えて職業から得られる富を正当化し，適正な範囲での利子と蓄財を認めたことで，西欧諸国を中心に新興商工業者に信者が拡大した。カルヴァン派はイングランドでは**ピューリタン（清教徒）**，フランスでは**ユグノー**，オランダでは**ゴイセン**，スコットランドでは**プレスビテリアン（長老派）**とよばれた。

例題 3　大航海時代

次の人物名と事柄を結びつけよ。

〈人物名〉 A．コロンブス（コロン）　B．マゼラン（マガリャンイス）
C．マルコ＝ポーロ　D．ピサロ
E．ヴァスコ＝ダ＝ガマ　F．コルテス

〈事柄〉 ア．世界の記述　イ．インド航路　ウ．新大陸到達
エ．世界周航　オ．インカ帝国　カ．アステカ帝国

解答　A．ウ　B．エ　C．ア　D．オ　E．イ　F．カ

解説　〈大航海時代の航海者と主な業績〉

バルトロメウ＝ディアス（ポルトガル）	1488年にアフリカ南端の喜望峰へ到達した。
ヴァスコ＝ダ＝ガマ（ポルトガル）	アフリカ東岸のマリンディでイスラーム教徒の航海士を乗船させ，1498年にインド西岸のカリカットに到達した（インド航路の発見）。
コロンブス（イタリア）	スペイン女王イサベルの援助をうけ，トスカネリの地球球体説を信じ，西回りでインドに向かった（4回の航海）。1492年にサンサルバドル島へ到着し（アメリカ大陸発見），死ぬまでインドと誤認していた。
カボット（父子）（イタリア）	イギリス王ヘンリ7世の援助で北米を探検した。
アメリゴ＝ヴェスプッチ（イタリア）	南アメリカを探検し，そこがインドではなく新大陸であると確信した。彼の名がアメリカの名称の由来である。
カブラル（ポルトガル）	1500年にブラジルに漂着し，ブラジルはポルトガル領となった。
バルボア（スペイン）	パナマ地峡を横断し，1513年に太平洋（後にマゼランが命名）へ到達した。
マゼラン（ポルトガル）	スペイン王（カルロス1世）の命令で，1519年にイベリア半島を出発しマゼラン海峡発見（命名），太平洋を横断した。マゼランはフィリピンのマクタン島で現地の酋長ラプラプと争い戦死したが，その後部下がスペインに帰還した。
ドレーク（イギリス）	1577～80年に世界周航を成功させた。

スペイン人征服者（コンキスタドール）：1521年にコルテスはアステカ王国（メキシコ中央高原）を滅ぼし，1533年にピサロはインカ帝国（ペルー）を滅ぼし，首都クスコを破壊後，新首都リマを建設した。

例題 4　フランスの絶対王政

次の文章の空欄に当てはまる語句を答え，各問いに答えよ。

フランスの絶対王政が確立されたブルボン朝は，（　A　）を収拾した（　B　）が開いた。彼に続くルイ13世の時代の宰相（　C　）は三部会を停止し$_{a}$（　D　）戦争に参加し，ハプスブルク家に対抗した。続くルイ14世の宰相（　E　）は$_{b}$貴族の反乱を鎮圧し，財務長官コルベールは国庫の増収を図り，王権を不動のものとした。これらによってルイ14世は$_{c}$対外戦争による侵略を進めることができた。しかし，このため$_{d}$財政難に陥り，絶対王政は次第に崩壊していくこととなった。

(1)　下線部 a の（　D　）戦争について，戦争の発端となった反乱名を答えよ。

(2)　下線部 a の（　D　）戦争が終結した条約名を答えよ。

(3)　(2)の条約の内容を答えよ。

(4)　下線部 b の反乱名を答えよ。

(5)　下線部 c の最大のものを答えよ。

(6)　下線部 d の原因として戦費の出費以外の 2 つを挙げよ。

解答　A．ユグノー戦争　B．アンリ 4 世　C．リシュリュー　D．三十年　E．マザラン

(1)　ベーメン（ボヘミア）反乱

(2)　ウェストファリア条約

(3)　ウェストファリア条約ではアウクスブルクの宗教和議の原則が確認され，神聖ローマ帝国でルター派のほかにカルヴァン派の信仰も公認された。ネーデルランド連邦共和国（オランダ）とスイスの独立が国際的に認められた。また，ドイツの諸侯にほとんど完全な主権が認められたので，神聖ローマ帝国は有名無実化した。

(4)　フロンドの乱

(5)　スペイン継承戦争

(6)　・ナントの王令（勅令）の廃止によりユグノーが国外亡命をしたことによって引きおこされた産業の衰退。
　　・宮廷の豪奢。

解説　三十年戦争は「最後の宗教戦争」といわれ，対立の軸の 1 つは旧教（カトリック）対新教（プロテスタント）であった。しかし，戦争の末期には，カトリックのフランスがハプスブルク家に対抗するために新教側につくなど，戦争の性格は宗教戦争からヨーロッパの覇権をめぐる主権国家どうしの国際戦争へと変化していった。

例題 5　東欧の絶対王政

(1)　東ヨーロッパの絶対王政に関する次の各問いに答えよ。

問 1　A～C群よりそれぞれ関係の深いものを結びつけよ。

【A群】ア．エカチェリーナ 2 世　　イ．フリードリヒ 2 世（大王）
　　　ウ．マリア＝テレジア

【B群】a．プロイセン　　b．ロシア　　c．オーストリア

【C群】① 農奴制の強化　　② 君主は国家第一の僕
　　　③ 外交革命

問 2　18世紀当時，プロイセンとオーストリアが戦った戦争名を 2 つ挙げよ。

問 3　18世紀後半，プロイセン・ロシア・オーストリアが共同して行った干渉は何か答えよ。

(2)　次の文章の空欄に当てはまる語句を答えよ。

ロシアでは15世紀末（　A　）が（　B　）より独立し，（　C　）はロシアの絶対王政の基礎を作った。彼の死後の1613年に（　D　）が内乱を鎮圧し即位した。17世紀末の（　E　）の（　F　）政策によって絶対王政が確立し，（　G　）と北方戦争をおこしバルト海への出口を奪い，新都（　H　）を建設した。18世紀後半に現れたエカチェリーナ 2 世は（　E　）の政策を受け継ぎ（　I　）の農民反乱を抑え，農奴制を強化し，（　J　）と戦い（　K　）半島を獲得し黒海沿岸進出を果たした。

解答　(1)　問 1　ア．b，①　　イ．a，②　　ウ．c，③

問 2　オーストリア継承戦争，七年戦争　　問 3　ポーランド分割

(2)　A．モスクワ大公国　　B．キプチャク＝ハン国

C．イヴァン 4 世（雷帝）　　D．ミハイル＝ロマノフ

E．ピョートル 1 世　　F．西欧化　　G．スウェーデン

H．ペテルブルク（サンクト＝ペテルブルク）　　I．プガチョフ

J．オスマン帝国　　K．クリミア

解説　(1)　問 2　オーストリア継承戦争では，プロイセン（プロシア）のシュレジエン（シレジア）領有と引換えにマリア＝テレジアは王位相続を認められた。王位に就いた後，その奪回を目指して七年戦争をおこしたが奪回できなかった。

(2)　E，F．ピョートル 1 世（大帝，在位1682～1725年）は西欧視察旅行の後西欧化政策を押し進め，それと同時に重商主義政策と南下政策をとった。

I．エカチェリーナ 2 世（在位1762～96年）はヴォルテールらとも交流し，啓蒙専制君主としてロシアの近代化を進めたが，プガチョフの農民反乱後，フランス革命の影響もあって農奴制を強化した。

例題6　イギリスの革命

⑴　ピューリタン革命・名誉革命に関する次の各問いに答えよ。

問1　チャールズ1世は王権神授説を唱えて議会の権限を無視したので，議会派とよばれる人々は激しい抵抗をしたが，この議会派の中心勢力となったのはどの階層の人たちか答えよ。

問2　名誉革命前に議会は審査法なるものを発したが，その内容に当てはまるものを次から選べ。

① カトリック教徒だけが公職に就くことができる。
② 非国教徒は公職に就くことができない。
③ カトリック教徒は公職に就くことができない。

⑵　次の文章の空欄に当てはまる語句を答えよ。

ジェームズ2世の娘のメアリとその夫ウィレムは，1689年にイギリス議会が（　A　）として提出したものを承認しメアリ2世，ウィリアム3世として即位し，（　A　）を（　B　）として制定した。ウィリアム3世は（　C　）党，（　D　）党より大臣を選び，これが内閣制度の起源となり，ジョージ1世のときに（　C　）党のウォルポールのもとで，内閣は国王ではなく議会に対して責任を負う責任内閣制が成立し，「王は君臨すれども統治せず」という伝統が生まれた。

解答　⑴　問1　ジェントリ（郷紳），独立自営農民，商工業者などの市民階級
問2　②

⑵　A．権利の宣言　　B．権利の章典
C．ホイッグ　　D．トーリ

解説　⑴　問1　**ジェントリ**にはピューリタン（清教徒）が多く，特権商人を保護したりピューリタンを弾圧したりした国王側と激しく対立した。

問2　**チャールズ2世**（在位1660～85年）によるカトリックの擁護政策に対抗し，議会が制定した。

⑵　A，B．**権利の宣言**では，王権に対する議会の優位が明確にされている。**権利の章典**は，これを法文化したものである。

C，D．初めはホイッグ（ウィッグ）・トーリ両党から同人数ずつ大臣が任命されたが，政争が続いたので，後に多数党に内閣を組織させるようになった。ホイッグ（党）は自由党，トーリ（党）は保守党の前身である。

演習問題

1　★★☆

次の文章を読んで，各問いに答えよ。

ヨーロッパの歴史において，ルネサンスと宗教改革と大航海に伴うヨーロッパ世界の拡大とは，a中世社会から近代市民社会の確立へと向かう過渡期に位置し，近代化の契機となった重要な事象とされる。

ルネサンスは14世紀にbイタリアで開花したが，16世紀以降，他の西欧諸国にその中心が移動した。文学では現実の社会をc風刺する傾向がおこり，絵画では写実的描写が尊重された。さらに，合理的精神は新たな科学技術の発明をもたらし，中国から伝播した（　A　）が改良されて遠洋航海が可能になった。しかし，ルネサンスとバロックの中間期に位置する芸術様式であるdマニエリスムの意義を重視し，ルネサンスを近代の始まりとすることに否定的な見解もある。

宗教改革運動は，教皇レオ10世による（　B　）の販売を，ドイツのマルティン＝ルターが批判したことから始まった。マルティン＝ルターは教会側との論争を通じてカトリックの教義を否定するに至ったため，神聖ローマ皇帝（　C　）との対立を深めたが，1555年の（　D　）の宗教和議で両派の間に一応の解決がみられた。またスイスで改革を行ったカルヴァンの思想は主にイギリス・フランス・オランダで広く普及することとなった。こうした動きに対し，カトリック側でも勢力挽回を目指す反宗教改革が行われ，ドイツやフランスで勢力の回復がなされたが，これは16世紀後半以降のe新旧両教徒間の激しい宗教戦争を生む要因となった。

ヨーロッパ世界の拡大は，f12世紀から13世紀にかけての十字軍運動からすでにみられた。また，大航海時代におけるポルトガル・スペイン両国の動きは，gイベリア半島を征服したイスラーム勢力を駆逐する（　E　）の延長と見ることができる。ポルトガルは，アフリカ探検事業を進め，東廻りでインドに到達し，アジア貿易を独占した。一方，西廻り航路をとったhスペインは，アメリカ大陸へ進出し支配を強めていたが，さらにマゼランの世界周航を機にアジアにも勢力を伸ばすことになった。これらの国々の海外進出は対抗宗教改革と結びついてカトリック世界の拡大をもたらした。イエズス会のマテオ＝リッチは明代の北京で布教し，中国最初の世界地図である『（　F　）』を作成した。

(1)　文章中の空欄に当てはまる語句を答えよ。

(2)　下線部aについて，アルプス以北の西欧の荘園でおこった農業上の技術革新を次の図を使って，生徒に説明することにした。あなたならどのように説明するか答えよ。

(3)　下線部bの理由を「オスマン帝国」という語句を用いて説明せよ。

(4)　下線部cについて，トマス＝モアは著書『ユートピア』の中で「羊が人間を食う」と当時のイギリス社会を風刺した。彼はこの言葉で，当時のイギリス社会のどのような状況を風刺したか，簡潔に説明せよ。

(5)　下線部dの芸術様式の特徴について，簡潔に説明せよ。

(6)　下線部eに関する次の史料を読んで，各問いに答えよ。

i余の臣民の間に，騒乱・紛議のいかなる動機も残さぬため，余は改革派と称する信徒が，余に服する王国のすべての都市その他の場所において，なんら審問・j迫害・追求されることなく，生活し居住することを認める。彼らは，こと宗教に関して，その信仰に反する行為を強いられることなく……彼らの住もうと欲する住居・居住地内において，その信仰のゆえに追求されざるべし　　（山川出版社『新訳世界史史料・名言集』）

問1　下線部iの人物名を答えよ。

問2　下線部jの1つで，1572年8月24日におこった，宮廷を巻き込んだ虐殺事件名を答えよ。

(7)　下線部fは，その後の西ヨーロッパ世界に重大な影響を与えた。この運動が中世の西ヨーロッパ世界に与えた影響を具体的に説明せよ。

(8)　下線部gについて，「ムハンマドなくしてシャルルマーニュなし」という主張をする歴史家が現れた。その歴史家名を答えよ。またこの主張の内容を，簡潔に説明せよ。

(9)　下線部hに関連して，1494年に結ばれたトルデシリャス条約の内容について説明せよ。

〈新潟県〉

2 ★★☆

次の文章を読んで，各問いに答えよ。

16世紀におこった宗教改革運動は西方キリスト教会を分裂させることになった。1517年，マルティン＝ルターは贖宥状の販売などについてaカトリック教会を批判した「九十五カ条の論題」を発表，その反響はたちまち全ドイツに広がっていった。彼は，主著『キリスト者の自由』や討論会などによってその主張を明らかにしたが，ローマ＝カトリック教会から破門された。さらに，1521年には神聖ローマ皇帝bカール５世によりヴォルムス帝国議会に召喚され，法律保護停止となったが，ザクセン選帝侯フリードリヒによってヴァルトブルクの城に保護され，改革運動を進めた。ルターの教えは農民や都市市民の他，諸侯が領内の教会の首長となる領邦教会制によって教会の支配を目指す領邦諸侯に歓迎された。その後，ドイツはカトリックを支持するc神聖ローマ皇帝を中心とする旧教諸侯と新教諸侯の対立が続き，アウクスブルクの宗教和議でようやく一応の終息を見たが，根本的解決にはならず，d三十年戦争という大宗教内乱を迎えることになった。一方，スイスでもツヴィングリの改革が途切れた後，ジュネーヴでカルヴァンが改革を進めた。カルヴァン派は盛んな布教活動で産業市民層に受け入れられ，e商工業の発達した地域へ広がった。

(1)　下線部aについて，ルター以前にも人文主義者たちによる教会批判はあった。その代表的なものであるエラスムスの著作名を答えよ。

(2)　ハプスブルク家は広大な地域を支配したが，下線部bの人物の支配地ではないものを次から選べ。

ア．メキシコ　　　　イ．ネーデルラント

ウ．オーストリア　　エ．フィリピン

(3)　下線部cについて，この頃ウィーン包囲を行ったスレイマン１世に関する記述として正しいものを選べ。

①　マムルーク朝を滅ぼし，エジプトを支配した。

②　レパントの海戦で，ヴェネツィアなどのキリスト教連合軍を破った。

③　イタリア戦争でカール５世と争っていたフランスのフランソワ１世と同盟した。

④　コンスタンティノープルを陥落させ，東ローマ帝国を滅ぼした。

(4)　下線部dの内乱終結時の条約に関する記述として正しいものを選べ。

①　この条約では農奴以外の国民の信仰の自由が認められた。

②　ドイツの領邦のほぼ完全な主権が認められた。

③　スイスの独立が認められ，永世中立国となった。

④　アルザス地方がデンマーク領となった。

(5) 下線部eについて，地図中Aの地域でのカルヴァン派の呼称を次から選べ。

ア．ピューリタン
イ．プレスビテリアン
ウ．ゴイセン
エ．ユグノー

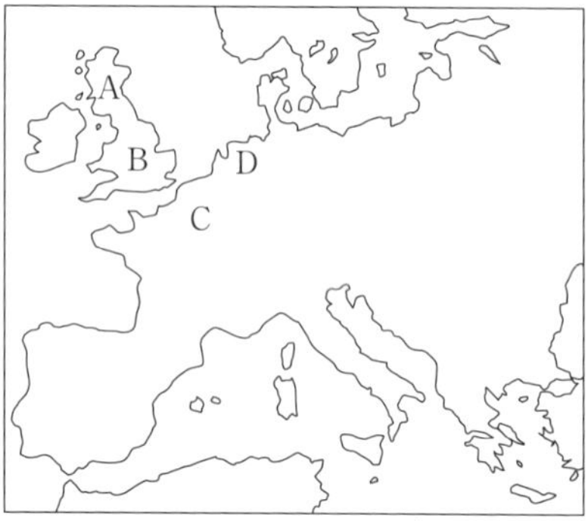

〈長崎県改題〉

3 ★★★

次の文章を読んで，各問いに答えよ。

ドイツにおける宗教内乱を終わらせた1555年のaアウクスブルクの宗教和議ら半世紀もたたない16世紀末から，b「宗教領保留」条項の具体的適用をめぐって新教派諸侯と旧教派諸侯との間に紛争が相次ぎ，宗教的対立の再燃・激化のうちに，1618年，三十年戦争が勃発する。戦争の発端は，ベーメン新王フェルディナントが対抗宗教改革を通じて国内の統一と王権を強化しようとしたのに対して，新教派のベーメン貴族，民衆が叛乱したことにある。このベーメンの叛乱は，1619年フェルディナントが神聖ローマ皇帝位に即くと，ベーメン議会が彼の王位を取り消して新教同盟の指導者ファルツ選帝侯フリードリヒを国王に選んだことから，ドイツに飛火し，さらに，1625年にデンマーク王が，1630年にはスウェーデン王が新教徒擁護の名のもとにドイツに侵入したことにより，c国際戦争に拡大する。

三十年戦争中には多くの領邦で多かれ少なかれ絶対主義化の過程が進行している。長期にわたる戦争のためdラントシュテンデは領邦君主による厖大な軍隊の保有とそれを維持するための租税を認めざるをえず，逆に領邦君主はその軍事力を利用して領内における権力を強化することができたからであった。その最も代表的な例はブランデンブルク－プロイセンであり，1644年ブランデンブルク選帝侯フリードリヒ＝ヴィルヘルムが常備軍を設けたことによって，統一への大きな一歩が踏み出された。具体的には領邦によって様々であるけれども，一般的に領邦国家の「身分制国家」期が三十年戦争の終熄するe1648年で終わり，以後絶対王政の時期が始まるとされるのは，そのような事実に基づくのである。

(中村賢二郎『岩波講座世界歴史15』岩波書店　1969　一部改)

⑴　下線部aにおいて，領邦教会制を確認した原則とその内容を，簡潔に説明せよ。

⑵　下線部bについて，その内容を簡潔に述べよ。

⑶　下線部cについて，三十年戦争が最終段階において，宗教戦争から国際戦争へ変質したといわれる最大の理由を簡潔に説明せよ。

⑷　下線部cについて，後にプロイセンの軍政家クラウゼヴィッツが著書『戦争論』の中で述べている戦争の変質について，その内容を簡潔に説明せよ。

⑸　下線部dについて，簡潔に説明せよ。

⑹　下線部eについて，ウェストファリア条約が「神聖ローマ帝国の死亡証明書」といわれる理由を簡潔に説明せよ。

〈長野県改題〉

4　★★☆

次の文章を読んで，各問いに答えよ。

1603年に即位した（　A　）は，【①王権神授説】を唱えて専制政治を行った。当時国民の間では，a国教会に不満をもつカルヴァン派が力を増し，国王が議会を無視して新税をとりたてたり，少数の大商人に独占権を与えたりすることへの批判が高まった。次に王位を継いだ（　B　）も同じような姿勢であったため，議会は【②権利の請願】を可決したが，国王は翌年議会を解散し，以後11年間議会を開かなかった。1640年，スコットランドの反乱に対応するために国王は議会を召集したが，これが革命の発端となった。国王は，議会と対立するとすぐにこれを解散したが，同じ年に再び議会を招集した。この議会も激しく国王を批判し，王党派と議会派との間に内戦がおこった。bオリヴァ＝クロムウェルは議会派を勝利に導き，国王を処刑して共和政を打ちたてた。

クロムウェルの死後，（　C　）が国王として迎えられたが，彼が専制的な政治姿勢をとり，カトリックの擁護を試みると，議会は審査法や人身保護法を定めて，市民的自由を保障しようとした。

続いて王位を継いだ（　D　）は，カトリックと絶対王政の復活に努めたので，議会は，オラニエ公ウィレムと妻メアリをイギリスに招いた。二人は議会による権利の宣言を受け入れ，ウィリアム3世とメアリ2世としてともに王位に就いた。議会は同じ年にこの宣言を【③権利の章典】として制定した。

⑴　文章中の空欄に当てはまるイギリスの国王名を答えよ。

⑵　下線部aについて，イギリスにおける国教会成立の過程を，次の語句をすべて使用して説明せよ。

【ヘンリ8世　　メアリ1世　　エリザベス1世】

(3) 下線部bの人物に関する記述として正しいものを2つ選べ。

① 議会派の中の水平派に属し，財産権と参政権の平等を強く求めた。

② アイルランドを王党派の拠点とみなして征服し，事実上の植民地とした。

③ 航海法を制定し，中継貿易を主としていたオランダに打撃を与えた。

④ 終身の統領となって，厳格な軍事独裁体制をとり，国内を安定させた。

⑤ 独立自営農民の出身であり，熱心なイギリス国教会の信者であった。

(4) 文章中【①】～【③】に関わりの深い史料を次から選べ。

Ⅰ. それゆえ，われらはいとも尊き陛下に，以下のことを願いあげるものであります。今後はなにびとも，議会制定法による一般の同意なしには，いかなる贈与金・貸付金・上納金・税金その他同じような負担を負ったり支払ったりするよう強制されないこと。このことに関して，またこれを拒否したことに対して，なにびとも，答弁や宣誓や出頭を要求されたり，監禁されたり，あるいはその他の方法で苦しめられたり不安にさせられたりしないこと。

Ⅱ. 王は，その権限によって，議会の同意なしに，法の効力を停止したり，法の執行を停止したりする権力があるという主張は，違法である。王は，その権限によって，法の適用を免除したり，法の執行を免除したりする権力があるという主張は――最近そのような権限が詐称され行使されたが――違法である。国王大権を口実として，議会の承認なしに，議会が承認するよりも長期間にわたり，また議会が承認するのと異なる方法で，王の使用のために金銭を徴収することは，違法である。

Ⅲ. 王は，この世において，一種の神の権力ないし神の権力に似た力を行使するがゆえに，正当に神とよばれるのである。何となれば，神の属性を考えてみれば，それらがいかに王その人に一致しているかがわかるであろう。神は意のままに創造し，破壊し，つくり，廃する権力，生かしたり殺したりする権力，すべてのものを裁き，何者からも裁かれず，また何者にも責任を負わない権力，意のままに低いものを高め，高いものを低める権力をもっている。

(5) 次はイギリスの王朝名を示したものである。時代の古いものから順に並べ替えよ。

ア. ウィンザー朝　　イ. ハノーヴァー朝　　ウ. ノルマン朝

エ. テューダー朝　　オ. ステュアート朝　　カ. プランタジネット朝

〈京都府〉

5　★★☆

次の文章を読んで，各問いに答えよ。

Ⅰ．17世紀 $_{a}$<u>オランダ</u>の哲学者。デカルトの思想に傾倒し，後に独自の（　A　）論を唱えた。人間の幸福は永遠の相の下に，理性に基づいて神の必然の法則を認識することにあるとした。主著には『エチカ』がある。

Ⅱ．17世紀フランスの悲劇作家。$_{b}$<u>ルイ13世の宰相</u>が設立した（　B　）において国語の統一的改革が図られるフランスで，『アンドロマケ』で名声を博し，規則と調和を重んずる（　C　）文学の傑作を生んだ。

Ⅲ．17世紀，フランドルのアントウェルペンを拠点に活動した画家。新様式の確立に努め，（　D　）絵画の創始者とよばれる。

Ⅳ．18世紀フランスの経済学者。主著『（　E　）』で「生産的支出は，富を永続させるために，穀物，飲物，材木，家畜，手工業製品の原料などに対して，農業，牧場，森林，……などにおいておこなわれる」とし，重農主義の祖とされる。絶対王政下で優勢であった重商主義を批判して“レッセ＝フェール（「なすにまかせよ」）”を主張した。

⑴　文章中の空欄に当てはまる語句を答えよ。

⑵　Ⅰ～Ⅳが説明する人物名を答えよ。

⑶　下線部ａについて，右の絵から読み取ることができる当時のオランダ社会の状況について，簡潔に説明せよ。

⑷　下線部ｂが，国際政治におけるフランス勢力の拡大を目指して行った政策を，簡潔に説明せよ。

〈毛織物組合役員像〉

〈福島県〉

6　★★☆

16～18世紀のヨーロッパ世界の特質について，次の語句を用いて300字以内で述べよ。

【主権国家　　国際分業関係　　大西洋世界】

〈群馬県〉

7 ★★☆

イスラーム世界に関する次の文章を読んで，各問いに答えよ。

アラブの預言者ムハンマドの始めたイスラーム教は，ユダヤ教やキリスト教の影響をうけて生まれた$_a$厳格な一神教であるが，$_b$その独特の聖戦の概念により，約1世紀の間に東は中央アジアから北アフリカを経て，西はイベリア半島に至る大帝国を造りあげた。11世紀以降は，$_c$内陸アフリカにもイスラーム教が広まり，$_d$インドにもイスラーム勢力が侵入して王朝を建設した。13世紀以後になると，貿易活動を通じて東南アジアの諸島部も次第にイスラーム化された。征服地では初めアラブ人だけが特権階級であったが，$_e$アッバース朝時代になってイスラーム法が整えられると，平等の原則が支配的になった。しかし，ペルシア人や$_f$トルコ人に政治の実権が移っていくに従い，カリフ体制下のイスラーム帝国は分裂を重ねるようになった。

西アジアのイスラーム社会では，はじめ官吏や軍人に国家から俸給が支払われていたが，中央権力が衰えると，軍人に土地からの徴税権を与え，直接農民や都市民から徴税させる（　A　）制が各地に広まった。

$_g$イスラーム文明は，『コーラン』を中心とする宗教・学問と，外来の文明とが融合してできたものである。とりわけ9世紀以降，文献の翻訳によりギリシアやインドから学んだ自然科学・数学の研究の成果は，ヨーロッパにも大きな影響を与えた。また，イスラーム商人は東西への交易により，中国・インド・ヨーロッパを媒介し，文明の交流に大きな役割を演じた。

(1)　イスラーム教が勢力を拡大する以前の6世紀後半頃，メソポタミア一帯を支配していた国を次から選べ。

ア．アケメネス朝　　イ．ササン朝

ウ．ビザンツ帝国　　エ．パルティア

(2)　下線部aについてイスラーム教が禁じていることを次から選べ。

ア．断食　　イ．偶像崇拝　　ウ．喜捨　　エ．巡礼

(3)　下線部bのイスラーム帝国の拡大に関する記述として誤っているものを選べ。

① 642年ニハーヴァンドの戦いでビザンツ帝国を滅ぼした。

② 711年イベリア半島を征服し，西ゴート王国を滅ぼした。

③ 732年トゥール・ポワティエ間の戦いでフランク王国に敗れた。

④ 751年タラス河畔の戦いで唐軍を破った。

⑷　下線部ｃの11世紀以降，アフリカ内陸部へイスラーム教が進出するきっかけとなったベルベル人の王朝を次から選べ。

ア．ガーナ王国　　　イ．ナスル朝

ウ．ムワッヒド朝　　エ．ムラービト朝

⑸　下線部ｄのインド・東南アジアのイスラーム化に関する記述として正しいものを選べ。

①　インド初のイスラーム王朝は13世紀の初めにバーブルによって開かれた奴隷王朝である。

②　16世紀のシク教は，イスラーム化したインドにおいてナーナクが創始したイスラーム教の改革派でヒンドゥー教の影響を受けている。

③　16世紀のムガル帝国のアクバルは，ヒンドゥー教徒を支配するため人頭税（ジズヤ）を課し帝国の支配を強化した。

④　14世紀インドのイスラーム化に伴い東南アジアにおいてもイスラーム化が進行し，初のイスラーム教国としてマラッカ王国が成立した。

⑹　下線部ｅのアッバース朝の説明ではないものを次から選べ。

①　アッバース朝は第２代カリフのマンスールのとき，肥沃なイラク平原の中心に円形の新首都バグダードを建設した。

②　ペルシア人を中心とする異民族でも要職に就くことができ，アラブ人の特権は失われていった。

③　アッバース朝が建国されると，ウマイヤ朝の一族はイベリア半島にのがれ，グラナダを首都とする後ウマイヤ朝を建てた。

④　アッバース朝の全盛期はハールーン＝アッラシードの時代であったが，その死後勢力は衰え帝国の支配は縮小した。

⑺　下線部ｆについて，トルコ系イスラーム王朝ではないものを次から選べ。

ア．ブワイフ朝　　　イ．セルジューク朝

ウ．マムルーク朝　　エ．カラ＝ハン朝

⑻　空欄Ａに当てはまる語句を次から選べ。

ア．スルタン　　イ．イクター　　ウ．ハラージュ　　エ．イマーム

⑼　ウマイヤ朝とアッバース朝における人頭税と地租について，課税対象の相違点を説明せよ。

⑽　インドのムガル帝国内でアクバルとアウラングゼーブが行った宗教政策について，150字以内で説明せよ。

〈沖縄県改題〉

演習問題　解答・解説

1

(1)　A．羅針盤
　　B．贖宥状（免罪符）
　　C．カール5世
　　D．アウクスブルク
　　E．国土回復運動
　　（国土再征服運動，レコンキスタ）
　　F．坤輿万国全図

(2)　〔解答例〕
　車輪のついた農具を牛に引かせ，土が深く掘りおこされていることから，鉄製の重量有輪犂を牛馬に連結して引かせる繋駕法が行われていることを説明する。この有輪犂は重粘土壌の深耕を容易にし，作業能率を大いに高め，農業生産を増大させ，さらに開放耕地や村落共同体の形成を促したことを説明する。

(3)　オスマン帝国の圧迫を受けたビザンツ帝国の学者たちがイタリアに移住し，都市の保護の下でギリシア語や古典文化を広めたことが刺激となったから。

(4)　当時のイギリスでは毛織物工業が発展し，市場の拡大に対応するために領主・地主が農民から農地を取り上げ，生垣や塀で囲い込んで牧場にする囲い込み（エンクロージャー）が盛んに行われ，農民の困窮がみられた。

(5)　写実的表現よりも作者の美的な感情表現を重視する芸術様式であり，バランスの崩れた変形，遠近法の放棄または強調，抽象的な表現などによって特徴づけられる。

(6)　問1　アンリ4世
　　問2　サンバルテルミの虐殺

(7)　・相次ぐ遠征の失敗により教皇の権威は揺らぎ始め，反対に遠征を指揮した国王の権威は高まった。
　・十字軍の輸送により，イタリアの諸都市は大いに繁栄し，地中海貿易による東方との交易が再び盛んになり始め，ヨーロッパ内部の商業活動も盛んになった。
　・東西間で人と物の交流が活発になると，東方の先進文明圏であるビザンツ帝国やイスラーム世界から文物が流入し，西ヨーロッパ人の視野が拡大した。　など

(8)　歴史家名：ピレンヌ
　内容：地中海の大部分をイスラーム勢力が支配することによって，ヨーロッパは交換経済から農業中心の現物経済に移行し，その中心も地中海を離れて内陸の農業地域に移った。そのため，農業生産力の高い北フランスや北西ドイツを支配したフランク王国が，西欧の指導的役割を担うこととなり，カール大帝（シャルルマーニュ）の下で西欧が統合されたことを意味している。

(9)　コロンブスのアメリカ大陸到達後，ポルトガルとスペインの大西洋の管轄区域をめぐる対立がおこり，1493年の植民地分界線協定によって一時的に決着をみたが，これを不服とするポルトガルが，翌1494年にスペイン北部の都市トルデシリャスで再度海外領土の分割を協議し，分割線を西方に移動させ，その東側をポルトガル領，西側をスペイン領とすることと定めた。

解説

⑹の資料はフランス王アンリ４世（在位1589～1610年）が発布したナントの王令（勅令）である。王は本来ユグノーであったが，自らは多数の国民が支持しているカトリックに改宗し，ナントの王令を発して，ユグノーに信仰の自由を認めた。

2

⑴　『愚神礼賛』　⑵　エ
⑶　③　⑷　②
⑸　イ

解説

⑴　エラスムス（1469頃～1536年）はネーデルラントのロッテルダムに生まれ，ロッテルダムの哲人とよばれ，16世紀最大の人文主義者といわれている。イギリスのトマス＝モア（1478～1535年）との親交は有名である。『愚神礼賛』はイギリス滞在中に書かれ，トマス＝モアに捧げられた。

⑵　フィリピンは，カール５世（在位1519～56年）の子であるスペイン国王フェリペ２世（在位1556～98年）時代の1565年に，総督レガスピにより領有が宣言された。フィリピンの名称は皇太子時代のフェリペにちなんでいる。

⑶　①　セリム１世（在位1512～20年）に関する記述である。
②　プレヴェザ海戦に関する記述である。
④　メフメト２世（在位1444～46，51～81年）に関する記述である。

⑷　三十年戦争の講和条約はウェストファリア条約である。
①　アウクスブルクの宗教和議が再確認されたので，「国民の信仰の自由が認められた」は誤りである。
③　ウィーン議定書。
④　デンマーク領ではなくフランス領になった。

⑸　ア．イングランド（B）での呼称。
ウ．オランダ（D）での呼称。
エ．フランス（C）での呼称。

3

⑴　「ある者に領土の属する場合には，その者に宗教もまた属する」という原則により，領民はそれぞれの諸侯の決めた宗派を信仰しなければならなかった。

⑵　神聖ローマ帝国直属の聖職者が新教に改宗した場合，その領地は旧教側に保留されるということ。

⑶　旧教国であるフランス＝ブルボン家がハプスブルク家打倒のため，新教側に立って参戦したから。

⑷　戦争とは他の手段をもってする政治の継続である。

⑸　領邦議会に出席する権利をもつ高位聖職者，貴族，領邦都市代表の諸身分である。

⑹　神聖ローマ帝国が300以上の領邦に事実上解体されて，フランス＝ブルボン家のハプスブルク家に対する全面的優位が決定的となったため。

解説

17世紀前半のドイツを中心としておこった三十年戦争は，最後で最大の宗教戦争であった。戦争の発端となったベーメン（ボヘミア）は，かつて宗教改革の先駆者の一人とされるプラハ大学総長フス（1370頃～1415年）が出たところであり，新教徒（プロテスタント）の影響力が強かった。この戦争の結果ドイツは荒廃し，人口は1,800万人から700万人に減少したといわれている。

4

(1) A．ジェームズ１世（６世）
　B．チャールズ１世
　C．チャールズ２世
　D．ジェームズ２世

(2) イギリス王ヘンリ８世はもともとカトリックの擁護者であったが，妃のカザリンとの離婚にローマ教皇（法王）が同意しなかったため，1534年に国王至上法（首長法）を発布し，ローマ＝カトリック教会からイギリス国教会を分離して成立させた。次のエドワード６世は一般祈禱書を制定し，カルヴァン派の教義を取り入れた。次に即位したメアリ１世はヘンリ８世とカザリンとの娘で，カトリックを復活しローマとの関係を修復して旧教国スペインの王子フェリペ（後のスペイン王フェリペ２世）と結婚した。そして新教徒を厳しく弾圧し，「血のメアリ」とよばれた。メアリ１世の死後即位したエリザベス１世は，統一法を発して一般祈禱書の使用を義務づけ，イギリスを再び国教会に戻した。

(3) ②，③

(4) ①　Ⅲ　　②　Ⅰ　　③　Ⅱ

(5) ウ→カ→エ→オ→イ→ア

解説

(1) A．スコットランド王ジェームズ６世がエリザベス１世の死後，テューダー王家の血をひくことからイギリス王に迎えられ，ジェームズ１世として即位した。

(3) ①　クロムウェル（1599～1658年）は独立派の指導者で，水平派（平等派）を弾圧した。
　④　統領ではなく護国卿となった。
　⑤　彼はジェントリ（郷紳）の出身で，熱心なピューリタン（清教徒）であった。

(5) ア．1917年～
　イ．1714～1917年
　ウ．1066～1154年
　エ．1485～1603年
　オ．1603～1714年
　カ．1154～1399年

5

(1) A．汎神
　B．フランス学士院（アカデミー）
　C．古典主義
　D．バロック
　E．経済表

(2) Ⅰ．スピノザ　　Ⅱ．ラシーヌ
　Ⅲ．ルーベンス　　Ⅳ．ケネー

(3) 17世紀のオランダは経済的繁栄を現出し，大商人が勢力をもっていた。

(4) ハプスブルク家の勢力を抑えるため，新教国を支援して三十年戦争に介入した。

解説

(1) A．汎神論は，神とすべての万物が同一のものとする考え方である。カトリック教会からは異端とみなされた。
　D．豊潤で華麗な画風と肌色の美しさには定評がある。

(2) Ⅱのラシーヌ（1639～99年）以外のフランス古典主義文学の代表者と代表作は，コルネイユ（1606～84年）『ル＝シッド』，モリエール（1622～73年）『人間嫌い』『タルチュフ』『守銭奴』である。
　Ⅳのケネー（1694～1774年）は，フランス国王ルイ15世（在位1715～74年）の宮廷の医師で，重農主義の経済学者である。

(3) オランダの主産品であった毛織物などを取り扱う“商人貴族”が，国政に大きな影響を与えていた。

⑷　介入はリシュリュー（ルイ13世〔在位1610～43年〕の宰相，在任1624～42年）からマザラン（ルイ14世〔在位1643～1715年〕の宰相，在任1642～61年）に及んだ。

6

大航海時代の到来とともに，ヨーロッパ世界は大西洋世界から新大陸へとその活動範囲を広げ，世界の一体化が始まった。植民地を獲得し，そこから原料を得て自国で製品を生産する，というような広範な国際分業関係の基礎が成立したのもこの時代である。農奴制による東ヨーロッパの安価な穀物・原材料が西ヨーロッパに輸出され，西ヨーロッパはこれを利用して工業を発展させ，工業製品や毛織物などの製品を東ヨーロッパや新大陸に輸出して利益を得，新大陸では先住民や黒人奴隷によって金・銀・砂糖などが生産され，西ヨーロッパに運ばれた。また，この時代には，中世の封建的な領主層の没落に伴い，中央集権的な主権国家が誕生した。

7

⑴　イ　　⑵　イ　　⑶　①　　⑷　エ

⑸　④　　⑹　③　　⑺　ア　　⑻　イ

⑼　ウマイヤ朝では，支配者であるアラブ人はジズヤ（人頭税）やハラージュ（地租）が免除され，被征服者の異民族にだけ税が課された。アッバース朝ではアラブ人の特権が失われ，イスラーム教徒であれば異民族でもジズヤが免除となり，アラブ人でも征服地に土地を所有すればハラージュが課せられるようになった。

⑽　アクバルは，ヒンドゥー教の女性と婚姻関係を結び，非イスラーム教徒に課されていたジズヤ（人頭税）を廃止するなど，ヒンドゥー教徒とイスラーム教徒の融合を図った。一方，イスラーム教に深く帰依したアウラングゼーブは，ジズヤ（人頭税）の復活やヒンドゥー寺院の破壊など，ヒンドゥー教徒を圧迫した。

解説

⑶　①　ニハーヴァンドの戦いでササン朝を破り，651年にササン朝は滅んだ。

⑷　ベルベル人のイスラーム王朝は，エのムラービト朝（1056～1147年）とウのムワッヒド朝（1130～1269年）である。ムラービト朝はニジェール川流域のガーナ王国を滅ぼし，内陸アフリカのイスラーム化への道をひらいた。

⑸　①　奴隷王朝（1206～90年）はアイバク（在位1206～10年）が創始した。バーブル（在位1526～30年）はムガル帝国の創始者である。

②　シク教はイスラーム教の影響を受けたヒンドゥー教から派生した。

③　アクバル（在位1556～1605年）はジズヤを廃止してヒンドゥー教徒の支持を得た。

⑹　③　後ウマイヤ朝の首都はコルドバであった。グラナダはナスル朝の首都ある。

⑺　ア．イラン系でシーア派の王朝。

4 近代・現代

傾向と対策

近現代史の200年余りは，最も頻度の高いところであり，出題数の３分の１に当たる。中でも近代史では大西洋革命として近年連携が論じられる。アメリカ独立革命とフランス革命が重要である。工業社会を実現した産業革命の主要な発明も重要である。「19世紀の欧米諸国」と「帝国主義時代」も頻度が高い。現代史では，「戦間期」と「冷たい戦争（冷戦）」の出題頻度が高い。対策としては良問を研究し，知識を深める方法が時間の節約となる。なお，現代史において直近の事件に関係する中東問題など，時事的な話題からの出題にも対処できるようにしよう。

例題１　フランス革命

次のＡ～Ｊの年月に当てはまるできごとをア～サから選べ。

Ａ．1789年５月　Ｂ．1789年６月　Ｃ．1789年７月　Ｄ．1789年８月
Ｅ．1791年９月　Ｆ．1791年10月　Ｇ．1792年８月　Ｈ．1792年９月
Ｉ．1794年７月　Ｊ．1795年10月

ア．人権宣言　イ．三部会の召集　ウ．封建的特権の廃止
エ．王権の停止　オ．1791年憲法制定公布　カ．テルミドール９日のクーデタ
キ．総裁政府の成立　ク．立法議会の成立　ケ．国民公会の成立
コ．国民議会の成立　サ．バスティーユ牢獄の襲撃

解答　Ａ．イ　Ｂ．コ　Ｃ．サ　Ｄ．ア，ウ（順不同）
Ｅ．オ　Ｆ．ク　Ｇ．エ　Ｈ．ケ　Ｉ．カ　Ｊ．キ

解説　〈フランス革命の経過（1789～99年）〉

議会	できごと	
三部会	89年５月～	
国民議会	89～91年	バスティーユ牢獄の襲撃→人権宣言（人間および市民の権利の宣言）→ヴェルサイユ行進→ヴァレンヌ逃亡事件
立法議会	91～92年	オーストリアに宣戦布告→８月10日事件→ヴァルミーの戦い
国民公会	92～95年	ルイ16世処刑→ジャコバン派独裁（恐怖政治）→テルミドール９日のクーデタ
総裁政府	95～99年	ブリュメール18日のクーデタ

例題2　ウィーン体制とその崩壊

(1)　ウィーン会議によって決められた事項として正しいものをすべて選べ。

①　フランス・スペインのブルボン家，ナポリのハプスブルク家が復活した。

②　正統主義によってポーランド立憲王国として分割以前と同様に復活した。

③　正統主義にもかかわらずオランダは南ネーデルラント（後のベルギー）を獲得し，オランダ立憲王国を建設した。

④　スイスが永世中立国となった。

⑤　ドイツは35君主国と4自由都市からなるライン同盟を結成した。

(2)　フランス外相タレーランが主張した正統主義とは，具体的にはどのような理念か答えよ。

(3)　次のできごとを年代の古い順に並べ替えよ。

A．ギリシア独立戦争　B．七月革命　C．カールスバート決議
D．二月革命　E．スペイン立憲革命　F．三月革命

解答　(1)　③，④

(2)　ヨーロッパの秩序を「フランス革命」以前の状態に戻ろうとする理念。

(3)　C→E→A→B→D→F

解説　(1)　①　ナポリもブルボン家が復活した。

②　ポーランド立憲王国はロシアの皇帝が王位を兼ねた。

⑤　ライン同盟（ライン連邦）ではなくドイツ連邦が正しい。

ウィーン体制は，フランス革命・ナポレオン戦争前の反動的政治体制への復帰を目的としており，このことを明文化した**ウィーン議定書**によるヨーロッパの秩序の維持を目指した。

	国名	結果
体制変更	スイス	22州の連邦による永世中立国となる。
	ドイツ	35君主国と4自由市からなるオーストリアを長とするドイツ連邦を結成。
	イタリア	ナポリにブルボン家が復活，教皇領を回復。サルデーニャ王国はジェノヴァを合わせてサヴォイア家が支配。
	フランス	スペインとともにブルボン家が復活。

(2)　ウィーン会議後，**ロシア皇帝アレクサンドル1世**（在位1801～25年）の提唱による**神聖同盟**（1815年9月）や**四国同盟**（1815年11月）を結成して

ウィーン体制の維持を図った。特にイギリス・オーストリア・プロイセン（プロシア）・ロシアによる四国同盟（1818年フランスも加わり五国同盟となる）は体制維持の実行機関であった。当初ウィーン体制側は，自由主義・国民主義の動きを抑えることができた。

ブルシェンシャフトの運動 （1815～19年）	ドイツの大学生組合のことで，ドイツの統一と自由を求める運動を行った。ドイツ連邦のカールスバート決議でメッテルニヒにより弾圧された。
スペイン立憲革命 （1820年）	復活したブルボン家支配に対してリエゴらがおこしたが，フランス軍の干渉で挫折した。
カルボナリの反乱 （1820・1821年）	カルボナリ（炭焼党）はイタリアの統一を目指す秘密結社で，ナポリ（1820年）・ピエモンテ（1821年）で革命的反乱をおこしたが，オーストリア軍に弾圧された。
デカブリスト〈十二月党員〉の乱 （1825年）	ロシアの自由主義的な青年将校（十二月党員）の反乱で，憲法制定や農奴制・ツァーリズムの廃止を要求したが，新帝ニコライ1世により鎮圧された。

しかし，メッテルニヒが警戒したラテンアメリカ諸国の独立（1820年前後）が次々におこり，さらにヨーロッパの端に運動は飛び火し，ギリシア独立戦争（1821～29年）となった。1830年にはパリで七月革命がおこり，ブルボン朝が倒れ，革命は各地に広がりウィーン体制側が動揺した。しかし，結果的にはフランスの七月革命では，穏健派が中心となり，オルレアン家のルイ＝フィリップを王とする七月王政が成立した。その後1848年再びパリで二月革命がおこり，第二共和政が成立した。革命は，社会主義勢力の台頭もみられ，さらにヨーロッパ諸国へ“諸国民の春”といわれる広がりをもった。ドイツではベルリンとウィーンで三月革命がおこり，ウィーン体制の中心人物であったメッテルニヒも失脚し，ウィーン体制は崩壊した。

例題3　19世紀の欧米諸国

(1) ドイツの統一過程として正しいものを選べ。

① プロイセン＝フランス戦争→ドイツ関税同盟→北ドイツ連邦→ドイツ帝国成立

② ドイツ関税同盟→プロイセン＝オーストリア戦争→プロイセン＝フランス戦争→ドイツ帝国成立

③ プロイセン＝オーストリア戦争→ドイツ関税同盟→プロイセン＝フランス戦争→ドイツ帝国成立

④ 北ドイツ連邦→ドイツ関税同盟→プロイセン＝フランス戦争→ドイツ帝国成立

⑤ ドイツ関税同盟→北ドイツ連邦→三月革命→ドイツ帝国成立

(2) イタリアの統一に関する記述として正しいものをすべて選べ。

① 1849年に「青年イタリア」がローマ共和国を実現した。

② ガリバルディがナポレオン3世と密約を結びオーストリアを破り，ロンバルディアを併合した。

③ ヴィットーリオ＝エマヌエーレ2世は近代化政策を押し進め，イタリア統一戦争をおこし，彼を信頼したガリバルディよりシチリア（両シチリア・ナポリ）王国を献上された。

④ ヴィットーリオ＝エマヌエーレ2世は1860年サヴォイアとニースをオーストリアに譲って中部イタリアを獲得した。

(3) 19世紀のロシアに関する次の文章の空欄に当てはまる語句を答えよ。

1825年にはツァーリズム・農奴制に反対する最初の自由主義運動である（　A　）がおこったが，鎮圧された。クリミア戦争の最中に即位した（　B　）は，敗戦を経験して近代化の必要性を自覚し（　C　）を1861年に発布した。

解答　(1) ②　(2) ①，③

(3) A．デカブリスト（十二月党員）の乱　B．アレクサンドル2世

C．農奴解放令

解説　(1) ドイツ関税同盟（1834年）→三月革命（1848年）→プロイセン＝オーストリア（普墺）戦争（1866年）→北ドイツ連邦（1867～71年）→プロイセン＝フランス（普仏）戦争（1870～71)年→ドイツ帝国成立（1871年）である。

(2) ② ガリバルディではなくカヴールである。

④ オーストリアではなくフランスである。

例題 4　第一次世界大戦と帝国主義時代

第一次世界大戦に関する次の各問いに答えよ。

(1) バルカン半島において対立していた主義を2つ答え，それぞれ支援していた国名を答えよ。

(2) 大戦前に反戦運動を行った国際組織を答えよ。

(3) 第一次世界大戦の発端となったサライェヴォは現在どこの国に属するか答えよ。

(4) 次のできごとを年代の古い順に並べ替えよ。

ア．タンネンベルクの戦い　　イ．マルヌの戦い

ウ．ヴェルダン要塞攻防　　エ．ベルギーの中立侵犯

(5) アメリカが参戦する口実となったドイツの作戦名を答えよ。

(6) 大戦中の戦況を有利にするためになされた外交を何とよぶか。また後に中東紛争のきっかけに関係することになるものを2つ答えよ。

解答 (1) ・主義：パン＝ゲルマン主義　国名：ドイツ，オーストリア

・主義：パン＝スラヴ主義　国名：ロシア

(2) 第2インターナショナル　(3) ボスニア・ヘルツェゴヴィナ

(4) エ→ア→イ→ウ　(5) 無制限潜水艦作戦

(6) 外交：秘密条約（秘密外交）

きっかけ：フセイン(フサイン)・マクマホン協定(書簡)，バルフォア宣言

解説 (2) インターナショナルとは社会主義者の国際組織である。

第1インターナショナル（1864年ロンドンで結成）	世界初の国際的労働者組織。マルクス派とバクーニン派の対立等で瓦解した。
第2インターナショナル（1889年パリで結成）	第一次世界大戦が勃発すると各国の社会主義政党は自国の戦争に協力し，事実上崩壊した。
第3インターナショナル（1919年モスクワで結成）	コミンテルンとよばれ，各国に共産党を結成させ，世界革命を目指した。

(4) ア．1914年8月29日　イ．1914年9月

ウ．1916年2～12月　エ．1914年8月4日

(5) 第一次世界大戦はこれまでの戦争と違い，総力戦として戦われ，短期決戦を目指したドイツはアメリカの参戦などにより劣勢となり敗れた。アメリカの参戦は膠着状態であった戦況を連合国優勢に導いた。

(6) この秘密条約は，イギリスの二重外交で，アラブ人とユダヤ人が激しく対立している現在のパレスチナ問題の元凶となった。

例題5　戦間期1

(1)　次の各問いに答えよ。

問1　1919年のパリ講和会議に出席したアメリカ代表者名を答えよ。

問2　この会議でA．対ドイツ，B．対オーストリア，C．対トルコで締結された条約名を答えよ。

問3　この会議によってハンガリー，チェコスロヴァキア，ユーゴスラヴィアなどの独立が認められたが，これは何の原則によるものか。またこの適用範囲を答えよ。

(2)　パリ講和会議に関する次の各問いに答えよ。

問1　ウィルソンの十四カ条のうち3つを答えよ。

問2　ウィルソンの十四カ条の提案に基づいて設立された恒久平和を目的とする史上初の国際機構を答えよ。

問3　問2の機構の本部がおかれた都市を答えよ。

問4　問2の機構における問題点を答えよ。

解答　(1)　問1　（ウッドロー＝）ウィルソン

問2　A．ヴェルサイユ条約　　B．サン＝ジェルマン条約
C．セーヴル条約

問3　原則：民族自決　　適用範囲：ヨーロッパ

(2)　問1　秘密外交（秘密条約）の廃止・海洋の自由・軍備縮小・民族自決の原則・無併合・無賠償・関税障壁の撤廃・国際平和機構の設立
などから3つ

問2　国際連盟　　問3　ジュネーヴ

問4　提唱国であるアメリカが国内の反対により不参加となり，史上初の社会主義国家となったソ連の参加が遅れたため，国際的影響力が弱かった。また侵略国には経済制裁のみで武力制裁がなく，全会一致制により，大国の意見一致がなかなか得られなかったことも重なり，有事に即応できなかったということが挙げられる。

解説　(1)　問3　**ヴェルサイユ体制**のねらいはドイツ復興の阻止とソヴィエト政権の封じ込めにあった。ヨーロッパにおいては**民族自決**という名のもとに，民族分布とは違った国境線で独立させられた。

(2)　問4　前記解答にあるように，提唱者は米大統領**ウッドロー＝ウィルソン**（在任1913～21年）であったが，アメリカの共和党・上院の反対により，アメリカは最後まで国際連盟には参加しなかった。

例題6　戦間期2

(1)　世界恐慌のきっかけとなったアメリカ経済に関する次の各問いに答えよ。

問1　ニューディール政策の方針と具体的な方法を述べよ。

問2　世界恐慌直前のアメリカ経済について簡潔に説明せよ。またそのときの大統領名を答えよ。

(2)　次の各文章の空欄に当てはまる語句を答えよ。

・イギリスでは1931年に（　A　）を中心とする（　B　）内閣が成立した。イギリスは金本位制を停止し，他国に対しては関税障壁を高くし，さらに1932年，カナダで（　C　）会議を開き（　D　）を形成した。

・フランスでは1936年に（　E　）を首相とする（　F　）内閣が成立し，金本位制停止，フラン切下げなどが行われた。

・イタリアは1932年には100万人を越す失業者を抱え，その解決策を海外へ求め，この結果アルバニアの保護国化，1935年には（　G　）侵入を行った。

・ドイツ国民は当初ナチスの過激な言動に支持を与えなかったが，世界恐慌の影響で国民経済が混乱し始めたため，ナチスに心動かされる者が増加し，（　H　）と軍部の支援で1932年には第一党となり，（　I　）年にはヒトラーが首相に任命され，一党独裁を確立することになった。これをドイツの（　J　）帝国という。

解答　(1)　問1　国家による統制経済を実施し，3R政策（救済・復興・改革）を掲げ，経済の回復を図った。具体的には全国産業復興法（NIRA），農業調整法（AAA），テネシー川流域開発公社（TVA），ワグナー法を施行した。

問2　説明：1921年以来3人の共和党の大統領が政権の座に就き，アメリカ経済は繁栄していた。しかし，好景気から株価の上昇に対し，異常な投機熱が広がっていった。

大統領：フーヴァー

(2)　A．マクドナルド　　B．挙国一致　　C．オタワ連邦（イギリス連邦）

D．スターリング＝ブロック（ポンド＝ブロック）

E．ブルム　　F．人民戦線　　G．エチオピア

H．中間層（中産階級）　　I．1933　　J．第三

解説　(1)　1929年の世界恐慌は典型的な生産過剰恐慌であり，農業恐慌と重なってアメリカの資本主義社会に打撃を与えた。当時の世界経済の中心であったアメリカの恐慌は，社会主義国のソ連を除いて全世界の資本主義諸国に波及した。

例題 7　冷たい戦争

次の文章の空欄に当てはまる語句を答え，各問いに答えよ。

1950年代から1960年代は世界情勢が変換した時期といえる。第１は1953年のスターリンの死去に始まり，次いで${}_{a}$1955年の（　A　）会談が開催され，その翌年フルシチョフがソ連共産党第20回大会において（　B　）批判を行ったことが挙げられる。それに伴い${}_{b}$東欧諸国が民主化の要求をなした。第２にはアジアにおいて1954年に（　C　）・周恩来会談が開催され，（　D　）を発表した。1955年にはこれを拡大させた（　E　）がインドネシアの（　F　）で開催され，平和十原則を提唱した。これに参加した29ヵ国は米・ソ二大勢力のどちらにも加担しない第三勢力として非同盟主義をとった。第３に1959年の（　G　）で革命がおこったことに表れている。この革命で（　H　）が首相になると社会主義を宣言し，またアメリカ資産と権益を接収したことによりアメリカと国交を断絶した。アメリカの経済封鎖に対し（　G　）は${}_{c}$ソ連に接近し核ミサイル基地を建設した。アメリカの（　I　）大統領は海上封鎖を宣言し，米ソは全面戦争の${}_{d}$危機に直面した。しかし，ソ連の核ミサイル基地撤去により戦争は回避され，これを機に${}_{e}$米ソは接近した。このためソ連共産党第20回大会の（　B　）批判から対立を深めていた中国は本格的にソ連と対立することになる。他にも韓国における政変，南ベトナムに成立した南ベトナム解放民族戦線，1960年のアフリカの17ヵ国の独立，フランスの（　J　）の承認及び1966年の（　K　）の軍事機構よりの脱退などが挙げられる。

⑴　下線部ａについて，この年に四ヵ国の占領軍が撤退し，永世中立国として独立を回復した国名を答えよ。

⑵　下線部ｂについて具体的に1956年の事件を２つ答えよ。またその内１つは何条約によってソ連の介入を許したか答えよ。

⑶　下線部ｃについて，このときのソ連の指導者名を答えよ。

⑷　下線部ｄの危機のことを一般に何とよぶか答えよ。

⑸　下線部ｅの具体例として1963年の軍縮条約名を答えよ。

解答　A．ジュネーヴ４巨頭　B．スターリン　C．ネルー
D．平和五原則　E．アジア＝アフリカ会議（バンドン会議）
F．バンドン　G．キューバ　H．カストロ
I．ケネディ　J．中華人民共和国
K．北大西洋条約機構（NATO）

(1) オーストリア

(2) 事件名：ポーランド反政府反ソ暴動（ポズナニ暴動），ハンガリー反ソ暴動（ハンガリー事件）

条約名：ワルシャワ条約

(3) フルシチョフ　(4) キューバ危機　(5) 部分的核実験停止条約

解説 A．ジュネーヴ4巨頭会談は，アイゼンハワー米大統領，イーデン英首相，フォール仏首相，ブルガーニンソ連首相の4首脳が集まり具体的結論は出なかったものの，東西間の話し合いの気運が高まった。

B．フルシチョフのスターリン批判は「冷たい戦争」（冷戦）の「雪どけ」の大きな転機といえる。それまで神聖化されていたスターリンを，後継者のフルシチョフが党大会で批判したことは，東西両陣営にとって大きなショックであった。しかし，スターリン批判と自由化は同義語ではなく，ハンガリーがワルシャワ条約機構（東ヨーロッパ相互援助条約）脱退を表明するとソ連は弾圧に乗り出した（1956年）。同様なものにチェコスロヴァキアの「プラハの春」（1968年）がある。

C．ネルーは独立後の初代インド首相（在任1947～64年）。周恩来は中華人民共和国初代首相（在任1949～76年）である。

D．平和五原則は，領土・主権の尊重，相互不侵略，内政不干渉，平等互恵，平和共存の5つである。

E．アジア＝アフリカ会議（バンドン会議）には29ヵ国が参加した。1961年にはユーゴスラヴィアのベオグラードで非同盟諸国首脳会議が開催された。こうして，米ソ二大陣営に属さない第三世界の運動が広がった。

G，H．キューバ革命はカストロとゲバラ（アルゼンチン人）を指導者に行われ，親米的なバティスタ政権が打倒された。

I．ケネディ（在任1961～63年）はアメリカ史上初のカトリック教徒の大統領（民主党）であったが，1963年テキサス州ダラスで暗殺された。

J，K．中華人民共和国の建国は1949年10月で，建国時の国家主席は毛沢東，首相は周恩来である。北大西洋条約機構（NATO）の結成も1949年である。この軍事同盟に対抗して1955年東側陣営のワルシャワ条約機構が結成された。

(2) ポーランドでは，ポーランド反政府反ソ暴動をきっかけにゴムウカが復活し，暴動を自主的に解決した。これとは対照的に，ハンガリー反ソ暴動ではソ連軍の全面介入を受け，ナジ＝イムレ首相が処刑された。

例題 8　冷たい戦争の終結

次の文章の空欄に当てはまる語句を答え，各問いに答えよ。

1981年にはアメリカに対ソ優位の回復を掲げた（　A　）共和党政権が誕生し，冷戦が再燃した。ブレジネフ死去後の短命政権の後（　B　）が書記長のポストに就き，体制全体の（　C　）（改革）と，同時に（　D　）（情報公開）を押し進めた。$_a$アメリカとの首脳会談を再三行い，（　E　）年に米ソは$_b$冷戦終結宣言を出した。ここに東西対立は意味を失い，東西対立の象徴であった$_c$ベルリンの壁の崩壊から，1年も経たないうちに$_d$東西ドイツの統一が実現し，（　F　）条約機構は崩壊した。そして（　G　）年には，ソ連共産党の解散，ソ連連邦の解体がなされ，東西対立は終結した。

(1)　下線部aについて，1991年に調印された条約名を答えよ。

(2)　下線部bの会談名を答えよ。

(3)　下線部cについて，当時東ドイツにおいて民主化要求のデモが相次いだが，それによって失脚した議長名を答えよ。

(4)　下線部dの統一はどのような形でなされたか簡潔に答えよ。

解答　A．レーガン　B．ゴルバチョフ　C．ペレストロイカ
D．グラスノスチ　E．1989　F．ワルシャワ
G．1991

(1)　第1次戦略兵器削減条約（START Ⅰ）　(2)　マルタ会談

(3)　ホネカー

(4)　東ドイツのドイツ連邦共和国（西ドイツ）編入

解説　A．レーガン政権は経済政策としてはレーガノミックスといわれる，小さな政府を目指す行政改革に乗り出した。しかし，「双子の赤字」といわれる財政・貿易での赤字が拡大した。対外的には「強いアメリカ」を標榜し，軍備拡張を行うなど一時的に冷戦が激化したが，後に中距離核戦力（INF）全廃条約に調印するなど，平和共存の姿勢をみせた。

B．ゴルバチョフは，1985年に50代前半という当時のソ連の指導者としては異例の若さでソ連共産党書記長となり，改革を進めた。

D．従来の秘密主義を改め，政府に批判的なニュースなども報道されるようになった。

E．1989年は激動の年（東欧革命〔東欧社会主義圏の消滅〕）であった。6月ポーランドの選挙でポーランド自主管理労組「連帯」が圧勝。同月には中国では第2次天安門事件が発生。11月ベルリンの壁が崩壊。12月にはマルタ会談，そしてルーマニアの独裁者チャウシェスクが処刑された。

例題 9　パレスチナ問題

次の文章の空欄に当てはまる語句を答えよ。

中東和平交渉は（　A　）の仲介によって1977年，（　B　）エジプト大統領のイスラエル訪問より始まった。1978年には（　C　）アメリカ大統領の仲介で（　B　）とベギン首相の間で中東和平会談が行われ，（　D　）合意が成立し，それに基づいて（　E　）平和条約が締結され，1982年にはシナイ半島が全面返還された。1978年には中東和平実現に尽力したという功績で（　B　）とベギン首相は（　F　）を受賞した。しかし（　B　）は1981年イスラーム原理主義者によって暗殺された。1982年にイスラエルは1975年より内乱状態にあった（　G　）に侵攻し，パレスチナ解放機構（PLO）の拠点であったベイルートを包囲攻撃した。そのためパレスチナ解放機構は（　G　）より退去し，パレスチナ勢力は大打撃を受けることになったが，イスラエルも1985年には撤兵した。その後，1993年にはイスラエルとパレスチナ解放機構は相互承認，（　H　）の締結をなし，1994年にはエジプトに引き続いて（　I　）がイスラエルと国交を樹立し，アラブとイスラエルの歴史は大きな変換期を迎えようとした。1994年の（　F　）にはイスラエルの（　J　）とパレスチナ解放機構の（　K　）が選ばれたことも，中東和平を後退させまいという国際世論の表れといえる。

解答　A．アメリカ　　B．サダト　　C．カーター
D．キャンプ＝デーヴィッド　　E．エジプト＝イスラエル
F．ノーベル平和賞　　G．レバノン
H．パレスチナ暫定自治協定（オスロ合意）　　I．ヨルダン
J．ラビン（首相）　　K．アラファト（議長）

解説
・国連パレスチナ分割案成立→イスラエル建国→アラブ諸国連盟が反対し開戦→パレスチナ戦争（第１次中東戦争，1948～49年）
・スエズ戦争（第２次中東戦争，1956～57年）→第３次中東戦争（６日間戦争，1967年）→第４次中東戦争（1973年）
・中東和平会談（1978年）
↓ └米大統領カーター仲介，エジプト大統領サダト，イスラエル首相ベギン
エジプト＝イスラエル平和条約（1979年）
↓
パレスチナ暫定自治協定（オスロ合意，1993年）
└米大統領クリントン仲介，パレスチナ解放機構（PLO）議長アラファト，イスラエル首相ラビン（1995年11月暗殺）

演習問題

1　★★☆

次のA，Bの絵を見て，各問いに答えよ。

A

B

(1)　Aの絵はヨーロッパの秩序を再建するために開かれた会議の様子を描いたものである。この会議の基本原則を答えよ。また，この原則の内容を簡潔に説明せよ。

(2)　基本原則を提唱したフランス全権大使名を答えよ。

(3)　この会議の状況を風刺した有名な言葉を答えよ。

(4)　この会議によりドイツ連邦が成立した。その後ドイツ統一までの歩みを述べた文を古い時代順に並べ替えた際，2番目，5番目にくる番号を答えよ。

①　三月革命後，フランクフルト国民議会が開かれた。

②　プロイセン＝オーストリア戦争に勝利をおさめた。

③　ドイツ関税同盟が発足した。

④　北ドイツ連邦が成立した。

⑤　ブルシェンシャフトが結成された。

⑥　プロイセン＝フランス戦争に勝利をおさめた。

(5)　この会議により国際的政治体制が成立した。体制維持のために作られた五国同盟に参加しなかった国を次から選べ。

ア．イギリス　　イ．フランス　　ウ．ロシア

エ．オーストリア　　オ．プロイセン　　カ．スペイン

(6)　この体制はラテンアメリカ諸国の独立の動きにも影響を及ぼした。それに対し，イギリスはどのような態度をとったか。次の語句をすべて用いて説明せよ。

【メッテルニヒ　　イギリス外相　　ラテンアメリカ市場】

⑺　この体制側のラテンアメリカへの干渉に対し，アメリカ大統領はどのような提唱をしたか。「1823年」を文頭にして説明せよ。

⑻　この体制維持のために作られた神聖同盟の反対にもかかわらずヨーロッパの国が独立した。Bの絵はその国への救援を訴えたものである。その国が独立を達成した理由について，支援した国にも触れながら説明せよ。

〈兵庫県〉

2 ★★★

19世紀のイギリスに関する次の文章を読んで，各問いに答えよ。

Ⅰ．$_{a}$アイルランドでは……農事上の犯罪は……その鎮圧を企図した法律と同じく今や常習化されている。……$_{b}$1833年以来1885年までの53年間に，アイルランドに対する特別立法を行わないで済んだのはわずかに2年にすぎない。……アイルランドに自己の立法府を設立するという$_{c}$私の提案の実施に着手するにはわれわれはどうすればよいかを伺いたい。

（別枝達夫『西洋史料集成』平凡社）

Ⅱ．インドがなければ，$_{d}$ビーコンスフィルド伯はスエズ運河株を買えなかったし，スエズ運河なくばわれわれは，こんにち$_{e}$エジプトにいなかったろう。インドがなければけっして$_{f}$ケープ植民地を占領しなかったし，$_{g}$アフリカ領土を拡張しなかったであろう。

（ソ同盟科学アカデミー歴史研究所編・園部司郎訳「植民地従属国の歴史（Ⅰ）」三一書房）

⑴　下線部aについて，20世紀初めにおけるアイルランドの動きとイギリスのアイルランドに対する政策について，次の語句をすべて用いて説明せよ。
【1916年　1922年　アルスター　シン＝フェイン党
ロイド＝ジョージ】

⑵　下線部bについて，この間のイギリスに関する事項として誤っているものを次から選べ。
ア．航海法廃止　イ．ロンドン万国博覧会　ウ．穀物法制定
エ．第3回選挙法改正　オ．東インド会社解散

⑶　下線部cについて，1886年に提出された法案名を答えよ。

⑷　下線部dは，1874～80年に首相を務めた人物である。人物名を答えよ。

⑸　下線部eで，エジプトへの英・仏などの経済的進出とそれに伴う内政干渉強化に対する国民運動の中心として，1881～82年の反乱をおこした人物名を答えよ。

(6)　下線部 f について，1899～1902年の戦争によって併合された２つの国家名を答えよ。

(7)　下線部 g について，アフリカ分割の原則として，先行占領国の優先権が確認された1884～85年の会議名を答えよ。

〈福島県〉

3 ★★☆

19世紀後半にドイツ帝国が成立するまでのドイツ統一の過程を，具体的史実に即して19世紀前半から説明せよ。その際，次の年代をすべて文章中で用いること。

【1815年　　1833年　　1848年　　1866年　　1871年】

〈岩手県〉

4 ★★☆

帝国主義に関する次の文章を読んで，各問いに答えよ。

19世紀末になると欧米の資本主義経済は $_a$第２次産業革命といわれる技術革新の進行によって企業の集中が進み，独占資本主義の段階に達した。そこで生まれた巨大な生産力を背景にして，$_b$技術的・軍事的に優勢な欧米列強諸国はきそって植民地や勢力圏を求めて海外進出を行い，帝国主義政策を実行した。その結果，$_c$アジアの大半は植民地となるか半植民地化の状態におかれ，$_d$アフリカだけでなく太平洋地域の島々も分割された。これらの植民地・従属地域は資本の投下地（資本の輸出地）または農産物・原料の供給地とされ，地球全体が資本主義世界の枠組みに編入された。

帝国主義諸国内では生活水準の向上と政治参加を求める $_e$労働運動が拡大し，社会主義政党が結成されて体制の変革の動きもおこったが，それに対して排他的国家主義や人種差別主義を強調して国民を統合しようとする動きも表れ，社会的緊張が高まった。また $_f$植民地・従属地域ではそれぞれの伝統的なきずなを生かし，あるいは西洋の思想の影響をも受けて，民衆も加わった抵抗と解放のための闘争が激しく展開された。

こうした列強の経済的発展不均衡や分割・再分割をめぐる争いには近代化に成功した日本も加わり，各国の緊張と対立を激化させて，それぞれの軍事ブロック形成を助長し，その国際対立はついには第一次世界大戦を引きおこすことになった。

(1)　下線部ａの第２次産業革命に関する記述として誤っているものを選べ。
①　電力・石油を動力源に使い鉄鋼やアルミニウムなどの工業が発展した。
②　銀行資本と産業資本が融合して金融資本が形成された。
③　ドイツやアメリカでは新しい技術・工業部門の開発が急激な速さで進展した。
④　イギリスは良質で安価な工業製品を大量にヨーロッパ内外の市場で売りさばき「世界の工場」の地位を獲得した。

(2)　下線部ｂについて，次の図は列強の海外植民地領有面積を比較したものである。ドイツを示すものをア〜エから選べ。

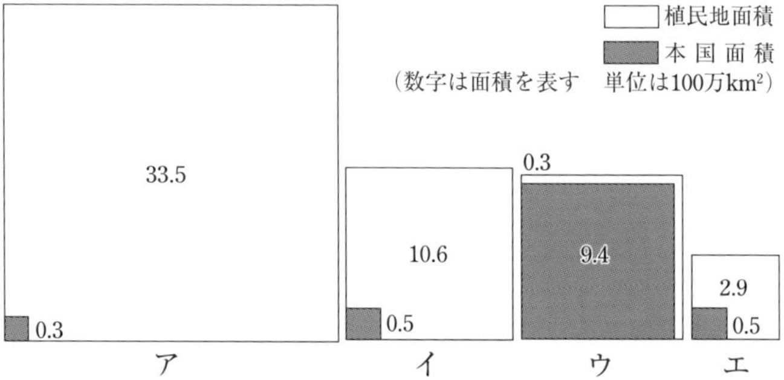

(3)　イギリスの帝国主義政策について誤っているものを次から選べ。
ア．スエズ運河会社株買収　　イ．南アフリカ戦争（ブール戦争）
ウ．門戸開放　　エ．３Ｃ政策

(4)　下線部ｃについて，中国は列強の半植民地化の状態におかれていたが，各列強と租借地の組み合わせとして正しいものを次から選べ。
ア．日本―膠州湾　　イ．ロシア―威海衛
ウ．フランス―広州湾　　エ．イギリス―東清鉄道敷設権

(5)　下線部ｄについて，アフリカの植民地化に関し，イギリスとフランスがアフリカで植民地争奪をめぐり衝突した場所を次から選べ。
ア．エチオピア　　イ．モロッコ　　ウ．コンゴ　　エ．ファショダ

(6)　下線部ｄについて，列強と分割された太平洋諸地域の組み合わせとして誤っているものを次から選べ。
ア．イギリス―タスマニア　　イ．アメリカ―フィジー
ウ．フランス―ニューカレドニア　　エ．ドイツ―マーシャル諸島

(7)　下線部ｅについて，当時の社会主義運動に伴う事柄として正しいものを次から選べ。
①　イギリスでは社会主義者の集まりであるフェビアン協会が設立された。
②　フランスの作家ゾラはスパイ容疑をかけられたブーランジェを擁護した。

③　ドイツではドイツ社会民主党が生まれたが，皇帝ヴィルヘルム２世の社会主義者鎮圧法によって活動を抑えられた。

④　ロシアではロシア社会民主労働党が1903年レーニンが率いるメンシェヴィキとボリシェヴィキとに分裂した。

(8)　下線部ｆについて，中国でおこった民族運動に関する記述として誤っているものを次から選べ。

①　1894年，清朝打倒のため孫文によりハワイで興中会が結成された。

②　1905年，孫文を中心に革命勢力が結集して，台湾で中国同盟会が組織された。

③　孫文は中国革命の基本理念である三民主義を唱えた。

④　1911年，清朝が幹線鉄道の国有化を打ち出したため，四川省で暴動がおこった。

〈沖縄県〉

5　★★☆

次の史料と文章を読んで，各問いに答えよ。

> 第１条　締約国ハ国際紛争解決ノ為（　Ａ　）ニ訴フルコトヲ非トシ且其ノ相互関係ニ於テ国家ノ政策ノ手段トシテノ（　Ａ　）ヲ抛棄スルコトヲ其ノ各自ノ人民ノ名ニ於テ厳粛ニ宣言ス
>
> 第２条　締約国ハ相互間ニ起ルコトアルベキ一切ノ紛争又ハ紛議ハ其ノ性質又ハ起因ノ如何ヲ問ハズ平和的手段ニ依ルノ外之ガ処理又ハ解決ヲ求メザルコトヲ約ス　　　　（三省堂『解説条約集』による）

上の条約は，1928年に締結された（　Ｂ　）条約の抜粋である。この条約はフランス外相の（　Ｃ　）とアメリカ国務長官（　Ｄ　）の提唱により成立したもので，当初は15ヵ国，第二次世界大戦前までには世界のほとんどともいうべき63ヵ国が参加した。国際連盟に加わっていなかったアメリカが提唱者の一角を占めたという点も注目すべきである。

1920年代は$_a$第一次世界大戦の反省のもと，各国間に国際協調主義が強まった。1921年から22年の（　Ｅ　）会議は中でも重要で，主力艦の保有量比率や$_b$極東の問題，$_c$太平洋諸島の問題などが討議された。海軍の軍縮については，その後も（　Ｆ　）の制限をめぐって開催され，1927年のジュネーヴ軍縮会議が行われたが失敗し，1930年の（　Ｇ　）軍縮会議で英・米・日の比率が10・10・７に定められた。

軍縮とは違った観点，すなわち集団安全保障からの諸条約も結ばれた。西ヨーロッパの安全保障の動きとしては1925年の（　H　）条約があるが，これにより（　I　）の非武装化と国境不可侵が約され，翌26年にはドイツが国際連盟に加入した。これについては協調外交を積極的に展開し，列国の信用を高めた外相（　J　）の功績が大であったといわれる。

しかし，1929年の世界恐慌後，d全体主義国家と民主主義国家の対立が深まる中，人類は再び世界大戦への道を歩んでしまったのである。

(1)　文章中の空欄に当てはまる語句を答えよ。

(2)　下線部ａ～ｄについて，

問１　下線部ａについて，最も早くこの戦争から離脱したロシア（ボリシェヴィキ政府）がドイツと結んだ講和条約名を答えよ。

問２　下線部ｂについて，中国の主権尊重などを約束した条約名を答えよ。

問３　下線部ｃの結果，成立した条約により廃棄された同盟名を答えよ。

問４　下線部ｄについて，イタリアは第一次世界大戦では戦勝国であったが，領土的野心を満たすことができず，ヴェルサイユ体制に不満をもっていた。ファシスト党政権が1924年にユーゴスラヴィアから獲得したのはどこか答えよ。

(3)　史料の条約の欠陥を１つ簡潔に説明せよ。　〈静岡県・静岡市〉

6　★★☆

次の文章を読んで，空欄に当てはまる語句を語群から選び，各問いに答えよ。

20世紀は核の時代といわれる。a第二次世界大戦の末期に広島，長崎に原子爆弾が投下され，日本は８月14日に（　A　）宣言を受諾して降伏し，第二次世界大戦が終わった。その後の核開発の歴史を見ると，1947年にアメリカがトルーマン＝ドクトリンを発表したのに対抗してソ連が（　B　）を結成するなど，両陣営の対立が表面化し，核兵器の開発競争も激しさを増していった。50年に勃発した（　C　）戦争や62年におこったキューバ危機では，核兵器の使用が危ぶまれるなどの緊迫した時代でもあった。一方，56年のbソ連共産党第20回大会，68年の（　D　）の春とよばれるチェコスロヴァキアの自由化運動，67年のヨーロッパ共同体の成立など，世界には新たな潮流も生まれたが，その反面，cフランスや中国も核兵器を保有し核拡散の動きも強まった。

こうした核兵器の軍拡競争と人類滅亡の危機に対して，57年には，世界の科学者がdパグウォッシュ会議を開いて核兵器禁止を訴えるなど，平和を望む国際世論が高まる一方，国連では57年に（　E　）が設立された。

　このような世界情勢の推移を受けながら，核兵器の削減を目指す動きが米ソ間に現れ，63年に部分的核実験停止条約が調印されることとなった。その後も米ソの対立や軍備の増強があったが，やがて，87年には$_{e}$中距離核戦力(INF) 全廃条約の調印が実現した。

【語群】 ア．カイロ　　イ．コミンフォルム　　ウ．国際原子力機関
エ．パレスチナ　　オ．ヤルタ　　カ．コミンテルン
キ．プラハ　　ク．ポツダム　　ケ．朝鮮
コ．国連難民高等弁務官事務所

〈資料A〉

〈資料C〉

〈資料B〉

　私たちは，この会議を招請し，それを通じて世界の科学者たち及び一般大衆に，次の決議に署名するよう勧める。「およそ将来の世界戦争においては必ず核兵器が使用されるであろうし，そしてそのような兵器が人類の存続を脅かしているという事実から見て，私たちは世界の諸政府に，彼らの目的が世界戦争によっては促進されないことを自覚し，このことを公然と認めるよう勧告する。・・・・・」

(1)　第一次世界大戦と比較して第二次世界大戦の性格を，下線部ａの内容と資料Aを用いて説明せよ。

(2)　下線部ｂに関する記述として正しいものを選べ。

①　ファシズムに反対するすべての勢力が協力する人民戦線の結成を提唱した。

②　ペレストロイカを掲げて政治・社会体制の全面的見直しを表明した。

③　スターリンの個人崇拝や粛清を批判し，資本主義国との平和共存を主張した。

④　重工業の建設と農業の集団化を推し進める第１次五カ年計画を発表した。

(3)　下線部ｃについて，この国が初めて核実験に成功したときの大統領名を答えよ。

(4) 下線部dについて，この会議が開催されるきっかけとなった宣言が資料Bである。この宣言名を答えよ。

(5) 下線部eについて，このときの調印の様子を撮影したのが資料Cである。この資料に写っている米ソ首脳の組み合わせとして正しいものを次から選べ。また，この条約の歴史的意義を説明せよ。

ア．ゴルバチョフ書記長とレーガン大統領

イ．エリツィン大統領とブッシュ大統領

ウ．ブレジネフ書記長とニクソン大統領

エ．フルシチョフ首相とケネディ大統領

〈山口県〉

7 ★★☆

次の年表を見て，各問いに答えよ。

年	主なできごと
1915年	フセイン・マクマホン協定締結
1916年	サイクス・ピコ協定締結
1917年	イギリスがaバルフォア宣言を発表
1920年	セーヴル条約締結
1945年	第二次世界大戦終結
1947年	国連総会でパレスチナ分割案採択
1948年	bイスラエル共和国独立宣言 第1次中東戦争（～49年）
1956年	第2次中東戦争（～57年）
1964年	cパレスチナ解放機構結成
1967年	第3次中東戦争
1973年	第4次中東戦争
1979年	エジプト＝イスラエル平和条約調印
1981年	エジプトの（　B　）大統領暗殺
1982年	イスラエル，エジプトに（　C　）半島を全面返還
1987年	dインティファーダ始まる
（　A　）年	湾岸戦争
1993年	eパレスチナ暫定自治協定調印

(1)　年表中の空欄に当てはまる語句または数字を答えよ。

(2)　下線部aに関する記述として正しいものを選べ。

　①　トルコ領のメソポタミアとパレスチナを，イギリスの委任統治領にすることを定めたもの。

　②　イギリスがトルコ領内のアラブ人の協力を得るため，第一次世界大戦後のアラブ人の独立を約束したもの。

　③　イギリスがユダヤ人の協力を得るため，ユダヤ人のパレスチナ復帰運動を支援することを約束したもの。

　④　イギリス・フランス・ロシアの間で，トルコ領分割とパレスチナを国際統治下におくことを定めたもの。

(3)　下線部bに関連して，イスラエル人の民族宗教であるユダヤ教の一派で，モーセの律法の遵守を主張する立場の人々を何というか答えよ。

(4)　下線部cについて，この組織のアルファベットによる略称を答えよ。

(5)　下線部dについて簡潔に説明せよ。

(6)　下線部eについて，このときにイスラエルとパレスチナの仲介役を果たしたアメリカ大統領名を次から選べ。

　ア．フォード　　イ．カーター　　ウ．レーガン　　エ．クリントン

(7)　エジプト大統領によるスエズ運河国有化宣言をきっかけに，イスラエル・イギリス・フランスがエジプトに侵攻した戦争を次から選べ。

　ア．第1次中東戦争　　イ．第2次中東戦争

　ウ．第3次中東戦争　　エ．第4次中東戦争

〈高知県〉

8　★★☆

次の文章を読んで，各問いに答えよ。

Ⅰ．イランでは，1979年に（　A　）師を指導者とするイラン革命がおこり，イスラーム国家の建設が進められた。翌80年には，1988年まで続くイラン＝イラク戦争がおこったが，革命の波及を恐れる湾岸諸国やアメリカなどはイラクを支援した。一方，（　B　）大統領を指導者とするイラクは，1990年にクウェートに侵攻してこれを占領した。イラクによるクウェート侵攻に対し，aアメリカを中心とする多国籍軍は91年にイラク空爆を開始，地上軍も投入してイラクをクウェートから撤退させた。

Ⅱ．中国では，鄧小平のもとで，市場経済の導入を図るなどの政策を進めてきたが，こうした政策は学生や市民による民主化の要求を強めることにもなり，$_b$1989年６月には，北京での大規模な民主化要求運動を，武力で鎮圧するという事件もおこった。その後，共産党総書記になった（　C　）は，1993年からは国家主席も兼ね，経済面での開放的な政策を継続して高い経済成長を実現した。また，97年には$_c$香港がイギリスから，99年にはマカオが[あ]から返還され，特別行政区としてそれまでの資本主義体制が維持されている。

Ⅲ．朝鮮民主主義人民共和国では，（　D　）主席の指導のもとで社会主義国家の建設が進められてきたが，その死後は，金正日《キムジョンイル》が指導者の地位を引き継いだ。大韓民国では（　E　）が1998年に大統領となり，太陽政策を掲げて2000年６月にピョンヤンを訪問し，金正日と会談するなど南北の交流を進めた。

⑴　文章中の空欄Ａ～Ｅに当てはまる人物名をそれぞれ答えよ。

⑵　[あ]に当てはまる国名を答えよ。

⑶　下線部ａについて，この戦争名を答えよ。

⑷　下線部ｂについて，この事件名を答えよ。

⑸　下線部ｃ地域のうち，香港島をイギリスに割譲することを定めた1842年の条約名と，この条約によって終結した1840年からの戦争名をそれぞれ答えよ。

〈北海道・札幌市改題〉

演習問題　解答・解説

1

⑴　基本原則：正統主義
内容：フランス革命前の主権と領土を正統とし，革命前の状態に戻るべきだとの主張である。

⑵　タレーラン

⑶　会議は踊る，されど進まず

⑷　２番目：③　　５番目：④

⑸　カ

⑹　オーストリア宰相メッテルニヒは五国同盟によりラテンアメリカ諸国の独立運動に干渉しようとしたが，イギリス外相カニングはラテンアメリカ市場の開拓を狙い，諸国の独立を承認・援助した。

⑺　1823年，当時の大統領モンローが年次教書の中でアメリカ大陸諸国とヨーロッパ諸国の相互不干渉を主張し，ウィーン体制諸国のラテンアメリカ独立への干渉を排除した。

⑻　オスマン帝国の長年の圧迫に対し，ギリシアが独立戦争をおこした。義勇軍や，バルカンへの進出を図るイギリス・フランス・ロシアがギリシア側を支援し，ギリシアは独立を達成した。

解説

⑷　①　1848年　　②　1866年
③　1834年　　④　1867年
⑤　1815年　　⑥　1871年

⑹　ウィーン会議当時のイギリス外相はカッスルレーであった。彼は四国同盟の提唱者であり，ウィーン体制維持を政策の重点にしていた。しかし，カッスルレーが死去すると，カニングが外相となり，リベラル＝トーリーと総称される外交政策を進めた。この結果，イギリス外交の基調をウィーン体制追従主義から自由貿易に基づく自由主義へと大転換させた。これをカニング外交という。

⑺　初代大統領ワシントン（在任1789～97年）以来のアメリカの孤立主義外交の方針が明文化された。

⑻　Ｂの絵はドラクロワ（1798～1863年）の『キオス島の虐殺』である。ロシアは南下政策の一環として，独立後のギリシアを南下の足がかりにしようとした。イギリスとフランスは，ロシアの南下政策を警戒して，ロシア単独のギリシア支援を阻止するために介入した。

2

⑴　1905年にアイルランドの独立を主張するシン＝フェイン党が結成され，1914年には第３次アイルランド自治法案が成立したが，アルスター在住のイギリス系住民の猛反対にあい内乱の危機が発生し，また第一次世界大戦の勃発でその実施は延期された。1916年に自治法実施の延期に抗議して，ダブリンでイースター蜂起がおこった。1918年の総選挙ではシン＝フェイン党が圧勝し，デ＝ヴァレラを首班とする共和政府が樹立され，翌年にはアイルランド自由国の独立が宣言された。1922年にイギリスのロイド＝ジョージ挙国一致内閣はアイルランド自由国を自治領として認めた。

⑵　ウ

⑶　（第１次）アイルランド自治法

⑷　ディズレーリ

⑸　ウラービー（オラービー）

⑹　トランスヴァール共和国・オレンジ自由国

(7) ベルリン会議

解説

(2) ア．1849年　イ．1851年
ウ．1815年　エ．1884年
オ．1858年

(3) 法案を提出したのは第3次グラッドストン自由党内閣である。グラッドストンは4回の内閣を組織した（1868～74，80～85，86，92～94年）。

(4) 1874～80年は第2次ディズレーリ保守党内閣であった。この内閣の下でスエズ運河の株式の買収（1875年），インド帝国の成立（1877年）など帝国主義政策が実施された。

(7) ドイツのビスマルク（宰相：在任1871～90年）が主催した。この会議以降，アフリカ分割が加速した。

3

ナポレオン1世による戦争後の秩序を回復するために行われたウィーン会議で，1815年にウィーン議定書が定められ，4自由市と35の君主国からなるドイツ連邦が成立した。1833年にはプロイセン（プロシア）が中心となって（ドイツ）関税同盟が成立し経済的統一が進んだ。1848年にフランスで二月革命がおこると，ドイツでも三月革命がおこった。同年5月にはドイツ統一と憲法制定を話し合うためフランクフルト国民議会が召集されたが，プロイセン王がドイツ皇帝即位を承諾せず，ドイツの政治的統一は実現されなかった。1862年にプロイセン首相に就任したビスマルクは軍備拡張を推進し，1866年にプロイセン＝オーストリア（普墺）戦争をおこしこれに勝利し，ドイツ連邦からオーストリアを排除し1867年に北ドイツ連邦を成立させた。続いて1870年にはプロイセン＝フランス（普仏）戦争をおこし，フランスのナポレオン3世は退位した。1871年にはヴェルサイユ宮殿でドイツ帝国成立を宣言し，ここにドイツの統一が完成した。

4

(1) ④　(2) エ　(3) ウ　(4) ウ
(5) エ　(6) イ　(7) ①　(8) ②

解説

(1) ④　イギリスが「世界の工場」の地位を確立したのは第1次産業革命後である。

(2) ア．イギリス　イ．フランス
ウ．アメリカ

(3) ウ．中国への門戸開放はアメリカ国務長官ジョン＝ヘイ（在任1898～1905年）が主張した。

(4) ア．ドイツ－膠州湾
イ．イギリス－威海衛
エ．ロシア－東清鉄道敷設権

(6) イ．フィジーは1874年にイギリスの植民地となった。

(7) ②　ブーランジェではなくドレフュスである。
③　ヴィルヘルム2世（在位1888～1918年）ではなくビスマルクである。また，当時のドイツ皇帝はヴィルヘルム1世（在位1871～88年）である。
④　レーニンが率いたのはボリシェヴィキである。

(8) ②　中国同盟会は東京で結成された。

5

(1) A．戦争
B．不戦（ブリアン・ケロッグ）
C．ブリアン　D．ケロッグ
E．ワシントン　F．補助艦
G．ロンドン　H．ロカルノ
I．ラインラント
J．シュトレーゼマン

⑵　問1　ブレスト＝リトフスク条約
　　問2　九カ国条約
　　問3　日英同盟
　　問4　フィウメ

⑶　違反国に対して制裁に関する規定がなかったこと。

解 説

⑵　問1　ブレスト＝リトフスク条約は1918年，ソヴィエト政府全権は外務人民委員トロツキーである。
　　問2　九カ国条約は1922年締結された。
　　問3　この条約は四カ国条約である。日英同盟廃棄の背景には，第一次世界大戦で日本が中国や太平洋における権益を拡大し，米・英がこれを牽制しようとしたことなどが挙げられる。

6

A．ク　　B．イ　　C．ケ
D．キ　　E．ウ

⑴　第一次世界大戦が列強の軍事ブロック間による植民地再分割をめぐる帝国主義戦争であった。これに対し，第二次世界大戦も帝国主義戦争的側面は否定できないが，1941年の独ソ戦開始以降，ファシズム枢軸国と反ファシズム連合国との戦いとしての性格が強まった。また，第二次世界大戦では第一次世界大戦を上回る総力戦となり，原子爆弾が初めて使用された。

⑵　③　　⑶　ド＝ゴール

⑷　ラッセル・アインシュタイン宣言

⑸　記号：ア
　　意義：アメリカとソ連が初めて核兵器の削減に同意し，冷戦終結への動きが加速された。

解 説

資料Aは，ユダヤ人虐殺で悪名高い，ポーランドのアウシュヴィッツ強制収容所の入口である。“ARBEIT MACHT FREI（働けば自由になる）”と書いてある。

⑵　①　コミンテルン第7回大会（1935年）である。
　　②　ゴルバチョフソ連共産党書記長の表明（1985年）である。
　　④　第1次五カ年計画の発表はスターリン時代の1928年である。

7

⑴　A．1991　　B．サダト
　　C．シナイ

⑵　③　　⑶　パリサイ派

⑷　PLO

⑸　イスラエル占領地のガザ・ヨルダン川西岸で続けられている，投石などによるパレスチナの反イスラエル運動。

⑹　エ　　⑺　イ

解 説

⑵　①　セーヴル条約（1920年）のことである。
　　②　フセイン（フサイン）・マクマホン協定（書簡，1915年）のことである。
　　④　サイクス・ピコ協定（1916年）のことである。

⑶　パリサイ派とイエスは対立した。

⑷　1969年から死去する2004年までアラファトがPLOの議長を務めた。

⑺　別名はスエズ戦争である。

8

⑴　A．ホメイニ
　　B．（サダム＝）フセイン
　　C．江沢民
　　D．金日成
　　E．金大中

⑵　ポルトガル　　⑶　湾岸戦争

⑷　（第2次）天安門事件

⑸　南京条約，アヘン戦争

5 中国史

傾向と対策

明・清からの出題が比較的少ないものの，全範囲に渡って満遍なく出題されている。また，他地域との交流を中心とした総合問題として出題される場合もある。対策としては，時代ごとに基本的には政治史を押さえ，制度史や文化史にも目を配ろう。特に制度史は，その制度の変遷に留意する必要がある。

19世紀以降の中国近現代史にも注意を向けよう。清朝衰退期におけるアヘン戦争から義和団事件までの欧米列強の進出は頻出である。さらに辛亥革命と戦後の新中国（中華人民共和国）の歴史を直近まで大まかに整理しておこう。

例題 1　漢帝国

漢が隆盛であった時代に関する次の文章を読んで，各問いに答えよ。

$_{a}$前漢の武帝は領土の拡大を図り，大規模な遠征を開始した。$_{b}$匈奴を攻撃し，その挟撃を図るべく張騫を大月氏に派遣し，結果的に目的は果たせなかったが西域の地理などが明らかになり，以後オアシスの道（絹の道）による東西交易が行われることになった。その後，一時期西域は匈奴の支配下におかれたが，後漢の光武帝のとき匈奴の分裂に乗じ，西域経営を復活させた。西域都護として名高い班超は50ヵ国余りに朝貢を行わせ$_{c}$大秦国と交渉をもった。これらにより東西交通は以前にも増して重要性を増し，後漢の勢力範囲は前漢を凌ぐものとなった。しかし，後漢は2世紀以後，$_{d}$外戚，宦官，官僚の抗争が相次ぎ群雄割拠の時代を迎え支配力は衰えていった。そのため黄河上流域の他民族の侵入，朝鮮半島，ベトナムにおける反乱が頻発し$_{e}$東アジアはやがて激動期を迎えた。

⑴　下線部aの武帝は何を官学としたか。またそれを進言した人物名を答えよ。

⑵　下線部bの指導者で前3～前2世紀頃，月氏をモンゴル高原より追い払い，前漢と対立した人物名を答えよ。

⑶　下線部cに班超の使者として赴き条支国まで到達したが，そこで引き返したと『後漢書』に記述されている人物名を答えよ。

⑷　下線部dの代表的な事件で官僚が終身禁錮刑に処せられた事件名を答えよ。

⑸　下線部eにおいて後漢の崩壊を決定的にした農民反乱を何というか。またこの乱の指導者名を答えよ。

解答 ⑴　官学：儒学　　人物名：董仲舒　　⑵　冒頓単于　　⑶　甘英
⑷　党錮の禁　　⑸　反乱：黄巾の乱　　指導者名：張角

解説　この時代，東アジアでは漢帝国（前漢・後漢の約400年間）が，ローマでは共和政から帝政へと，それぞれ繁栄していた時代であることを理解しよう。

⑴　前漢の高祖（在位前202～前195年）は，長安を都とし，封建制と郡県制（全国を郡と県に分け，直接中央から派遣した官吏に治めさせた）を併用する郡国制を採用した。6代景帝（在位前157～前141年）の時代に，呉楚七国の乱（前154年）が平定され，実質的に郡県制が復活し，中央集権体制が確立した。続く武帝は対外積極策に転じ，匈奴挟撃の交渉のため大月氏に張騫を派遣するなどたびたび遠征軍を派遣した。積極的な対外進出の結果，財政難が生じ，塩・鉄・酒の専売や均輸法（各地の特産物を国家におさめさせて不足している地域に転売する物価調節法）・平準法（物資が豊富なときに安く購入して貯蔵し，物価が上がると売り出す物価抑制法）などの経済政策を実施した。また，新たに五銖銭を鋳造した。その他，官吏登用法として地方長官が人格の優れた人材を推薦する郷挙里選を実施した。

⑵　匈奴は，中国北方の最初の遊牧騎馬帝国である。匈奴は冒頓単于時代に全盛期を迎え，前漢の高祖を破った。しかし，前漢武帝の攻撃で打撃を受け，前51年に東匈奴と西匈奴に分裂した。その後西匈奴は滅び，内紛から後48年に北匈奴と南匈奴に分裂した。南匈奴は後漢に服属し，北匈奴は後漢の攻撃に敗れ西方に退却した。この北匈奴がヨーロッパに侵入したフン人と考えられている。

⑶　問題文中の班超（32～102年）は，『漢書』を完成させた班固（32～92年）の弟に当たる。なお『後漢書』には，166年に大秦王安敦（ローマ皇帝マルクス＝アウレリウス＝アントニヌス）の使者と称する者が日南郡（ベトナム中部）に到達した記述がある。

⑷　2世紀に入ると後漢では幼帝が続き，外戚，宦官が政治の実権を握った。この政治に反対する，儒教の教養のある官僚たちが弾圧された事件のことを，党錮の禁（166年，169年）という。

⑸　張角は道教の起源の1つとされる太平道の指導者であった。この太平道を中心に黄巾の乱が引きおこされた。この反乱の中で後漢の皇帝は名ばかりのものとなり，中国は群雄割拠状態となった。こうして三国時代を迎えることになった。

例題2　隋・唐

(1)　隋を建国した楊堅は均田制で財政を確立し，府兵制で軍事力を強化し大運河の建設に着手したが，次子に暗殺された。この次子が次帝となり，これらを引き継いだが，民衆・貴族の反感を招き反乱がおこり，隋は滅亡した。この次帝名を答えよ。また，大運河は主に黄河と淮河を結ぶものであったが，この建設の意義と民衆・貴族の反感を招いた直接の原因を説明せよ。

(2)　次の各問いに答えよ。

問1　7～8世紀に実施された唐の土地制度とそれに関わる税制の変化について説明せよ。

問2　唐代に求法のために，インドに渡った2人の中国僧名とその著書名を答えよ。

解答　(1)　次帝名：煬帝

建設意義：大運河完成により中国の南北を経済的に結び付け，これ以後政治，軍事においてもこれは大動脈となり，皇帝権の強化につながった。

反感原因：・相次ぐ大土木事業
・高句麗遠征の失敗

(2)　問1　唐代初頭は，大土地所有者をおさえ，小農民を保護育成するため，国家が農民に公平に土地を支給する均田制を採用し，租調庸を課す税制度を実施した。しかし，荘園制の拡大や安史の乱以降の社会的混乱により均田制・租調庸制が崩壊すると，農民の土地所有を公認し，現実に所有している資産に応じて夏･秋2回徴税する両税法を導入して，財政の再建をはかった。

問2　名前：玄奘（三蔵法師）　　著書：『大唐西域記』
名前：義浄　　著書：『南海寄帰内法伝』

解説　(1)　隋は魏晋南北朝以来の中国の分裂を統一させたが，江南を華北と結びつける大運河の大土木事業や，3回にわたる高句麗遠征の失敗は，民衆の困窮化と貴族の反感を招き，各地において反乱がおきる原因となり，隋は統一後30年たらずで滅んだ。

(2)　問2　もう1人の著名な中国からインドへの求法僧として，東晋の法顕がいる。彼の旅行記は『仏国記』である。法顕は往路は陸路，帰路は海路，玄奘は往路・帰路ともに陸路，義浄は往路・帰路とも海路であった。

例題3　宋とモンゴル帝国（元）

(1)　宋に関する次の各問いに答えよ。

問1　宋（北宋）の建国者を答えよ。

問2　宋代に始まった，皇帝自ら試験官となって宮中で行う科挙の最終試験を何というか答えよ。

(2)　次の文章の空欄に当てはまる語句を答えよ。

モンゴル帝国の成立は東西交流の規模を拡大し，イスラーム世界からは旅行家である（　A　）が，ヨーロッパからは商人であったマルコ＝ポーロ，ローマ教皇の使者である（　B　）が元を訪れるようになった。それに比例してモンゴルとイスラームの関係が深まっていくことになった。最初は（　C　）が1258年にバクダードを都とした（　D　）朝を滅ぼし，イスラーム教を圧迫したが，（　E　）によって建国されたキプチャク＝ハン国はイスラーム教を保護し，さらに西アジアの（　F　）もイスラーム化することになった。さらに元は（　G　）を財政担当の役人として重用し，彼らにイスラーム教徒の信者が多かったことより，元もイスラーム教と密接な関係をもつようになった。数学，医学，天文学などアラビア科学が伝わり，その影響をうけた（　H　）が大都に天文台を造り，授時暦を編纂した。

(3)　元朝に関する次の各問いに答えよ。

問1　元朝はある宗教を信仰してそのために国費を浪費して財政難に陥ったが，その宗教名を答えよ。

問2　この時代に東西交流が発達した理由を次から選べ。

①　海洋航海に必要な羅針盤が発明された。

②　マニラ・マカオなどのヨーロッパの植民地が建設された。

③　駅伝制が完備された。

④　市舶司が置かれ貿易を管理できるようになった。

問3　元は中国支配に当たり，被支配階級として旧金王朝支配下の住民を何とよんだか，次から選べ。

ア．南人　　イ．南蛮　　ウ．北狄　　エ．漢人

解答　(1)　問1　趙匡胤（太祖）　　問2　殿試

(2)　A．イブン＝バットゥータ　　B．モンテ＝コルヴィノ

C．フレ（ラ）グ　　D．アッバース　　E．バトゥ

F．イル＝ハン国　　G．色目人　　H．郭守敬

(3)　問1　チベット仏教（ラマ教）　　問2　③　　問3　エ

解説 (1)

〈ヨーロッパからのモンゴル帝国・元への来訪者〉

プラノ=カルピニ (1182頃〜1252年)	イタリアのフランチェスコ派の宣教師で，教皇インノケンティウス4世の命を受け，モンゴル帝国の首都カラコルム（和林）を訪問し（1245〜47年），グユク=ハンに謁見した。
ルブルック (1220頃〜93年頃)	フランスのフランチェスコ派の宣教師で，仏王ルイ9世の使節として1254年にカラコルムを訪問し，モンケ=ハン（憲宗）に謁見した。
マルコ=ポーロ (1254〜1324年)	ヴェネツィアの商人で，元に渡りク（フ）ビライ=ハン（世祖）に仕えた（1275年以降）。後年，帰国後『世界の記述』（『東方見聞録』）を口述筆記した。
モンテ=コルヴィノ (1247〜1328年)	イタリアのフランチェスコ派の宣教師で，教皇の使節として1294年に元の首都大都へ至り，初めてローマ=カトリックを中国に伝来させた。
イブン=バットゥータ (1304〜 68/69または77年)	モロッコ出身のイスラーム教徒で，元末（1346年）に大都に到達した大旅行家で，『旅行記』（『三大陸周遊記』）を口述で著した。

C，F．フレ（ラ）グが建国したイル=ハン国（フレグ=ウルス）はガザン=ハンの時代に全盛期に達し，イスラーム教を国教化した。なお，宰相のラシード=アッディーンは，モンゴル史を中心としたユーラシア世界史である『集史』を著した。

E．バトゥは，1241年ワールシュタット（リーグニッツ）の戦いでドイツ・ポーランド連合軍を破った。

H．郭守敬はイスラームの天文学に基づいた太陰暦である授時暦を完成させた。

(2) 問1　チベット仏教（ラマ教）は，インドからの大乗仏教とチベット伝来のボン教が融合してできた。

問2　①　羅針盤は宋代（11世紀後半）の発明とされる。

②　ヨーロッパの植民地政策は16世紀のことである。

④　市舶司は唐代の玄宗皇帝時代に初めておかれた。

問3　元は中国の統治に際して，中国の伝統的な官僚制度を採用したが，中央や地方の要職にはモンゴル人，色目人（中央アジア・西アジア出身の人々），漢人（金の支配下にあった人々），南人（南宋の支配下にあった人々）など様々な出身の軍人や官僚が家柄や実務能力に応じて登用され，科挙は重視されなかった。

例題 4　明・清

次の各問いに答えよ。

(1)　明の洪武帝が民衆の教化を図り，秩序維持のために発布した儒教的な教えを何というか答えよ。

(2)　明代の儒学者で「心即理」を唱え，知識を磨くのではなく，心の本体である天理を実現すべきとする学派を開いた人物名を答えよ。

(3)　明代の財政圧迫の原因でもあったモンゴルの侵攻と倭寇の侵入のことをまとめて何とよぶか答えよ。

(4)　三藩の乱を鎮圧し，さらに台湾を屈伏させた人物名を答えよ。

(5)　積極的な対外政策でモンゴルなど，4地域を併合して藩部とし理藩院を新設した人物名を答えよ。

(6)　雍正帝がロシアと通商などについて取り決めた条約名を答えよ。

(7)　清は中国支配の方法として，懐柔策としては要職に満漢併用制を採り，威圧策としては辮髪令を出したり，反清思想を取り締まったりした。この思想弾圧を何とよぶか答えよ。

解答　(1)　六諭　(2)　王守仁（王陽明）　(3)　北虜南倭　(4)　康熙帝
(5)　乾隆帝　(6)　キャフタ条約　(7)　文字の獄

解説　(1)　村々での六諭による教育係を里老人という。

(2)　陽明学の開祖で，知行合一を説き実践を重んじた。

(3)　北虜としては，1449年に西方モンゴルのオイラト（瓦剌）による土木の変がおこり，明の正統帝（英宗）が捕らわれた。1550年には，東方モンゴルの韃靼（タタール）が北京を包囲した。南倭としては，前期倭寇（14世紀）は日本人海賊で，後期倭寇（16世紀）は中国人海賊である。

(4)　第4代の康熙帝（在位1661～1722年）は，清の抑圧に抵抗した三藩の乱を鎮圧し，その後，反清活動を行っていた鄭成功の一族の抵抗拠点である台湾を攻略し，中国全土を統一した。税制では，明の一条鞭法に代わり，丁税（人頭税）を廃止して土地税に一本化した地丁銀制が実施された。また，ロシアのピョートル1世とネルチンスク条約を結び，両国の国境を定めた。

(5)　第5代の雍正帝（在位1722～35年）は，ロシアとキャフタ条約を結び，内閣に代わる最高機関として軍機処を設置した。その他，典礼問題により，キリスト教の布教を禁止した。

なお，第6代の乾隆帝（在位1735～95年）は，東トルキスタンのジュンガルを征服して「新疆」と命名し，清朝の最大領域を実現した。また，ヨーロッパ船の来航を広州1港に制限し，公行という特定の商人組合に貿易を管理させた。

例題 5　中国革命

(1) 次の各問いに答えよ。

問 1　1839年，英商人からのアヘン没収や貿易停止という強硬手段をとった人物名を答えよ。

問 2　アヘン戦争後に結ばれた条約名を答えよ。

問 3　その条約の内容を 3 点答えよ。

(2) 中華民国の成立より中国国民党の結成に至るまでの経過を，パリ講和会議を踏まえて，簡潔に説明せよ。

解答 (1) 問 1　林則徐　　　　問 2　南京条約

問 3　香港（島）の割譲，5 港の開港，公行の廃止，賠償金の支払い，行商を通じた貿易と徴税の廃止，などから 3 つ

(2) 1911年に武昌蜂起を機として辛亥革命が勃発し，翌年孫文を臨時大総統とする中華民国が成立した。しかし，孫文と，清朝より革命軍鎮圧の任を受けた軍閥袁世凱の密約により，宣統帝（溥儀）を退位させ清朝を滅ぼす見返りに，中華民国の臨時大総統の地位は袁世凱のものとなった。その後袁世凱は革命派を弾圧し，独裁政治を行った。第一次世界大戦中，欧米列強が中国より後退したのに乗じて，日本は1915年に二十一カ条の要求を袁世凱政権に強要した。袁世凱の死後も，中国は軍閥割拠の軍閥時代となり，中国の近代化を目指す中国革命は後退した。1919年にはパリ講和会議で二十一カ条の要求の撤廃の主張が拒否されると，中国国内では，広い国民各層による五・四運動に発展した。これを契機に孫文は新たに中国国民党を結成し，中国革命は復活へと向かった。

解説 (1) 問 1　林則徐は，アヘン取り締まりのために欽差大臣として広州に派遣された。

問 2　イギリスは，1843年に南京条約を補足する虎門寨追加条約を結んだ。さらに1844年には，清朝とアメリカ間で望厦条約，フランスとの間では黄埔条約という，南京条約とほぼ同じ内容の条約が結ばれた。

問 3　5 港の開港の 5 港とは，広州・厦門・福州・寧波・上海である。公行とは外国貿易を独占した中国人商人の組合である。広東十三行ともよばれた。

(2) 中国国民党とは別に，中国革命のもう 1 つの主役となる中国共産党が，1921年に上海で結成された。

演習問題

1　★★☆

次の文章を読んで，各問いに答えよ。

a春秋・戦国時代の戦乱の世を統一した秦の始皇帝は，徹底した法治主義により中央集権化を目指したものの，b陳勝・呉広が率いた反乱を機にわずか15年間で滅亡した。その後，天下をめぐって項羽と争った（　A　）が建国した漢は，はじめc郡国制による緩やかな中央集権体制をとったが，徐々に支配を強めた。武帝の時代になると，d度重なる外征により版図が拡大されたが，経済が混乱し，民衆の不満を高める結果となった。その後，中央では外戚や宦官が政権を左右し，地方では豪族が勢力を伸ばした。こうした状況の中で，外戚出身の（　B　）が漢を倒し，新を建国したが，一連の復古主義的政策のため，18年に（　C　）の乱がおこり，これを契機に新は滅亡し，漢（後漢）が再興された。後漢もまた中央政治の乱れから反乱を招き，張角が指導した（　D　）の乱をきっかけとして各地の豪族が自立する状況となった。

e魏晋南北朝の長い分裂時代を経て，再統一を達成した（　E　）は隋を建国したが，第2代皇帝（　F　）のときに行われたf大運河の建設や高句麗遠征の失敗が農民の反乱を招き，統一後わずか30年足らずで滅亡した。その後を継いだ唐は西域にも支配を伸ばして大帝国を形成した。その制度や文化は周辺諸国に伝わり，広大な東アジア文化圏が形成された。しかし755年におこったg安史の乱以降，国力は衰退の一途をたどり，875年h民衆の支持を受けた黄巣がおこした反乱によって致命的な打撃を受け，907年滅亡した。

(1)　文章中の空欄に当てはまる語句を答えよ。

(2)　下線部aに強盛を誇った「戦国の七雄」のうち，秦以外の6国の国名を右の図中A～Fと対応させて答えよ。

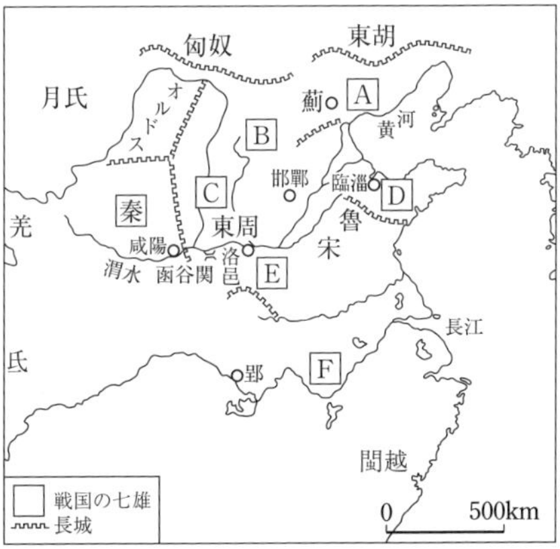

(3)　下線部bの際に，陳勝が発した「王侯将相いずくんぞ種あらんや」という言葉の意味を，簡潔に説明せよ。

(4)　下線部cについて，具体的に説明せよ。

(5)　下線部dについて，対匈奴政策について説明せよ。

⑹　下線部ｅの時代におきた次のできごとを古い順に並び替えよ。

ア．府兵制の開始　　イ．永嘉の乱の勃発　　ウ．北魏による華北統一

⑺　下線部ｆの目的を説明せよ。

⑻　下線部ｇを題材に書かれた次の詩の作品名と作者名を答えよ。

国破れて山河在り
城春にして草木深し
時に感じては花にも
涙を濺ぎ
別れを恨んでは鳥にも
心を驚かす
烽火三月に連なり
家書万金に抵る
白頭掻けば更に短く
渾べて簪に
勝へざらんと欲す

⑼　下線部ｈの理由を，漢の武帝がとった経済政策と関連付けながら説明せよ。

〈新潟県〉

2　★★☆

次の絵は，中国歴代王朝の皇帝の肖像画である。これを見て，各問いに答えよ。なお，括弧内は生没年を示している。

A  （前259～前210）	B  （前159～前87）	C  （前6～57）	D  （569～618）	E  （598～649）
F  （685～762）	G  （927～976）	H  （1215～1294）	I  （1328～1398）	J  （1654～1722）

⑴　上に示された皇帝Ａ～Ｊの時代のできごととして正しいものを次から選べ。

①　民衆に教訓を発布し，月に６回里老人に木鐸を鳴らして唱えさせた。父母に孝順なれ，長上を尊敬せよ，郷里に和睦せよ，子孫を教訓せよ，各の生業に安んぜよ。非為をなすことなかれ，の六条からなる。

②　宦官により政治が乱され，雲南西辺の乱や鄧茂七の乱がおこり，河北省土木堡でオイラト軍に皇帝が捕らわれる事件がおこった。

③　『四書大全』『五経大全』『性理大全』が皇帝の命により編纂された。
④　黄河と淮河を結ぶ通済渠を開き，また黄河と郡（北京）を結ぶ永済渠を開いた。
⑤　この時代は房玄齢らの名臣に支えられて，官制は整備され，国力が充実した。
⑥　この時代に詩仙と称される李白が活躍した。
⑦　郭守敬が1年を365.2425日とした太陰暦「授時暦」を作成した。
⑧　全国を36郡（のち48郡）に分け，郡の下に県をおき，皇帝任命の官吏を派遣して，中央集権体制の基礎とした。
⑨　董仲舒の建議を受け入れ，五経の教授と普及を図る「五経博士」が設置された。
⑩　ロシアとの間にアルグン川と外興安嶺を境とする国境確定や通商に関する条約を結んだ。
⑪　藩鎮勢力を抑えて禁軍を強化し，文治政治を推進して，君主独裁の中央集権体制の基礎を樹立した。
⑫　内閣にかわる軍事行政上の最高機関「軍機処」が設置された。
⑬　現在の福岡県志賀島で発見された金印「漢委奴国王印」はこの時代のものとされている。
⑭　寇謙之が重用され，道教が国教となり，廃仏が行われた。

(2)　次の文章はC・F・H・Jの皇帝について述べたものであるが，下線部に合計5つの誤りがある。誤っている記号を選び，正しい語句に訂正せよ。

C．$_{a}$赤眉の乱に乗じて挙兵し，農民や豪族とともに$_{b}$張角を敗死させ，$_{c}$新を滅ぼした。豪族と結んで，$_{d}$外戚を退け，儒教の奨励を行うなど，内政の充実に努めた。

F．$_{e}$韋后一派を倒して，父睿宗を復位させ，後に譲られて即位した。治世前半は賢臣を用い「$_{f}$開元の治」とよばれる安定期を現出したが，晩年$_{g}$楊貴妃を寵愛して政治を乱し，$_{h}$紅巾の乱を招いた。

H．チンギス＝ハンの末子$_{i}$トゥルイの子。兄モンケ＝ハンを助けて$_{j}$大理・チベットを征服し，南宋遠征を行った。皇帝即位後は1264年$_{k}$臨安に遷都し，71年に国号を元とした。79年南宋を滅ぼして中国を統一し，$_{l}$朝鮮王朝（李氏朝鮮）・ビルマを服属させ，元の領土は最大となった。$_{m}$日本・ベトナム・ジャワの遠征には失敗した。

J．中国史上第一の名君とよばれる。$_{n}$李自成の乱の平定，続いて台湾の鄭氏征伐により中国統一を完成した。さらに，$_{o}$外モンゴル・青海・チベットを服属させた。

〈静岡県・静岡市〉

3 ★★☆

次の年表を見て，各問いに答えよ。

年	できごと
1840年	aアヘン戦争がおこる
1856年	アロー戦争がおこる
	↓①
1894年	日清戦争がおこる
	↓②
1911年	b辛亥革命がおこる
	↓③
1937年	日中戦争がおこる

⑴　下線部aについて，この戦争の結果について記述したものを次から選べ。

①　清は下関条約を結び，台湾・澎湖諸島を割譲した。

②　清は天津条約を結び，ベトナムへの保護権を承認した。

③　清は北京条約を結び，九竜半島南部を割譲した。

④　清は南京条約を結び，香港を割譲した。

⑵　下線部bについて，三民主義を唱え，臨時大総統に選出されたこの革命の指導者名を答えよ。

⑶　中国における近代化の動きに関して，①の期間中には洋務運動が，②の期間中には変法運動が行われた。この2つの運動には，政治制度に対する考え方についてどのような違いがあるか簡潔に述べよ。

⑷　次の写真は，②の期間中に，義和団を鎮圧するために出兵した8ヵ国の連合軍の兵士を写したものであるが，写真には9人の兵士が写っている。学習指導の場で，この写真を使って，当時の国際情勢についてどのような説明をするか。簡潔に答えよ。

⑸　③の期間中に，ワシントンで中国に関する九カ国条約が締結された。この条約に調印していない国を次から選べ。

ア．アメリカ合衆国　　イ．イタリア　　ウ．ドイツ　　エ．フランス

〈広島県・広島市〉

演習問題　解答・解説

1

(1)　A．劉邦　B．王莽　C．赤眉
D．黄巾　E．楊堅（文帝）
F．煬帝

(2)　A．燕　B．趙　C．魏
D．斉　E．韓　F．楚

(3)　王侯・将軍・宰相は決して血縁で決まるものではないという主張であり，戦国時代末期の実力主義の世相を反映している。

(4)　皇帝の直轄地では秦以来の中央集権的支配を行い，その他の土地は皇族や功臣に分け与えて諸侯王に封じた。この郡県制と封建制を併用した支配体制のことを郡国制とよぶ。

(5)　オルドス・甘粛の匈奴を討ち，支配地を広げ，敦煌など河西４郡を設置した。また，匈奴挟撃の同盟締結のため張騫を大月氏に派遣した。

(6)　イ→ウ→ア

(7)　経済の中心である江南の穀倉地帯と政治の中心である華北とを直結させ，物資流通の大動脈とするため。また，周辺諸国への遠征軍の輸送に利用するためでもあった。

(8)　作品名：「春望」　作者名：杜甫

(9)　武帝以降，中国では塩の専売がたびたび実施されており，塩の密売商人であった黄巣は政府の高価な塩に苦しめられていた民衆を味方にすることができたため。

解説

(3)　陳勝・呉広の乱（前209～前208年）は中国史上初の農民反乱とされる。始皇帝（秦王政）の死の翌年におこった。

(4)　秦が中央集権的な郡県制をいきなり全国化したことから地方豪族の反発を受け，このことが秦の滅亡原因の一つと考えられる。前漢の高祖（劉邦，在位前202～前195年）は，郡国制によって封建制をある程度温存し，地方豪族の反発を防ごうとした。

(5)　匈奴討伐に派遣された将軍は，衛青，霍去病である。

(6)　ア．６世紀前半　イ．307年
ウ．439年

(7)　北方の永済渠は，高句麗討伐への遠征軍輸送の目的が大きい。

(8)　杜甫は，李白と並んで中国最高峰の詩人とされ，「詩聖」といわれる。

(9)　黄巣の元部下が，唐を滅ぼし，後梁を建国した朱全忠である。

2

(1)　A．⑧　B．⑨　C．⑬
D．④　E．⑤　F．⑥
G．⑪　H．⑦　I．①
J．⑩

(2)　（誤）b，　（正）王莽
（誤）h，　（正）安史の乱
（誤）k，　（正）大都
（誤）l，　（正）高麗
（誤）n，　（正）三藩の乱

解説

A．始皇帝（秦王政）　B．武帝
C．劉秀（光武帝）　D．煬帝
E．太宗（李世民）　F．玄宗
G．趙匡胤（太祖）
H．フビライ（クビライ）＝ハン（世祖）
I．朱元璋（洪武帝・太祖）
J．康熙帝（聖祖）
②　正統帝（英宗，在位1435～49年）
③　永楽帝（成祖，在位1402～24年）

⑫　雍正帝（世宗，在位1722～35年）
⑭　太武帝（在位423～452年）

3

⑴　④　　⑵　孫文

⑶　洋務運動は中国の旧来の政治制度は変えずに西洋の技術のみを取り入れるという「中体西用」の考え方であった。しかし，変法運動（変法自強）はこれを批判し，政治体制を日本の明治維新に学んで立憲君主制に改めようとした。

⑷　イギリス・アメリカ・ロシア・ドイツ・フランス・オーストリア・イタリア・日本の列強がすべて参加していることは，いかに各国にとって中国の利権が重要であったかを示しているとともに，当時イギリスの植民地であったインドの兵士が派兵されていることは，これ以後のアジアの国際関係を考えると非常に興味深い。

⑸　ウ

解説

⑴　①は日清戦争，②は清仏戦争，③はアロー戦争に関する記述である。

⑸　イギリス・アメリカ・フランス・イタリア・日本・オランダ・ベルギー・ポルトガル・中国の９ヵ国である。中国の領土保全・主権の尊重・門戸開放・機会均等を決定した。

古代～近代

	イタリア・ギリシア	中国・朝鮮	インド	西アジア・エジプト
		前5000頃 彩陶文化成立		前2700頃 シュメール人の都市国家
前3000	前3000頃 エーゲ文明成立	前3000頃 黒陶文化成立	前2600頃 **インダス文明**成立	前27世紀頃 エジプト古王国成立 前21世紀 エジプト中王国成立
前2000		前16世紀頃 **殷**成立		**バビロン第一王朝**成立 前16世紀 エジプト新王国成立
前1500			前1500頃 アーリヤ人，西北インドへ侵入	ヒッタイト王国繁栄 前14世紀 アメンホテプ４世の宗教改革
前1000	前8世紀頃 ギリシアに**ポリス**成立	前11世紀 **周**成立 前770 春秋・戦国時代始まる	アーリヤ人，ガンジス川流域に侵入	前1012頃 イスラエル王国成立
前600	ソロンの改革 アテネの僭主政治 アテネの民主政 前509頃 ローマ共和政開始			前586 バビロン捕囚（～前538） 前550 アケメネス朝成立
前500	**ペルシア戦争**（～前449） 前490 マラトンの戦い 前480 サラミスの海戦 前431 **ペロポネソス戦争**（～前404）	前403 戦国時代始まる		
前400	前367 リキニウス＝セクスティウス法 前338 カイロネイアの戦い 前334 アレクサンドロス大王の東方遠征（～前324）		前317頃 **マウリヤ朝**成立	前312 セレウコス朝シリア成立 前304 プトレマイオス朝エジプト成立
前300				

	イタリア・ギリシア	中国・朝鮮	インド	西アジア・エジプト
前300	前287 ホルテンシウス法制定 前264 **ポエニ戦争**（～前146）	前221 **秦**の中国統一		
前200	前146 カルタゴ滅亡 前133～前121 グラックス兄弟の改革	前202 **前漢**成立 前154 **呉楚七国の乱** 前141 武帝の治世（～前87） 前139 張騫，西域に派遣 前108 **楽浪郡**設置		
前100	前60 第1回三頭政治 前43 第2回三頭政治 前31 **アクティウムの海戦** 前27 **アウグストゥス**による帝政開始			前31 **アクティウムの海戦**
A.D.	64 ネロ帝のキリスト教迫害	8 新の成立 25 **後漢**の成立		
100	96～180 **五賢帝**時代 この頃ローマの領域最大となる	166 大秦王安敦の使節，日南郡にいたる 184 **黄巾の乱**	130頃 カニシカ王の治世（～170頃）	
200	235～284 軍人皇帝時代 284 ディオクレティアヌス帝の治世（～305）	220 **後漢**滅亡 **魏・呉・蜀**成立 265 魏滅亡，**晋**成立 280 呉滅亡，**晋**が中国統一		224 **ササン朝**成立 260 シャープール1世，ローマ皇帝ウァレリアヌスを捕虜とする
300	306 コンスタンティヌス帝の治世（～337） 313 **ミラノ勅令** 325 **ニケーア公会議** 392 キリスト教，ローマの国教となる	304 **五胡十六国時代**始まる 317 **東晋**成立 4世紀半ば頃 **百済・新羅**成立	320頃 **グプタ朝**成立	

	イタリア・ギリシア	フランス	ドイツ・東欧オーストリア	スペイン・ポルトガル	北・東アジア	インド・東南アジア	西アジア・エジプト
300	395 ローマ帝国東西分裂					399 法顕インドを訪れる	
400	451 カタラウヌムの戦い 476 西ローマ帝国滅亡	481 メロヴィング朝成立			420 宋成立 439 北魏の華北統一 485 北魏孝文帝，均田制を施行		
500	527 ユスティニアヌス帝の治世（～565） 568 ランゴバルト王国成立				552 突厥成立 589 隋が中国統一		
600					628 唐が中国統一 676 新羅，朝鮮半島を統一 698 渤海建国	606 ヴァルダナ朝成立 シュリーヴィジャヤ王国成立	610頃 イスラーム教成立 622 聖遷（ヒジュラ） 642 ニハーヴァンドの戦い 661 ウマイヤ朝成立
700	726 聖像禁止令	732 トゥール・ポワティエ間の戦い 751 カロリング朝成立		718 国土回復運動始まる 756 後ウマイヤ朝成立	755 安史の乱（～763） 780 両税法の開始	750頃 シャイレンドラ朝成立	750 アッバース朝成立 751 タラス河畔の戦い 786 ハールーン＝アッラシードの治世（～809）
800		800 カールの戴冠 843 ヴェルダン条約 870 メルセン条約	9世紀 キエフ公国成立		875 黄巣の乱		
900		987 カペー朝成立	911 ノルマンディー公国成立 962 オットー1世の戴冠 神聖ローマ帝国成立		907 唐滅亡 916 遼成立 918 高麗成立 960 北宋成立	937 大理国成立	909 ファーティマ朝成立 932 ブワイフ朝成立 962 ガズナ朝成立
1000					1004 澶淵の盟	1009 大越国（李朝）成立	

	イタリア・ギリシア	イギリス	フランス	ドイツ・オーストリア	スペイン・ポルトガル	インド・東南アジア	中国・朝鮮	西アジア・エジプト
1000	1096 第1回十字軍（〜99）	1066 ノルマン朝成立	1095 クレルモン宗教会議	1077 カノッサの屈辱（カノッサ事件）		1044 パガン朝成立	1070 王安石の新法	1038 セルジューク朝成立 1055 セルジューク朝，バグダード入城
1100	1130 両シチリア王国成立 1189 第3回十字軍（〜92） 1198 インノケンティウス3世の治世（〜1216）	1154 プランタジネット朝成立	1180 フィリップ2世の治世（〜1223）		1143 ポルトガル独立		1115 金成立 1126 靖康の変 1127 南宋成立	1132 西遼成立 1148頃 ゴール朝成立 1169 アイユーブ朝成立
1200	1202 第4回十字軍（〜04）	1215 大憲章（マグナ＝カルタ） 1265 シモン＝ド＝モンフォールの議会 1295 模範議会	1226 ルイ9世の治世（〜70） 1285 フィリップ4世の治世（〜1314）	1241 ワールシュタットの戦い 1256 大空位時代（〜73）		1206 デリー＝スルタン朝成立 1293 マジャパヒト王国成立	1206 チンギス＝ハンの治世（〜27） 1241 ワールシュタットの戦い 1271 元成立 1276 南宋滅亡	1243 キプチャク＝ハン国成立 1250 マムルーク朝成立 1258 イル＝ハン国成立
1300	1303 アナーニ事件		1302 三部会設置 1309 教皇のバビロン捕囚（〜77） 1328 ヴァロワ朝成立					1300頃 オスマン帝国成立
		1339 百年戦争（〜1453）						
				1356 金印勅書		1351 アユタヤ朝成立	1351 紅巾の乱（〜66）	

	イタリア・ギリシア	イギリス	フランス	ドイツ・オーストリア	スペイン・ポルトガル	ロシア・ポーランド	アメリカ	中国・朝鮮	インド・東南アジア	西アジア・エジプト
1300	1378 教会大分裂(～1417)	1381 ワット＝タイラーの乱				1386 ヤゲウォ朝成立	アステカ王国成立	1368 明成立 1399 靖難の役		
1400	1453 ビザンツ帝国滅亡	1455 バラ戦争(～85) 1485 テューダー朝成立		1414 コンスタンツ公会議(～18)	1479 スペイン王国成立 1492 国土回復運動の完成	1480 モスクワ大公国成立	インカ帝国成立 1492 コロンブス新大陸到達	1402 永楽帝の治世(～24) 1405 鄭和，南海遠征 1446 訓民正音頒布 1449 土木の変	1428 大越国(黎朝)成立 1498 ヴァスコ＝ダ＝ガマ，インド到達	
1500	1545 トリエント公会議	1558 エリザベス1世の治世(～1603) 1588 アルマダ戦争	1562 ユグノー戦争(～98) 1589 ブルボン朝成立 1598 ナントの王令	1517 ルター，「九十五カ条の論題」発表 1519 カール5世の治世(～56) 1524 ドイツ農民戦争 1555 アウクスブルクの和議	1516 カルロス1世の治世(～56) 1519 マゼラン世界周航(～22) 1556 フェリペ2世の治世(～98) 1568 オランダ独立戦争勃発 1571 レパントの海戦 1588 アルマダ海戦		1521 コルテス，メキシコ征服 1533 ピサロ，ペルー征服 インカ帝国滅亡	1572 張居正の改革	1526 ムガル帝国成立 1556 アクバル帝の治世(～1605)	1501 サファヴィー朝成立 1520 スレイマン1世の治世(～66) 1529 ウィーン包囲(第1次) 1538 プレヴェザ海戦
1600		1603 ステュアート朝成立	1610 ルイ13世の治世(～43)			1613 ロマノフ朝成立	1607 ヴァージニア植民地設立	1616 清成立	1600 イギリス東インド会社設立 1602 オランダ東インド会社設立	

	イタリア・ギリシア	イギリス	フランス	ドイツ・オーストリア	スペイン・ポルトガル	ロシア・ポーランド	アメリカ	中国・朝鮮	インド・東南アジア	西アジア・エジプト
1600				1618 **三十年戦争**（～48）			1620 ピューリタン北米移住		1623 アンボイナ事件	
		1625 チャールズ1世の治世（～49）								
		1628 **権利の請願**								
		1640 **イギリス革命**（～60）	1643 ルイ14世の治世（～1715）					1644 明滅亡，**清**の中国支配		
		1648 ウェストファリア条約								
			1648 フロンドの乱（～53）							
		1651 航海法							1658 アウラングゼーブ帝の治世（～1707）	
		1652 英・蘭戦争								
		1660 **王政復古**，チャールズ2世の治世（～85）	1661 ルイ14世親政開始					1661 康熙帝の治世（～1722）		
		1673 審査法				1667 **ステンカ＝ラージンの反乱**（～71）		1673 **三藩の乱**（～81）		
		1679 **人身保護法**								
						1682 ピョートル1世の治世（～1725）				1683 ウィーン包囲（第2次）
		1685 ジェームズ2世の治世（～88）	1685 ナントの王令廃止							
		1688 **名誉革命**（～89）				1689 **ネルチンスク条約**		1689 **ネルチンスク条約**		
										1699 カルロヴィッツ条約
1700		1701 **スペイン継承戦争**（～13〔14〕）				1700 北方戦争（～21）	1702 アン女王戦争（～13）			
		1707 **大ブリテン王国**成立	1715 ルイ15世の治世（～74）							
								1722 雍正帝の治世（～35）		
						1727 キャフタ条約	1732 13植民地設置	1727 キャフタ条約		
							1744 ジョージ王戦争（～48）	1735 乾隆帝の治世（～95）	1744頃 **ワッハーブ王国**成立	
		1740 **オーストリア継承戦争**（～48）						1758 清朝，ジュンガルを滅ぼす		
								1757 貿易を広州1港に制限	1752 **コンバウン朝**成立	

	イタリア・ギリシア	イギリス	フランス	ドイツ・オーストリア	スペイン・ポルトガル	ロシア・ポーランド	アメリカ	中国・朝鮮	インド・東南アジア	西アジア・エジプト
1700		1756 **七年戦争**(～63)					1754 フレンチ＝インディアン戦争(～63)		1757 プラッシーの戦い	
		産業革命始まる				1762 エカチェリーナ２世の治世(～96)	1763 パリ条約 1765 **印紙法**			
			1774 ルイ16世の治世(～92)	1772 第１回ポーランド分割		1772 第１回ポーランド分割	1773 **茶法**			
							1775 **アメリカ独立戦争**(～83) 1783 **パリ条約**		1778 **西山政権**成立 1782 **ラタナコーシン朝**成立	
			1789 **フランス革命**							
			1792 第一共和政成立	1795 第３回ポーランド分割		1795 第３回ポーランド分割		1796 白蓮教徒の乱(～1804)		1796 **カージャール朝**成立
1800			1804 第一帝政成立						1802 阮福暎，ベトナム統一	
			1805 トラファルガーの海戦							
			1806 大陸封鎖令	1806 ライン同盟成立，神聖ローマ帝国消滅		1813 ライプツィヒの戦い(諸国民戦争)	1812 **米英戦争**(～14)			
	1814～15 **ウィーン会議**									
			1815 **ワーテルローの戦い**				1820 ミズーリ協定			
	1821 **ギリシア独立戦争**(～29)					1825 デカブリストの乱	1823 **モンロー教書の発表**		1830 ジャワで強制栽培制度	1828 トルコマンチャーイ条約
			1830 **七月革命**				1830 先住民強制移住法			1831 第１次エジプト＝トルコ戦争(～33)
		1832 第１回選挙法改正		1834 **関税同盟**成立						
		1837 ヴィクトリア女王の治世(～1901)						1839 林則徐，アヘン取締り 1840 **アヘン戦争**(～42) 1842 南京条約		1839 第２次エジプト＝トルコ戦争(～40) タンジマート開始
			1848 **二月革命**	1848 **ウィーン三月革命**			1846 米墨戦争(～48)			1848 バーブ教徒の乱(～50)
			1852 第二帝政成立					1851 **太平天国の乱**(～64)		
		1853 **クリミア戦争**(～56)				1853 **クリミア戦争**(～56)				1853 **クリミア戦争**(～56)

	イタリア・ギリシア	イギリス	フランス	ドイツ・オーストリア	スペイン・ポルトガル	ロシア・ポーランド	アメリカ	中国・朝鮮	インド・東南アジア	西アジア・エジプト
1800								1856 **アロー戦争**（～60）	1857 **シパーヒーの反乱**	
								1858 アイグン条約，天津条約	1858 ムガル帝国滅亡	
								1860 北京条約		
	1861 **イタリア王**国成立					1861 **農奴解放令**	1861 **南北戦争**（～65）	1862 同治の中興（～74）		
				1866 プロイセン＝オーストリア戦争			1863 奴隷解放宣言	洋務運動（～90年代）		
			1870 **プロイセン＝フランス戦争**（～71）				1869 大陸横断鉄道開通			1869 スエズ運河開通
			1870 第三共和政成立							
				1871 **ドイツ帝国**成立						1876 ミドハト憲法発布
						1877 露土戦争		1881 イリ条約	1877 **インド帝国**成立	1877 露土戦争
	1882 **三国同盟**			1882 **三国同盟**		1878 サン＝ステファノ講和条約		1884 清仏戦争	1883·1884 ユエ条約	1878 サン＝ステファノ講和条約
				1887 独露再保障条約		1887 独露再保障条約	1886 アメリカ労働総同盟（AFL）結成	1885 天津条約	1885 インド国民会議成立	
			1894 **露仏同盟.** ドレフュス事件（～99）				1889 第1回パン＝アメリカ会議	1894 甲午農民戦争 **日清戦争**		
						1894 **露仏同盟**	1890 シャーマン＝反トラスト法制定	1895 変法運動		
		1898 ファショダ**事件**			1898 **米西戦争**		1898 **米西戦争**	1898 戊戌の政変		
		1899 **南ア戦争**（～1902）				1899～1900 門戸開放宣言				

現代

西暦	おもな出来事
1900	1900　**義和団戦争(事件)**(～01)
	1901　北京議定書
	1902　**日英同盟**
	1904　**日露戦争**(～05)
	1904　**英仏協商**
	1905　第1次モロッコ事件．血の日曜日事件．ベンガル分割令．ポーツマス条約
	1907　**英露協商**
	1908　青年トルコ革命
1910	1910　メキシコ革命(～17)．日本，韓国併合
	1911　**辛亥革命**(～12)．第2次モロッコ事件
	1912　第1次バルカン戦争(～13)．中華民国成立，清滅亡
	1913　第2次バルカン戦争
	1914　**サライェヴォ事件・第一次世界大戦**(～18)
	1915　二十一カ条要求．**フサイン・マクマホン協定**．イタリア，連合国側に参戦
	1917　**ロシア革命**．石井・ランシング協定．バルフォア宣言．アメリカ，第一次世界大戦に参戦
	1918　ウィルソン**の十四カ条**．ブレスト＝リトフスク条約
	1919　**ヴェルサイユ条約調印**，**五・四運動**．コミンテルン結成．ローラット法．三・一独立運動．ヴァイマル憲法．トルコ革命
1920	1920　国際連盟成立．セーヴル条約
	1921　**ワシントン会議**(～22)
	1922　ソヴィエト社会主義共和国連邦成立
	1923　ローザンヌ条約
	1924　ドーズ案．移民法．第1次国共合作
	1925　ロカルノ条約．パフレヴィー朝成立．五・三〇運動
	1926　北伐開始(～28)
	1928　ブリアン・ケロッグ条約．第1次五カ年計画
	1929　**世界恐慌勃発**
1930	
	1931　ウェストミンスター憲章
	1932　**オタワ連邦会議**
	1933　**ニューディール政策**
	1935　ワグナー法．ドイツ再軍備宣言
	1936　ラインラント進駐．スペイン内戦(～39)．西安事件
	1937　日独伊防共協定．第2次国共合作
	1938　**ミュンヘン会談**
	1939　**第二次世界大戦**(～45)．独ソ不可侵条約
1940	1940　日独伊三国同盟
	1941　**太平洋戦争**(～45)
	1942　スターリングラードの戦い(～43)．ミッドウェー海戦
	1943　カイロ宣言．テヘラン会談
	1945　サンフランシスコ会議，**国際連合成立**，ポツダム会談
	1946　**インドシナ戦争**(～54)
	1947　**マーシャル＝プラン**発表，**コミンフォルム**結成．トルーマン＝ドクトリン
	1948　**パレスチナ戦争**(第1次中東戦争)
	1949　**北大西洋条約機構(NATO)**成立
1950	1950　**朝鮮戦争**(～53)
	1951　サンフランシスコ平和条約．太平洋安全保障条約(ANZUS)
	1952　エジプト革命．ヨーロッパ石炭鉄鋼共同体(ECSC)条約
	1954　ネルー・周恩来会談．ジュネーヴ休戦協定．パリ協定
	1955　**アジア・アフリカ**(バンドン)**会議**
	1955　**ワルシャワ条約機構**成立
	1956　**スエズ戦争**(第2次中東戦争，～57)
	1959　キューバ革命

西暦	おもな出来事
1960	1960　**「アフリカの年」**
	1961　ベルリンの壁構築
	1962　**キューバ危機**
	1963　部分的核実験禁止条約．アフリカ統一機構成立
	1965　**ベトナム戦争**（～73）※
	1966　**プロレタリア文化大革命**（～77）
	1967　第3次中東戦争
	1968　フランス，五月危機（五月革命），核拡散防止条約
1970	
	1972　東西ドイツ基本条約
	1973　第4次中東戦争．パリ協定
	1979　**エジプト＝イスラエル平和条約**，イラン革命，ソ連，アフガニスタンへ軍事介入
1980	1980　**イラン・イラク戦争**（～88）
	1987　米ソ，**INF全廃条約**調印
	1989　ベルリンの壁開放
	1989　**マルタ会談**，冷戦終結宣言，天安門事件
1990	1990　ドイツ統一
	1991　**ソ連解体**．湾岸戦争．ユーゴスラヴィア解体
	1992　マーストリヒト条約．ＮＡＦＴＡ成立
	1993　**パレスチナ暫定自治協定**調印
	1999　NATO，ユーゴスラヴィア空爆
2000	
	2001　**同時多発テロ**
	2002　アフリカ連合（AU）成立
	2003　**イラク戦争**
2010	
	2011　南スーダン独立

※時期については，ジュネーブ協定以降となる1954～75年説，ベトナム国内の内戦が激化した1960～75年など，諸説ある。

第 3 編

日本史

1 原始・古代

傾向と対策

原始・古墳時代はその自治体にある遺跡の関連出題が多い。自治体によっては相当専門的になっているので，その自治体の出身者でない場合は特に注意が必要である。中国の歴史書に残されている日本についての記述は，必ず整理しておくこと。律令体制の発展と崩壊の過程も史料問題が中心となる。史料自体は限られているので，教科書や史料集などで確認しておくこと。文化では仏教美術の変遷に注目しよう。大陸文化の影響と外交との関連も注意しておかねばならない。

例題1　中国の歴史書にあらわれる原始・古代の日本

次の史料を読んで，各問いに答えよ。

Ⅰ．建武中元二年、倭の奴国、貢を奉じて朝賀す。使人自ら大夫と称す。倭国の極南界なり。（　A　）、賜ふに印綬を以てす。

Ⅱ．夫れ（　B　）海中に倭人有り、分れて百余国と為る。歳時を以て来り献見すと云ふ。

Ⅲ．興死して弟武立つ。自ら使持節都督倭・百済・（　C　）・任那・加羅・秦韓・慕韓七国諸軍事安東大将軍倭国王と称す。

Ⅳ．倭人は（　D　）の東南大海の中に在り、山島に依りて国邑を為す。旧百余国。漢の時朝見する者あり。今使訳通ずる所 a三十国。

Ⅴ．大業三年、其の王多利思比孤、 b使を遣して朝貢す。

(1)　史料中の空欄に当てはまる語句を答えよ。

(2)　Ⅰ～Ⅴの出典をそれぞれ答えよ。

(3)　下線部 a について，三十国を支配していた人物名を答えよ。

(4)　下線部 b について，使者が派遣されたときの中国の皇帝名を答えよ。

(5)　Ⅰ～Ⅴに示された内容を年代の古い順に並べ替えよ。　〈山口県改題〉

解答

(1)　A．光武　　B．楽浪　　C．新羅　　D．帯方

(2)　Ⅰ．『後漢書』東夷伝　　Ⅱ．『漢書』地理志　　Ⅲ．『宋書』倭国伝
　　Ⅳ．「魏志」倭人伝　　Ⅴ．『隋書』倭国伝

(3)　卑弥呼　　(4)　煬帝　　(5)　Ⅱ→Ⅰ→Ⅳ→Ⅲ→Ⅴ

解説　国内の文献がない弥生・古墳時代の様子は，中国の歴史書によって知ることができる。Ⅰ～Ⅴの史料はいずれも重要である。ただし引用される箇所はいつも同じ部分であるので，書名と特徴のある箇所を関連させて覚えておくこと。

⑴　前漢の武帝は朝鮮半島を征服して，前108年に楽浪郡など4郡を設置した。帯方郡は後漢末（204年頃）に楽浪郡の南部を分割して設置された。福岡市志賀島で江戸時代（1784年）に発見された金印には，「漢委奴国王」とあり，後漢の光武帝が奴国王に与えたものとされている。

⑵

書名	著者	特徴
『漢書』地理志	班固（32～92年）	「倭人」の社会は100余国に分かれ，楽浪郡に定期的に使者を送っていたことなどを記述。
『後漢書』東夷伝	范曄（398～445年）	倭の奴国の王が後漢の都洛陽に使者を送り，光武帝より印綬（金印）を受けたことなどを記述。
「魏志」倭人伝	陳寿（233～297年）	『三国志』の1つ。邪馬台国の記述で有名。
『宋書』倭国伝	沈約（441～513年）	中国南朝の宋の歴史書。倭の五王の遣使について記述。
『隋書』倭国伝	魏徴（580～643年）ら	遣隋使や聖徳太子の政策について記述。

⑶　「魏志」倭人伝にみられる3世紀前半の女王。2世紀末頃倭国の騒乱の末に，諸国の王によって共立された。邪馬台国に都をおき，呪術行為によって統治に当たり約30国を従属させた。実際の政治は弟が補佐したとされる。239年には魏に遣いを送って親魏倭王に冊封された。卑弥呼の死後は男の王が立ったが国中が服さず争乱を招いたため，卑弥呼の一族の壱与（台与か）という少女が擁立されて混乱が収まり，266年には晋へ遣使している。

⑷　煬帝（在位604～618年）は隋の2代皇帝で，黄河と長江間の大運河を完成させたことで有名。しかしこのような大工事や，連年の高句麗遠征によって隋を滅亡に導いた。聖徳太子はこの隋と高句麗との関係を利用して隋に朝貢せず，冊封関係をとらずに外交を進めた。

例題２　律令国家の組織

次の文章を読んで，各問いに答えよ。

古代国家の組織が整備されるに従って，地方の物資が都に集中した。中央と地方を結ぶ幹線道として（　A　）とよぶ官道（駅路）が整えられた。交通制度として（　B　）が定められ，一定の距離ごとに（　C　）がおかれ便宜がはかられた。中央に集まった物資の取引場所として，平城京では右京に（　D　），左京に（　E　）がおかれた。また政府は（　F　）の制度にならって銭貨の鋳造も始めたが，流通の範囲は畿内などごく限られており，３年後には（　G　）を出して，流通をはかった。銭貨の鋳造は平安時代中頃まで続けられたが，これらを総称して（　H　）とよんでいる。この頃は国内資源の開発も進み，各地から鉱産物が中央に献上された。陸奥からの（　I　）や武蔵・周防からの（　J　）はよく知られている。

(1)　文章中の空欄に当てはまる語句を答えよ。
(2)　空欄D，Eを監督する官庁名を答えよ。
(3)　空欄Gは何年のことか。西暦年を答えよ。
(4)　空欄Jにちなんで定められた年号を答えよ。

解答　(1)　A．七道　B．駅制　C．駅家　D．西市　E．東市
F．唐　G．蓄銭叙位令（法）　H．本朝（皇朝）十二銭
I．金　J．銅
(2)　京職　(3)　711年　(4)　和銅

解説　大宝律令によって整った律令政治のしくみは整理しておくことが必要。特に中央官制や地方組織，土地制度と税制は重要である。

(1)　A．官道であるとともに各道沿いの諸国を束ねる行政区画。東海・東山・北陸・南海・西海・山陽・山陰の七道で，これに対し畿内の大和・河内・和泉・摂津・山城を五畿とよんだ。
B．唐の制度にならったもの。
C．「うまや（えきか）」と読む。30里（約16km）間隔におかれ，駅には駅馬が常設され，駅使は駅鈴を携行して駅馬を利用した。
G．一定額の銭貨を蓄積し，政府に納入した者に位階を与えるという売位政策。
I．749年に献上されたものは東大寺大仏の塗金に当てられた。

(2)　京職は左・右京職からなり，それぞれ東市司・西市司を所管した。

(4)　年号和銅は708～715年。年号（和銅）と貨幣（和同）では表記が異なるので，注意が必要である。

例題 3　古代の仏教

次の文章の空欄に当てはまる語句を答えよ。

有力氏族の（　A　）を中心に広がった仏教は，奈良時代には国家の安泰を求める（　B　）国家仏教へと変化した。国分寺・国分尼寺建立と大仏造立の詔が発せられ，（　C　）とよばれる学派が形成された。さらに来日した中国僧（　D　）により，戒律も確立された。（　E　）におかれている彼の坐像は名高い。平安遷都は仏教界にも新しい風潮を生んだ。（　F　）は帰国後，法華経に基づく天台宗を開き，比叡山に延暦寺を建立した。また同宗門は寺領と（　G　）の武力に支えられ，中世末まで大きな力をふるった。一方，空海は真言宗の宣布に努め，天台宗とともに大日如来の教えである（　H　）により現世利益をかなえようとして，貴族や皇室に広く迎えられた。平安中期から後期にかけて，政治の乱れ，災害や疫病などの世情を背景に，貴族や民衆の間に，この世の不安から逃れ極楽浄土に死後の救いを求める（　I　）が盛んになった。藤原頼通の別荘を寺院にした（　J　）はこの信仰を表している。

解答　A．蘇我氏　B．鎮護　C．南都六宗　D．鑑真　E．唐招提寺
F．最澄（伝教大師）　G．僧兵　H．密教　I．浄土教
J．平等院鳳凰堂

解説　仏教の伝来から平安時代の浄土教の流行までの仏教史は，古代の文化を理解するためには欠かすことができない。国家宗教から個人の救済へと変遷する流れをつかんでおこう。

A．飛鳥に建立した最古の寺院である飛鳥寺（法興寺）が有名。蘇我氏は**渡来人**を保護したことから仏教興隆に積極的で，反対派の物部氏を打倒した。

C．華厳・法相・三論・倶舎・成実・律の六宗。

D．**鑑真**（688？～763年）は民間布教よりも教典の研究を重視した。これに対し，行基（668～749年）は社会事業などを通じ，民間僧として活躍した。

F．最澄（767～822年）は大乗戒壇の創建を目指し，南都仏教と対立した。

G．比叡山延暦寺の僧兵は山法師といい，院政期に日吉大社の神輿をかついで，朝廷へ強訴した（興福寺の僧兵は春日神社の神木を立てて強訴）。

H．天台宗の**円仁**（慈覚大師，794～864年）により台密（天台密教）が大成した。真言宗は拠点の東寺（教王護国寺）の名称から東密という。

I．**末法思想**（釈迦の死から2,000年経つと，仏教の力が衰え乱世が来るという思想）が広がったため，浄土教が流行した。**空也**（903～972年）は京の市中で布教し，「**市聖**」とよばれた。**源信**（恵心僧都，942～1017年）は985年に**『往生要集』**を著し，念仏による極楽往生の方法を示した。

演習問題

1 ★★☆

次の写真について，各問いに答えよ。

(1) 写真は呪術的な風習を示す遺物であるが，何を表現していると考えられているか答えよ。

(2) この遺物が造られた頃の呪術的な風習を２つ挙げ，それぞれについて簡潔に説明せよ。

(3) この遺物が造られた頃の信仰の在り方について，簡潔に説明せよ。 〈徳島県〉

2 ★★☆

次の史料を読んで，各問いに答えよ。

> 凡そ戸は、（　A　）戸を以て里と為よ。里毎に長一人置け。
> 凡そ戸籍は、（　B　）年に一たび造れ。十一月の上旬より起りて、a式に依りて勘へ造れ。里別に巻と為せ。惣べて三通写せ。…（中略）…二通は（　C　）に申し送れ。一通は国に留めよ。（後略）
> 凡そ戸籍は、恒にb五比留めよ。其れ遠き年のは、次に依りて除け。c近江の大津の宮の庚午の年の籍は除くことせず。
> 凡そ口分田給はむことは、男に二段。女は三分が一減ぜよ。（　D　）年以下には給はず。其れ地、寛に、狭きこと有らば、郷土の法に従へよ。d易田は倍して給へ。（後略）
> 凡そe調庸の物は、年毎に、八月の中旬より起りて輸せ。（後略）
> 凡そ正丁の歳役は（　E　）日、若し庸収るべくは、布二丈六尺。（後略）
> 凡そ兵士の京に向ふをば、（　F　）と名づく。

(1) 史料中の空欄に当てはまる語句を答えよ。

(2) 下線部 a について，式とは何か，簡潔に説明せよ。

(3) 下線部 b について，これはどのようなことを意味するか説明せよ。

(4) 下線部 c について，これは西暦何年のことか答えよ。

(5) 下線部 d について，易田とはどのような土地のことか，簡潔に説明せよ。

(6) 下線部 e について，調・庸を都まで運ぶ公民を何というか答えよ。

(7) 上記史料の出典を答えよ。 〈福島県〉

3　★★☆

次の文章と写真を見て，各問いに答えよ。

我が国にa仏教が公伝したのは６世紀の半ばであるが，それ以前に伝わっていた儒教とともに日本人の精神や文化に与えた影響は大きい。聖徳太子や蘇我氏によって仏教は保護され，最初の仏教文化が花開くことになるが，b当時の仏像は中国の南北朝の影響を色濃く受けている。c寺院も聖徳太子や蘇我氏などによって数多く建立されるようになった。

天武・持統天皇の時代は，初唐文化の影響からくるd清新さや明朗性が仏像の表情からも見てとれる。奈良時代になると鎮護国家の宗教として仏教は国家の保護を受け，大いに発展するが，e仏教勢力の強大化とそれによる腐敗もおこり，長岡京，平安京遷都の一要因ともなった。この時代にはf仏像製造に新しい製造方法が取り入れられ，写実的で表情豊かな仏像が数多く造られた。

A

B

C

⑴　下線部ａの仏教公伝の年代には２説ある。552年説の根拠である文献名を答えよ。

⑵　下線部ｂについて，写真Ａは北魏様式の仏像である。作者名を答えよ。

⑶　下線部ｃについて，法隆寺再建論争は旧伽藍跡が発掘されたことで再建説に落ち着いたが，この旧伽藍跡に当てはまる様式の伽藍配置を次から選べ。

ア　　イ　　ウ

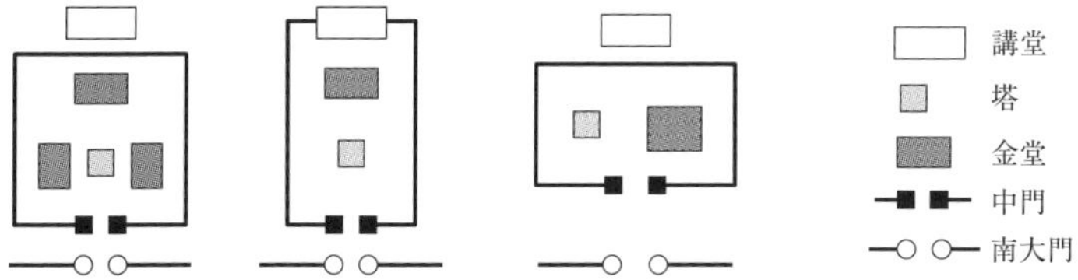

⑷　下線部ｄの特徴をよく表す白鳳期の代表的仏像が写真Ｂであるが，この仏像は元々何寺にあったものか答えよ。

⑸　下線部ｅについて，政治に介入し，法王にまでなった僧が天皇になる野望を断たれた事件名を答えよ。

⑹　下線部ｆの新しい製造方法によるものとして写真Ｃの仏像がある。その製造方法から何像とよばれるか答えよ。

〈群馬県改題〉

4　★★★

次の文章と史料を読んで，各問いに答えよ。ただし，史料は読み下し文に改めるなどしている。

日本の古代国家の成立は，４つの段階を経て完成したといえる。その第一は，大化改新により権力の集権化がなされた段階，第二は，壬申の乱により天皇権力が強化された段階，第三は，大宝律令の制定により法制がほぼ整った段階，そして第四が，平城京遷都により帝都が確立した段階の４つである。

Ⅰ．凡そ郡は四十里をもって大郡となし、三十里以下四里以上を中郡となし、三里を小郡となす　　（『日本書紀』）

Ⅱ．己亥（699）年十月、a上挟（総）国阿波評松里　　（藤原京跡出土の木簡）

Ⅲ．大領一人、所部を撫育し郡の事を検察することを掌る、（中略）少領一人、掌ること大領に同じ、b主政三人、…（中略）…主帳三人　　（『令義解』職員令）

⑴　史料Ⅰは改新の詔の第二条である。改新の詔は，何天皇が，西暦何年に，どこで発したものとされているか答えよ。

⑵　史料Ⅱの下線部ａは現在，どの都道府県であるか答えよ。

⑶　史料Ⅲの下線部ｂの読みを答えよ。

⑷　大化改新で出された改新の詔は，日本書紀にしか記載されていないため，その存在を疑う説がある。史料Ⅰ～Ⅲから考えられる根拠を説明せよ。

⑸　壬申の乱後に即位した天武天皇は，中央集権国家建設の事業を強力に推し進めた。その事業について，具体例を挙げながら説明せよ。

⑹　唐の長安にならって造られた最初の都城は藤原京である。都城制が中央集権化につながる理由を，宮と京の違いに着目しながら説明せよ。

⑺　藤原京から平城京へ都を遷した天皇名を答えよ。

〈大分県改題〉

5 ★★☆

次の文章を読んで，各問いに答えよ。

794年，桓武天皇は平安京を造営して（　A　）京から都を移し，$_a$律令体制の建て直しをはかるとともに，$_b$蝦夷の征討にも力を注いだ。その改革の方針は（　B　）天皇・嵯峨天皇にも引き継がれた。嵯峨天皇の時代には律令制を補足改定しながら維持するために，検非違使や蔵人頭といった（　C　）が設けられたり，格や式が定められたりした。しかしながら，$_c$農村では農民の浮浪・逃亡・偽籍が相次ぐなど，律令体制を維持することは実質的に困難な状況であった。

10世紀に入ると，藤原北家が権力をもち，$_d$摂関政治が展開された。同時に地方政治の乱れも著しく，政府は国司に一定の税の納入を請け負わせて，一国内の統治を委ねる方針をとっていった。これにより地方政治において国司の果たすべき役割が大きくなったが，その一方で$_e$私腹を肥やしたり，暴政を行ったりして訴えられる国司もあった。

このように地方政治が大きく変質していく中で，各地に武士団が登場し，互いに闘争をくり返したり国司に反抗したりするなど各地で活発な活動を展開していった。中でも大きな勢力を築いたのは清和源氏である。清和源氏は摂津に土着していたが，その後摂関家に近づき保護を得て権勢を高めた。特に1028年には（　D　）が平忠常の乱を鎮圧して，源氏の東国進出のきっかけを作り，その後$_f$前九年合戦・後三年合戦を経て東国武士団との主従関係を強め，武家の棟梁としての地位を固めた。

こうした武者の世について，鎌倉時代の史書『愚管抄』は次のように記している。

> サテ大治（1126～31）ノ後久寿（1154～56）マテハ、又（　E　）院、白河院ノ御アトニ世ヲシロシメシテ、保元元年七月二日（　E　）院ウセサセ給ヒテ後、日本国ノ乱逆ト云事ハヲコリテ後、ムサノ世ニナリニケル也。コノ次第ノコトハリヲコレハセンニ思テ書置侍ルナリ。城外ノ乱逆合戦ハヲホカリ。…（中略）…天慶ニ朱雀院ノ将門カ合戦モ、頼義カ貞任ヲセムル十二年ノタタカイナトイフモ、又$_g$隆家ノ帥ノトウイ国ウチシタガフルモ、関東鎮西ニコソキコユレ。マサシク王臣都ノ内ニテカカル乱ハ（　E　）院ノ御時迄ハナシ。カタジケナクアハレナル事也。

⑴　文章中の空欄に当てはまる語句を答えよ。

⑵　下線部 a について，桓武天皇の行った律令体制の再建策にはどのようなものがあるか。3つ挙げてそれぞれ具体的に説明せよ。

⑶　下線部 b について，これより先7世紀中頃に，阿倍比羅夫を東北地方に派遣した天皇名を答えよ。

⑷　下線部 c について，税収の減少に対応するため，政府は直営田を設けるなどして財源の確保に努めた。このうち，823年に大宰府管内に設置された直営田名を答えよ。

⑸　下線部 d について，摂政と関白の違いを明らかにしながら説明せよ。

⑹　下線部 e について，貪欲な受領の例として，「谷底におちてもそこに生えている平茸を取ることを忘れなかった」という信濃守藤原陳忠の話が載っている書物を次から選べ。

ア．『梁塵秘抄』　　イ．『落窪物語』

ウ．『今昔物語集』　エ．『日本霊異記』

⑺　下線部 f について，前九年合戦を描いた軍記物語を答えよ。

⑻　下線部 g の事件名を答えよ。

〈鳥取県〉

演習問題　解答・解説

1

(1)　女性を表現したと考えられる。

(2)　抜歯：通過儀礼の1つとして成人式の際に行われたと考えられる。

屈葬：死者の霊が災いを及ぼすことを恐れて行ったと考えられる。

(3)　あらゆる自然物に霊威があると考え（アニミズム），呪術によって災いを避けようと考えた。

解 説

図は顔の形から「ハート形」とよばれる土偶で，群馬県吾妻郡出土。土偶は大きさ30cm 程度の土人形で，縄文中～後期に造られた。東日本で出土し，生殖・収穫を祈る女性像が多い。また片足などが故意に折られたものが多い。

2

(1)　A．五十　　B．六

C．太政官　　D．五

E．十　　F．衛士

(2)　律・令・格の施行細則

(3)　一比は6年のことであるから，30年保存せよということ。

(4)　670年

(5)　土地がやせていて毎年耕作するのに適さない田地のこと。

(6)　運脚　　(7)　『令義解』

解 説

(4)　かのえうま（庚午）の年に作成されたため庚午年籍とよばれ，天智天皇によって作られた最初の全国的な戸籍。史料のように永久保存とされたが現存せず。

(6)　諸国の正丁の義務で，食料も自弁であったため大変な負担であった。

(7)　養老令の官撰注釈書。令の解釈を統一するために政府が清原夏野（782～837年）らに編集させ，833年に完成した。『令集解』は養老令の私撰注釈書で，惟宗直本による編集。混同しないように。

3

(1)　『日本書紀』

(2)　鞍作鳥（止利仏師）

(3)　イ　　(4)　山田寺

(5)　宇佐八幡（宮）神託事件

(6)　乾漆像

解 説

(1)　もう一方は，538年に伝えられたという説で，『上宮聖徳法王帝説』『元興寺縁起』による。

(2)　写真Aは飛鳥寺釈迦如来像である。鞍作鳥（生没年不詳）の作品は他に法隆寺金堂釈迦三尊像がよく知られている。

(3)　伽藍配置図のアは飛鳥寺式で，塔を囲んで3金堂が配されているのが特徴。イは四天王寺式で，金堂の全面に塔を建て，南北一直線に建物を配置しているのが特徴。法隆寺の旧伽藍（若草伽藍）もこの形であった。ウは法隆寺式で，現在みられる法隆寺は塔と金堂が左右に配されたこの形である。

(4)　写真Bは興福寺仏頭である。1187年に興福寺僧徒が飛鳥の山田寺から奪取した薬師三尊像の頭部と推定されている。

(5)　孝謙太上天皇の病を癒して信任を得た道鏡（？～772年）は，太政大臣禅師となって仏教政治を行った。宇佐八幡宮の信託と称して皇位を望んだが失敗し，下野薬師寺に左遷された。

⑹　写真Cは乾湿像の興福寺阿修羅像である。乾湿像は漆を固めて造った像で，この時代にはもうひとつの新しい手法として，粘土で造った塑像があった。

4

⑴　天皇名：孝徳天皇　　年号：646年
　　場所：難波宮（難波長柄豊碕宮）
⑵　千葉県　　⑶　じょう
⑷　3史料には同じ行政区分を表す語句が入っており，史料Ⅰ，Ⅲでは「郡」，史料Ⅱでは「評」となっている。しかし，考古史料である史料Ⅱの年代が699年となっているので，大宝令（701年）施行以前は「評」であったとわかる。よって史料Ⅰは後代における改作であると推定できる。
⑸　改新以来の中央集権国家建設の事業の確立を推進し，八色の姓を制定して，旧来の豪族を政府の官吏として組織した。また，天皇の権威を高めるため律令の制定や国史の編纂に着手し，天皇家中心の皇親政治を行った。
⑹　宮は天皇の住居と儀式や政務を行う場所のみであったが，京にはそれに付随して官庁等の施設，役人や一般人の住む京域があり，中央集権国家には都城制が必要であった。
⑺　元明天皇

解説

⑴　孝徳天皇（在位645～654年）は皇極（斉明）天皇の弟で，中大兄皇子の叔父に当たる。中大兄皇子によって天皇に擁立され，難波宮に遷都し改新の詔を発した。後に中大兄皇子と対立し，難波宮で死去した。
⑶　中央・地方の諸官庁には長官（かみ）・次官（すけ）・判官（じょう）・主典（さかん）の四等官と多くの下級官人が配置された。

官職	省	大宰府	国	郡
長官（かみ）	卿	帥	守	大領
次官（すけ）	大少輔	大少弐	介	少領
判官（じょう）	大少丞	大少監	大少掾	主政
主典（さかん）	大少録	大少典	大少目	主帳

⑷　いわゆる郡評論争とよばれるものである。
⑺　元明天皇（在位707～715年）。天智天皇の娘である。

5

⑴　A．長岡　　B．平城　C．令外官
　　D．源頼信　E．鳥羽
⑵　・勘解由使の設置。奈良時代に多増していた定員外の国司や郡司を廃止し，勘解由使を設けて国司交替の際の事務の引継ぎを厳しく監督させた。
　　・健児の設置。東北や九州などの地域を除いて軍団兵士を廃止し，かわりに郡司の子弟や有力農民から志願により少数精鋭の健児を採用した。
　　・一紀一班の施行。班田の間隔をのばし，従来の6年1班を改めて12年1班とし，班田収授の励行をはかった。
⑶　斉明天皇　　⑷　公営田
⑸　天皇と外戚関係を結び，天皇が幼いときには政務を代行する摂政となり，成人後は後見役として天皇を補佐する関白となって行う政治。
⑹　ウ　　⑺　『陸奥話記』
⑻　刀伊の入寇

解説

(1)　A．784年に平城京から長岡京に遷都したが，翌年造長岡宮使であった藤原種継が暗殺され，造営が進まなくなったため，長岡京は廃止された。

B．平城天皇（774～824年，在位806～809年）。退位後，復位と平城京遷都をはかったが，薬子の変で失敗した。

C．令にない官職をいう。

D．源頼信（968～1048年）。

E．鳥羽上皇（1103～56年，在位1107～23年，院政1129～56年）。

(3)　斉明天皇（在位655～661年）。皇極天皇の重祚。阿倍比羅夫（生没年不詳）は658～660年にかけて越の国の国守を務め，大船団を率いて津軽までの蝦夷を制圧した。

(4)　相次ぐ不作と疫病で疲弊した九州の再建のために，小野岑守が建議し，4年間試行された。良田を農民に耕作させ，収穫物を収公した。

(5)　藤原時平（871～909年）。

(6)　12世紀前半に書かれた説話集で，1000話以上が集成されている。釈迦の生涯・仏法の創始と伝来・経典や菩薩の霊験・冥土蘇生等の仏法譚や妖怪霊鬼・盗賊・悪行・武士・笑いなどの世俗譚からなる。

(7)　戦記物の先駆をなし，公文書に基づく同時代性の高い史料となっている。

(8)　1019年，50余りの賊船が対馬・壱岐より博多湾に侵入したため，大宰権帥藤原隆家らに率いられた九州の武士たちがこれを撃退した。後に沿海州地方に住む女真族によるものと判明した。女真族は朝鮮では刀伊とよばれていた。

2 中世

傾向と対策

鎌倉時代では，幕府機構や地方制度（特に地頭の支配権拡大）について，御成敗式目などが史料問題として出題される。幕府衰退の原因が問われるような出題も多くみられる。南北朝・室町時代では，守護の権力拡大や農村の自治についての出題が多い。文化では依然として鎌倉仏教は頻出であるので注意が必要である。古代の文化とは異なり，美術作品の作者名が重要となってくるので作品の特徴（様式）とともに覚えておかねばならない。室町文化は東山文化を中心に禅宗と美術・文学の関連を押さえておくこと。

例題 1　中世の惣村

次の文章を読んで，空欄に当てはまる語句を答えよ。

近畿地方などの（　A　）では，村人が（　B　）という会議を開いて村の運営を協議し，（　C　）などとよばれる自治規約を定めた。また，山や野原などの共同利用地である（　D　）を管理し，年貢などを（　A　）がひとまとめにして請け負う（　E　）がしだいに広がっていった。中には（　F　）といって，警察権を村民自らが行使する場合もあった。こうした農民たちはおとな，沙汰人，（　G　）などとよばれる村の代表者に指導されて，年貢の減免などを求めて領主のもとに大挙して押しかける（　H　）や，全員が耕作を放棄して他領へ逃げこむ（　I　），さらに（　J　）とよばれる蜂起を行うこともあった。

解答　A．惣（惣村）　B．寄合　C．惣掟（村法，村掟，地下掟）　D．入会地
E．地下請（村請，百姓請）　F．自検断（地下検断）
G．番頭（年寄）　H．強訴　I．逃散　J．一揆

解説　中世農民の地縁的な自治結合である**惣村**の結合力が一揆のエネルギーになり，近畿地方を中心に多くの一揆が発生した。これらの多くは**徳政一揆**とよばれ，江戸時代の百姓一揆とは性格が異なるので注意が必要である。

B．神社の建物などを利用して開かれた。

G．江戸時代の名主・組頭・百姓代と区別すること。

H，I．領主への抵抗としては，他に**愁訴**もあった。

例題 2　**モンゴル（蒙古）襲来（元寇）**

(1)　元軍の襲来に関する記述として誤っているものを選べ。

①　文永の役では元・高麗の軍勢が，壱岐・対馬を経て博多湾に上陸した。

②　高麗や南宋などの元への抵抗運動が，３度目の日本遠征を中止させた一因である。

③　弘安の役後に幕府は再度の襲来に備え，九州の御家人に異国警固番役を課した。

④　文永・弘安の両役のときに執権の地位にあったのは，北条時宗である。

(2)　モンゴル（蒙古）襲来後の社会情勢に関する記述として正しいものを選べ。

①　北条氏は恩賞の不満・所領細分化による御家人没落により勢力を失っていった。

②　得宗の御内人が勢力を増し，霜月騒動で有力御家人の三浦氏を滅ぼした。

③　幕府は体制に反抗する悪党とよばれる新興武士の取り締まりに苦慮した。

④　幕府は御家人の窮乏を救うため，御家人の所領の質入れや売買を認める永仁の徳政令を制定した。

解答　(1)　③　　(2)　③

文永の役（1274年）と弘安の役（1281年）の２度にわたるモンゴル（蒙古）襲来は鎌倉時代の日本に大きな影響を与えた。領土こそ征服されなかったが，御家人の没落に拍車をかけ，ひいては幕府滅亡の要因となった。

(1)　③　**異国警固番役**は文永の役の少し前から始まり，整備・強化されたのは文永の役の後である。

(2)　①　他の御家人が没落していくのとは対照的に，モンゴル（蒙古）襲来を機会に北条氏は**鎮西探題**に一門を任命したり，全国の守護の半数以上を北条氏が占めたりするなど権力を強化していった（**得宗専制政治**）。

②　**霜月騒動**（1285年）で，得宗の家臣である御内人の代表（内管領）**平頼綱**（？～1293年）によって滅ぼされたのは，執権**北条貞時**（1271～1311年）の外戚でもあった**安達泰盛**（1231～85年）である。

③　代表的な人物に**楠木正成**（？～1336年）がいる。

④　北条貞時が発令した**永仁の徳政令**（1297年）では，御家人領地の質入れや売買を禁止するとともに，御家人が非御家人や庶民に売却した所領をすべて無償返却させた。

例題３　御成敗式目

次の史料を読んで，各問いに答えよ。

一　諸国守護人奉行の事

右、a右大将家の御時定め置かるる所は、b大番催促・謀叛・殺害人〈付たり夜討・強盗・山賊・海賊〉等の事なり。而るに近年、代官を郡郷に分ち補し、公事を庄保に充て課せ、国司に非ずして国務を妨げ、地頭に非ずして地利を貪る。所行の企て甚だ以て無道なり。…（中略）…早く右大将家御時の例に任せて、大番役幷びに謀叛・殺害の外、守護の沙汰を停止せしむべし。(後略)

一　諸国地頭、年貢所当を抑留せしむる事

右、年貢を抑留するの由、c本所の訴訟有らば、即ち結解を遂げ勘定を請くべし。犯用の条、若し遁るる所無くば、員数に任せてこれを弁償すべし。…（中略）…猶此の旨に背き難渋せしめば、d所職を改易せらるべきなり。

⑴　下線部ａが具体的に指す人物名を答えよ。

⑵　下線部ｂは守護の職務として一般に何とよばれるか答えよ。

⑶　下線部ｃが指す内容を次から選べ。

ア．国司　　イ．荘園領主　　ウ．守護大名　　エ．国人

⑷　下線部ｄについて，改易される所職とは何か。次から選べ。

ア．地頭職　　イ．領家職　　ウ．下司職　　エ．守護職

〈和歌山県改題〉

解答　⑴　源頼朝　　⑵　大犯三カ条　　⑶　イ　　⑷　ア

解説　出典は御成敗式目（貞永式目）51カ条である。**北条泰時**（1183～1242年）は頼朝以来の**先例**や**道理**とよばれる武士社会の慣習・道徳に基づいて，最初の武家の体系的法典を制定した。この史料中でも，頼朝によって定められた守護や地頭の任務と権限を再確認し，御家人同士や御家人と荘園領主との紛争を公平に解決すべく，裁定の基準を明らかにしている。

⑵　**大犯三カ条**とは，諸国の御家人に天皇や院の御所を警備させるための京都大番役の催促と，謀叛人・殺害人の逮捕で，平時の守護の職務として重要なものであった。

⑷　地頭は荘園・公領に設置され，土地の管理や年貢などの徴収・納入を行った。年貢徴収権をもつ地頭の現地支配は次第に強まり，後には**地頭請**（所）や**下地中分**などで，荘園領主から土地の支配権を奪っていった。

例題 4　日明貿易

次の史料を読んで，各問いに答えよ。

日本$_{a}$准三后某、書を大明皇帝陛下に上る。日本国開闢以来、聘問を上邦に通ぜざること無し、某、幸にも国鈞を秉り、海内に虞れ無し。特に往古の規法に遵ひて、$_{b}$肥富をして（　　　）に相副へしめ、好を通じて方物を献ず。　　　　　　　　　　　　　　　（『善隣国宝記』読み下し文）

(1)　下線部 a が具体的に指す人物名を答えよ。

(2)　下線部 b の肥富はある都市の商人だといわれるが，その都市名を答えよ。

(3)　史料中の空欄に当てはまる人物名を答えよ。

(4)　勘合貿易では，勘合をそれぞれ左右に分けて，一方を勘合（符）とよんだ。もう片方を何とよんだか。その名称を答えよ。

(5)　この史料による勘合貿易が始まった西暦年を答えよ。

(6)　この勘合貿易を屈辱的貿易として中絶した将軍名を答えよ。

(7)　この勘合貿易を中絶した西暦年を答えよ。

(8)　1432年に勘合貿易は再開されるが，それを命じた将軍名を答えよ。

〈山梨県改題〉

解答　(1)　足利義満　(2)　博多　(3)　祖阿　(4)　（勘合）底簿
(5)　1404年　(6)　足利義持　(7)　1411年　(8)　足利義教

解説　明からのよびかけによって始まった日明貿易は，貿易統制のため**勘合**を用いたことで勘合貿易ともよばれ，**朝貢**貿易の形をとったため輸送費・滞在費などは明側が負担した。日本は莫大な利益を上げ，室町幕府の重要な財源となった。日本からの輸出品は刀剣・鎧などの武具や，扇・屛風などの工芸品，銅・硫黄などの鉱産物で，輸入品は**銅銭**・生糸・陶磁器・書籍などであった。特に銅銭は日本の貨幣流通に大きな影響を与えた。15世紀後半になると幕府が衰退したため，貿易の実権は**堺商人**と結んだ**細川氏**と，**博多商人**と結んだ**大内氏**の手に移った。しかし両者は激しく争い，1523年には**寧波**で衝突を引きおこした（**寧波の乱**）。この争いに勝利した大内氏は以後貿易を独占したが，16世紀半ばに家臣の反乱によって滅亡すると勘合貿易も断絶した。

(1)　三后（太皇太后・皇太后・皇后）に準ずるという意味。

(3)　生没年不詳。義満の**同朋衆**と考えられている。

(4)　明船は日字勘合，日本船は本字勘合を持参し，底簿と照合した。

(6)　在職1394～1423年。4代将軍。朝貢の形式を嫌って中止した。

(8)　在職1429～41年。6代将軍。

演習問題

1 ★★★

次の史料を読んで，各問いに答えよ。ただし，史料は一部省略したり，書き改めたりした箇所がある。

Ⅰ.（文治元年十一月）廿八日丁未、諸国平均に守護・地頭を補任し、権門勢家庄公を論ぜず、兵粮米段別五升を宛て課すべきの由、今夜北条殿、藤中納言経房卿に謁し申すと云々。

Ⅱ.（文治元年十一月）廿八日丁未、…（中略）…又聞く、件の北条丸以下の郎従等、相分ちて五畿・山陰・山陽・南海・西海の諸国を賜はり、庄公を論ぜず、兵粮段別五升を宛て催すべし。啻に兵粮の催のみに非ず、惣じて以て田地を知行すべしと云々。凡そ言語の及ぶ所に非ず。

Ⅲ. 同じく守護人非法の条々　同日（貞和二年十二月十三日）

一　大犯三箇条（付けたり、a苅田狼藉・b使節遵行）のほか、所務以下に相いろひ、地頭御家人の煩ひを成す事　（建武以来追加）

Ⅳ. 一　寺社本所領の事　観応三・七・廿四日の御沙汰

諸国擾乱に依り、寺社の荒廃、本所の牢籠、近年倍増せり。…（中略）…次に近江・美濃・尾張三ヶ国、本所領半分の事、兵粮料所として、当年一作、軍勢に預け置くべきの由、守護人等に相触れおはんぬ。半分に於いては、宜しく本所に分かち渡すべし。若し預人事を左右に寄せ、去渡さざれば、一円本所に返付すべし。

（建武以来追加）

Ⅴ. 一　寺社本所領の事　応安元、六、十七

禁裏仙洞の御料所、寺社一円の仏神領、殿下渡領等、他に異なるの間、かつて半済の儀あるべからず、固く武士の妨を停止すべし。その外の諸国本所領は、暫く半分を相分けて下地を雑掌に沙汰し付け、向後の知行を全うせしむべし。この上もし半分の預人、或いは雑掌方に違乱し、或いは過分の掠領を致さば、一円に本所に付けられ、濫妨人に至りては、罪科に処すべきなり。　（建武以来追加）

(1) 史料Ⅰ，Ⅱ中の「文治元年」は西暦何年か答えよ。ただし，月日は考えないものとする。

(2) 史料Ⅰ，Ⅱ中の「北条殿」「北条丸」は同じ人物を指す。その人物名を答えよ。

⑶　史料Ⅰの出典はある歴史書である。その歴史書名を答えよ。

⑷　史料Ⅱの出典はある日記である。その日記名を答えよ。

⑸　史料Ⅰ，Ⅱの両方を使用して授業を行う場合，どのようなことを生徒に気付かせるべきか説明せよ。

⑹　史料Ⅲの下線部ａ「苅田狼藉」下線部ｂ「使節遵行」とは何か，簡潔に説明せよ。

⑺　史料Ⅳの「諸国擾乱」において，対立関係にあった主要人物を３名挙げよ。

⑻　史料Ⅳ，Ⅴはともに半済令であるが，両者の内容の違いを説明せよ。

〈岡山県改題〉

2　★★☆

鎌倉時代の仏教界では，12世紀後半からの時代の大転換の影響を受け，新しい仏教の流れが生み出され，法然，親鸞，一遍，日蓮，栄西，道元らが独自の教説を展開した。６人のそれぞれの教説や布教活動について，彼らを開祖とする宗派の名称及び下の語句を用いて簡潔に説明せよ。また，これらの鎌倉新仏教に共通する特色について説明せよ。

【公案　　題目　　悪人正機　　只管打坐　　踊念仏　　専修念仏】

〈徳島県〉

3　★★☆

次の写真Ａ，Ｂの建築物について，各問いに答えよ。

Ａ

Ｂ

⑴　写真Ａ，Ｂの建築様式を簡潔に説明せよ。

⑵　写真Ａの建築物ができた頃，観世座の世阿弥は，芸術性の高い猿楽能を完

成させた。彼が著した能楽の芸術論を答えよ。

(3) 写真Aは足利義満の別荘である。足利義満に関する次の各問いに答えよ。

問1 九州探題として南朝勢力を制圧し，駿河の守護となるが義満に追討されて隠退する一方で，和歌・連歌にも長じた人物名を答えよ。

問2 義満が始めた日明貿易に関する記述として誤っているものを選べ。

① 第1回遣明船の正使僧祖阿，副使博多商人肥富の国書に対して，明は義満に「日本国王」の称号と暦を送った。

② 日明貿易の日本からの輸出品は刀剣，鎧などの武器や扇，屛風などの唐物，金や硫黄などの鉱産物が多かった。

③ 足利義持は朝貢形式に反対して一時貿易を中止したが，財政の窮乏から貿易の利を必要としたので，足利義教によって再開された。

④ 日明貿易の実権は次第に堺商人と結んだ細川氏，博多商人と結んだ大内氏に移り，両氏は対立を深め，寧波で衝突を引きおこした。

問3 義満の時代に整った室町幕府の政治機構に関する記述として誤っているものを選べ。

① 細川・斯波・畠山の3氏が交代で任命された管領は将軍を補佐し，侍所・政所などの中央機関を統轄するとともに，諸国の守護に対して将軍の命令を伝達した。

② 京都内外の警備や刑事裁判をつかさどる侍所の長官（所司）は赤松・一色・山名・京極の4氏（四職）から任命されるのが慣例だった。

③ 室町幕府の直轄軍は同朋衆といわれ，京都で将軍の護衛に当たるとともに，直轄領の管理や守護を牽制する役割を果たした。

④ 鎌倉府で鎌倉公方が東国の支配を行い，それを補佐する関東管領は上杉氏が世襲した。鎌倉府の権限は大きかったためやがて幕府としばしば衝突するようになる。

(4) 写真Bは足利義政の別荘である。義政が将軍だった頃におきた応仁の乱に関する次の各問いに答えよ。

問1 応仁の乱後，権威の失墜した将軍義尚に対して一条兼良が提出した政治意見書を答えよ。

問2 応仁の乱によって都の文化が地方に広がっていった。諸国を遊歴した宗祇が，1488年に摂津国で弟子（肖柏・宗長）とともに詠んだ連歌百句を答えよ。

問3 応仁の乱がおきた頃，今堀惣村掟にみられるように地方では惣の自治が進んだ。惣の中で村落の警察権・裁判権を村民自らが行使することを何というか答えよ。

〈静岡県・静岡市改題〉

4 ★★☆

中世における民衆の動きに関する次の各問いに答えよ。

(1)　次の史料Ⅰについて，

> Ⅰ．a御材木ノコト、或ハb地頭ノ京上、或ハ近夫ト申シ、カクノコトクノ人夫ヲ、地頭ノカタエ責メ使ワレ候ヘハ、手間暇候ワス候。ソノ残リ、ワツカニ洩レノコリテ候人夫ヲ、材木ノ山出シエ、出立テ候エハ、逃亡ノ跡ノ麦蒔ケト候テ、追戻シ候イヌ。　（『高野山文書』）

問1　下線部aのように，現物で領主に納入する雑税を何というか答えよ。

問2　下線部bの目的を答えよ。

問3　この史料は地頭の横暴ぶりを荘園領主に訴えたものの一部である。領主に訴える他，農民がとっている抵抗の方法を史料から読みとり，簡潔に説明せよ。

(2)　右の写真は，柳生の徳政碑文である。

問1　徳政を求めた農民達に碑文の成果をもたらしたできごとを何というか。また，このできごとは，近江国の運送業者が蜂起したことに始まるといわれるが，この運送業者を何というか。それぞれ答えよ。

問2　このとき農民達が襲った高利貸業者を何というか答えよ。

問3　徳政とは本来為政者の善政を指す語句だが，この頃においてはどのような意味で用いられているか。簡潔に説明せよ。

(3)　次の史料Ⅱの下線部cは，家督争いにより戦っている畠山氏の両陣営を指している。

> Ⅱ．一，今日山城国人集会す。上は六十歳下は十五、六歳と云々。同じく一国中の土民等群衆す。今度c両陣の時宜を申し定めんがための故と云々。しかるべきか。但し又下極上のいたりなり。
> （『大乗院寺社雑事記』）

問１　この両陣営に対して国人が集会を開き，土民らが群集した目的について，それぞれ簡潔に説明せよ。

問２　1400年代に入り幕府権力が弱体化する中で，有力守護家などで内紛が相次いだ。その原因を当時の相続の問題に触れながら説明せよ。

〈山口県改題〉

5 ★★☆

次の文章を読んで，各問いに答えよ。

室町時代における文化は，大別して北山文化と東山文化に分けられる。北山文化は，伝統的公家文化と新興の武家文化の融合であり，東山文化は応仁の乱の最中に東山山荘に逃避した８代将軍a足利義政の時代を最盛期とする。北山文化における足利義満は，中国の制度に倣って春屋妙葩を（　A　）に任命し，禅宗寺院を統括した。京都五山は当初（　B　）・b天龍（竜）寺・建仁寺・東福寺・万寿寺を指したが，相国寺の建立後は，相国寺を五山に加え，（　B　）をその上においた。有職故実や古典研究の分野において，前者では南北朝の動乱期の北畠親房の『（　C　）』，さらに室町中期では（　D　）の『公事根源』などがある。また後者では，古今伝授は（　E　）より宗祇に伝えられた。室町時代の宗教では，浄土真宗は，蓮如の布教活動により北陸，東海，近畿の農村に広まった。門徒は坊主を中心とした講に組織され，各地で大名と対立し恐れられた。また日蓮宗は（　F　）が『立正治国論』を著して時の将軍（　G　）に諫言し投獄・拷問を受けたが，屈しなかった。特に京都では，法華一揆とよばれ市政に参加するまでになったが，1536年，比叡山と衝突した（　H　）の乱で一時衰退した。

(1)　文章中の空欄に当てはまる語句を答えよ。

(2)　下線部aに天下一の作庭師とよばれ，慈照寺銀閣の庭園を造った人物名を答えよ。

(3)　下線部bの天龍（竜）寺創建の理由を答えよ。

(4)　右の絵図は，北山文化の代表的作品の一部分である。作者名を答えよ。また，この絵図の宗教的性格について述べよ。

（京都・妙心寺退蔵院蔵）

〈福島県改題〉

演習問題　解答・解説

1

(1)　1185年　　(2)　北条時政

(3)　『吾妻鏡』　　(4)　『玉葉』

(5)　〔解答例〕

鎌倉幕府側の関係者が著した『吾妻鏡』と，朝廷の貴族である九条兼実が著した『玉葉』とはほとんど似通った記述になっているが，これは『吾妻鏡』が『玉葉』をもとにして書かれたためである。ただし，『玉葉』には親幕派であった兼実とはいえ，北条時政を北条丸と蔑視した表現があったり，守護・地頭の設置などを相当批判的な調子で論じたりしている点に注目させる。

(6)　苅（刈）田狼藉：係争中の田の稲を一方的に刈り取ること。

使節遵行：土地の争論に対し幕府が下した判決を，幕府の使節として従わせる権限。

(7)　足利尊氏，高師直，足利直義

(8)　史料Ⅳでは，半済令を近江・美濃・尾張の3国に限定し，期間も1年間としているが，史料Ⅴでは，皇室領・寺社一円領・摂関家領を除く荘園全体に適用されるようになり，地域・期間も限定されていない。また，年貢だけでなく，土地を折半するようになった。

解 説

(2)　北条時政（1138〜1215年）。初代執権。

(3)　『吾妻鏡』は1180〜1266年間の諸事件を編年体で編纂した文献。鎌倉幕府の史料そのものを活用しているため，幕府研究の基本資料として価値が高い。

(4)　『玉葉』は1164〜1203年間の記録で，平氏の台頭・内乱の勃発・幕府の成長などを冷静に観察している。この時期の一級の政治史料である。

(7)　この乱は，1350〜52年におこった観応の擾乱とよばれる室町幕府の内紛である。初期の幕府の権力構造は足利尊氏（1305〜58年）と直義（1306〜52年）兄弟の二頭政治であったが，尊氏の執事高師直（？〜1351年）と直義の対立から，尊氏と直義の争いとなってこの構造が破綻した。直義側は高師直を敗死させたが，形勢不利のため鎌倉に逃れた。このため尊氏も鎌倉に下り直義を撃って，毒殺した。こうして擾乱は収束したが直義側・尊氏側が一時的に相次いで南朝と和睦したため，擾乱は複雑化し各地へ飛び火して長引いた。

2

法然（源空）は，南無阿弥陀仏と念仏を唱えることに専念すれば極楽浄土に往生できるという専修念仏の教えを説いて浄土宗を開いたが，その弟子の親鸞はさらにその教えを進めて，戒律を守れない悪人として自覚のあるものこそを阿弥陀仏は救おうとしているとして悪人正機の教えを説いて浄土真宗を開いた。また，浄土宗からは一遍が現れ，信心のあるなし，貴賤男女の区別なく南無阿弥陀仏を唱えれば誰でも往生できると説き，赴く先々で踊念仏によって布教し，時宗を開いた。禅宗は宋で盛んになり，その一派である臨済宗が二度にわたって入宋した栄西によって広く日本に紹介された。坐禅を組み師から与えられた公案を考え抜いて悟りに達するというもので，武士の気風にあって多くの信者を得た。また，道元は坐禅そのものに打ち込んで悟りを開くという只管打坐の教えを説いて曹洞宗を開いた。日蓮は法華経の教えが最も優れていると確信し，南無妙法蓮華経の題目を一心に唱えればそのまま仏になれると説き日蓮宗（法華宗）を開いた。日蓮は他の宗派を厳しく攻撃したため，幕府からも迫害を受けた。これらに共通する特色は，これまでの仏教が鎮護国家や，貴族たちの現世利益が目的であったのに対し，広く民衆の心を救済することに主眼をおいたことが挙げられる。難しい教義を理解しなくとも信仰することができるこれらの新仏教は，新興の階級である武士や商工業者にも容易に受け入れられた。

3

⑴　写真Ａ：第１・２層は寝殿造風，第３層は禅宗様となっている。
　　写真Ｂ：下層は書院造，上層は禅宗様となっている。
⑵　『風姿花伝』（『花伝書』）
⑶　問１　今川貞世（了俊）
　　問２　②　　問３　③
⑷　問１　『樵談治要』
　　問２　『水無瀬三吟百韻』
　　問３　自検断（地下検断）

解説

⑴　写真Ａは足利義満が建てた北山山荘（北山殿）を義満の死後，臨済宗寺院とした鹿苑寺の金閣である。1950年，放火により消失したが55年に再建された。

⑵　世阿弥（1363？～1443？年）は役者としてだけでなく，優れた芸術理論家でもあった。

⑶　問１　今川貞世（1326～？年）。
　　問２　②　織物・書画・香料などの中国からの輸入品を唐物といった。
　　問３　③　同朋衆ではなく奉公衆。同朋衆とは将軍や大名の側近で美術工芸品の鑑定・管理や芸能・諸雑事に従事した人々で，阿弥号を称する者が多かった。

⑷　写真Ｂは足利義政が建てた東山山荘を臨済宗寺院とした慈照寺の観音殿（銀閣）である。金閣に倣って銀箔を張る予定だったという言い伝えにより，銀閣と俗称される。
　　問１　一条兼良（1402～81年）は摂関・太政大臣を歴任した。有職故実や古典に明るく，『公事根源』などがある。
　　問２　『水無瀬三吟百韻』は後鳥羽上皇を祀る水無瀬宮で詠まれた。宗祇（1421～1502年）は正風連歌を大成し，『新撰菟玖波集』を編集して準勅撰となった。

4

⑴　問１　公事
　　問２　京都大番役を勤めるため。
　　問３　土地を捨てて逃亡した。
⑵　問１　できごと：正長の徳政一揆
　　　　　運送業者：馬借
　　問２　酒屋・土倉
　　問３　貸借破棄を意味した。
⑶　問１　国人が集会を開いたのは，一揆を結び両陣営に対する措置を決定するため。土民たちが群集したのは国人集会に立会人として参加するため。
　　問２　武士社会で単独相続が一般的となり，嫡子の立場が庶子に比べ絶対的となったので，その地位をめぐる争いが多くなった。

この当時の守護大名家などの家督決定には父親の意思だけでなく，将軍の意向・家臣の支持の有無などが大きく影響し，相続争いがさらに複雑化した。

解説

(1)　史料Ⅰは紀伊国阿氐河荘の荘民の訴状である。

(3)　管領畠山持国の甥政長と実子義就との間で行われた家督争いは，応仁の乱（応仁・文明の乱）の原因の１つであったが，乱が1477年に一応収束しても収まらず，1485年の山城の国一揆を招くことになった。

5

(1)　A．僧録　　B．南禅寺
　　C．職原抄　　D．一条兼良
　　E．東常縁　　F．日親
　　G．足利義教　　H．天文法華

(2)　善阿弥

(3)　後醍醐天皇の菩提を弔うため。

(4)　作者名：如拙
　　宗教的性格：「ナマズを瓢箪でおさえることができるか」という禅の公案を画としたもの。

解説

(1)　A．僧尼の登録や住職の任免などを司った。
　E．東常縁（1401～94？年）。室町中期の武士・歌人・古典学者。
　F．日親（1407～88年）。

(2)　善阿弥（生没年不詳）。

(3)　夢窓疎石（1275～1351）が足利尊氏に建立を勧め，天龍（竜）寺船による元との貿易によりその費用の一部をまかなった。

3 近世

傾向と対策

この時代は日本史中で最も出題される時代であるから，すべての事項に注意を払う必要がある。強いて挙げれば，政治外交史では，新井白石や田沼意次の内外政策についての問題が近年頻出傾向にある。社会史では，農民統制についての史料問題や統計による経済の問題が多い。幕府の政策だけでなく，諸藩の政策にも注意が必要で，自治体によってはその自治体が所属していた旧藩に関する出題がある。文化史では思想・学問・教育の分野が史料問題の宝庫となっているので，文学者・学者とその著作の内容とをしっかりと把握しておかねばならない。

例題1　キリスト教の伝来

次の文章の空欄に当てはまる語句を答えよ。

・1549年，（　A　）会の宣教師ザビエルが九州の（　B　）に渡来し，キリスト教を伝えた。彼は大内義隆や（　C　）義鎮の保護を受けた。その後宣教師らは商人らと一体となって活動し，布教を進めた。大名の中には，キリスト教徒となる者もあり，ことに（　D　）純忠は（　E　）の地を教会領として寄進し，1582年には宣教師（　F　）の勧めで，（　C　）義鎮・（　G　）晴信とともに少年使節をローマ教皇のもとに派遣した。

・秀吉もはじめはキリスト教に理解を示したが，（　H　）年にバテレン追放令を発し，（　I　）号事件を機に，宣教師・信徒26名を逮捕し処刑した。スペインとの通商はこの事件で一時絶えるが，秀吉は布教を問わない外国貿易にはむしろ積極的であった。

〈愛媛県改題〉

解答　A．イエズス（耶蘇）　B．鹿児島　C．大友　D．大村　E．長崎
F．ヴァリニャーニ　G．有馬　H．1587　I．サン＝フェリペ

解説　ザビエルが伝えたキリスト教は，戦国時代の終わりから江戸時代初期にかけて日本に大きな影響を与えた。戦国大名や織田信長がどのようにキリスト教を利用したか，豊臣秀吉や江戸幕府がなぜ禁教としたかを整理しておく必要がある。また江戸幕府がスペインやポルトガルでなく，オランダを海外の窓口として選んだ理由や，キリスト教の文化や民衆への影響も見逃せない。

例題２　幕藩体制の展開

次の文章を読んで，各問いに答えよ。

３代将軍徳川家光の死後におこった（　Ａ　）は，幕府の政治を武断政治から${}_{a}$文治政治へと転換させた。５代将軍徳川綱吉は学問を好み，（　Ｂ　）を大学頭に任じた他，歌学方や天文方を設けた。また綱吉は，大きな問題となっていた財政の窮乏に対処するため，（　Ｃ　）の意見を用いて貨幣の改鋳を行った。綱吉の死後，家宣，家継２代の側近として補佐したのが新井白石であった。白石は${}_{b}$儀礼を整え，将軍の権威を高めるとともに，経済面では長崎貿易による金銀の流出を抑えるため（　Ｄ　）を発して貿易額を制限した。

⑴　空欄に当てはまる語句を答えよ。

⑵　下線部ａについて，４代将軍徳川家綱が実施した大名相続に関する政策名を答えよ。

⑶　下線部ｂについて，朝鮮に対して将軍の称号をどのように変えさせたか。改善前→改善後の形で答えよ。

解答　⑴　Ａ．由井（比）正雪の乱（慶安の変）　　Ｂ．林鳳岡（林信篤）

Ｃ．荻原重秀　　Ｄ．海舶互市新例（長崎新令〔例〕，正徳新令〔例〕）

⑵　末期養子の禁止（の）緩和　　⑶　大君→（日本）国王

解説　４代将軍徳川家綱の就任（1651年）から幕政は転換期を迎えた。続く元禄時代から，**新井白石**の正徳の政治までの幕府の外交・内政については要注意。

⑴　Ａ．兵学者**由井正雪**（1605？～51年）が企てた幕府転覆計画であったが，未遂に終わった。大名統制を強化しすぎたため多くの失業武士（牢人・浪人）が発生し，不穏な情勢となっていた。

Ｂ．**林鳳岡**（1644～1732年）は家康に登用された**林羅山**（道春，1583～1657年）の孫。綱吉は鳳岡を大学頭にし，家塾を**聖堂学問所**とし保護した（隣に孔子を祀る**湯島聖堂**を建てた）。

Ｃ．貨幣の質を落とし，発行量を増やした。

Ｄ．1715年発令。国内の金銀銅の海外流出を抑えるため，長崎貿易を清船年間30隻，オランダ船２隻に制限した。

⑵　嗣子のない武家が緊急の死に際し急に養子を決めることは，お家騒動の原因となるので禁止されていたが，由井正雪の乱後，50歳より下の大名には認められるなど大幅に緩和された。

⑶　「大君」は朝鮮では王子の嫡子を指す言葉であったため，「国王」に改めさせた。また白石は**朝鮮通信使**の待遇を簡素化した。

例題 3　農民統制

次の史料を読んで，各問いに答えよ。

Ⅰ．田方に$_{a}$木綿作り申間敷事。

Ⅱ．（前略）田畠売買停止たるべき事。

Ⅲ．$_{b}$名主、百姓、$_{c}$田畑持候大積り、名主弐拾石以上、百姓は拾石以上、それより内ニ持候者は石高猥りに分ヶ申間敷旨御公儀様より仰せ渡され候（後略）

⑴　下線部aの木綿の栽培地として有名な地方を次から選べ。

ア．阿波　　イ．出羽　　ウ．薩摩　　エ．河内

⑵　法令Ⅱの公布された西暦年を次から選べ。

ア．1615年　　イ．1643年　　ウ．1649年　　エ．1673年

⑶　下線部bの西日本での一般的なよび方を次から選べ。

ア．庄屋　　イ．おとな　　ウ．肝煎　　エ．組頭

⑷　下線部cの耕作に当たり，忙しい時期に農民が協力するための組織を次から選べ。

ア．寄合　　イ．講　　ウ．結　　エ．宮座

解答　⑴　エ　　⑵　イ　　⑶　ア　　⑷　ウ

解説　農業生産の上に成り立っている幕藩体制にとって，村と百姓が最も重要な基盤であった。それゆえに細かく規定を設けて百姓の経営を安定させ，年貢などの徴収を確実にしようとした。ここではほんの一部だけであるがⅠ～Ⅲの農民に関する法令は非常に重要である。史料集でよく確認しておくこと。

Ⅰ．田畑勝手作りの禁（1643年）。近年，こうした政策が存在したのか見直されている。

Ⅱ．田畑永代売買の禁止令（1643年）　　Ⅲ．分地制限令（1673年）

⑴　木綿は室町時代に日朝貿易により伝わり，三河地方で栽培が始まった。江戸時代は畿内を中心に盛んに栽培され，特に河内木綿は有名である。

⑵　Ⅰは1871（明治４）年に，Ⅱは1872（明治５）年に解禁された。

⑶　名主は関東地方の一般名称。関西では庄屋，東北では肝煎とよばれた。

⑷　結（ゆい）は田植えなどの農繁期の共同労働の形態。寄合は中世の惣（惣村）での村民会議。講は中世では浄土真宗などの宗教的寄合行事のことだが，近世においては経済的な共同団体組織も指すようになった。宮座は村落内の神仏を祀る，村民だけの祭祀組織。

例題4　江戸時代の教育

次の文章を読んで，空欄に当てはまる語句を答え，各問いに答えよ。

藩校は江戸時代の大名が，藩士の子弟の教育に当てるために建てたもので，17世紀に池田光政が設立した（　A　）藩の閑谷学校，18世紀に（　B　）が整えた米沢藩の興譲館などが有名である。また幕府では18世紀後半の松平定信の改革により a 林家の家塾を準官学とし朱子学の復興に努めた。庶民の教育も盛んとなり武士や僧侶などが（　C　）を経営し，b『庭訓往来』や『貞永式目』を教科書に読み書きを教えた。

(1)　下線部aの学問所名を答えよ。

(2)　下線部bの往来物とは現代では何というか。漢字2字で答えよ。

解答　A．岡山　　B．上杉治憲（鷹山）　　C．寺子屋（手習所）

(1)　聖堂学問所　　(2)　手紙（書簡）

解説　江戸時代は朱子学を中心に儒学教育が盛んであった。武士階級だけではなく，庶民階級でも6歳ぐらいになると，寺子屋で読み・書き・そろばんを習った。教科書は『庭訓往来』などの往来物とよばれる手紙文で，これを読んで社会常識を身に付けた。また，京都では石田梅岩が商人の道徳や商行為の正当性を平易に説いた心学を始め，女子も同様に学習した。

(1)　聖堂学問所（半官半民）は後に官立に改められ，昌平坂学問所とよばれた。

(2)　『庭訓往来』は南北朝期に成立した往来物の代表作。玄恵の著と伝えられる。12カ月の往復書簡の体裁で，分野別に多くの語彙を列挙し，学習者に知識を与えることを目的としている。

例題以外の主な藩校・私塾は以下の通り。

主な藩校			主な私塾		
設立地	藩校名	設立者	設立地	私塾名	設立者
仙台	養賢堂	伊達吉村	京都	古義堂	伊藤仁斎
萩	明倫館	毛利吉元	江戸	蘐園塾	荻生徂徠
福岡	修猷館	黒田斉隆	大坂	懐徳堂	中井甃庵ら
会津	日新館	松平容頌	江戸	芝蘭堂	大槻玄沢
水戸	弘道館	徳川斉昭	日田	咸宜園	広瀬淡窓
熊本	時習館	細川重賢	大坂	適々斎塾（適塾）	緒方洪庵
鹿児島	造士館	島津重豪	長崎	鳴滝塾	シーボルト
			岡山	花畠教場	熊沢蕃山

例題5　幕政改革

次の文章を読んで，各問いに答えよ。

・8代将軍（　A　）は，財政難を打開するために（　B　）を出して支出を抑える一方，それまでの a検見法を改めて（　C　）を採用し，年貢の増徴を図った。大名に対しては b石高1万石について100石を上納させる（　D　）を命じ，旗本の人材登用には（　E　）を設けた。また，評定所に目安箱を設置して c庶民の意見を投書させ，（　F　）を制定し，裁判や刑罰の基準とした。

・老中として11代将軍徳川家斉を補佐した白河藩主（　G　）は，社倉や（　H　）を設けて米穀を貯蔵させる（　I　）の制や，町費の節約分を積み立てさせる（　J　）を実施した他，石川島に（　K　）を設けて江戸の浮浪者を収容し，技術などを教えて正業に就くよう指導した。

(1)　文章中の空欄に当てはまる語句を答えよ。

(2)　下線部 a について，その内容を説明せよ。

(3)　下線部 b について，その代償としてどのようなことが行われたか答えよ。

(4)　下線部 c の投書によって作られた貧民の救済施設名を答えよ。

解答　(1)　A．徳川吉宗　B．倹約令　C．定免法　D．上げ米　E．足高の制　F．公事方御定書　G．松平定信　H．義倉　I．囲米（囲籾）　J．七分積金（七分金積立）　K．人足寄場

(2)　その年の収穫によって年貢の率を決める方法。

(3)　参勤交代の在府期間の半減。　(4)　小石川養生所

解説　享保の改革と寛政の改革に関する基本的な問題。ここでは出題しなかったが，天保の改革における法令・制度についてもまとめておこう。

(1)　C．豊凶に関係なく，過去の収穫高を基準として年貢の率を一定期間同じにする方法。

E．1723年施行。役職の標準石高を定め，それ以下の者が就任するときは，在職中のみ不足分を補う制度。幕府の財政支出の増大を防ぐとともに，禄高に関係なく人材の登用をしやすくするのが狙いであった。

F．**大岡忠相**（1677～1751年）らが編纂した幕府の成文法で，上下2巻からなる。法規103条を収める下巻は一般に『御定書百箇条』とよばれる。

H，I．凶作・飢饉に備えるための制度。

J．町費の節約分の7割を町会所に積み立てさせ，それを運用して貧民救済に当てた。

(4)　庶民の意見を反映させたものとしては他に，**町火消**の設置がある。

例題 6　蘭学の発展

次の文章を読んで，各問いに答えよ。

蘭学発達の糸口は８代将軍徳川吉宗が実学を奨励したことであった。しかし，松平定信がその自叙伝の（　Ａ　）の中で，「蛮国は理にくはし。$_{a}$天文地理又は兵器あるは$_{b}$内外科の治療、ことに益も少なからず。されどもあるは好奇のなかだちとなり、またはあしき事などいひ出す。さらば禁ずべしとすれど、禁ずれば猶やむべからず」といっているように，封建制度の矛盾に批判の眼を向けるようになってきた。（　Ｂ　）塾で学び，江戸で開業した医師高野長英や，三河国田原藩の$_{c}$渡辺崋山らは，1837年の（　Ｃ　）事件に関して幕府を批判したため，厳しい処罰を受けた。これは蘭学が，近世後期に日本に迫る外圧などの危機に，無関心では在りえない学問であったことを端的に示すものであった。

(1)　文章中の空欄に当てはまる語句を答えよ。

(2)　下線部ａについて，蘭学の中で志筑忠雄は万有引力や地動説を，ある書物を著して紹介した。その書名を答えよ。

(3)　下線部ｂについて，蘭学の中で宇田川玄随はオランダの内科書を翻訳し，オランダ内科説を日本で最初に紹介した。この翻訳書名を答えよ。

(4)　下線部ｃについて，渡辺崋山の親交の中には蘭学者である古河藩の家老がいた。その人物名を答えよ。　〈茨城県改題〉

解答　(1)　Ａ．『宇下人言』　Ｂ．鳴滝　Ｃ．モリソン号
(2)　『暦象新書』　(3)　『西説内科撰要』　(4)　鷹見泉石

解説　化政文化の中で，国学と蘭学の発展は必ず整理しておかねばならない。国学はある程度系統だっているので，それぞれの著作とその中での主張を押さえていけばよいが，蘭学は多岐にわたっているのでまずジャンル別に整理することが重要である。またモリソン号事件批判から蛮社の獄に発展したように，蘭学は幕政批判につながりやすく，処罰された知識人も多いので，それらの事件もあわせて把握しておきたい。

(1)　Ａ．誕生から老中辞任直前までを著述し，寛政の改革についても詳しい。
Ｂ．シーボルト（1796～1866年）が1824年に長崎で開いた。
Ｃ．漂流民返還と通商を求めてきたアメリカ船。日本から砲撃された。

(2)　1802年の完成。ニュートンの弟子ケイルの著書の翻訳。

(3)　1793年に刊行。宇田川玄随（1755～97年）は美作津山藩の藩医。

(4)　渡辺崋山（1793～1841年）による肖像画『鷹見泉石像』は国宝に指定されている。

演習問題

1 ★★☆

次の文章を読んで，各問いに答えよ。

戦国大名の中で，全国統一の野望を抱き，実行に移したのが織田信長であった。その後を継いだ豊臣秀吉は天下統一の過程において，$_{a}$一律の基準で検地を実施し，また刀狩令を出した。16世紀半ば以降，$_{b}$ヨーロッパ人が種子島・平戸に相次いで来航し，我が国との貿易を始めると，キリスト教宣教師も相次いで来日し，布教につとめた。しかし，後に秀吉は，$_{c}$キリスト教の統制を強めた。

(1) 下線部aについて，次の史料は1595（文禄4）年に越後国蒲原郡井栗村で実施された検地帳の一部である。井栗村における石盛は，一般に全国の検地に採用されることが多かった石盛基準と異なるが，田について異なる点を具体的に説明せよ。

（表紙）
文禄四年八月廿日
越後国蒲原郡之内井栗村御検地帳
増田右衛門尉打口
平野長次良

（略）

（二丁ウ）
上田□ 卅間□ 二反 二石六斗 惣二郎
同 上田 六間 八十間 一反六畝 二石八升 与衛門
高つくし 上田 廿間 廿六間 一反七畝十歩 二石二斗五升三合 与三衛門
のち 上畠 九間 十八間 五畝十二歩 五斗四升 藤衛門
宮の前 上田 十一間 卅間 一反一畝 一石四斗三升 主 斗
ほつた 上田 十間 十五間 五畝 六斗五升 彦四郎

（三丁オ）
松木 上田 卅間 百廿間 一町二反 十五石六斗 一衛門
とうふけ 上田 百九間 百廿間 四町三反六畝 五十六石六斗八升 主 斗
かねこ作 上田 卅四間 八十間 九反廿歩 十一石七斗八升七合 新エ門
一水上 下畠 卅間 四十間 四反 二石四斗 同 人
同 上畠 六十三間 七十五間 一町五反七畝十五歩 十五石七斗五升 神衛門

（略）

（『三条市史』資料編第二巻）

(2) 下線部bの時期に用いられた次の図を見て，どのようなものか説明せよ。

(3)　下線部ｃに関する次の史料を読んで，各問いに答えよ。

> 一　日本ハ神国たる処、きりしたん国より邪法を授け候儀、太だ以て然るべからず候事。
>
> 一　其国郡の者を近付け門徒になし、神社仏閣を打破るの由前代未聞に候。（後略）
>
> 一　伴天連、其知恵の法を以て、心ざし次第に$_{d}$檀那を持ち候と思召され候へは、右の如く日域の仏法を相破る事曲事に候条、伴天連儀、日本の地にはおかせられ間敷候間、今日より廿日の間に用意仕り帰国すべく候。（後略）
>
> 一　$_{e}$黒船の儀は商売の事に候間、各別に候の条、年月を経、諸事売買いたすべき事。

問１　下線部ｄの意味を簡潔に答えよ。

問２　下線部ｅはどこの国の船か。その国名を答えよ。

問３　史料に挙げた法令は，ある大名が自分の所領の一部を教会に寄進したことが１つの契機となって出された。その大名名を答えよ。

問４　この法令ではキリスト教の取り締まりは不徹底に終わったが，その理由を簡潔に説明せよ。

〈新潟県改題〉

2　★★☆

次の各問いに答えよ。

(1)　次の史料は土地施策に関する史料である。この土地施策の結果について，各問いに答えよ。

> 仰せ出され候趣、国人幷百姓共ニ合点行候様ニ、能々申し聞すべく候。自然、相届かざる覚悟の輩之在るに於ては、城主にて候ハヽ、其もの城へ追入れ…（中略）…百姓以下ニ至るまで、相届かざるニ付てハ、一郷も二郷も悉くなでぎり仕るべく候。
>
> （『浅野家文書』）

問１　土地生産高を米の収穫量で表示する方式が採用された。この方式を何というか答えよ。

問２　1591年，この施策に関して全国の諸大名に対して提出が命じられた調査の記録物を２つ挙げよ。また，この調査記録を通じて農民と諸大名はどのような体制下におかれることになったか。それぞれ簡潔に説明せよ。

⑵　幕藩体制下における幕府や諸藩の農村支配は，この土地施策に基づき，中世の惣村で生み出された村の運営方式の上に，新たな支配システムを構築して行われた。

問１　幕府や諸藩は，村役人を中心とする本百姓たちが村法にもとづいて運営を行っていた村の自治体制に依存し，年貢や諸役の割当てや収納を実現して村民を掌握した。このような仕組みを何というか答えよ。

問２　次の説明文を読んで，それぞれに当てはまる歴史的語句を答えよ。

A．村高に応じて課せられる付加税。天領の宿場の経費，江戸城台所や浅草米蔵の人夫費として支出された。

B．年貢率を決める方法。米の収穫前に稲穂の実り具合を検査して，その年の収穫の程度に応じて決定した。

C．田畑の分割相続の制限令。1713年には，石高10石・面積１町歩以下となる耕地の分割相続が禁止された。

⑶　下図はこの土地施策に使用した道具の写真である。それぞれ名称を答えよ。

A

B

〈山口県改題〉

3　★★☆

江戸の経済に関する記述として正しいものを選べ。

①　江戸では，丁銀・豆板銀などの銀貨が取引の中心として使用され，平野屋・鴻池屋などの両替商が三貨の両替や秤量などの業務を行った。

②　江戸では，大坂からの積み荷を扱う十組問屋とよばれる同業者の団体が結成され，後に幕府から公認を受けて株仲間となった。

③　江戸には，上方から干鰯などの金肥や原料がもたらされ，札差などの手工業者によって加工された。

④　江戸の周辺では，江戸時代前期から足利・桐生の綿織物業者がマニュファクチュア経営を行い，江戸庶民の衣料を支えていた。

⑤　江戸の周辺で塩業が盛んとなり，高度な土木技術を要する古式入浜が発達した。

〈福岡県・福岡市・北九州市〉

4　★★☆

次の文章を読んで，空欄に当てはまる人名や語句を答えよ。

江戸時代初期，徳川幕府は封建制に基づく幕藩体制を確立するために，その理念として儒教，特に朱子学を奨励した。朱子学は天地自然・人間社会には上下の区別があり，それぞれの身分の道徳的義務や心構えを守っていくことを教えるものであった。このような考えが幕府の意向と適合することとなり，朱子学者（　A　）の弟子であった林羅山が初代将軍徳川家康から4代徳川家綱にわたって将軍の政治顧問に登用された。

一方，これに対し，同じ時期に民間においては，（　B　）によって陽明学が紹介された。彼は，人間及び宇宙成立の根本原理として孝の徳を教えの中心におき，それは日常の実践を通して確かめられていくと主張した。また，朱子学や陽明学の教えは儒教の本来の教えではなく，直接古代の孔子や孟子の教えを学ぶことが重要であると主張するのが古学派の人々である。この古学を京都で発展させたのが（　C　）である。彼は古義学派の祖といわれ，私塾古義堂を設立した。

一方，江戸において，古学派の一派である古文辞学派を開いたのが（　D　）である。彼は孔子の思想の基盤である『六経』をその時代の意味で研究することを主張し，私塾（　E　）を設けた。彼は，学問の目的は古の聖人の立てた道に基づいて世を治め民を救う経世済民の学であるとし，社会制度・政治技術を重視した。

江戸時代中期になると町人文化の興隆を反映して，日本古来のおおらかな精神を取り戻そうとする風潮が高まってきた。これが，国学のおこりである。まず真言宗の僧侶契沖が『万葉集』の注釈書として『（　F　）』を著し，次に（　G　）が古代の神道として『日本書紀』神代巻を，古代の歌道として『万葉集』を研究した。さらに（　G　）の弟子である賀茂真淵が『万葉集』の研究を進め，『万葉考』を著した。この中で，男性的でおおらかでたくましい心いわゆる「ますらおぶり」を理想とした。そして賀茂真淵の弟子である（　H　）によって，この国学は大成された。彼は漢意を排除して，まことの心，すなわち『万葉集』を中心とした古歌の心，利欲をも含めた人間の生まれながらの自然の情を高く評価した。また，『古今和歌集』にみられる，女性的でやさしい気風いわゆる「たおやめぶり」を感情の自然な発露であるとして重視し，さらに『源氏物語』にみられる人間がものに直面しておこる純粋な感動・心情いわゆる「（　I　）」を知ることが大切であると説いた。その後，盲目の学者塙保己一は『（　J　）』の編集・刊行を行い，史学・国文学研究に大きく貢献した。

〈佐賀県改題〉

5 ★★★

次の史料を読んで，各問いに答えよ。

Ⅰ．百姓町人大勢徒党して、強訴濫放することは、昔は治平の世には、おさおさうけ給はり及ばぬこと也。近世になりても、先年はいと稀なる事なりしに、近年は年々所々にこれ有て、めづらしからぬ事になれり。…（中略）…いづれも困窮にせまりて、せん方なきよりおこるとはいへども、詮ずる所上を恐れざるより起れり。…（中略）…抑此事の起るを考ふるに、いづれも下の非はなくして、皆上の非なるより起れり。…（中略）…仮令いか程困窮はしても上の計ひだによろしければ、この事は起るものにあらず。（『秘本玉くしげ』）

Ⅱ．百姓は天下の根本なり。是を治めるに法あり。先づ一人一人の田地の境目をよく立て、扨壱年の入用作食をつもらせて、其余を年貢に取るべし。百姓は財の余らぬやうに、不足なきやうに治むる事道也。毎年 a立毛の上をもつて納る事古の聖人の法なり。（『本佐録』）

Ⅲ．在方より当地え出居候者、故郷え立帰度存じ候得共、路用金調難く候か、立帰候ても夫食（注：食料のこと）・農具代など差支候ものは、町役人差添願出づべく候。吟味の上夫々御手当下さるべく候。（下略）（『御触書天保集成』）

(1) 史料Ⅰについて，この文章の筆者名を答えよ。

(2) 史料Ⅰの筆者は，百姓一揆の原因をどのようなところに求めているか，筆者の論理に従って説明せよ。

(3) 下線部ａについて，「立毛の上を以て」年貢を徴収する方法を一般に何というか答えよ。

(4) 史料Ⅱの筆者の農民統治の基本姿勢について，「百姓は天下の根本也」の意味を考慮しながら説明せよ。

(5) 史料Ⅲについて，この法令を一般に何とよんでいるか答えよ。また，この法令が出された時の政治担当者名を答えよ。

(6) (5)の政治担当者によって処罰された洒落本作者名を答えよ。

(7) 史料Ⅲの法令が出されるに至った歴史的背景とこの法令のねらいについて説明せよ。

〈青森県改題〉

6　★★☆

(1)　次の史料を読んで，各問いに答えよ。

> 此度御蔵米取御旗本・御家人勝手向御救のため、蔵宿借金仕法御改正仰せ出され候事。
> 一　御旗本・御家人蔵宿共より借入金利足の儀は、向後金壱両ニ付銀六分宛の積り、利下ケ申し渡し候間、借り方の儀ハ、是迄の通蔵宿と相対に致すべき事。
> 一　旧来の借金は勿論、六ケ年以前辰年までニ借請候金子は、古借・新借の差別無く、(後略)

問1　この史料の法令名を答えよ。

問2　この史料と同時期に行われた政策を次から選べ。

ア．五品江戸廻送令　　イ．旧里帰農令

ウ．海舶互市新例（長崎新令）　　エ．足高の制

(2)　株仲間の変遷について，

問1　図の空欄A，Bの時代に政権を担当していた人物の組み合わせとして正しいものを選べ。

ア．A．徳川吉宗　B．松平定信　　イ．A．徳川吉宗　B．水野忠邦

ウ．A．田沼意次　B．松平定信　　エ．A．田沼意次　B．水野忠邦

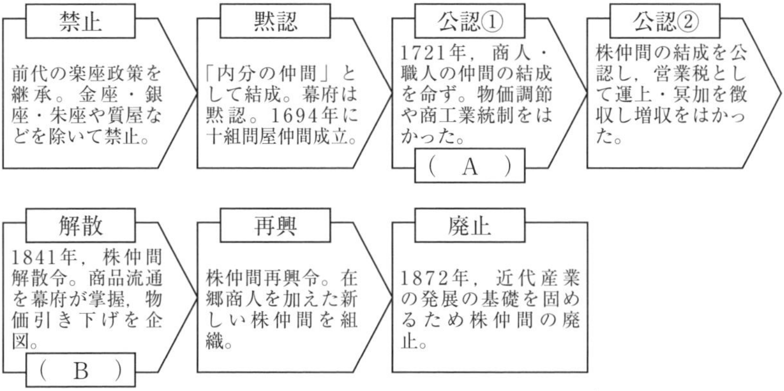

問2　図の「公認①」から「解散」までの間におこった事件として正しいものを選べ。

ア．赤穂事件　　イ．富士山の大噴火（宝永大噴火）

ウ．閑院宮家の創設　　エ．尊号一（事）件

⑶　江戸時代の外交について，

問１　今から約400年前の1604年，糸割符制度の実施によって最も打撃を受けたのはどこの国の商人か。国名を答えよ。

問２　今から約200年前の1804年，長崎に来航して通商を要求して拒絶されたロシア使節を答えよ。

⑷　江戸時代の百姓一揆の形態の変遷を正しく示しているものを選べ。

ア．代表越訴型一揆→世直し一揆→惣百姓一揆

イ．惣百姓一揆→代表越訴型一揆→世直し一揆

ウ．代表越訴型一揆→惣百姓一揆→世直し一揆

エ．世直し一揆→代表越訴型一揆→惣百姓一揆

⑸　諸藩の藩校で，熊本藩と吉田藩（豊橋）の藩校は同名であるが，その校名を答えよ。

〈静岡県・静岡市改題〉

7 ★★★

次の史料は『戊戌夢物語』の一部である。これを読んで，各問いに答えよ。

> たとへ右等の事之無く候共、御打払に相成候はゞ、理非も分り申さざる暴国と存じ、不義の国と申し触らし、礼儀国の名を失ひ、是より如何なる患害萌生仕り候やも計り難く。

⑴　この『戊戌夢物語』は，1837年におきた事件について書かれたものである。1837年におきた事件名と，この『戊戌夢物語』の著者名を答えよ。

⑵　史料では幕府に対する政策批判がみられる。それはいつ出されたどんな政策に対するものか，その政策がとられるようになった背景を踏まえて説明せよ。

⑶　その後幕府の政策は1842年に大きく転換する。その背景となった国際情勢の変化に触れ，その政策転換の内容について説明せよ。

⑷　幕藩体制の動揺については，欧米諸国のアジア進出に伴う国際情勢の変化といった外的要因以外に内的要因も挙げられる。19世紀前半の農村・都市における変化や幕府・諸藩の対応について，それぞれを授業で生徒に説明する際の内容を答えよ。

〈大阪府・大阪市・堺市〉

演習問題　解答・解説

1

⑴　一般の石盛基準に比べて，段当たり二斗低くなっている。

⑵　この図は，ローマ字を図案化した印章であり，文字は洗礼名フランシスコを表している。天正遣欧使節を派遣した九州豊後国のキリシタン大名大友義鎮（宗麟）のものである。

⑶　問1　信者

問2　スペイン（イスパニア），ポルトガル

問3　大村純忠

問4　キリスト教宣教師の追放を命じたにもかかわらず，南蛮貿易は継続したため。

解説

⑴　通常の石盛は段当たり上田1石5斗，中田が1石3斗，下田1石1斗であった。

⑵　大友義鎮（宗麟，1530～87年）。一時は北部九州6ヵ国を領有し，大友氏の最盛期を現出した。

⑶　問3　大村純忠（1533～87年）。肥前大村の戦国大名で，日本最初のキリシタン大名となった。

2

⑴　問1　石高

問2　記録物：検地帳，国絵図

農民：自分の田畑の所有権を認められるかわりに，相応の年貢の負担を義務付けられた。

諸大名：その領地がすべて石高で示され，それに見合った軍役を奉仕せねばならなかった。

⑵　問1　村請（制）

問2　A．高掛物　　B．検見法

C．分地制限令

⑶　A．検地尺　　B．京枡

解説

⑴　史料は太閤検地に関するものである。

問1　土地の生産力を米の収穫量に換算して把握したもの。

問2　豊臣秀吉は太閤検地施行中の1591年に，国郡単位で作成された検地帳と国絵図を提出させた。

⑵　問1　この制度の実施により農民個々人の滞納も村の責任となり，領主法令の遵守も同様に村単位での連帯責任となった。

3

②

解説

①　江戸を中心とする東日本では銀ではなく金が取引の中心であった。銀は主に西日本で使用された。平野屋・鴻池屋は大坂の両替商，豪商である。

③　札差は蔵米の受取・売却をする一方，金融で大きな利益を得ていた。

④　足利・桐生は絹織物の産地で，近世後期からマニュファクチュア経営が行われた。

⑤　古式入浜は室町時代に発達した。

4

A．藤原惺窩　　B．中江藤樹
C．伊藤仁斎　　D．荻生徂徠
E．蘐園塾　　F．万葉代匠記
G．荷田春満　　H．本居宣長
I．もののあわれ　J．群書類従

解説

A．藤原惺窩（1561～1619年）。近世儒学の祖といわれた。

B．中江藤樹（1608～48年）。主著『翁問答』など。

C．伊藤仁斎（1627～1705年）。『論語』『孟子』などの原典批判を通して直接聖人の道を正しく理解しようとした。

D．荻生徂徠（1666～1728年）。柳沢吉保に仕え，5代徳川綱吉にも進講した。8代徳川吉宗の諮問に答えた『政談』は幕政改革案。

F．契沖（1640～1701年）の主著。

G．荷田春満（1669～1736年）。京都伏見の神官。

H．本居宣長（1730～1801年）。伊勢松坂の医者。随想集に『玉勝間』がある。

J．塙保己一（1746～1821年）。和学講談所を設立し，古代から江戸初期までの国書を25項に分類して合冊し，刊行した。正編530巻は1819年に完成し，続編1150巻は死の翌年に完成した。

5

(1)　本居宣長

(2)　上に立つ者（幕府や藩）の落ち度，すなわち民に対する処置の仕方にこそ百姓一揆の原因がある。

(3)　検見法

(4)　農民は幕府財政を支えるとの理由から，世の中で一番大切な民であるといえる。そこで，ここから導かれる農民統治の在り方は，農民を生かさぬようまた死なさぬように治めることである。なぜなら，余剰は怠惰を招き，不足は離散の原因となって幕府の財政をゆるがすからである。

(5)　法令名：旧里帰農令
担当者名：松平定信

(6)　山東京伝

(7)　租税引き上げや商品経済の流入，さらには天明の飢饉によって農村は大打撃を受け農民の離村や都市流入が進んだ。このような中で出された旧里帰農令は，荒廃した農村を復興させるため，都市に流入した農民を帰村させ，農村人口を確保することをそのねらいとした。

解説

(3)　当該年度の作柄を検分して相応の年貢を決定する方法。これに対して，豊凶に関係なく過去3～10年の年貢高を基準として税率を一定にする方法を，定免法といった。

(6)　山東京伝（1761～1816年）。処罰後は読本作家に転向した。

6

(1)　問1　棄捐令　　問2　イ

(2)　問1　イ　　問2　エ

(3)　問1　ポルトガル
問2　レザノフ

(4)　ウ

(5)　時習館

解説

(1)　問1　江戸時代における三大改革及びその関連政策についての設問は史料問題としても非常に多い。史料集などで必ず確認しておくこと。

問2　棄捐令は1789年，寛政の改革で発令された。
ア．1860年　　イ．1790年
ウ．1715年　　エ．1723年

⑵　この設問の図は株仲間の変遷を理解する上で非常によい。

問２　ア．1702年　イ．1707年
ウ．1710年　エ．1789年

⑶　問１　ポルトガル商人はマカオを根拠地に，中国産の生糸を日本に輸出して利益を得ていたが，幕府は糸割符制度を設け，糸割符仲間とよばれる特定の商人に輸入生糸の価格を決定させて，一括して購入させることにより，ポルトガル商人による利益独占を排除した。1631年には中国船に，1641年にはオランダ船にも適用された。この制度は1655年に廃止されたが，1685年に復活した。

問２　レザノフ（1764～1807年）は幕府の冷淡な態度に憤激して，部下に命じて樺太・択捉島・利尻島を襲わせた。

7

⑴　事件名：モリソン号事件
著者名：高野長英

⑵　1808年にイギリス軍艦フェートン号が，当時の交戦国オランダの商船を追って長崎に入港し，薪水や食料を強奪した事件がおきた。その後も英米捕鯨船など外国船がしばしば日本近海に現われる事件がおこったため，幕府は1825年に異国船打払令（無二念打払令）を出し，沿岸に接近したオランダ船，中国船以外の外国船を撃退することを命じた。

⑶　1840年におこったアヘン戦争で，清がイギリスに敗れたことを知った幕府は，1842年にそれまでの異国船打払令を緩和して天保の薪水給与令を出し，漂着した外国船には薪水や食料を与えてすみやかに帰らせることとした。

⑷〈農村・都市における変化〉

・19世紀になると各地で商品作物の栽培が盛んになり，農村手工業が発達した。中には賃金労働者を雇い，マニュファクチュア（工場制手工業）も行われた。農村工業や商業経営の担い手として成長した地主は豪農とよばれた。

・一方，田畑を手放し農業以外で生計を立てなければならない貧しい農民が，農村を離れて江戸などの都市に流れ込んだ。

・天候不順による凶作が続き，米価など物価の高騰により飢えに苦しむ農民や都市の貧しい人々は，百姓一揆や打ちこわしをおこすようになった。しかし，社会不安に対して幕府は有効な対策をとらなかったため，多くの餓死者を出した（天保の飢饉）。

・武士の中にも幕府の政治への批判を行う者が出てきた。大坂町奉行所の与力であった大塩平八郎が富商を門弟とともに襲撃する事件がおこったり，大塩の乱に共鳴する生田万の乱がおこったりするなど幕府や諸藩に衝撃を与えた。

〈幕府・諸藩の対応〉

○諸藩の対応（改革）

・中下級武士の有能な人材を登用して財政再建と藩権力の強化を目指した。改革に成功した藩は雄藩として政局に強い発言力を持つようになる。

・薩摩藩では，調所広郷が砂糖などの専売制を強化，琉球における密貿易で利益を上げた。長州藩では，村田清風が専売制を緩和する一方で，越荷方に力を入れ，財政を建て直した。その他，佐賀藩では藩主鍋島直正が均田制を実施，本百姓体制の再建を図った。

○幕府の対応（老中水野忠邦による天保の改革）

- 物価上昇の原因とみなして，株仲間を解散させた。
- 人返しの法（人返し令）により，江戸への流入者を強制的に農村に帰らせ，農村復興を図ろうとした。
- 幕府の財政収入などを強化するために，江戸・大坂周辺を幕府領に編入する上知令を出した。しかし，十分な効果を上げられず，農民や大名の反発を招き失敗に終わった。

4 近代・現代

傾向と対策

開国から明治・大正・昭和にかけてのこの時代も出題は多岐にわたり，傾向を絞っていくことは大変難しい。ただし近年，グラフや表を用いた社会・経済史関係の出題を見ることが多くなった。教科書や史料集の図表には注意を払っておきたい。この時期は国内だけでなくアジアや世界からの視点も必要となり，同時期に欧米や東アジアでどのようなことがおこっているかも問われることがある。2国間の条約や国際条約が史料問題とされることも多いので，重要なものについては条文をよく読んでおくこと。また政治史については，各内閣の業績を年表などを利用して整理しておくと長文記述などに役立つ。なお，高度成長期以降はまだ比較的出題が少ない。

例題1　自由民権運動

次の文章を読んで，各問いに答えよ。

自由民権運動が高まる中，（　A　）年，政府内部では，国会の即時開設を主張する（　B　）と，漸進的国会開設を主張する薩長派の（　C　）とが対立していたが，これと同時に問題化した（　D　）事件をきっかけに，世論の政府批判が厳しくなった。そこで，$_{a}$政府は（　B　）を罷免するとともに，1890年以内の国会開設を公約する国会開設の勅諭を発し，$_{b}$自由民権派の政党が次々に生まれた。まず，（　E　）を党首とする$_{c}$自由党が結成され，翌年には，（　B　）を党首とする$_{d}$立憲改進党が成立した。これらに対抗して，政府側も（　F　）や丸山作楽を中心に（　G　）を作ったが，みるべき活動もないまま，まもなく解散した。

(1)　文章中の空欄に当てはまる語句を答えよ。

(2)　下線部aの一連のできごとを何というか答えよ。

(3)　下線部bに先立ち，民権派では多くの私擬憲法が作られたが，一院制・革命権・抵抗権などを定めた「東洋大日本国国憲按」を起草した人物名を答えよ。

(4) 下線部c，dに当てはまるものを①～⑤から2つずつ選べ。
① フランス流の急進派。
② イギリス流の漸進派。
③ 都市の商業資本家や知識層に支持された。
④ 神官・僧侶・儒学者などに支持された。
⑤ 士族や地方の地主・農民層を基盤とした。

解答 (1) A．1881　B．大隈重信　C．伊藤博文
D．開拓使官有物払下げ　E．板垣退助　F．福地源一郎
G．立憲帝政党
(2) 明治十四年の政変　(3) 植木枝盛
(4) c．①，⑤　d．②，③

解説 明治の政治史では，自由民権運動から大日本帝国憲法の制定までに関する出題が例年多い。民権運動と政府の対策をあわせて覚えておこう。近年では憲法そのものより，それに関連した地方行政の整備や諸法典の編纂などが問われている。

(1) C．**明治十四年の政変**で，伊藤博文（1841～1909年）を中心とする薩長派の政権が確立した。大隈重信（1838～1922年）は肥前佐賀藩の出身で，この当時参議の職にあった。
D．**北海道開拓使**所属の官有物を払下げるに当たり，薩摩藩出身の開拓長官**黒田清隆**（1840～1900年）が不当に安い価格で，同郷の政商**五代友厚**（1835～85年）らの関西貿易社に払下げようとした事件。実際にはこの政変で払下げは中止された。
E．板垣退助（1837～1919年）。土佐藩出身。征韓論争で敗れて下野していた。
F．福地源一郎（1841～1906年）。旧幕臣で政治評論家として政府支持の論陣を張った。
G．天皇中心主義の保守的な政党で，結党の翌年に解党した。

(3) **「東洋大日本国国憲按」**は**立志社**の「日本憲法見込案」と同系統の**私擬憲法**で，最も民主的な内容であった。「日本国国憲案」ともいう。**植木枝盛**（1857～92年）は自由党の理論的指導者で，90年に衆議院議員に当選し，自由党土佐派として活躍した。その他の私擬憲法としては，「私擬憲法意見（共存同衆）」「国憲意見（福地源一郎）」**「私擬憲法案（交詢社）」「五日市憲法草案（日本帝国憲法，五日市学芸講談会）」**などがある。

(4) c．**国会期成同盟**を中核に結成された政党で，自由主義を主張した。
d．明治十四年の政変で下野した人々を中心に結成された政党で，イギリス流の議会主義を主張した。
④ 立憲帝政党に関する記述である。

例題 2　条約改正交渉

次の文章を読んで，各問いに答えよ。

幕末に江戸幕府が欧米諸国との間に結んだ和親条約・通商条約は，領事裁判権を認め，関税自主権を欠く不平等条約であった。維新後，明治政府は欧米諸国と対等の地位を得るべく条約改正に努力した。まず1871年，$_{a}$遣欧使節団は，条約改正の予備交渉を行ったが，何等の成果も挙げられなかった。1876年，外務卿寺島宗則によって本格的交渉が始まった。しかし$_{b}$彼による改正交渉はイギリス・ドイツなどの反対で失敗した。その後，欧化策を推進した外務卿井上馨の$_{c}$改正案に対しては$_{d}$各方面から反対運動がおこった。続いて外務大臣大隈重信が交渉に当たったが，彼の案も井上案と同様であったので，大隈は襲われて重傷を負い，交渉は中止された。その後外務大臣青木周蔵によって交渉が進められたが，これも大津事件で中断した。イギリスとの間で領事裁判権の撤廃に成功するのには，1894年まで待たねばならなかった。

(1)　下線部 a の主席全権名を答えよ。

(2)　下線部 b ではどんな交渉方法がとられたか答えよ。

(3)　下線部 c の主な内容を簡潔に説明せよ。

(4)　下線部 d のうち，自由民権論者がおこした運動について，簡潔に説明せよ。

〈群馬県改題〉

解答　(1)　岩倉具視　　(2)　領事裁判権よりも関税自主権の回復を優先させた。

(3)　領事裁判権の撤廃・輸入関税の一部引上げのかわりに外国人判事を任用し，居住権・所有権などを認め，近代的法典の制定を約束した。

(4)　言論の自由，地租軽減，外交失策の挽回の３項を主張する建白書を元老院に提出して政府を攻撃したもので，三大事件建白運動とよばれる。

解説　条約改正交渉は頻出問題なので，以下の通り整理しておく。

年代	担当者	内容・結果
1871～73年	岩倉具視	使節団を派遣，失敗
1878年	寺島宗則	英・独などの反対で失敗
1882～87年	井上馨	欧化政策への国内の反発で失敗
1888年～89年	**大隈重信**	外国人判事の大審院任用問題で挫折
1891年	**青木周蔵**	大津事件で引責辞任
1894年	**陸奥宗光**	日英通商航海条約締結，領事裁判権の回復
1911年	**小村寿太郎**	関税自主権の回復

例題3　社会運動の進展

次の文章は，明治中期以後の資本主義の発展に伴い，発生した社会問題や社会運動に関するものである。文章中の空欄に当てはまる語句を答え，各問いに対する答えをア～エからそれぞれ選べ。

(1) 労働条件が囚人のごとく劣悪であった長崎県の（　A　）炭鉱労働者の惨状を，1888年にスクープした政教社の雑誌名を答えよ。

ア．『国民之友』　イ．『日本人』　ウ．『労働世界』　エ．『太陽』

(2) 1899年に東京の貧民街や労働者・小作人の実態を調査して，社会のひずみを訴えた『日本之下層社会』の著者名を答えよ。

ア．細井和喜蔵　イ．河上肇　ウ．横山源之助　エ．田中正造

(3) 1901年に安部磯雄・片山潜らによって我が国最初の社会主義政党が結成されたが，前年に制定された（　B　）によって解散させられた。この政党名を答えよ。

ア．社会民主党　イ．日本社会党　ウ．社会大衆党　エ．平民社

(4) 農商務省は1903年に労働環境を調査して（　C　）を刊行し，1911年には我が国最初の労働者保護法を公布した。この法律名を答えよ。

ア．工場法　イ．労働基準法　ウ．産業振興法　エ．労働組合法

解答　A．高島　B．治安警察法　C．『職工事情』

(1) イ　(2) ウ　(3) ア　(4) ア

解説　社会運動については，発生や展開の流れ，政府の対策などをよくつかんでおくことが必要。無産政党の名称は似通っているので要注意。

(1) 高島炭鉱では，悲惨な労働条件下にいた鉱夫たちが再三暴動をおこした。1888年，三宅雪嶺らが発行する『日本人』によりその惨状が暴露された。『国民之友』は徳富蘇峰らが設立した民友社の機関誌で1887年創刊。

(2) 細井和喜蔵は『女工哀史』，河上肇は『貧乏物語』の著者として有名。田中正造は足尾鉱毒事件の解決に奔走し，天皇に直訴を試みた。

(3) 社会民主党は，日本最初の社会主義政党であったが，治安警察法により即日解散となった。日本社会党は，1906年に結成された日本最初の合法的社会主義政党であったが，翌年には解散が命じられた。

(4) 1911年に公布された工場法は，資本家の反対で1916年まで実施が延期された。内容は労働者の最低年齢などを定めるが，15人未満の工場には適用されないなど，不備な点が多い。1947年の労働基準法制定によって廃止された。

例題 4　金融恐慌

次の文章を読んで，空欄に当てはまる語句を答え，各問いに答えよ。

$_{a}$1927年 2 月，政府は震災手形処理法案を議会に上程した。しかし 3 月に蔵相の失言により，審議中に一部銀行の取付け騒ぎがおこり，4 月に入ると，大口融資先である（　A　）の倒産により $_{b}$台湾銀行の経営が危機となった。政府は緊急勅令による救済を（　B　）にはかったが否決され，内閣は総辞職をし，台湾銀行は休業に追い込まれた。金融恐慌が全国に広がり，新たに登場した（　C　）内閣は直ちにモラトリアムと（　D　）銀行からの特別融資によって事態収拾をはかったが，以後，金融界の再編成が進み，$_{c}$財閥系銀行の金融支配が強まった。

(1)　下線部 a の西暦を和年号で答えよ。

(2)　下線部 b の台湾が日本の支配下に入るきっかけとなった条約を答えよ。

(3)　下線部 c の銀行のうち，大阪に本店をおく銀行を答えよ。

解答　A．鈴木商店　B．枢密院　C．田中義一　D．日本

(1)　昭和 2 年　(2)　下関条約　(3)　住友銀行

解説　第一次世界大戦後から日本は幾度となく恐慌に見舞われた。主なものについて，それぞれの原因と影響について整理しておこう。

名称	年	原因と影響
戦後恐慌	1920年	大戦景気の反動で株式相場が暴落。繊維・米の相場も暴落。軍拡と救済融資により過剰資本の処理は先送り。
震災恐慌	1923年	関東大震災による京浜工業地帯の壊滅が原因。震災手形が問題化し，次の金融恐慌の原因となった。
金融恐慌	1927年	片岡蔵相の失言から取付け騒ぎがおこった。田中内閣はモラトリアムで収拾。多数の中小銀行が整理され，五大銀行体制が確立した。
昭和恐慌	1930年	浜口内閣が世界恐慌時に金輸出解禁を行ったことが原因。輸出が減少し，正貨が大量流出。犬養内閣が金輸出再禁止。

A．鈴木商店は第一次世界大戦の好景気時に急成長した商事会社。専売制であった台湾樟脳の販売権を獲得するなど，台湾総督府・台湾銀行との関係が強かった。米騒動では焼打ちされ，金融恐慌で倒産した。

(3)　住友財閥は江戸時代に伊予国別子での銅の精錬により財をなし，明治～大正期に財閥へと成長した。住友銀行は1895年の開業で，当初は住友財閥の機関銀行の色彩が強かったが，1930年頃までには五大銀行の 1 つに数えられるようになった。

例題 5　ワシントン体制

次のA～Eの条約に関する各問いに答えよ。

A．九カ国条約　　B．四カ国条約　　C．ヴェルサイユ条約

D．ロンドン海軍軍縮条約　　E．日ソ基本条約

(1) A～Eの条約を，締結された年代の古い順に並べ替えよ。

(2) 次の①～③の内容に当てはまる条約をA～Eから選べ。

① 国際紛争の平和的解決と国際協力のための機関として国際連盟の設立を決定。

② 中国の領土と主権の尊重，中国における各国の経済上の門戸開放・機会均等を約束。

③ 太平洋諸島の現状維持と太平洋問題に原因する紛争の話合いによる解決を決定。

(3) Bの条約の締結により廃棄された協約を答えよ。

(4) Cの条約の内容に抗議して中国は調印を拒否したが，その理由について簡潔に説明せよ。

(5) Dの条約の内容について，内閣は政友会や軍部から激しく攻撃され，首相が狙撃された。その首相名を答えよ。

(6) Eの条約が締結された年に，我が国において公布された主要な法律を2つ答えよ。

〈山口県改題〉

解答 (1) C→B→A→E→D　(2) ① C　② A　③ B

(3) 日英同盟協約

(4) 中国が求めていた二十一カ条の要求の撤廃が認められず，日本が山東半島の旧ドイツ権益を継承することなどが認められたため。

(5) 浜口雄幸　(6) 普通選挙法，治安維持法

解説 第一次世界大戦後は国際協調の時代である。1921～22年に開催された**ワシントン会議**では海軍軍縮と太平洋・極東地域の平和問題が審議され，条約が締結された。日本でもこの時期**幣原喜重郎**（1872～1951年）が多くの内閣の外相を務めて，**協調外交**を展開した。この時期に多く調印された各条約の名称と内容をしっかり把握しておこう。

(1) ヴェルサイユ条約（1919年）はドイツとの講和条約。**四カ国条約**（1921年），**九カ国条約**（1922年）はいずれもワシントン会議で調印された。**日ソ基本条約**（1925年）によって日ソの国交が樹立した。**ロンドン海軍軍縮条約**（1930年）は英米日の補助艦保有量の制限を定めた。

例題 6　第二次世界大戦後の日本

次の文章を読んで，空欄に当てはまる語句を答え，各問いに答えよ。

1945年の敗戦により，世界の大きな政治動向の中で日本の進路が決定付けられた。それは，マッカーサーが（　A　）首相に口頭で行った$_{a}$五大改革指令がその事を明確にしていた。こうした民主化政策が進んでいく中で，政党の復活・結成も相次いだが，$_{b}$社会党の再統一と自由民主党の誕生による安定的体制が確立するまでは離合集散がくり返された。一方，ヨーロッパでは，相次いで共産党政権が樹立され，アメリカの（　B　）大統領は，共産主義と対決する姿勢を明確にした。朝鮮半島では朝鮮民主主義人民共和国と大韓民国が成立し，中国では中華人民共和国が成立した。こうした国際情勢から，占領政策も大きな転換がはかられ，$_{c}$経済復興・自立，対ソ連政策の推進が強化され，政権も保守政権の第2次（　C　）内閣が成立した。1950年に朝鮮戦争が始まると，在日米軍不在に対応すべく警察予備隊が創設された。対外的には，日本の軍事的重要性から，西側陣営への早期編入を目指し1951年に（　D　）平和条約が調印され，日本は独立国として主権を回復した。1954年には$_{d}$日米相互防衛援助協定（MSA 協定）が締結され，直後に自衛隊が発足した。

(1)　下線部 a について，このうち2つを答えよ。

(2)　下線部 b について，この安定的体制のことを何とよんでいるか答えよ。

(3)　下線部 c について，戦後の経済復興は，アメリカの資金援助による部分が大きいが，この資金は何とよばれているか。2つ答えよ。

(4)　下線部 d について，簡潔に説明せよ。　〈福島県〉

解答　A．幣原喜重郎　B．トルーマン　C．吉田茂　D．サンフランシスコ

(1)　婦人の解放，労働組合の結成奨励，教育制度の自由主義的改革，圧政的諸制度の撤廃，経済機構の民主化　から2つ

(2)　55年体制　(3)　ガリオア資金，エロア資金

(4)　アメリカの相互安全保障法によって，経済援助を受けるかわりに日本の防衛力を漸増するように定めたもの。

解説　アメリカによる日本の占領政策が，**冷戦**によって転換していく過程を押さえておこう。**五大改革指令**がどのように実現されていったか，整備された法令・制度など，それによって廃止されたものとあわせて覚えておきたい。

(2)　実際には左右社会党が統一しても，自由民主党の半分強の議席しかなく，保守優勢の体制であった。

(3)　食料などの救済物資と工業原料・機械などの復興資材購入に使用された。

演習問題

1　★★☆

次の文章を読んで，各問いに答えよ。

$_a$征韓論に敗れて政府を去った板垣退助らは，政府を批判して，1874年に民撰議院設立の建白書を（　A　）に提出した。同じ年，板垣は同志を集めて土佐に立志社を設立した。翌年には，政治的結社の連合組織として大阪に愛国社が設立され，以後自由民権運動が全国各地で活発化した。一方，政府は，反政府的な運動を抑えるために，$_b$1875年に（　B　）会議を開き，漸次に立憲政治へ進むことを公約した。そして，憲法を起草するための（　C　）と，木戸孝允の主張で行われることになった，地方の声を聞くための（　D　）会議，司法機関として現在の最高裁判所に当たる（　E　）を設けた。自由民権運動は，西南戦争で反政府軍の武力反抗が敗北した後，全国的な政治運動に発展した。立志社の（　F　）は，1877年６月に建白書を提出し，国会の開設，地租の軽減，条約の改正を要求した。その後，1878年には愛国社再興の大会が大阪で開かれ，1880年３月の第４回大会では，愛国社が（　G　）と改称され，国会開設の請願が行われた。政府は，自由民権運動の高揚に対して集会条例の制定，新聞紙条例の改正などの取り締まりを強化したが，1881年には，政府内でも参議（　H　）が国会の早期開設を主張して，漸進主義をとる伊藤博文らと激しく対立するに至った。同年，$_c$開拓使官有物払下げ事件が暴露され，自由民権派は，政府の横暴と攻撃した。そのため，伊藤博文や右大臣（　I　）は参議（　H　）とその一派（$_d$前島密ら）を一斉に罷免し，政治問題化した官有物払下げを中止し，1890年に国会開設を約束する国会開設の勅諭を出した。これを明治十四年の政変という。伊藤博文ら藩閥政府は自由民権派に譲歩しつつ，憲法制定の主導権を握ることで劣勢を挽回しようとしていた。

⑴　文章中の空欄に当てはまる語句を答えよ。

⑵　下線部ａについて，板垣退助らが政府から一斉に下野したできごとを答えよ。

⑶　下線部ｂについて，このときの政府の中心で，木戸孝允・板垣退助と会談した人物名を答えよ。

⑷　下線部ｃについて，政府が払下げ先としていた会社名を答えよ。

⑸　下線部ｄについて，前島密の建議で始まった制度を答えよ。

⑹　明治十四年の政変以降自由党内に矛盾ができるまでの経過について，下記の語句をすべて用いて説明せよ。

【松方正義　　デフレ政策　　寄生地主　　自由党　　中・貧農】

〈鳥取県〉

2 ★★★

次の史料を読んで，各問いに答えよ。

第４条　（前略）皇居又ハ行在所ヲ距ル三里以内ノ地ニ住居又ハ寄宿スル者ニシテ、内乱ヲ陰謀シ又ハ教唆シ又ハ治安ヲ妨害スルノ虞アリト認ムルトキハ、警視総監又ハ地方長官ハ内務大臣ノ認可ヲ経、期日又ハ時間ヲ限リ退去ヲ命ジ、三年以内同一ノ距離内ニ出入寄宿又住居ヲ禁ズルコトヲ得。　（保安条例）

(1)　この法令が公布されたときの内閣総理大臣名を答えよ。

(2)　この法令の公布に至った政治状況を100字以上120字以内で述べよ。

Ⅰ．彼等ハ常ニ口ヲ開ケバ直ニ忠愛ヲ唱へ、恰モ忠君愛国ハ自分ノ一手専売ノ如ク唱ヘテアリマスルガ、其為ストコロヲ見レバ、常ニ玉座ノ蔭ニ隠レテ政敵ヲ狙撃スルガ如キ挙動ヲ執ッテ居ルノデアル。(拍手起ル)彼等ハ玉座ヲ以テ胸壁トナシ、詔勅ヲ以テ弾丸ニ代ヘテ政敵ヲ倒サントスルモノデハナイカ。　（『官報号外　帝国議会衆議院議事速記録』）

Ⅱ．（前略）十四日政友会憲政会革新倶楽部三派の少壮議員聯合協議会が開かれ左の申合せ並に附帯決議を為した。

申　　合

一　吾人は貴族院をして政機を把握せしむることは議会政治の本能を発揮する所以にあらざるを認め、これを根本的に排除すべき適当なる方法を講ずること。

二　吾人は政党内閣を組織し右の目的を完全に達するまで協力一致の運動を継続することを各党領袖に闡明せしむるに努むること。(後略)

（『犬養木堂伝』）

(3)　史料Ⅰは帝国議会の演説文であるが，演説した人物名と所属した政党名を答えよ。

(4)　史料Ⅰで弾劾され退陣した後に，山本権兵衛内閣が成立している。山本内閣はある事件で退陣しているが，その事件を40字程度で述べよ。

(5)　史料Ⅰ，Ⅱを参考にして，第一次護憲運動と第二次護憲運動について100字以上120字以内で述べよ。

〈秋田県改題〉

3 ★★☆

次の史料を読んで，各問いに答えよ。

> 第一　某等が政府に要むべき者は、$_a$租税徴収を軽減するに在るなり。(後略)
>
> 第二　某等が政府に要むべき者は、$_b$言論集会を自由にするに在るなり。(後略)
>
> 第三　某等が政府に要むべき者は、$_c$外交失策を挽回するに在るなり。…(中略)…抑も条約改正を為すは、(　　　)を破り、海関税権を収めんが為なり。既に然せんと欲せば$_d$内地雑居を許さざるを得ず。而して其の利害相償はざる而已ならず、単に害ありて利なきを見るなり。

⑴　史料中の空欄に当てはまる語句を答えよ。

⑵　史料は，1887年10月に片岡健吉らによって提出された建白書である。どこに提出されたか。政府の機関名を答えよ。また，史料に見るような民権派の動きを何というか答えよ。

⑶　下線部 a について，地租改正によって土地税制度はどのようになったか。簡潔に説明せよ。

⑷　下線部 a について，地租は一度1877年 1 月に引き下げられている。これは，前年に茨城県や三重県などでおきた地租の軽減を求める農民暴動が影響している。三重県の暴動は周辺 3 県へも広がった。それはどこか。当時の県名を答えよ。

⑸　下線部 b について，政府は言論や政治活動を抑えるため法令の制定や改定を行った。次に示す法令名を答え，それはいつ公布されたか西暦で答えよ。

> 第一条　政治ニ関スル事項ヲ講談論議スル為メ公衆ヲ集ムル者ハ、開会三日前ニ、講談論議ノ事項、講談論議スル人ノ姓名、住所、会同ノ場所、年月日ヲ詳記シ、其会主又ハ会長、幹事等ヨリ管轄警察署ニ届出テ、其認可ヲ受クヘシ。

⑹　下線部 c について，当時の外務大臣名を答えよ。

⑺　下線部 c について，条約改正交渉案には反対論が強かった。その理由は，1つには下線部 d である。もう 1 つの理由を答えよ。また，反対論を唱えて辞職した農商務大臣名を答えよ。

(8)　下線部 c について，政府は条約改正交渉に当たり欧化政策を推進した。東京日比谷に建築され舞踏会が催された建物名を答えよ。また，この建物の設計者名を答えよ。

> e現内閣ハ f一銀行一商店ノ救済ニ熱心ナルモ、 g支那方面ノ我ガ居留民及対支貿易ニ付テハ何等施ス所ナク、唯々我等ノ耳ニ達スルモノハ、其ノ h惨憺タル暴状ト、而シテ政府ガ弾圧手段ヲ用イテ、之等ノ報道ヲ新聞紙ニ掲載スルコトヲ禁止シタルコトナリ。之ヲ要スルニ、今日ノ恐慌ハ現内閣ノ内外ニ対スル失政ノ結果ナリト云フヲ憚ラズ。一銀行一会社ノ救助ノ為ニ、既ニ二億七百万円、今復タ二億ノ補償義務、合計シテ四億七百万円ノ鉅額ヲ、人民ノ膏血ヨリ出タル国帑ノ負担ニ帰セシメントシ、支那ニ在留スル数万ノ同胞ニ対シテハ殆ド顧ル所ナシ。一般国民ハ之ヲ見テ果シテ如何ナル感慨ヲ生ズベキ乎。刻下到ル処思想ノ悪化シツツアル情勢ニ顧ミ、前途ヲ慮ルトキハ転タ悚然タラザルヲ得ザルナリ。

(9)　この文章の筆者であり，下線部 e の政策を強硬に批判して，これを総辞職に追い込んだ人物名を答えよ。

(10)　下線部 e について，首相名と政党名を答えよ。

(11)　下線部 e の総辞職後に成立した内閣の首相と政党名を答えよ。また，この内閣が史料に記された国内問題解決のために行った政策について，簡潔に説明せよ。

(12)　下線部 f について，それぞれの名称を答えよ。

(13)　下線部 g と非難された対中国政策の推進者名を答えよ。

(14)　下線部 h について，当時の中国情勢について，簡潔に説明せよ。〈茨城県〉

4　★★☆

次の史料を読んで，各問いに答えよ。

> Ⅰ．第一条　両締約国ハ相互ニ清国及韓国ノ独立ヲ承認シタルヲ以テ、該二国孰レニ於テモ全然侵略的趨向ニ制セラルルコトナキヲ声明ス、然レトモ両締約国ノ特別ナル利益ニ鑑ミ、即チ其利益タル a大不列顛国ニ取リテハ主トシテ清国ニ関シ、又日本国ニ取リテハ其清国ニ於テ有スル利益ニ加フルニ、韓国ニ於テ政治上並商業上及工業上格段ニ利益ヲ有スルヲ以テ（後略）

Ⅱ．第一条　国体ヲ変革シ又ハ私有財産制度ヲ否認スルコトヲ目的トシテ結社ヲ組織シ又ハ情ヲ知リテ之ニ加入シタル者ハ十年以下ノ懲役又ハ禁錮ニ処ス…

第二条　前条第一項ノ目的ヲ以テ其ノ目的タル事項ノ実行ニ関シ協議ヲ為シタル者ハ七年以下ノ懲役又ハ禁錮ニ処ス

Ⅲ．（前略）所謂機関説ト申シマスルノハ、国家ソレ自身ヲ一ツノ生命アリ、ソレ自身ニ目的ヲ有スル恒久的ノ団体、即チ法律学上ノ言葉ヲ以テ申セバ一ツノ法人ト観念イタシマシテ、天皇ハ此法人タル国家ノ元首タル地位ニ在マシ、国家ヲ代表シテ国家ノ一切ノ権利ヲ総攬シ給ヒ（後略）

Ⅳ．一．民主化促進上経済的障害を排除し、人権の尊重を全からしめ且数世紀に亘る封建的圧制の下 b 日本農民を奴隷化して来た経済的桎梏を打破するため、日本帝国政府はその耕作農民に対しその労働の成果を享受させる為、現状より以上の均等の機会を保証すべきことを指令（後略）

⑴　史料Ⅰについて，

問1　史料Ⅰによって成立した同盟名を答えよ。

問2　下線部ａの国が，この同盟条約を日本との間に結んだ理由を，簡潔に説明せよ。

⑵　史料Ⅱについて，

問1　史料Ⅱの法律名を答えよ。

問2　この法律を制定した理由として最も正しいものを選べ。

①　自由党員らによる政府批判や武装蜂起などの動きが活発化することを抑えるため。

②　大正デモクラシーとよばれる民主主義的な風潮が広がることを抑えるため。

③　普通選挙の実施によって予想される無産階級の勢力拡大などに備えるため。

④　既成の諸政党を解散させて大政翼賛会を組織することへの反対運動に備えるため。

(3)　史料Ⅲについて，

問1　史料Ⅲに述べられている考えを何というか答えよ。また，この考えを示した人物名を答えよ。

問2　史料Ⅲの考えを否定するために，岡田啓介内閣が1935年に出した声明を答えよ。

(4)　史料Ⅳについて，

問1　この指令に基づいて行われた改革のうち，第二次農地改革の概要を説明せよ。

問2　下線部ｂについて，具体的にはどのようなものか簡潔に説明せよ。

〈北海道・札幌市改題〉

5　★☆☆

次の表は第一次世界大戦後の国際条約を表したものである。表中の空欄に当てはまる語句を答えよ。

<table>
<tr><th colspan="2">条約·会議名</th><th>参加国</th><th>内容・その他</th></tr>
<tr><td colspan="2">（　A　）条約
(1919.6)</td><td>27カ国</td><td>第一次世界大戦後の処理
国際平和維持の機関として（　B　）が成立(1920.1)</td></tr>
<tr><td rowspan="3">ワシントン会議</td><td>四カ国条約
(1921.12)</td><td>英·米·日·仏</td><td>太平洋の平和に関する条約
これまでの外交の基軸であった（　C　）を廃棄</td></tr>
<tr><td>九カ国条約
(1922.2)</td><td>英·米·日·仏·伊·ベルギー·ポルトガル·オランダ·中国</td><td>中国問題に関する条約
この条約に関連して，山東懸案解決条約で山東半島における旧ドイツ権益を返還</td></tr>
<tr><td>海軍軍縮条約
(1922.2)</td><td>英·米·日·仏·伊</td><td>主力艦保有量の制限
今後10年間，主力艦の建造禁止</td></tr>
<tr><td colspan="2">（　D　）軍縮会議
(1927.6)</td><td>英·米·日</td><td>米·英·日の補助艦の制限</td></tr>
<tr><td colspan="2">パリ不戦条約
(1928.8)</td><td>15カ国</td><td>国際紛争解決のための戦争放棄</td></tr>
<tr><td colspan="2">（　E　）海軍軍縮条約
(1930.4)</td><td>英·米·日·仏·伊</td><td>主力艦の保有制限及び建造禁止を1936年まで延長
英·米·日の補助艦保有量の制限</td></tr>
</table>

〈高知県〉

6 ★★☆

次の文章を読んで，各問いに答えよ。

元号が昭和になってまもなく，一部銀行の経営悪化が表面化し，金融恐慌に陥った。若槻内閣の後を受けた田中内閣は（　A　）と日本銀行の非常貸し出しにより，鎮静化に成功した。しかし，急場しのぎはできたものの，輸入超過は続き，為替相場は動揺し，上昇と下落をくり返した。続く$_{a}$浜口内閣は蔵相に井上準之助を起用し，経済改革を目指したが，世界恐慌の影響を受け，深刻な不況に陥ることとなった。満州事変勃発後に成立した$_{b}$犬養内閣は蔵相に高橋是清を起用し，井上蔵相とは対照的な経済政策を展開した。この政策は軍需などに支えられ，重化学工業が発達し，日産・日窒などの（　B　）も台頭した。しかし，日本経済は貿易に依存するところが大きかったため，国際対立に伴い，対米・英などの貿易が縮小すると，「大東亜共栄圏」の名のもと，対外進出を企て，戦争への道を進むことになった。戦時中は（　C　）法のもと，議会の承認なしに，政府は厳しい経済統制を行い，$_{c}$様々な場面で国民生活は規制を受けた。戦争により国民生活は破壊され，終戦直後は失業者の増大や激しいインフレに見舞われた。当初アメリカは日本に対し，財閥解体など経済の民主化に努めたが，$_{d}$世界情勢の変化などから対日占領政策を転換し，GHQは日本政府に経済安定九原則の実行を指令するなど経済の復興を急いだ。これによりインフレは収束したが，逆に不況が深刻化するなど経済の不安定な状況は続いた。しかし，朝鮮戦争がおこると，アメリカ軍の膨大な（　D　）が生まれ，$_{e}$日本経済は好況をむかえ，まもなく鉱工業生産は戦前の水準を回復した。その後日本は20年近く，おおむね順調に経済成長を続けることとなった。

⑴　文章中の空欄に当てはまる語句を答えよ。

⑵　下線部aのときに統帥権の干犯問題がおこるきっかけとなった国際会議名を答えよ。

⑶　下線部bについて，井上準之助蔵相と高橋是清蔵相の経済政策の違いを，次の語句を用いて簡潔に説明せよ。

【財政　　金輸出　　為替相場】

⑷　下線部cについて，具体例を1つ答えよ。

⑸　下線部dについて，対日占領政策転換に大きく関わった東アジア情勢を簡潔に説明せよ。

⑹　下線部eについて，1974年に戦後初めてマイナス成長になったが，その大きな要因を前年の10月におこった事件に言及して簡潔に説明せよ。

〈群馬県改題〉

7 ★★☆

次の資料A，Bを見て，各問いに答えよ。

A　〈実質経済成長率の推移〉

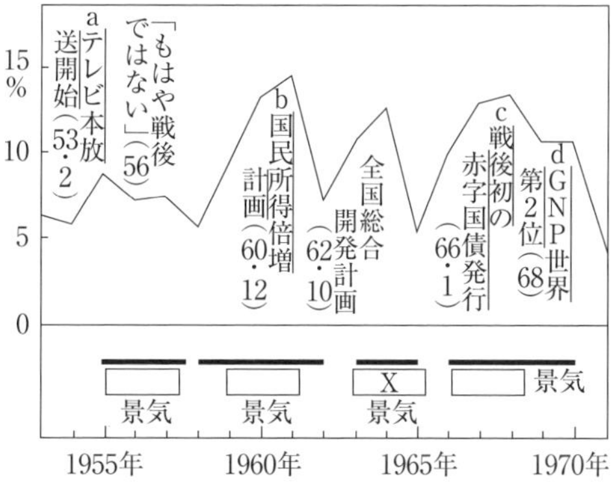

B　〈主な耐久消費財の普及率〉

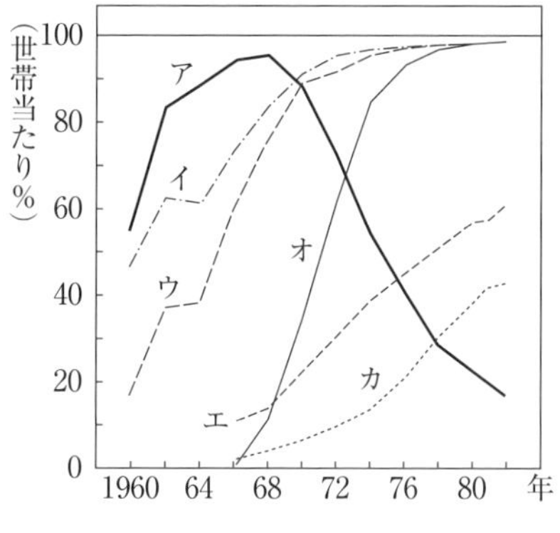

(1)　資料Aの空欄Xに当てはまる語句を答えよ。

(2)　aの年に朝鮮戦争の休戦協定が成立したが，この朝鮮戦争が日本の防衛面に与えた影響について，簡潔に説明せよ。

(3)　bの計画が発表された年以降，日本は貿易や為替・資本の自由化を進めていった。この自由化が企業の経済活動の面に与えた影響について説明せよ。

(4)　cの時点の首相を次から選べ。

ア．佐藤栄作　　イ．田中角栄　　ウ．池田勇人　　エ．岸信介

(5)　d以降「３Ｃ」とよばれる３つの製品が急速に普及していく。その製品のうち１つを答えよ。また，資料Bに示されているア～カからそれに当てはまるものを選べ。

〈鹿児島県改題〉

8 ★★☆

次の人物に最も関係の深い事項をA群，B群からそれぞれ1つずつ選べ。

A．岡倉天心　　B．黒田清輝　　C．島地黙雷

D．坪内逍遙　　E．中江兆民　　F．中村正直

【A群】

a．『湖畔』　b．茶の本　c．『西国立志編』　d．『当世書生気質』

e．『民約訳解』　f．『不如帰』　g．『収穫』　h．雑誌『日本人』

i．神仏分離　j．破傷風の血清療法の発見

【B群】

ア．欧化政策に反対し国粋保存主義を主張。

イ．外光派とよばれ白馬会を組織。

ウ．西園寺公望の『東洋自由新聞』主筆。

エ．最初の洋画団体明治美術会を結成。

オ．島村抱月と文芸協会を設立。

カ．信教の自由を主張し大教院より浄土真宗を離脱させる。

キ．日本美術院を創設し古美術の保存につくす。

ク．硯友社をおこし文芸作品を大衆化する。

ケ．福沢諭吉の援助で伝染病研究所を創立。

コ．明六社社員として活躍する。

〈愛媛県改題〉

演習問題　解答・解説

1

(1)　A．左院　B．大阪
C．元老院　D．地方官
E．大審院　F．片岡健吉
G．国会期成同盟　H．大隈重信
I．岩倉具視

(2)　明治六年の政変　(3)　大久保利通

(4)　関西貿易社　(5)　郵便制度

(6)　明治十四年の政変以降，数多くの私擬憲法が発表され民権運動が高揚し，自由党に対抗して立憲改進党も結成された。しかし，同時に大蔵卿松方正義の厳しい緊縮財政が進行しており，そのデフレ政策のため米価が低迷し，増税の上に定額金納の地租が農民層に打撃を与えた。自作農は土地を手放し小作農へと没落し，一方，地主は所有地の大部分を小作農に貸し与えて高率の現物小作料を取り立て，かたわら貸金業などを営み，寄生地主となっていった。民権運動の支持者であった農民は中・貧農化し，生活難のため運動から手を引くものとさらに急進化するものとに分かれていった。政府は，1882年に集会条例を改正して運動を抑圧するとともに自由党党首の板垣退助を懐柔したため，民権運動は統一的な指導者を失うことになった。他方，一部の地域では先鋭化した農民と自由党員が直接行動に出て政府から弾圧される事件が頻発し，1884年に自由党は解党した。

解説

(1)　A．太政官内に1871年に設置された立法上の諮問機関で，法規の制定・改正を任務とした。1875年に元老院の設置により廃止された。

C．左院の後を受け，立法機関として憲法草案などを起草したが，1890年の帝国議会開設に伴って廃止された。

E．1875年に設置された。

F．片岡健吉（1843～1903年）。土佐藩出身。

(2)　明治六年の政変（征韓論政変）以後，大久保利通（1830～78年）が政権の中心となった。

2

(1)　伊藤博文

(2)　1886年の星亨らによる大同団結運動や，その翌年の井上馨外相の条約改正交渉失敗を機に，三大事件建白運動がおこるなど，国会開設が近づくにつれて自由民権運動が活発化し，運動家が続々と上京して政府を脅かす状況になったため。

(3)　人物名：尾崎行雄
政党名：立憲政友会

(4)　海軍の高官たちがドイツのシーメンス会社などからリベートを受け取ったとされるシーメンス事件

(5)　第一次護憲運動では政治家や実業家などが「閥族打破・憲政擁護」を掲げて，桂内閣打倒を目指した。第二次護憲運動では立憲政友会・憲政会・革新倶楽部の護憲三派が世論の支持を後ろ盾に，政党内閣実現などを掲げ清浦内閣打倒を目指した。

解説

(1)　第１次伊藤内閣（1885.12～88.4）において1887年に公布された。反政府運動に対する弾圧法規。

(3)　尾崎行雄（1858～1954年）。第１回総

選挙から1952年まで連続25回当選した。

3

(1)　治外法権

(2)　機関名：元老院

動き：三大事件建白運動

(3)　課税基準を収穫高から地価に変更し，物納から金納に改め，地価の3％とし，土地所有者が納税義務を負った。

(4)　愛知県，岐阜県，堺県

(5)　法令名：集会条例　　西暦：1880年

(6)　井上馨

(7)　理由：外国人判事（裁判官）の任用

農商務大臣名：谷干城

(8)　建物：鹿鳴館

設計者名：コンドル

(9)　伊東巳代治

(10)　首相名：若槻礼次郎

政党名：憲政会

(11)　首相名：田中義一

政党名：立憲政友会

政策：金融恐慌に対して緊急勅令によるモラトリアム（支払猶予令）を発し，日銀からの巨額の融資でこれを乗り切った。

(12)　台湾銀行，鈴木商店

(13)　幣原喜重郎

(14)　中国では1926年7月から北伐を開始した国民革命軍が，27年3月に南京に入城し，日本大使館を襲撃した。

解説

(2)　*2*(2)の解答を参照。

(4)　当時の堺県は現在の大阪府南部と奈良県を含んでいた（奈良県は当時堺県に併合されて存在しなかった）ので，三重県とは県境を接していた。

(6)　井上馨（1835～1915年）。山口出身。第1次伊藤内閣の外相。外国人判事の任用と外国人に日本国内での居住・旅行・営業の自由を与えるかわりに領事裁判権の撤廃・輸入関税の一部引上げを獲得しようとしたが，政府内外の非難を浴びて辞任した。

(7)　谷干城（1837～1911年）。高知出身。

(8)　コンドル（1852～1920年）。イギリス人建築家

(9)　伊東巳代治（1857～1934年）。長崎出身。伊藤博文の下で大日本帝国憲法の起草に当たった。大正・昭和期には強硬外交（積極外交）を主張し，この史料のように枢密院で緊急勅令案を否決して，若槻内閣を総辞職させた。

(10)　若槻礼次郎（1866～1949年）。島根出身。第1次若槻内閣（1926.1～27.4）

(11)　田中義一（1864～1929年）。山口出身。

(13)　幣原喜重郎（1872～1951年）。大阪出身。

4

(1)　問1　日英同盟

問2　南下するロシアの脅威に対して，朝鮮から満州への進出を目指す日本と，清における権益維持をねらうイギリスとの利益が共通したため。

(2)　問1　治安維持法

問2　③

(3)　問1　考え：天皇機関説（国家法人説）

人物名：美濃部達吉

問2　国体明徴声明

(4)　問1　不在地主の全貸付地，在村地主の貸付地のうち一定面積（北海道4町歩，それ以外は1町歩）を超える分は国家が強制的に買い上げて小作人に優先的に安く売り渡すというもの。

問2　寄生地主制による農民支配

解説

(2)　問2　①　自由党員ではなく共産党員ら社会主義者。

②　治安維持法を成立した加藤高明内閣は，民主主義的な風潮に支持されて誕生した内閣である。

④　治安維持法が公布されたのは1925年，大政翼賛会が成立するのは1940年である。

(3)　美濃部達吉（1873～1948年）の天皇機関説（国家法人説）は，法人としての国家に統治権の主体があり，天皇は国家の最高機関であるとする説。1935年に貴族院でこの説が反国体的学説であると非難され，政治問題化した。国体明徴声明はこの説に対し，日本は天皇主権の天皇中心の国家であることを明確にするという声明であった。

5

A．ヴェルサイユ　　B．国際連盟
C．日英同盟　　D．ジュネーヴ
E．ロンドン

解説

設問の表は，第一次世界大戦後のワシントン体制とよばれる国際協調が主流となっていた時期の，日本が関係する条約の一覧である。各条約が調印された状況や，国内情勢など細かい点まで問われることが多いのでよく整理しておくこと。

6

(1)　A．モラトリアム（支払猶予令）
B．新興財閥　　C．国家総動員
D．特需

(2)　ロンドン海軍軍縮会議

(3)　浜口内閣の井上蔵相は緊縮財政政策を行って物価の引下げをはかり，国際競争力を強化するため，産業の合理化を促進した。そして旧平価での金輸出解禁（金解禁）を行って，外国為替相場の安定をはかった。犬養内閣及び斎藤内閣，岡田内閣の高橋蔵相は金輸出を再禁止し，財政支出の増大を行って，積極的な景気刺激策をはかった。

(4)　・一般国民が軍需産業に動員された。
・国内向けの綿製品の販売が中止された。
・砂糖・マッチ・木炭などが切符制になった。
・米が配給制になった。
などから1つ

(5)　1948年に朝鮮民主主義人民共和国，1949年に中華人民共和国が相次いで誕生し，東アジアにも冷戦の対立構造が持ち込まれた。

(6)　1973年10月におこった第四次中東戦争を契機に，アラブ産油国が行った石油戦略で石油価格が高騰し，エネルギー資源である石油を海外からの輸入に頼っていた日本は異常な物価高騰に苦しみ，74年の経済成長はマイナスとなった。

解説

(1)　A．田中義一内閣は緊急勅令で銀行の支払いを一時停止した。

B．明治以来の既成財閥に対して，満州事変以後，国策に協力しつつ軍部と結びついた財閥をよぶ。

(2)　当時の国際協調の流れを重視して政府は条約に調印しようとしたが，これに対して海軍軍令部長からこれに反対する上奏が行われ，条約締結が天皇による軍編成への統帥権干犯になるとして政府を攻撃した。

7

⑴　オリンピック

⑵　1950年に朝鮮戦争が始まると，日本はアメリカ軍の補給基地となり，総司令部の指令で同年，警察予備隊が組織された。警察予備隊は1952年には保安隊，1954年には自衛隊となり，防衛庁も新設された。同時に日本政府は1951年の日米安全保障条約によって国内にアメリカ軍が駐留することを認め，基地を提供し，駐留費用を分担することになった。

⑶　開放経済体制のもとでの国際競争の激化に備え，産業界再編の動きが現れた。この結果，大企業の合併が相次いで行われ，また銀行を中心とした企業集団が形成されるなど，企業規模は巨大化していった。

⑷　ア

⑸　乗用車（カー）：エ
カラーテレビ：オ
クーラー：カ　　から1つ

解説

⑴　1955～57年を神武景気，58～61年を岩戸景気，66～70年をいざなぎ景気とよぶ。

⑷　佐藤内閣（1964.11～72.7）。

⑸　アは白黒テレビ，イは電気洗濯機，ウは電気冷蔵庫で，これらは「三種の神器」とよばれた。

8

A．b，キ　　B．a，イ
C．i，カ　　D．d，オ
E．e，ウ　　F．c，コ

解説

A．1862～1913年。神奈川出身。東京美術学校開校に関わり，日本美術の革新に努めた。「茶の本」をニューヨークで出版。

B．1866～1924年。鹿児島出身。近代洋画の父といわれる。代表作は『湖畔』『読書』。

C．1838～1911年。山口出身。浄土真宗の僧で，廃仏毀釈に反対した。

D．1859～1935年。岐阜出身。写実主義を主張した。代表作は『小説神髄』。

E．1847～1901年。高知出身。フランスの政治思想の紹介に努めた。第1回総選挙に当選。

F．1832～91年。東京出身。啓蒙思想家で，東大教授も務めた。

時代	日本史上の出来事		世界史上の出来事	
縄文			前221	秦の始皇帝が中国を初めて統一
弥生			前202	前漢の成立〔中〕
	後57	倭の奴国王が後漢に使者，「漢委奴国王」の金印受領	後25	後漢の成立〔中〕
			220	三国時代（～280）〔中〕
	239	邪馬台国の卑弥呼が魏に使者を派遣		
			304	五胡十六国時代（～439）〔中〕
古墳				
			439	南北朝時代（～589）〔中〕
	478	倭王武（雄略天皇）が宋に上表文を送る	476	西ローマ帝国の滅亡
			481	クローヴィス，フランク王国を建国〔仏〕
	538	仏教伝来（552）		
			581	隋の成立（～618）〔中〕
飛鳥	592	推古天皇即位		
	603	聖徳太子，冠位十二階の制を制定		
	604	聖徳太子，憲法十七条を制定		
	607	遣隋使（小野妹子）を派遣，法隆寺建立		
			618	唐の成立（～907）〔中〕
			622	ヒジュラ（イスラム暦元年）
	646	**大化改新**始まる		
	663	白村江の戦い		
	668	天智天皇（中大兄皇子）即位		
	672	壬申の乱		
	673	天武天皇（大海人皇子）即位		
			676	新羅が初めて朝鮮を統一（～935）
	690	持統天皇即位（～697）		
	694	藤原京遷都		
	701	大宝律令成立		
奈良	710	**平城京遷都**		
	723	三世一身法		
	724	聖武天皇即位		
	743	墾田永年私財法		
	781	桓武天皇即位		
平安	794	**平安京遷都**		
			800	フランク王国のカール大帝の戴冠〔仏〕
	805	最澄，天台宗を開く		
	806	空海，真言宗を開く		
	810	薬子の変		
			875	黄巣の乱で唐が衰退〔中〕
	894	菅原道真の建議で遣唐使中止		
	902	延喜の荘園整理令		
	905	『古今和歌集』成立		

時代	日本史上の出来事		世界史上の出来事	
平安				
			936	高麗が朝鮮を統一（～1392）
	939	承平・天慶の乱（～941）		
			960	宋の成立（～1276）〔中〕
			962	神聖ローマ帝国の成立（～1806）〔独〕
	1017	藤原道長，太政大臣となる		
		藤原頼通，摂政となる		
	1051	前九年の役（合戦）（～62）		
	1069	延久の荘園整理令		
	1083	後三年合戦（～87）		
	1086	白河上皇，**院政**を始める（～1129）		
			1096	第1回十字軍派遣
	1156	保元の乱		
	1159	平治の乱		
	1167	平清盛，太政大臣となる		
	1175	法然，専修念仏を唱える		
	1185	壇の浦の戦いで平氏滅亡，源頼朝が守護・地頭を設置		
	1191	栄西，臨済宗を開く		
鎌倉	1192	源頼朝が征夷大将軍となる，**鎌倉幕府**の成立（～1333）※		
	1205	『新古今和歌集』成立		
			1206	モンゴル帝国の成立
			1215	マグナ＝カルタの制定〔英〕
	1221	承久の乱で後鳥羽上皇ら敗北		
	1224	親鸞，浄土真宗を開く		
	1227	道元，曹洞宗を開く		
	1232	北条泰時，御成敗式目（貞永式目）を制定		
	1253	日蓮，日蓮宗を開く		
			1271	元の成立（～1368）〔中〕
	1274	元寇（文永の役），一遍，時宗を開く		
	1281	元寇（弘安の役）		
	1297	永仁の徳政令		
	1333	鎌倉幕府滅亡		
	1334	後醍醐天皇による**建武の新政**		
室町	1338	**室町幕府**の成立（～1573）		
		足利尊氏が室町幕府初代将軍となる		
	1339	北畠親房『神皇正統記』	1339	百年戦争（～1453）〔英・仏〕

※成立時期については，侍所設置の1180年，寿永二年十月宣旨発給の1183年，公文所・問注所設置の1184年，守護・地頭設置の1185年，源頼朝右近衛大将補任の1190年，など諸説ある。

時代	日本史上の出来事		世界史上の出来事	
室町	1368	足利義満が3代将軍となる	1368	明の成立（～1644）〔中〕
	1392	**南北朝の合一**	1392	朝鮮の成立（～1910）
	1404	日明貿易始まる		
	1428	正長の徳政一揆		
	1441	嘉吉の乱で足利義教暗殺される		
	1449	足利義政が8代将軍となる		
			1453	ビザンツ帝国滅亡（395～）
	1467	**応仁の乱**（～77），**戦国時代**始まる		
	1488	加賀の一向一揆（～1580）		
			1492	コロンブス，アメリカ大陸に到達
			1517	ルターの宗教改革〔独〕
	1543	鉄砲の伝来		
	1549	フランシスコ＝ザビエル，キリスト教を伝える		
安土桃山	1573	織田信長，足利義昭を追放して室町幕府を滅ぼす		
	1582	織田信長が本能寺の変で死去，豊臣秀吉の太閤検地		
	1588	豊臣秀吉が刀狩令を発す	1588	イギリスがスペイン無敵艦隊を撃破
	1590	豊臣秀吉が天下を統一		
	1592	文禄の役（～93）		
	1597	慶長の役（～98）		
	1600	関ヶ原の戦い		
江戸	1603	**江戸幕府**の成立（～1867） 徳川家康が江戸幕府初代将軍となる		
	1604	糸割符制度		
	1615	大坂夏の陣で豊臣氏が滅亡，一国一城令，武家諸法度，禁中並公家諸法度		
			1616	後金（清）の成立（～1912）〔中〕
			1618	三十年戦争（～48）〔独〕
	1623	徳川家光が3代将軍となる		
	1635	参勤交代を制度化		
	1637	島原の乱（～38）		
	1639	**最後の鎖国令**（ポルトガル船の来航を禁止）		
			1640	イギリス革命（～60）〔英〕
	1643	田畑永代売買の禁止令，田畑勝手作りの禁	1643	ルイ14世即位〔仏〕
			1648	ウェストファリア条約〔独〕

時代	日本史上の出来事		世界史上の出来事	
江戸	1651	徳川家綱が4代将軍となる 慶安の変(由井正雪の乱)		
			1661	清朝，康熙帝即位〔中〕
	1680	徳川綱吉が5代将軍となる		
	1685	生類憐みの令		
			1688	名誉革命(～89)〔英〕
	1709	新井白石の正徳の治(～16)		
	1716	徳川吉宗が8代将軍となる **享保の改革**		
	1767	田沼意次が政権を掌握		
			1776	アメリカ独立宣言
	1787	徳川家斉が11代将軍となる		
		老中松平定信の**寛政の改革**(～93)	1789	フランス革命(～99)
	1792	ロシアのラクスマンが根室に来航		
	1804	ロシアのレザノフが長崎に来航	1804	ナポレオン1世即位〔仏〕
	1808	イギリスのフェートン号が長崎に乱入		
			1814	ウィーン会議(～15)
	1825	異国船打払令(無二念打払令)		
	1837	大塩の乱，アメリカのモリソン号を打ち払う		
	1839	蛮社の獄(渡辺崋山・高野長英らを処罰)		
			1840	アヘン戦争(～42)〔英・清〕
	1841	老中水野忠邦の**天保の改革**(～43)		
	1842	天保の薪水給与令		
			1848	フランス二月革命，『共産党宣言』
	1853	アメリカのペリーが浦賀に来航，ロシアのプチャーチンが長崎に来航		
	1854	日米和親条約，鎖国終わる		
			1856	アロー戦争(～60)〔英仏・清〕
	1858	日米修好通商条約，安政の大獄(～59)		
	1860	桜田門外の変で大老井伊直弼暗殺される		
			1861	アメリカ南北戦争(～65)
	1862	坂下門外の変，生麦事件		
	1863	薩英戦争，八月十八日の政変		
	1864	四国艦隊下関砲撃事件，第1回長州征討		
	1866	第2回長州征討		

時代		日本史上の出来事		世界史上の出来事
江戸	1867	徳川慶喜の**大政奉還**により江戸幕府が滅亡，王政復古の大号令		
明治	1868	五箇条の（御）誓文，政体書，五榜の掲示，戊辰戦争（～69）		
	1869	版籍奉還		
	1871	廃藩置県，新貨条例，日清修好条規	1871	ドイツ帝国の成立（～1918）
	1872	国立銀行条例，学制発布		
	1873	徴兵令，地租改正条例，征韓論敗れる		
	1874	民撰議院設立の建白書，佐賀の乱		
	1875	讒謗律・新聞紙条例発布，樺太・千島交換条約，江華島事件	1875	イギリスがスエズ運河を支配
	1876	秩禄処分，日朝修好条規		
	1877	西南戦争	1877	イギリス領インド帝国成立（～1947）
	1879	沖縄県設置（琉球処分），教育令制定		
	1880	国会期成同盟，集会条例		
	1881	明治十四年の政変，国会開設の勅諭，自由党結成，開拓使官有物払下げ事件		
	1882	立憲改進党結成，福島事件，日本銀行開業	1882	三国同盟〔独・墺・伊〕
	1884	秩父事件		
	1885	内閣制度発足，伊藤博文内閣（～88），外相井上馨		
	1886	学校令制定		
	1889	**大日本帝国憲法発布**		
	1890	教育勅語発布	1890	ビスマルク引退〔独〕
	1894	日英通商航海条約（領事裁判権の撤廃），**日清戦争**（～95）	1894	露仏同盟
	1895	下関条約，三国干渉		
	1897	金本位制の確立		
	1898	隈板内閣（初の政党内閣）	1898	ファショダ事件〔英・仏〕，米西戦争
			1899	南アフリカ戦争（～1902）
	1900	軍部大臣現役武官制，治安警察法，立憲政友会結成	1900	義和団戦争（事件）（～01）〔中〕
	1901	八幡製鉄所操業開始	1901	北京議定書
	1902	**第1次日英同盟**		
	1904	**日露戦争**（～05），第1次日韓協約	1904	英仏協商
	1905	第2次日英同盟，ポーツマス条約，第2次日韓協約（統監府設置）		
	1906	南満州鉄道株式会社設立		
			1907	英露協商，三国協商
	1909	伊藤博文，安重根に暗殺される		
	1910	大逆事件，韓国併合条約		
	1911	日米新通商航海条約（関税自主権を回復），工場法公布，第3次日英同盟	1911	辛亥革命
大正	1912	大正天皇即位		

時代		日本史上の出来事		世界史上の出来事
大正	1913	大正政変(第一次護憲運動)		
	1914	シーメンス事件，**第一次世界大戦**(～18)参戦	1914	第一次世界大戦(～18)
	1915	中華民国に二十一カ条の要求		
	1916	吉野作造，民本主義を主張		
			1917	ロシア革命
	1918	シベリア出兵，米騒動，原敬内閣(初の本格的政党内閣	1918	ウィルソンの十四カ条の平和原則〔米〕
	1919	三・一運動，五・四運動，ヴェルサイユ条約	1919	パリ講和会議，コミンテルン(～43)
	1920	国際連盟成立・加入		
	1921	ワシントン会議，四カ国条約成立で日英同盟破棄		
	1922	九カ国条約成立で石井・ランシング協定失効，ワシントン海軍軍縮条約	1922	ムッソリーニ政権〔伊〕
	1923	関東大震災		
	1924	第二次護憲運動，憲政の常道(～32)	1924	第1次国共合作(～27)〔中〕
	1925	日ソ基本条約，治安維持法，男子普通選挙法		
昭和	1926	昭和天皇即位		
	1927	金融恐慌，山東出兵(～28)	1927	上海クーデタで国共内戦(～37)〔中〕
	1928	関東軍が張作霖を爆殺(満州某重大事件)，不戦条約		
			1929	ウォール街で株価大暴落，世界恐慌へ
	1930	金輸出解禁，ロンドン海軍軍縮条約，昭和恐慌		
	1931	柳条湖事件から**満州事変**へ(～33) 金輸出再禁止により管理通貨制度へ		
	1932	血盟団事件，満州国建国宣言，五・一五事件，日満議定書		
	1933	国際連盟を脱退の通告	1933	ヒトラー政権〔独〕 F. ローズヴェルト政権〔米〕
	1934	満州国帝政実施(皇帝溥儀)		
	1935	美濃部達吉の天皇機関説問題化，国体明徴声明		
	1936	二・二六事件，日独防共協定	1936	スペイン内戦(～39)，西安事件〔中〕
	1937	盧溝橋事件から**日中戦争**へ(～45)	1937	第2次国共合作(～45)〔中〕
	1938	近衛声明，国家総動員法	1938	ミュンヘン会談
			1939	チェコ解体，独ソ不可侵条約 第二次世界大戦(～45)
	1940	北部仏印進駐，日独伊三国同盟，大政翼賛会発足		
	1941	日ソ中立条約，南部仏印進駐，国民学校令，ハル＝ノート，真珠湾攻撃から**太平洋(大東亜)戦争**へ(～45)	1941	独ソ戦争(～45)
	1942	ミッドウェー海戦で敗退	1942	スターリングラードの戦い(～43)
			1943	イタリア降伏，カイロ会談
			1944	ノルマンディー上陸

時代	日本史上の出来事		世界史上の出来事	
昭和	1945	広島に原爆，ソ連の対日参戦，長崎に原爆，ポツダム宣言受諾で降伏，連合国軍の進駐，五大改革指令，女性参政権実現，労働組合法	1945	ヤルタ会談（冷戦の開始），ドイツ降伏 国際連合成立
	1946	天皇人間宣言，農地改革	1946	チャーチルの「鉄のカーテン」演説
	1947	日本国憲法施行，教育基本法，学校教育法	1947	トルーマン＝ドクトリン〔米〕
	1948	経済安定九原則		
	1949	ドッジ＝ライン，単一為替レート（1ドル＝360円） シャウプ勧告	1949	中華人民共和国成立
	1950	警察予備隊新設，レッド＝パージ	1950	朝鮮戦争（～53）
	1951	**サンフランシスコ平和条約**，日米安全保障条約		
	1952	平和条約発効し主権を回復		
	1954	日米MSA協定，防衛庁・自衛隊発足		
	1955	保守合同により55年体制成立（～93），高度経済成長	1955	アジア・アフリカ（バンドン）会議
	1956	日ソ共同宣言，国際連合加盟	1956	スターリン批判〔ソ〕
			1957	人工衛星打ち上げに成功〔ソ〕
			1958	毛沢東の大躍進運動〔中〕
			1959	キューバ革命
	1960	日米相互協力及び安全保障条約（新安保条約）成立，安保闘争激化	1960	アフリカの年（17カ国独立）
			1962	キューバ危機
	1964	東京オリンピック		
	1965	日韓基本条約		
			1966	プロレタリア文化大革命（～77）〔中〕
			1967	EC成立
	1968	GNP，資本主義国中第2位となる	1968	ソ連，プラハの春を弾圧
			1969	アメリカのアポロ11号が月到達
	1971	ドル危機		
	1972	沖縄返還，日中共同声明		
	1973	第1次石油危機，変動相場制へ	1973	第4次中東戦争，OAPEC石油戦略
	1978	日中平和友好条約		
			1979	ソ連，アフガニスタン侵攻
	1985	電電・専売公社を民営化，男女雇用機会均等法	1985	ゴルバチョフ書記長の改革実施〔ソ〕
	1987	国鉄分割民営開始（JR）		
	1988	リクルート疑惑が問題化		
平成	1989	昭和天皇崩御，消費税率3％	1989	東欧民主化，冷戦の終結
			1990	東西ドイツの統一
			1991	湾岸戦争，ソ連解体
	1992	PKO協力法成立		
	1993	自民党分裂，55年体制崩壊	1993	EU成立
	1995	阪神・淡路大震災，オウム真理教地下鉄サリン事件		

時代	日本史上の出来事		世界史上の出来事	
平成	1996	薬害エイズ訴訟		
	1997	消費税５％，京都議定書採択	1997	香港，中国に返還
			1999	マカオ，中国に返還
	2000	介護保険制度導入		
			2001	アメリカ同時多発テロ，アフガニスタン攻撃
	2002	日朝首脳会議，日朝平壌宣言		
			2003	アメリカ，イラク侵攻
	2005	郵政民営化法成立		
	2007	防衛省発足		
			2008	リーマン＝ショック
	2011	東日本大震災	2011	南スーダン独立
	2014	消費税８％		
	2019	消費税10％		
	2021	東京オリンピック・パラリンピック		

第 4 編

地理

1 世界地図・地形図と地理情報

傾向と対策

例年必ず出題される分野である。地図に関する基礎知識をはじめとして，時差，地形図の読み取り，作図などがよく出題される。日頃から地図を読み取る作業に慣れておきたい。また，大まかな世界地図を描けるようにして，各大陸の位置関係及び大きさ，形を把握しておくとともに世界地図の種類やその特徴などもよく整理しておく必要がある。また，時差に関しては，実際の航空時刻表を使用した問題などもあるため，どんな出題形式にも対応できるようにしておこう。

例題 1　地図に関する基礎知識

(1)　次の各文章の下線部分が正しければ○を，誤りであれば正しい語句を答えよ。

・５万分の１地形図では，図上の100cm^{2}は，実際の${}_{a}$50km^{2}に当たる。

・５万分の１地形図では，計曲線は${}_{b}$50mごとに，主曲線は${}_{c}$10mごとに引かれている。

・ホモロサイン図法（グード図法）で表された世界地図は，${}_{d}$正角図である。また，この図法は${}_{e}$30度44分で${}_{f}$ハンメル図法とボンヌ図法を接合したものである。

・現在の５万分の１地形図及び２万５千分の１地形図は，${}_{g}$ユニバーサル横メルカトル図法によって描かれている。この図法は経度${}_{h}$12度ごとに円筒に投影しているため，この範囲の地図は平面としてつなぐことができる。

・1569年，${}_{i}$イギリスの地図学者メルカトルが考案したメルカトル図法は${}_{j}$大圏コースが直線で表されるという長所があり，海図として利用価値があった。

・等高線の間隔は，傾斜が急なほど${}_{k}$疎となる。また，谷では等高線は${}_{l}$上流に凹部を向けている。

(2) 次の文章が示す統計地図名をそれぞれ答えよ。

① 移動の経路と量を同時に表現できるもので，ある国の石油について，どこの国にどれくらい輸出しているのか，などを表すのに適している。

② 同じ数値の地点を線で結び，事象の連続的分布を表現したもので，高さを示した等高線図や気温を示した等温線図，降水量を示した等降水量線図，さらにサクラなど植物の開花日のような生物季節図などがある。

③ 特定の区画ごとにその割合や密度に応じて，どの階級に属するかを示すもので，国ごとの人口密度や1人当たりの国民所得などを表すのに適している。

④ ある事象の一定の数量値を点で代表させ，その所在地に打った地図で，ある国やある地域の農産物の生産量分布，人口分布などを表すのに適している。

〈長野県/大阪府・大阪市・堺市改題〉

解答 (1) a．$25km^2$　b．100m　c．20m　d．正積図

e．40度44分　f．モルワイデ図法とサンソン図法

g．○　h．6度　i．オランダ

j．等角コース（等角航路）　k．密　l．下流

(2) ① 流線図　② 等値線図　③ 階級区分図（コロプレスマップ）

④ 点描図（ドットマップ）

解説 (1) a．5万分の1地形図で$100cm^2$は，$10cm \times 10cm = 100cm^2$と考えることができる。地形図上の1cmは，実際は500mとなるため，10cmは5,000m＝5kmとなる。よって$5km \times 5km = 25km^2$となる。

b，c．2万5千分の1地形図に関する記述である。

d．正角図はメルカトル図法などが挙げられる。

f．グード図法は高緯度側をモルワイデ図法，低緯度側をサンソン図法で描いている。

j．大圏コース（大圏航路・大円コース・大円航路）が直線で表される図法は，正距方位図法などが挙げられる。

l．上流に凹部を向けているのは尾根である。

(2) 主題図（特殊図）に関する問題である。主題図とは，特定の事象を取り上げて表現した地図で，土地利用図や地質図，各種統計地図などがある。統計地図は，ある事象の分布や密度などを地図上に様々な方法で表現している。

例題2　地図・地形図を読む

次の地形図（縮尺：２万５千分の１，武蔵野台地の三富新田）を見て，各問いに答えよ。

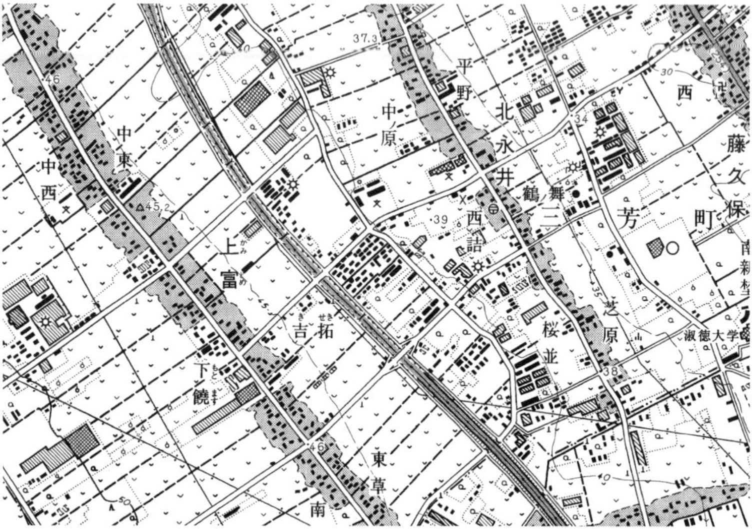

（国土地理院「志木」）

(1)　この地域を理解するため，まず土地利用の違いに着目したい。そのためには地図上でどのような作業をしたらよいか答えよ。

(2)　三角点（45.2）と役場の間は地図上で８cm ある。この２ヵ所の実際の距離を答えよ。

(3)　上富や下饒を中心とした土地利用の様子を道路から外側に向かって説明せよ。

(4)　この地図のような，国土地理院の発行する２万５千分の１地形図で用いられている図法の名称を答えよ。

〈山梨県改題〉

解答　(1)　土地利用別の着色作業や地図記号の読み取り

(2)　2,000m（２km）

(3)　道路に対し，短冊型の地割りになっている。道路に沿って家屋が列状に並び，その背後に耕作地（畑）が広がり，さらに奥には林（広葉樹林や針葉樹林）もみられる。

(4)　ユニバーサル横メルカトル（UTM）図法

解説　(2)　実際の距離は，地図上の長さ(cm)×地図の縮尺の分母

＝８(cm)×25,000＝200,000(cm)＝2,000(m)

例題 3　世界地図，時差

次の地図を見て，各問いに答えよ。

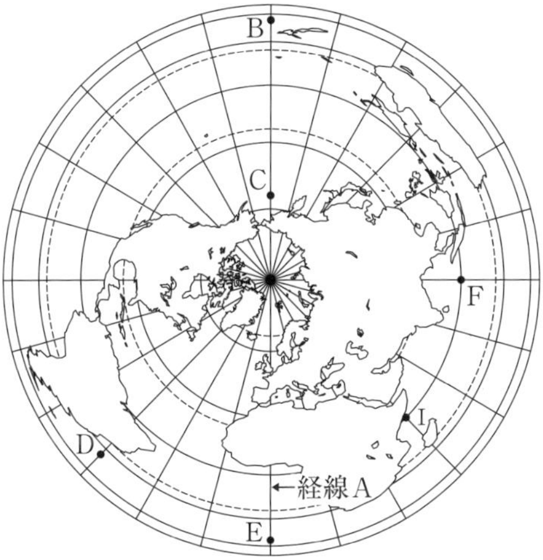

(1)　この図法名を答えよ。

(2)　地図中の経線Aは一般に何とよばれるか答えよ。

(3)　成田空港を1月3日午後1時に出発した飛行機は13時間の飛行の後，ロンドンヒースロー空港に到着した。到着の現地時間は何月何日の何時か答えよ。

(4)　ロンドンの対蹠点を地図中B～Fから選べ。

〈静岡県・静岡市改題〉

解答　(1)　正距方位図法　　(2)　本初子午線
(3)　1月3日午後5時　　(4)　B

解説　(3)　日本とロンドンの時差は（東経135度＋0度）÷（15度）＝9時間。よって日本（成田）が1月3日午後1時の時，ロンドン（ヒースロー）は1月3日午前4時となり，13時間後は1月3日午後5時となる。

(4)　**対蹠点**とは**地球上で正反対の地点**をいう。ロンドンは北緯51度28分・西経0度17分（51°28′N・0°17′W）であるので，対蹠点は南緯51度28分・東経179度43分（51°28′S・179°43′E）にある点Bとなる。なお，**経度・緯度は60進法**になっていることに注意すること。

例題 4　世界地図の種類

次の地図を見て，それぞれの図法名を答え，その特徴を長所と短所に触れて説明せよ。また，地図Bに示した，東京とサンフランシスコを直線で結んだ経路を地図Aに記入せよ。

A

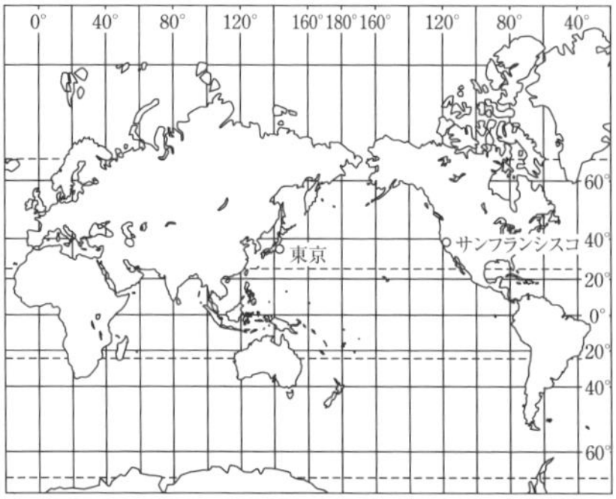

B

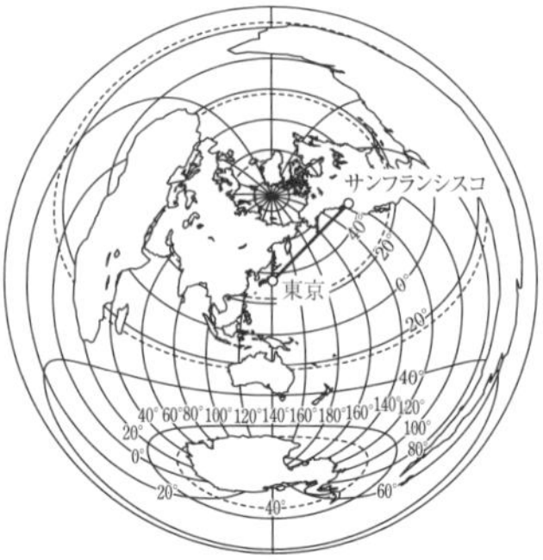

〈岩手県〉

解答　A．図法名：メルカトル図法

特徴：図中の任意の2点を結ぶ直線は等角航路（等角コース）を表し，常に経線と一定の角度で交わるが，高緯度ほど距離や面積は拡大され，方位も正しくない。そのため，海図や低緯度の地方図に利用される。

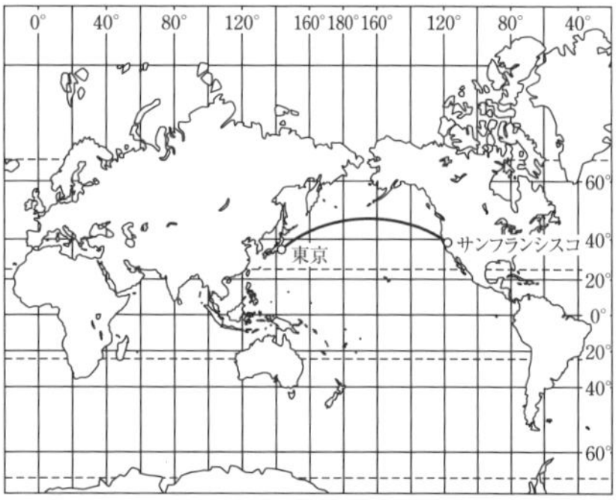

B．図法名：正距方位図法

特徴：図の中心から任意の1点までの直線が大圏航路（大圏コース）を示し，中心からの距離と方位を正しく表現する。また，図の外周は中心の対蹠点を示す。ただし，面積と形は正しくなく，特に周辺部のひずみが大きい。主に航空図に利用される。

解説　その他，モルワイデ図法，ホモロサイン（グード）図法，ミラー図法など主な地図の特徴を説明できるようにしておくこと。

演習問題

1 ★★☆

次の地形図と文章を読んで，各問いに答えよ。

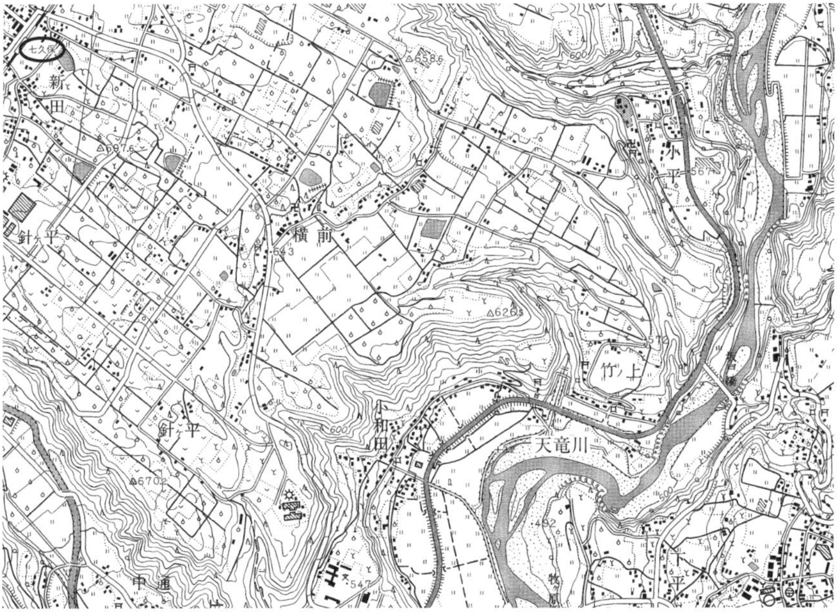

(国土地理院 「伊那大島」 平成12年発行)

Aさんは「七久保」駅で下車し，駅北側の踏切を渡って東南東に向かう道路を進んだ。左手から道路が合流したところで，道路左手に$_{a}$神社が見えた。すぐに左へ分岐する道路を見ながら直進してしばらく行くと，やがて道は緩やかに右へカーブをはじめ，左手から何本か細い道路が合流した。このあたりは，道路右手に時折家屋が点在し，左手は$_{b}$牧草地が広がっている。やがて道路が左へカーブすると，周囲が木立に囲まれ，$_{c}$急傾斜に変化した。再び道路がほぼ平坦になると，左手に学校が見えた。

(1)　この地形図の縮尺を答えよ。

(2)　下線部a，bについて，正しければ○，誤りならば正しい語句を答えよ。

(3)　下線部cの急傾斜におけるおよその高低差を求めよ。

(4)　下線部cの急傾斜が形成された原因を答えよ。

(5)　地図中の記号「 ∨ 」は何を示すか答えよ。

(6)「横前」集落の周辺にはため池が数ヵ所みられる。この池がどのような目的で造られたかを，付近の地形を考慮して説明せよ。

(7) 「小和田」集落では，近年においてもたびたび水害に悩まされてきた。その理由として考えられることを，地形図から読み取ることができる天竜川の流路の様子を踏まえて説明せよ。

〈静岡県・静岡市改題〉

2 ★★☆

次の各問いに答えよ。

(1) 2万5千分の1地形図で，1cm× 2cmの平坦な土地の面積は何㎡になるか答えよ。

(2) 次の航空時刻表の空欄に当てはまる時刻・曜日を答えよ。ただし，サマータイムは考慮しないものとする。

出発地⇒到着地	成田⇒パリ
出発時刻・曜日	21：55・金
到着時刻・曜日	（　　・　　）
所要時間	13：20
到着地のGMTとの差	＋1時間

(3) 次の表中の空欄に当てはまる図法名を答えよ。

図法名	特徴など	用途
（　A　）	中央経線は直線，緯線はすべて等間隔の同心円	中緯度地方の地方図
（　B　）	図の中心からの方位と距離が正しい	航空図
（　C　）	経線は中央経線を除き正弦曲線	世界全図
ホモロサイン	低緯度を（　C　）図法，高緯度をモルワイデ図法	世界全図
エケルト	極の長さ：赤道の長さの比＝1：2	世界全図
（　D　）	図の中心からの方位と大圏航路が正しい	半球図

(4) 正射図法，心射図法を横軸投影した場合の緯線・経線を描け。

(5) 地理情報システムの略称を答えよ。

(6) 地震や津波など様々な自然災害による被害の可能性や災害発生時の避難場所を示した地図を何というか答えよ。

〈福島県改題〉

演習問題　解答・解説

1

(1)　2万5千分の1

(2)　a．○　　b．田

(3)　約70m

(4)　土地が隆起すると河川の侵食作用が強くなり河床面が掘り下げられ，古い河床面は台地状に残る。このくり返しによって階段状の地形（河岸段丘）が形成され，段丘崖で急崖となった。

(5)　畑

(6)「横前」の集落は河岸段丘の段丘面にあり高台になっていて水利に恵まれないため，生活用水や農業用水を確保する目的で造られた。

(7)　川が蛇行していることから「小和田」集落は，河川の氾濫によって造られた氾濫原であると考えられるため。

解説

(1)　計曲線が50mごと，主曲線が10mごとに引かれているのは2万5千分の1地形図である。地形図中の600mを示す計曲線と三角点の626や658といった数字を参考に考えるとよい。

2

(1)　$125,000m^2$　　(2)　3：15・土

(3)　A．ボンヌ　　B．正距方位
　　C．サンソン
　　D．ランベルト正積方位

(4)　〈正射図法〉　　〈心射図法〉

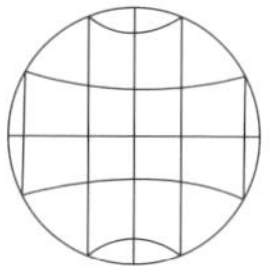

(5)　GIS

(6)　ハザードマップ（防災マップ）

解説

(2)　GMTは，イギリスのグリニッジ標準時（世界標準時）のこと。GMT＋1はGMTより1時間時間を進めた時間がパリ（フランス）の標準時ということである。日本とイギリスの時差は（135＋0）÷15＝9時間であるから，パリと日本の時差は8時間となる。よって成田（日本）を出発する21：55（金）のとき，パリは13：55（金）となり，所要時間13：20をパリの13：55に加えると到着時刻は3：15（土）となる。

(4)　正射図法は横軸投影したときは中央の経線とすべての緯線は直線で，その他の経線は弧を描く。心射図法は横軸投影したときは中央の経線と赤道は直線でその他の経緯線は弧を描く。

〈参考〉

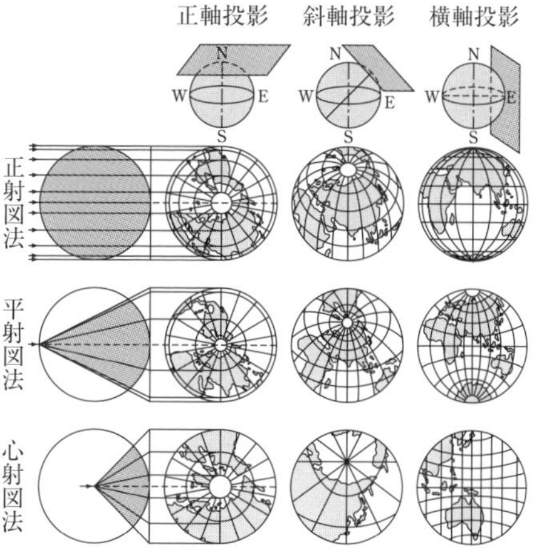

2 自然環境

傾向と対策

世界の気候に関する出題が多い。世界の気候区分を理解した上で，グラフ，表などを読み取ることができるよう日頃から学習しておく必要がある。気候と関係の深い植生や土壌についても把握すること。世界の主な地形と特色，日本の地形については基本的な事項をまとめ，頻出の問題を把握しておくとよい。世界の環境問題には，環境問題の現状と国際的な取り組みについて整理しておくとともに，最新の動きにも注意したい。頻出問題はある程度限られているので，傾向をよく理解しておくことが得点につながる。

例題1　土壌

次の文章は，特色ある土壌に関する記述である。空欄に当てはまる土壌名を答えよ。

・（　A　）は熱帯の多雨地域にみられる赤色の土壌で，雨季に有機物や塩類が流失し，乾季の水分蒸発に伴い，鉄分やアルミニウム分が表面に集積して形成される。

・（　B　）は冷帯のタイガにみられる酸性の強い土壌である。低温のため有機質の分解が進まず，水分のほとんどが上方から下方へ移動するため，土壌中の化学成分が溶脱され，灰白色を呈する。

・（　C　）は石灰岩が風化したものである。表層に薄い腐植層をもち，下層は赤色または赤褐色を呈する。地中海沿岸地方の石灰岩地帯に分布している。

〈茨城県〉

解答　A．ラトソル（もしくはラテライト）　B．ポドゾル　C．テラロッサ

解説　土壌は気候及び植生の影響が強い成帯土壌と，局部的な地形や母岩の影響の強い間帯土壌に分けられる。ラトソル（ラテライト），ポドゾルは成帯土壌であり，テラロッサ，テラローシャ，レグール（土）などは間帯土壌である。

成帯土壌には他に肥沃な黒色土のチェルノーゼム（ウクライナ～西シベリアに分布）やプレーリー土（アメリカのプレーリーに分布），強酸性でやせたツンドラ土などがある。

例題 2　世界の気候区

次の世界 4 都市の雨温表（上段は月平均気温℃，下段は月別降水量 mm）を見て，各問いに答えよ。

	1月	2月	3月	4月	5月	6月	7月	8月	9月	10月	11月	12月	全年
A	27.6	28.7	29.8	30.8	30.5	29.8	29.3	29.1	28.7	28.5	28.4	27.4	29.1
	24.2	19.4	53.6	92.7	215.4	209.9	182.9	212.0	343.6	304.0	46.5	13.5	1717.7
B	16.1	16.8	19.1	22.7	26.0	28.0	28.6	28.4	27.6	25.3	21.9	17.8	23.2
	32.7	37.0	68.9	138.5	284.8	453.7	382.0	456.1	320.6	116.6	39.2	29.2	2359.3
C	10.7	11.8	13.0	13.9	15.4	16.9	17.7	18.2	18.2	16.9	13.4	10.7	14.7
	98.8	100.2	69.4	35.2	13.3	3.8	0.0	1.0	1.9	20.0	50.3	105.9	499.8
D	5.7	6.0	8.0	10.5	13.7	16.8	19.0	18.7	15.9	12.3	8.5	6.1	11.8
	59.7	46.6	41.7	42.6	46.9	49.7	47.2	57.7	46.1	66.3	69.3	59.6	633.4

（『データブック オブ・ザ・ワールド2023』）

(1)　A～Dの各都市の気候を，ケッペンの気候区分による記号で答えよ。

(2)　A～Dに当てはまる都市名を次から選べ。

ア．ロンドン　　イ．ダーウィン　　ウ．バンコク

エ．ケープタウン　　オ．ホンコン　　カ．ウェリントン

キ．サンフランシスコ

(3)　都市A～Cでみられる夏の特徴的な気候をもたらす理由を簡潔に説明せよ。

(4)　都市Dでみられる冬の気候の特徴と，その特徴をもたらす理由について簡潔に説明せよ。

〈愛媛県改題〉

解答　(1)　A．Aw　　B．Cw　　C．Cs　　D．Cfb

(2)　A．ウ　　B．オ　　C．キ　　D．ア

(3)　都市A：赤道低圧帯（熱帯収束帯）の支配下に入るため，雨季となる。
都市B：高温多湿な季節風が卓越するため，多雨となる。
都市C：亜熱帯（中緯度）高圧帯の支配下に入るため，乾燥する。

(4)　暖流の北大西洋海流と偏西風の影響で，高緯度の割に温暖となるため，気温の年較差が小さく，降水量も安定している。

解説　(2)　A～Dは7～8月が夏であることから，いずれも北半球の都市だとわかる。イのダーウィン（Aw），エのケープタウン（Cs），カのウェリントン（Cfb）は南半球に位置し，季節が逆転するためこの雨温表のデータとは合わない。

例題3　地形

次のA群の(1)～(10)と最も関係の深いものをB群から2つずつ選べ。

【A群】

(1)　カレンフェルト　(2)　メディアンライン　(3)　マール
(4)　フォッサマグナ　(5)　ケスタ　(6)　エスチュアリー
(7)　ラグーン　(8)　楯状火山　(9)　溶岩円頂丘
(10)　チェルノーゼム

【B群】

ア．マウナケア山　イ．直江津　ウ．ナイアガラの滝
エ．ロシアのステップ　オ．リャノ　カ．タリム盆地
キ．月山　ク．静岡　ケ．一ノ目潟
コ．大沼　サ．櫛田川　シ．ジロンド川
ス．ロンドン盆地　セ．鰻池　ソ．パンパ土
タ．芦ノ湖　チ．富山　ツ．大山
テ．サロマ湖　ト．紀ノ川　ナ．ケーマ高原
ニ．ユーコン川　ヌ．平尾台　ネ．ウバーレ
ノ．エルベ川　ハ．箱根駒ヶ岳　ヒ．中海
フ．糸魚川　ヘ．メサ　ホ．浅間山
マ．ビュート　ミ．屋島　ム．北上川
メ．富士山　モ．琵琶湖

〈長野県〉

解答　(1)　ヌ・ネ　(2)　サ・ト　(3)　ケ・セ　(4)　ク・フ
(5)　ウ・ス　(6)　シ・ノ　(7)　テ・ヒ　(8)　ア・キ
(9)　ツ・ハ　(10)　エ・ソ

解説　(1)　カレンフェルトはカルスト地形の1つで，石灰岩地域が雨水で溶食され，残留した小突起が林立している状態のことをいう。また，ウバーレはカルスト地形の中でも隣りあったドリーネ（くぼ地）が接続してより広くなったもので，その後さらに大規模なくぼ地であるポリエへと発達していく。

(3)　マールは爆裂火口だけの火山のことで火口に水が溜まっていることが多い。

オのリャノはベネズエラ・コロンビアのオリノコ平原に広がる熱帯草原（サバナ）である。タの芦ノ湖はカルデラ湖。モの琵琶湖は断層湖。ヘのメサは水平な硬い岩層が侵食されずに，平坦な頂面と周囲に急斜面をもつテーブル状の地形のことで，さらに侵食が進むとマのビュートになる。

例題 4　世界の環境問題

環境問題と開発に関する各問いに答えよ。

(1)　地球温暖化の原因のメカニズムと，その影響について説明せよ。

(2)　砂漠が形成される自然的成因を４つ答えよ。

(3)　ナイル川におけるアスワンハイダムの完成で下流域は灌漑によって砂漠が耕地に変わり，電力も供給され，住民の生活は豊かになった。しかし一方で，その弊害が指摘されている。ダムの完成で生じた弊害を列挙して説明せよ。

(4)　2015年の国連サミットで採択されたSDGs（持続可能な開発目標）について説明せよ。

〈山形県改題〉

解答　(1)　化石燃料の大量消費や森林破壊により大気中に二酸化炭素などの温室効果ガスが増加して，地球上の温度が上昇する現象を地球温暖化という。このガスは太陽光線を通し，地表から放出される熱を吸収し，再放射するので気温を上昇させる。このまま気温上昇が続くと，氷河がとけて海面が上昇し，低地で水害・水没の被害が出る他，砂漠化や生態系にも影響を及ぼす。

(2)
・亜熱帯（中緯度）高圧帯の影響を受けると一年中下降気流が卓越し，降水の原因である上昇気流が生じにくいため。
・大陸の内陸部で周辺を山脈に囲まれると，隔海度が大きく降水のもとである水蒸気の流入がほとんどないため。
・沖合を寒流が流れる大陸西岸では，寒流により大気が冷やされ気温の逆転がおこり，降水の原因である上昇気流が生じにくいため。
・大気が山脈を越える場合，山脈の風上側で雨が降り，風下側では乾いた下降気流となるので雨がほとんど降らないため。

(3)
・洪水の消滅により，農地への肥沃な土砂の供給がなくなった。
・地中海への有機物の流出が減り，河口付近の漁獲量が激減した。
・ナイルデルタに堆積する土砂が減り，海岸線の侵食がおこり始めた。
・灌漑農地に塩害が発生するようになった。　など

(4)　2015年９月の国連本部で開催された持続可能な開発サミットで，2030年までに取り組むべき課題として，「持続可能な開発のための2030アジェンダ」が採択され，「誰一人取り残さない」をスローガンとして，17の目標（ゴール）と169の具体目標（ターゲット）から構成される「持続可能な開発目標(SDGs)」が掲げられた。これまでの発展途上国の開発のための目標ではなく，持続可能な生産と消費，気候変動対策などすべての国が取り組むべき開発目標とされている。

演習問題

1 ★★☆

図中の太線は，１月の平均気温が０℃，７月の平均気温が10℃を示した等温線である。これを見て，各問いに答えよ。

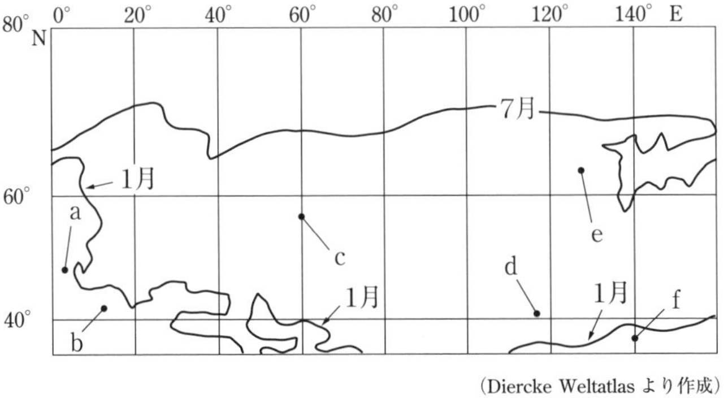

(Diercke Weltatlas より作成)

(1) 次の雨温図及びハイサーグラフは，図中の都市ａ～ｆのいずれかのものである。ア，イに当てはまる都市を記号で答え，それぞれの都市の気候の特徴を気候因子にふれながら説明せよ。

ア

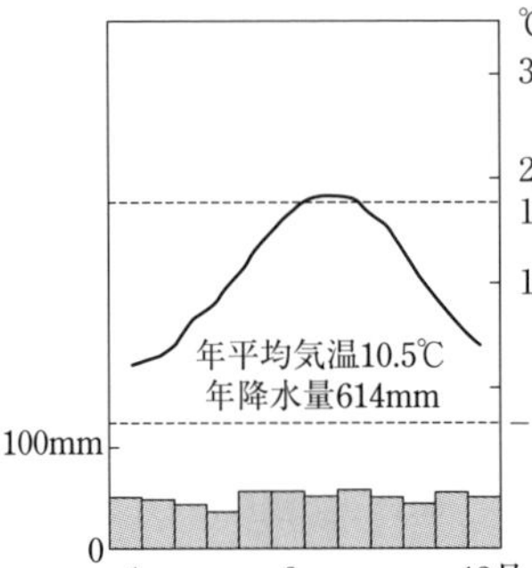

イ

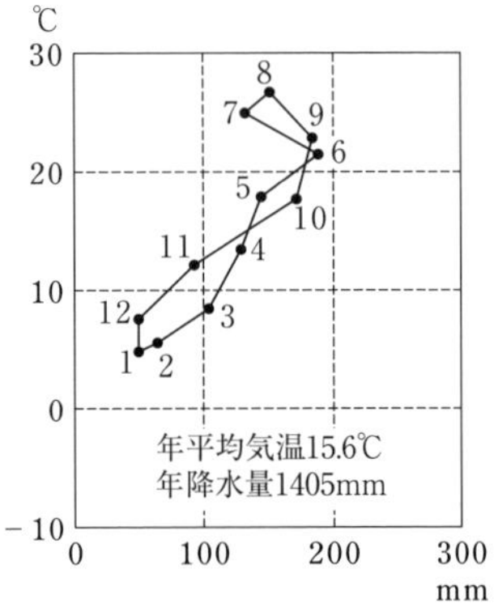

⑵　次の文章は，図中の都市ａ～ｆのうち，いずれかが属している気候のもとで展開される農業についての説明である。最もよく当てはまる都市を記号で答え，空欄に当てはまる文を答えよ。ただし，空欄Ａには，気候因子を含みながら夏季の気候の特色を，空欄Ｂには，どのような作物をどのような目的で生産しているかをそれぞれ20字程度で答えること。

夏季に（　Ａ　）するこの地域では，オリーブ，コルクガシなどの栽培が行われる。その他，冬季の気候の特色を利用して（　Ｂ　）が行われる。また，ヤギ・羊などの家畜飼育が移牧形態で実施されている地域もある。

〈岡山県改題〉

2　★★☆

⑴　①～⑤の各グループのＡ～Ｄには，異質のものが１個ずつ含まれている。それを記号で答え，残りの３個に共通な地形の成因をⅠ群から選び，また，その典型的な地域をⅡ群から選べ。

	Ａ	Ｂ	Ｃ	Ｄ
①	Ｕ字谷	Ｖ字谷	フィヨルド	カール
②	三角江	自然堤防	扇状地	天井川
③	鍾乳洞	ドリーネ	ウバーレ	カルデラ
④	塩湖	ラグーン	バルハン	ワジ
⑤	楯状地	地溝	地塁	傾動地塊

【Ⅰ群】　ア．褶曲地形　イ．侵食地形　ウ．堆積地形　エ．火山地形
オ．氷河地形　カ．砂漠地形　キ．断層地形　ク．沈降地形
ケ．隆起地形　コ．カルスト地形

【Ⅱ群】　ａ．イラン高原　ｂ．ソグネ湾　ｃ．タンガニーカ湖
ｄ．ディナルアルプス山脈　ｅ．石狩川　ｆ．ナイアガラ滝

⑵　海岸平野の形成を授業で教える場合，どのような図を描いて説明すればよいか。図とともに，形成の過程を説明せよ。

⑶　オーストラリアのグレートアーテジアン（大鑽井）盆地の特徴とその利用について，断面図を描いて説明せよ。

〈長野県/大阪府・大阪市・堺市改題〉

3 ★★★

世界の環境・エネルギー問題に関する次の文章を読んで，空欄に当てはまる語句を答え，各問いに答えよ。

発展途上国では，最近，農地開発や焼き畑などによる森林の破壊が急速に進んでいる。熱帯地域の河口や海岸で，海水と淡水が入り交じるところに生育する常緑樹の森林は（　A　）林とよばれているが，急速に面積が減少している。熱帯地域の土壌は鉄分などが多い（　B　）とよばれるやせた赤土であるが，森林がなくなると土壌が降雨で流出し，地力が急速に低下する。最近は$_a$アグロフォレストリーが各地で盛んになり，森林破壊を抑制する工夫がみられてきた。サヘル地方では$_b$砂漠化が深刻であり，難民となり，村を捨てる人々も少なくない。先進国では$_c$酸性雨の被害が問題となっている。二酸化炭素やフロンガスなどは地球温暖化をもたらすため（　C　）ガスとよばれている。主要なエネルギー資源である石油と石炭の分布は偏在し，1960年代以降，産油国の中には自国内の資源開発の主権を主張する（　D　）の考え方が台頭してきた。国連では，1992年の「環境と開発に関する国連会議」で$_d$「アジェンダ21」を採択した。1997年には（　E　）市で温暖化防止に関する国際会議が開かれ，法的拘束力のある二酸化炭素の削減目標を定めた。

⑴　下線部ａについて，環境保護・環境保全の意義も含めて説明せよ。

⑵　下線部ｂについて，サヘル地方とグレートプレーンズにおける砂漠化の主な要因をそれぞれ説明せよ。

⑶　下線部ｃについて，イギリス東部やスカンディナヴィア半島南部，ポーランドやチェコなど東欧諸国が特に酸性雨の被害が大きい。この地域の被害が大きい理由を２つ挙げて説明せよ。

⑷　下線部ｄの行動計画の柱になっている「持続可能な開発」について，具体的に説明せよ。

⑸　世界遺産の決定や保護活動を行っている国際連合の専門機関を答えよ。

⑹　フィリピンのルソン島の山岳地帯には写真のような階段状の水田があり，世界遺産に登録されている。このような水田を何というか答えよ。

〈秋田県/長崎県改題〉

演習問題　解答・解説

1

(1)　ア．記号：a

特徴：１年を通じて偏西風の影響を受けるため，降水量が一定であり，夏は比較的冷涼で，冬は比較的温暖である。

イ．記号：f

特徴：季節風の影響を受けるため，夏は高温で降水量が多く，冬は寒冷で降水量がやや少ない。

(2)　記号：b

A．亜熱帯（中緯度）高圧帯の影響下に入るため，高温で乾燥

B．家畜の飼料用としての牧草や冬小麦の栽培

解説

等温線図（気温が等しい地点を結んだ等値線＝等温線を示した図のこと）に関する問題である。図に示されている緯度・経度を参考に，日本（東経135度，北緯35度付近）やその他，目安となる都市，大陸などを大まかに描きこむとわかりやすい。

(1)　ア．西岸海洋性気候（Cfb）である。主に中・高緯度地方の大陸西岸に分布する。

イ．温暖湿潤気候（Cfa）である。中緯度の大陸東岸に分布する。比較的年降水量が多く，気温の年較差が大きいのが特徴である。

2

(1)

	異質なもの	Ⅰ群	Ⅱ群
①	B	オ	b
②	A	ウ	e
③	D	コ	d
④	B	カ	a
⑤	A	キ	c

(2)　〔解答例〕

遠浅の海の海底に堆積物が堆積した場所で，この地形に隆起，または海面の低下がおこった場合，海底の一部が陸地化して，海岸線に沿って直線上の細長い平野が形成される。これがくり返されると，海岸段丘になることもある。

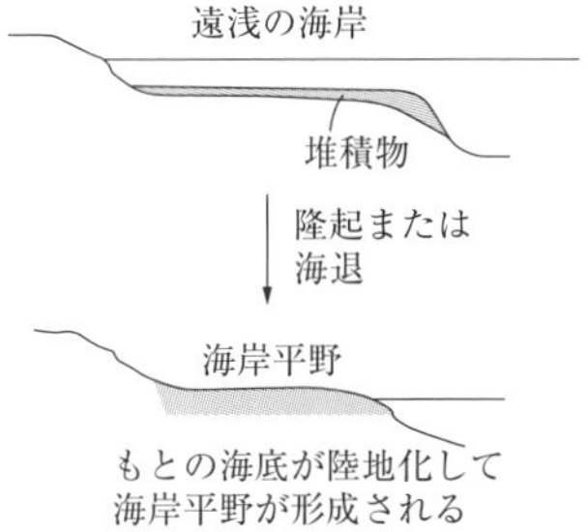

(3)

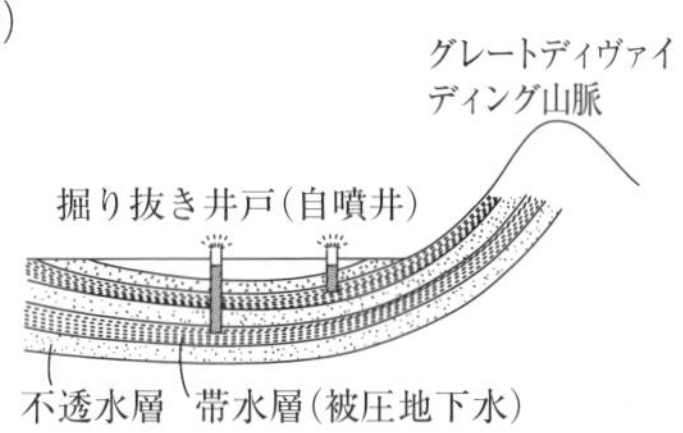

オーストラリア中央東部の乾燥地帯に広がる大規模な盆地である。東部のグレートディヴァイディング山脈から緩やかに傾斜した曲降盆地で，帯水層（透水層）と不透水層とが交互に堆積しているため，掘り抜き井戸によって，帯水層の被圧地下水が自噴する。この水を牧場に利用し，メリノ種の羊や牛を大規模に放牧している。

解説

(1) ① BのV字谷は河川の侵食によって形成された断面がV字を示す谷で，イの侵食地形である。bのソグネ湾にはノルウェー最大のソグネフィヨルドがある。

② Aの三角江（エスチュアリー）は河川の河口部が沈水してできたラッパ状の入り江で，クの沈降地形である。eの石狩川下流には自然堤防がみられる。

③ Dのカルデラは火山の上部が爆発や陥没によって失われ，大きなくぼ地になったもので，エの火山地形である。dのディナルアルプス山脈があるスロベニアのカルスト地方は石灰岩地帯で，カルスト地形の名前の由来となっている。

④ Bのラグーンは潟湖ともいい，砂州などによって海と部分的，または全体的に隔てられた水域のことで，ウの堆積地形となる。aのイラン高原には普段は流水がなく降雨の時だけ水が流れるワジ（涸川・涸谷）や塩湖がみられる。

⑤ Aの楯状地は広大な面積に基盤岩が露出する低平な地形で，安定陸塊にみられる。cのタンガニーカ湖は断層によって生じた断層湖である。

fのナイアガラ滝はケスタ地形（イの侵食地形）に当たる滝。

3

A．マングローブ

B．ラトソル（ラテライト）

C．温室効果

D．資源ナショナリズム　　E．京都

(1) 熱帯林と農作物を同時に育てることにより環境を保護し，環境破壊せずに農業を行うこと。

(2) サヘル地方は人口増加に伴う過放牧，過耕作，薪炭材の過伐採，無理な灌漑による塩害が中心を占めるが，グレートプレーンズの場合は地下水の過剰な汲み上げとその使用による塩害が中心となっている。

(3) ・ヨーロッパでは工業地域から排出される酸性物質が，偏西風によって広く東へと拡散されるため。

・東ヨーロッパは省エネや公害対策が遅れており，排ガス規制も緩やかなことから，環境保護に対する意識が低いため。

(4) 人間活動が環境に与える影響を考慮し，将来の世代が享受する経済的・社会的利益を損なわない範囲で，環境を利用していこうとする考え方。

(5) UNESCO（ユネスコ：国連教育科学文化機関）

(6) 棚田

解説

(3) 酸性雨は東アジア地域の工業化に伴ってアジアでもその被害は深刻である。

(5) 日本では，1993年に初めて「白神山地」「屋久島」が自然遺産，「法隆寺地域の仏教建造物」「姫路城」が文化遺産に登録された。その後も登録件数は増え続け，2021年7月には「奄美大島，徳之島，沖縄島北部及び西表島」が自然遺産，「北海道・北東北の縄文遺跡群」が文化遺産に登録され，2023年6月現在，国内の世界遺産は自然遺産が5件，文化遺産が20件の合計25件となった。

3 資源・エネルギー，産業

傾向と対策

地誌分野と重なる部分が多いため，出題数自体は多くない。資源に関しては代表的な資源の生産量・輸出量の多い国，上位5ヵ国を『世界国勢図会』や『データブック オブ・ザ・ワールド』などで確認しておくとよい。エネルギーについては石油・石炭の産出量・消費量の多い国，新しいエネルギーなどについてまとめておこう。特に近年はバイオエネルギーが注目されている。産業については農業・工業を中心とした出題が多い。世界各地域における代表的な農作物，工業地域，工業生産品をチェックするのはもちろんのこと，工業立地に関する事項も理解しておきたい。

例題1　世界のエネルギー資源

次の表は，原油・石炭・鉄鉱石の生産量上位国を示している。表中の空欄に当てはまる国名を答えよ。

〈原油〉　(2020年)

国名	%
アメリカ合衆国	15.4
(　A　)	13.3
サウジアラビア	12.7
イラク	5.5
(　B　)	5.4

〈石炭〉　(2019年)

国名	%
(　B　)	54.8
(　C　)	10.4
インドネシア	8.8
オーストラリア	6.2
(　A　)	5.1

〈鉄鉱石〉　(2018年)

国名	%
オーストラリア	36.7
(　D　)	19.3
(　B　)	13.8
(　C　)	8.3
(　A　)	3.7

(『データブック オブ・ザ・ワールド2023』)

〈埼玉県・さいたま市改題〉

解答　A．ロシア　B．中国　C．インド　D．ブラジル

解説　ブラジル・ロシア・インド・中国は，その頭文字を取りBRICsとよばれている。豊富な天然資源と広大な国土・人口を背景に，経済成長が著しい新興国である。また，この4ヵ国に南アフリカ共和国を加え，BRICSと表記することがあるほか，人口規模の大きいインドネシアや，経済の自由化が進むベトナムなどの新興国にも注目が集まっている。

例題 2　発電エネルギー

次のグラフは，各国の発電量の発電エネルギー源別割合（2019年）を示したものである。図中A～Dに当てはまる国の組み合わせとして正しいものを，次の①～④から選べ。

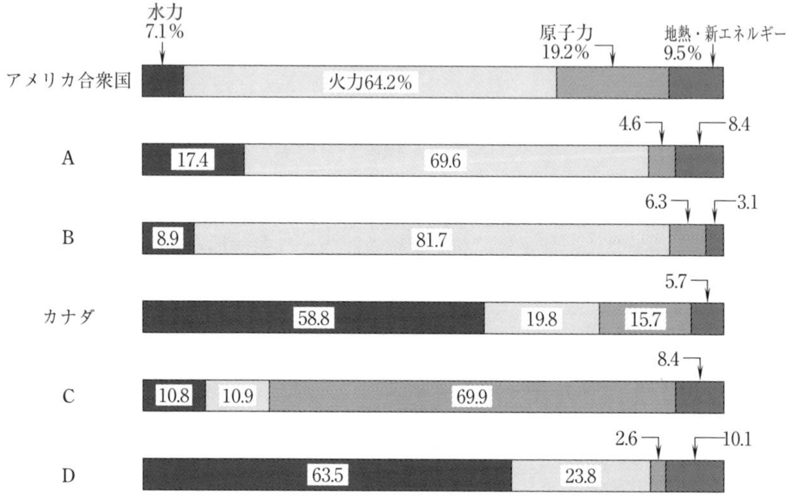

（『世界国勢図会2022/23』）

	A	B	C	D
①	中国	フランス	日本	ブラジル
②	日本	ブラジル	フランス	中国
③	ブラジル	フランス	中国	日本
④	中国	日本	フランス	ブラジル

〈静岡県・静岡市・浜松市改題〉

解答　④

解説　A．石炭が豊富な中国は，火力発電の割合が高い。原子力発電の割合が低いことも特徴である。

B．1950年代まで日本は水力発電が中心であったが，その後は火力発電が中心となっている。また，2011年に発生した東日本大震災の影響により原子力発電の割合が大きく下がっている。

C．フランスは電力源を原子力発電に依存する国で，その割合は他の国と比べ非常に高い。

D．ブラジルは水資源が豊富なことから，水力発電の割合が6割以上を占める。

例題3　世界の農牧業

(1)　次の円グラフは米，小麦，大豆のいずれかの生産割合（2020年）を示している。これを見て，各問いに答えよ。

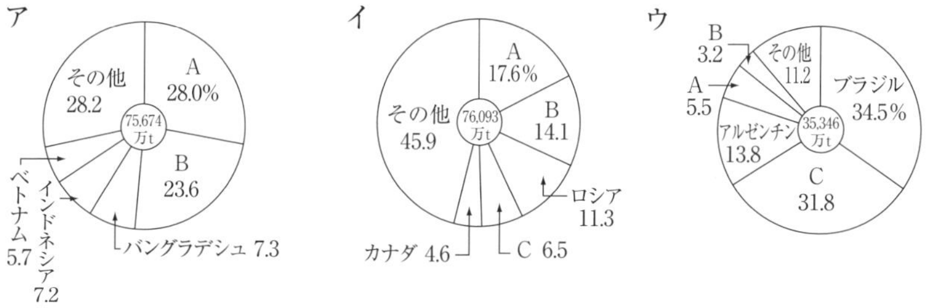

（『データブック オブ・ザ・ワールド2023』）

問1　ア～ウの農作物名を答えよ。

問2　A～Cに当てはまる国名を答えよ。

問3　アルゼンチンは牧畜業が発達しているが，発達した理由を説明せよ。

問4　A国では稲作と畑作の境界を，ある山脈とある川をもって分けることができる。その山脈名，河川名を答えよ。

(2)　綿花の栽培条件を説明せよ（自然的条件と社会的条件を満たすこと）。

解答　(1)　問1　ア．米　　イ．小麦　　ウ．大豆

問2　A．中国　　B．インド　　C．アメリカ合衆国

問3　鉄道の敷設や冷凍船の発明，アルファルファ（牧草）の導入があったため。

問4　チンリン（秦嶺）山脈，ホワイ川（淮河）

(2)　200日以上の無霜期間があり，生育期は18℃以上の高温で雨が多く，収穫期には乾燥する気候が適する。また，綿花栽培は一般的に多量で安価な労働力が必要となる。

解説　(1)　問1　ア・イ．米と小麦の2大生産国は，中国とインドである。

ウ．大豆生産の約8割をブラジル・アメリカ合衆国・アルゼンチンの3国が占める。

問4　年降水量800～1,000mmのラインとほぼ一致する。

(2)　アメリカ合衆国の綿花栽培は黒人奴隷を使用して発展したが，奴隷解放後は労働者不足を補うために，機械化が進んでいる。

例題 4　工業・工業立地

次の文章を読んで，各問いに答えよ。

企業は原料や材料を工場で加工して製品を作り，市場で販売する。そのため企業は原料供給地と市場の位置を考え，輸送費や労働費など，生産にかかる費用が最も節約できる場所に工場を立地しようとする。しかし$_a$工場のそれぞれの立地条件の重要性は時代などとともに変化するため，工場は最も有利な条件を求めて移動する。1970年代以降，経済のグローバル化が進むにつれて生産から販売までの企業活動を複数の国で行う（　　　）が増えてきており，こうした動きの中で$_b$先進諸国から多くの企業が労働費を節約できるアジアなどの発展途上国に進出した。

⑴　文章中の空欄に当てはまる語句を漢字５字で答えよ。

⑵　下線部ａについて，フランスにおける鉄鋼業の立地の移動とその理由を次の３つの語句を使って説明せよ。　【フォス　　ロレーヌ　　臨海】

⑶　下線部ｂについて，中国における工業化の様子を次の３つの語句を使って説明せよ。　【経済特区　　輸入代替型　　輸出指向型】

〈山口県改題〉

解答　⑴　多国籍企業

⑵　フランスの鉄鋼業は原料の産地である中東部のロレーヌ地方で発達したが，鉄鉱石の産出量の減少や石炭から石油・天然ガスへのエネルギー転換により，原料とエネルギー資源を海外からの輸入に依存するようになった。そのため，輸送に便利な地中海沿岸のフォスや北海に面したダンケルクなどの臨海部に工業立地は移転していった。

⑶　社会主義国の中国は1970年代末から，市場経済を取り入れる対外開放政策に転じた。沿岸部を中心に経済特区などを設け積極的に外国の資本や技術を導入し，輸入代替型工業から輸出指向型工業への転換を果たしてめざましい発展を遂げた。

解説　⑴　**多国籍企業**は世界企業ともいい，進出した国の国籍をもつ現地法人の子会社を展開する。主に人件費の安い発展途上国に多くの子会社をもつ。発展途上国の経済の活発化につながる一方で，先進国における産業の空洞化の一因ともなる。

演習問題

1　★★☆

資源・エネルギーに関する各問いに答えよ。

(1)　次の表は，日本の原油・鉄鉱石・銅鉱の輸入先（2021年）に関するものである。A～Cに当てはまる組み合わせとして正しいものを①～⑤から選べ。

A　（%）

サウジアラビア	40.0
アラブ首長国連邦	34.8
クウェート	8.5
カタール	7.4
合計額 69,291億円	

B　（%）

チリ	35.0
オーストラリア	18.0
インドネシア	13.0
ペルー	9.9
合計額 14,423億円	

C　（%）

オーストラリア	55.3
ブラジル	28.3
カナダ	7.0
南アフリカ共和国	3.7
合計額 19,586億円	

（『日本国勢図会2023/24』）

	A	B	C
①	原油	鉄鉱石	銅鉱
②	原油	銅鉱	鉄鉱石
③	鉄鉱石	原油	銅鉱
④	鉄鉱石	銅鉱	原油
⑤	銅鉱	原油	鉄鉱石

(2)　次の表はアメリカ合衆国，カナダ，イギリス，インド，中国の１次エネルギー供給量（石油換算，単位百万トン，2019年）を表したものである。Eに当てはまる国名を答えよ。

国名	合計	1人当たり(kg)	石炭	石油	天然ガス	電力・バイオなど
A	3,389	2,407	2,072	647	248	422
B	2,215	6,742	275	795	742	403
C	308	8,189	12	106	118	72
D	927	679	407	235	55	229
E	168	2,510	6	59	66	38

（『データブック オブ・ザ・ワールド2023』）

(3)　世界の大油田と大炭田の分布と地質との関係を，簡潔に説明せよ。

〈愛知県/秋田県改題〉

2 ★★☆

農業に関する次の各問いに答えよ。

(1) 次の表はプランテーション作物の原産地，栽培条件について示したものである。A～Cに当てはまる作物名をそれぞれ答えよ。

作物	原産地	栽培条件
A	中国南西部～インド・アッサム地方	排水良好な丘陵地，高温多雨を好む。
B	アマゾン・オリノコ川流域	高温多雨を好み，直射日光と強風を防ぐ「母の木」が必要。
C	ニューギニア島	生育期は高温多雨，収穫期は高温乾燥，サバナ気候やモンスーン気候が最適。

(2) 次の文章を読んで，空欄に当てはまる語句を答えよ。

プランテーション農業は19世紀を中心に熱帯・亜熱帯の旧植民地で成立したもので，欧米資本と（　A　）を駆使し，原住民・移民の安価な（　B　）を結合して行う。工業原料作物の他，香味や刺激を得るための（　C　）品作物を大農園で商品用として栽培するため，輸出に都合の良い海岸や島で行う場合が多い。栽培された作物は輸出品として大きな割合を占め，主な外貨獲得手段となっている。（　D　）経済から多角経営に移行しようと試みる国が多いが，成功する例は少ない。

(3) 次の表は，三大穀物それぞれの生産量上位10ヵ国と，各国の世界生産量に占める割合（%，2020年）を示したものである。これについて，各問いに答えよ。

ア

（　A　）	31.0
（　B　）	22.4
（　C　）	8.9
アルゼンチン	5.0
ウクライナ	2.6
（　D　）	2.6
メキシコ	2.4
（　E　）	1.9
南アフリカ	1.3
ロシア	1.2

イ

（　B　）	28.0
（　D　）	23.6
バングラデシュ	7.3
（　E　）	7.2
ベトナム	5.7
タイ	4.0
ミャンマー	3.3
フィリピン	2.5
（　C　）	1.5
カンボジア	1.4

ウ

（　B　）	17.6
（　D　）	14.1
ロシア	11.3
（　A　）	6.5
カナダ	4.6
フランス	4.0
パキスタン	3.3
ウクライナ	3.3
ドイツ	2.9
トルコ	2.7

（『データブック オブ・ザ・ワールド2023』）

問1　ア～ウに当てはまる穀物名を答えよ。

問2　表中の空欄A～Eに当てはまる国名を答えよ。

〈静岡県・静岡市/三重県改題〉

3 ★★☆

工業に関する次の各問いに答えよ。

(1)　窯業は土石類を原料として窯を用いて加熱加工する工業の総称である。セメント，陶磁器，ガラスなどが主な製品であり，一般に原料産地に立地する傾向がみられる。

問１　セメントの主な原料を答えよ。

問２　右の表は，アメリカ合衆国，インド，中国，日本におけるセメントの生産量の推移を表した表である。中国及び日本に当てはまるものをＡ～Ｄから選べ。

（単位　百万トン）

国	1990年	2000年	2010年	2019年
A	210.0	597.0	1822.0	2280.0
B	49.0	95.0	220.0	338.0
C	71.4	89.5	67.2	89.0
D	84.4	81.1	51.5	53.5

（『世界国勢図会2022/23』）

(2)　鉄鋼業は従来，典型的な原料指向型工業であったが，戦後，立地パターンが変化し，内陸部の原料産地から離れ，臨海部に立地する傾向が強まった。

問１　こうした立地移動の背景を60字以内で説明せよ。

問２　こうした立地移動の具体例を，アメリカ合衆国を例に60字程度で説明せよ。

〈群馬県改題〉

演習問題　解答・解説

1

(1)　②

(2)　イギリス

(3)　世界の大油田は新期造山帯の背斜構造の部分に多く分布し，大炭田は古期造山帯に多く分布する。

解説

(1)　他の日本の主な資源・エネルギーの輸入先（2021年）として，石炭はオーストラリア（67.2%），インドネシア（11.3%），ロシア（10.2%），アメリカ合衆国（4.8%）の順，液化天然ガスはオーストラリア（36.0%），マレーシア（12.5%），アメリカ合衆国（11.0%），カタール（11.0%）の順，木材はカナダ（29.8%），アメリカ合衆国（17.0%），ロシア（13.1%）の順である。

(2)　A．中国　　B．アメリカ合衆国
C．カナダ　　D．インド

A．中国は１次エネルギー供給量の合計が最も多く，特に石炭が多く消費されている。中国の石炭生産量は世界全体の約５割を占める。

B．１次エネルギー供給量の合計も１人当たりの量も多いことから，アメリカ合衆国と判断できる。

C．カナダは他の４国と比べると人口が少ないので，１人当たりの１次エネルギー供給量が大きい。

D．１人当たりの１次エネルギー供給量が少ないことから，インドと判断できる。

E．イギリスは北海で原油と天然ガスを産出しているため，石油や天然ガスの供給量の割合が高い。

2

(1)　A．茶　　B．カカオ（豆）
C．さとうきび

(2)　A．技術　　B．労働力
C．嗜好
D．モノカルチャー（単一耕作）

(3)　問１　ア．とうもろこし
イ．米　　ウ．小麦

問２　A．アメリカ合衆国
B．中国　　C．ブラジル
D．インド
E．インドネシア

解説

(1)　A．原産地が中国南西部〜インド・アッサム地方であることから，茶と判断できる。中国福建省，雲南省など中国南西部で茶の生産が盛んである。生産量上位５ヵ国は中国，インド，ケニア，アルゼンチン，スリランカの順である（2020年）。

B．直射日光や強風を防ぐ「母の木」が必要で，アマゾン・オリノコ川流域が原産地であることから，カカオと判断できる。生産量上位５ヵ国はコートジボワール，ガーナ，インドネシア，ナイジェリア，エクアドルの順である（2020年）。

C．サバナ気候やモンスーン気候が栽培条件に適していることから，さとうきびと判断できる。熱帯〜亜熱帯の人口大国で生産が多い。生産量上位５ヵ国はブラジル，インド，中国，パキスタン，タイの順である（2020年）。

(3)　問１　ア．アルゼンチンやメキシコといった南米の国が入っていることから，とうもろこしと判断できる。

イ．バングラデシュ，ベトナム，タイ，ミャンマーなどアジアの国が占めることから，米と判断できる。

ウ．ロシア，フランス，ドイツなどヨーロッパの国の他，カナダやパキスタンが入っていることから，小麦と判断できる。

3

(1)　問1　石灰石（粘土を加えても可）

　　問2　中国：A　　日本：D

(2)　問1　石炭から石油・天然ガスへのエネルギー転換がおこり，工業原料やエネルギー資源の輸入・製品輸出に便利な臨海部に立地移動した。

　　問2　アメリカ合衆国の鉄鋼業は五大湖沿岸が中心だったが，近年は輸入鉄鉱石を利用しており，輸出入に便利な大西洋岸の都市に移っている。

解説

(1)　問2　B．インド

　　　　　C．アメリカ合衆国

4 民族・生活文化・人口

傾向と対策

民族に関しては世界各国・各地域の紛争や民族・領土問題について，問題の原因・経緯・現状や最新の動きなどを整理しておくこと。生活文化に関しては都市問題・村落と都市の機能が主な出題分野である。他に情報・通信・交通に関する問題の出題もみられるので基本事項は押さえておきたい。人口に関しては様々なグラフや，資料の読み取りをさせる問題が多く出題されている。『世界国勢図会』，『日本国勢図会』や『データブック オブ・ザ・ワールド』などの統計資料の活用が求められる。

例題 1　人口

人口に関する次の各問いに答えよ。

(1)　少子化が進んでいることを示す１つの指標として，合計特殊出生率がある。合計特殊出生率について説明せよ。

(2)　出生率も死亡率も低い国では，人口が増えもせず，また減りもしない状態になる。この状態を何というか答えよ。

〈徳島県改題〉

解答　(1)　１人の女性が生涯に何人子どもを産むかを平均して示す数値。

(2)　少産少死（人口停滞）

解説　(1)　日本の**合計特殊出生率**は**1.30**（2021年）と先進国の中でも低い水準である。一方，フランスは1.82（2020年），スウェーデンは1.66（2020年）と高い水準となっている。これらの国の家族政策の特徴をみると，フランスでは，かつては家族手当等の経済的支援が中心であったが，1990年代以降，保育の充実へシフトし，その後さらに出産・子育てと就労に関して幅広い選択ができるような環境整備，すなわち「両立支援」を強める方向で政策が進められた。スウェーデンでは，比較的早い時期から，経済的支援と併せ，保育や育児休業制度といった「両立支援」の施策が進められてきた。

(2)　発展途上国の一部にみられる多産多死型では人口は漸増傾向となり，近代化が進む発展途上国にみられる多産少死型では人口が急増する。人口増減の型が多産多死から多産少死，さらに少産少死へ進むことを**人口転換**（**人口革命**）という。

例題 2　人口

次の文章を読んで，各問いに答えよ。

世界の人口は着実に増え続けている。2021年現在人口１億人以上の国は$_a$アジア７ヵ国，南北アメリカ３ヵ国，アフリカ３ヵ国，ヨーロッパ１ヵ国の計14ヵ国である。世界で最も人口の多い地域はアジアであり，次いで（　A　），（　B　），（　C　），（　D　），オセアニアと続く。また，地球上すべての地域に人間は住めるわけではなく，人口の分布には地形や気候などの自然条件の制限があり偏りがある。エクメーネは全陸地の約（　E　）％であり，残りの約（　F　）％がアネクメーネである。また，$_b$人口は１つの地域に留まってはおらず，移動している。

(1) 文章中の空欄には，アフリカ・ヨーロッパ・北アメリカ・南アメリカのいずれかの地域が当てはまる。右表のア～エは４つの地域の面積と人口密度（2021年）を示したものである。空欄Bに当てはまる地域をア～エから選び，その記号と地域名を答えよ。

地域	面積（百万 km²）	人口密度（人/km²）
ア	17.5	25
イ	29.6	47
ウ	22.1	34
エ	21.3	28

（『データブック オブ・ザ・ワールド2023』）

(2) 文章中の空欄E，Fに当てはまる数字の組み合わせとして最も適するものを下のア～カから選べ。

	ア	イ	ウ	エ	オ	カ
E	95	90	85	80	75	70
F	5	10	15	20	25	30

(3) 下線部aについて，中国とインドを除いた残り５ヵ国を人口の多い順に答えよ。

(4) 下線部bについて，中国では内陸部から沿岸部へ出稼ぎ労働者による人口移動がみられる。これを中国では何とよんでいるか答えよ。

〈福島県改題〉

解答 ⑴ 記号：ウ　　地域名：ヨーロッパ
⑵ イ
⑶ インドネシア，パキスタン，バングラデシュ，日本，フィリピン
⑷ 民工潮

解説 ⑴ A．イ・アフリカ　　C．エ・北アメリカ　　D．ア・南アメリカ
アジアは面積31.0（百万 km^2），人口密度は151（人/km^2），オセアニアは面積8.5（百万 km^2），人口密度は5（人/km^2）。
⑵ エクメーネとは人間が居住できる地域のことである。それ以外の地域（非居住地域）をアネクメーネと呼ぶ。
⑶ 世界の人口は多い順に中国，インド，アメリカ合衆国，インドネシア，パキスタン，ブラジル，ナイジェリア，バングラデシュ，ロシア，メキシコ，日本，エチオピア，フィリピン，エジプトである（2021年現在，人口1億人以上の国）。
⑷ 中国では内陸部（農村）と沿岸部（都市）の経済格差が大きい。

例題3　民族・領土問題

世界の民族，言語，宗教，国家，難民に関する各文章について，空欄に当てはまる語句を答えよ。

Ⅰ．スラブ系民族はそのほとんどがギリシア正教会の影響を受け，ロシア正教会に代表されるような民族教会をなしている。ただし，スラブ系民族の国でもスロバキアや（　A　）では，カトリック信者が多い。

Ⅱ．スペイン語，英語に次いで世界で使用人口の多いヨーロッパの言語(2021年現在）は（　B　）である。

Ⅲ．インドシナ半島諸国では仏教を信仰している人が多いが，（　C　）はイスラーム教を国教としている。

Ⅳ．ラテン系民族の国は主に西ヨーロッパにあるが，東ヨーロッパにあるのが「ローマ人の国」という意味の国名をもつ（　D　）である。

Ⅴ．ポルトガルの植民地であったために，カトリックの住民が多い（　E　）は，1976年にイスラーム教徒でマレー系住民の多いインドネシアによって併合されたが，分離独立運動が勃発。2002年に独立した。

Ⅵ．2011年に住民投票の末，独立を果たした（　F　）では，現在も油田地帯の領有権をめぐる問題を抱えている。

Ⅶ．難民条約では，難民を迫害のある国・地域へ追放したり，送還させたりしてはならないという（　G　）が定められている。

〈沖縄県改題〉

解答　A．ポーランド（クロアチアやスロベニアでも可）

B．ポルトガル語　　C．マレーシア　　D．ルーマニア

E．東ティモール　　F．南スーダン共和国

G．ノン・ルフールマン原則

解説　Ⅰ．スラブ系民族は主に東ヨーロッパやヨーロッパロシアに居住している。

Ⅱ．世界の主な言語人口は中国語13億3,300万人，スペイン語4億7,100万人，英語3億7,000万人，アラビア語3億4,900万人，ヒンディー語3億4,200万人，ポルトガル語2億3,200万人，ベンガル語2億2,900万人の順である(2021年)。

Ⅲ．イスラーム教は北アフリカから西アジア・中央アジアの乾燥地帯の他，モンスーンアジアのマレーシアやインドネシアなどにも広まっている。

Ⅳ．ルーマニアは，スラブ系民族の中でラテン系ルーマニア人の国として，**民族島**を形成している。

Ⅴ．インドネシアでは，アチェ州でも分離独立運動が続いていた。

Ⅵ．独立後もスーダンとの間で油田地帯の領有権をめぐって対立している。

例題 4　**生活文化**

次のⅠ～Ⅴの各文章は特色ある都市について述べたものである。都市名をそれぞれ答えよ。

Ⅰ．この都市は，北緯60度に位置しているが，沖合を流れる暖流の影響で緯度の割には暖かく，不凍港となっている。中世にはハンザ同盟の都市として繁栄を誇った。

Ⅱ．この都市は，内陸部開発を目的として1956年に建設が始まり，1960年に首都機能が移された。ジェット機をモチーフに機首に当たる部分に，三権の機能が集まっている。

Ⅲ．1965年，この都市を含む大都市圏の整備計画が策定された。その結果，マレ地区など歴史的建造物の多い都心部では景観保持を優先した再開発が，周辺部では建物の高層化が進行している。

Ⅳ．この都市は，美しい街並みと尖塔の歴史的建造物の多さから「百塔の町」ともよばれ，多くの観光客が訪れる。

Ⅴ．この都市は，鉄鋼業を中心に繁栄し「煙の街」「鉄の街」などとよばれていたが，この産業の斜陽化とともに街も衰退した。しかし，現在は再開発が進められ，先端技術産業の「ハイテクの街」に再生した。

〈茨城県〉

解答　Ⅰ．ベルゲン　Ⅱ．ブラジリア　Ⅲ．パリ
Ⅳ．プラハ　Ⅴ．ピッツバーグ

解説　Ⅰ．ベルゲンは，ノルウェー南西部の港湾都市である。水産業の他に造船，繊維，製紙などの工業が発達している。

Ⅱ．ブラジリアは，ブラジルのリオデジャネイロから首都機能を移転した政治都市である。内陸部開発の拠点として建設された。

Ⅲ．パリのラ＝デファンス地区ではマレ地区とは対照的に，古い住宅を壊し，公共施設，事務所，高層ビルなどを建設している。

Ⅳ．プラハは，チェコの首都である。ボヘミア盆地の中央部にあり，交通の要地でもある。

Ⅴ．ピッツバーグは，アメリカ合衆国の五大湖沿岸工業地域にある都市である。

演習問題

1　★★★

人口に関する次の各問いに答えよ。

⑴　中国とインドにおける年齢別人口構成のグラフを見て，各問いに答えよ。

〈中国〉

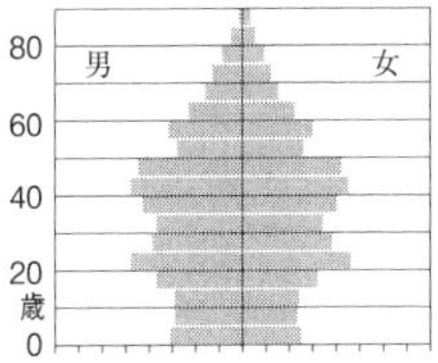

〈インド〉

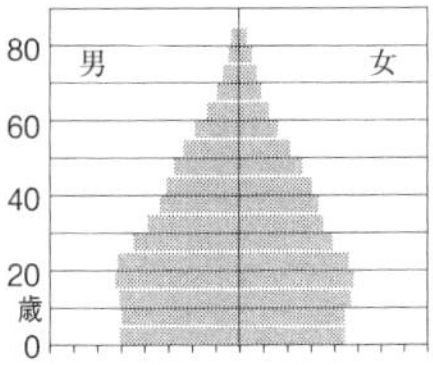

問１　2050年に中国とインドはどのような状況になっていると予測されるか説明せよ。

問２　中国とインドの人口抑制政策について説明せよ。

⑵　都市や人口に関する次の各問いに答えよ。

問１　2021年の我が国では，1.30となった，一人の女性が生涯で何人子どもを生むかを示した数値を何というか答えよ。

問２　中国では一人っ子政策によって，どのような社会問題がおきたか。2つ答えよ。

問３　H.ホイトはアメリカ合衆国の都市を調査して，都市の内部構造を扇形モデルで説明したが，なぜ扇形になるのか説明せよ。

問４　大ロンドン計画では，ロンドンの過密解消と人口の分散を目的としたが，具体的にはどのようなことが行われたか説明せよ。

問５　スプロール現象とは，どのような現象であるか説明せよ。

〈大阪府・大阪市・堺市/岡山県改題〉

2 ★★☆

次の文章に当てはまる民族・領土問題を語群から選べ。

⑴ 支配勢力であるフツ族と少数派のツチ族の対立。1994年大統領暗殺事件を契機に部族抗争が激化し，無差別大量虐殺がおこり，多くの難民が発生した。

⑵ 独立以来のツチ族の少数支配に対し，多数派フツ族が対立し，1993年より内戦となった。1994年にツチ族が全土を制圧し，紛争は終結した。

⑶ メラネシア系住民がニッケル鉱山の利権をめぐり，フランスからの分離独立運動をおこした。

⑷ 北部のトルコ系住民対南部のギリシア系住民が対立している。

⑸ パキスタンのシーク教徒による分離独立紛争。

⑹ 独立を要求するポリサリオ戦線と全域併合を宣言するモロッコとの紛争。

⑺ アイディド将軍派とモハメド暫定大統領側との武力闘争が続いた。1992〜95年にかけてはアメリカ合衆国軍中心のPKO部隊が駐留した。

⑻ 国内最大のシンハラ（シンハリ）人とタミル人分離派との武力紛争。2009年にタミル人武装勢力「タミル・イーラム解放のトラ」を制圧し，内戦の終結宣言が出される。

⑼ アルバニア系住民が，セルビア人による支配を嫌い，武力衝突が発生。2008年にセルビアからの独立を宣言。

⑽ 多数派のプロテスタント系住民と少数派のカトリック系住民との宗教対立から生じた政治的・経済的・社会的対立抗争が長く続いた。

【語群】

ア．スーダン南部問題
イ．カシミール紛争
ウ．コソヴォ自治州独立問題
エ．ソマリア紛争
オ．ミンダナオ紛争
カ．ニューカレドニア独立運動
キ．ルワンダ内戦
ク．タジキスタン紛争
ケ．パンジャブ紛争
コ．ブルンジ内戦
サ．北アイルランド紛争
シ．キプロス紛争
ス．パレスチナ問題
セ．スリランカ民族紛争
ソ．西サハラ紛争
タ．バスク独立運動
チ．ボスニア＝ヘルツェゴビナ紛争
ツ．アルジェリア紛争
テ．クルド人問題
ト．ロヒンギャ問題
ナ．チェチェン紛争

〈茨城県改題〉

3　★★☆

ワスプ（WASP）について，60字程度で説明せよ。

〈山梨県改題〉

4　★★★

村落や都市に関する次の文章を読んで，各問いに答えよ。

人間が集まって社会的な生活をする場所を集落といい，人口集中や産業の状態によって村落と都市に分かれる。村落には，a隠田集落やb屯田兵村，c新田集落や環濠集落など，その成立した時代背景によって様々な特徴がある。都市にも同様に固有機能があり，商業やd交通，宗教や保養など，様々な機能の関係で人口が集中している。

人口が集中しすぎると，都市では様々な問題が発生する。例えばタイの首都バンコクでは，全国からの一極集中が進み，交通渋滞が深刻である。メキシコシティは，そのe地形的特徴から大気汚染という住民の健康にかかわる環境問題を抱えており，解決のめどは立っていない。

また，アメリカやヨーロッパなどの大都市の中には，人口の流出・流入によるfいくつかの問題を抱えている都市がある。

(1)　下線部aについて，隠田集落の代表例として挙げられる，日本の世界遺産を答えよ。

(2)　下線部bについて，屯田兵村の区画整理のモデルとなった，アメリカ合衆国の土地区画制度を答えよ。

(3)　下線部cについて，新田集落が成立した時代として最も適当なものを次から選べ。

ア．奈良時代　　イ．平安時代　　ウ．鎌倉時代　　エ．江戸時代

(4)　下線部dについて，交通都市は，鉄道・港湾・航空などさらに細分化できる。このように分類したときに，アンカレジと同じ特徴をもつ都市を次から選べ。

ア．神戸　　イ．千歳　　ウ．横浜　　エ．米原

(5)　下線部eについて，メキシコシティはどのような地形的特徴によって激しい大気汚染が発生するのか。特徴を2点挙げて，60～80字以内で説明せよ。

(6)　下線部fについて，大都市が抱える問題として，「インナーシティ問題」「ジェントリフィケーション」をそれぞれ説明せよ。

〈大分県改題〉

演習問題　解答・解説

1

(1) 問1　2050年には，中国は人口が減少し始め，高齢者が非常に多い深刻な高齢化社会になっていると推定される。インドも多産ではなくなり，人口の増加がほぼ止まるものと思われる。

問2　中国は晩婚奨励や結婚年齢の引き上げなどを行い，さらに賞罰を伴う厳しい一人っ子政策を推し進めてきた。インドは産児制限（家族計画）や結婚年齢の引き上げ，不妊手術の普及などによる人口抑制政策を試みたが，国民の反対もあり，進んでいない。その背景には多民族，多言語国家であるということの他，宗教的な側面，子どもを有力な労働力とする各家庭の経済的事情などが考えられる。

(2) 問1　合計特殊出生率

問2　・子どもが甘やかされ，過保護に育つ（小皇帝）。
・急激な速さで高齢社会に到達する。
・男女性別比のバランスが崩れてきている。
・第二子を出産しても戸籍に入れない（黒孩子）。
などから2つ

問3　鉄道など交通路線が中心業務地区から放射状にのびていると，それに沿って都市は発達し，郊外へと広がっていくから。

問4　市街地の周辺に緑地帯（グリーンベルト）を設け，その外側に職住近接の新しい都市（ニュータウン）を建設した。

問5　住宅や都市施設が無秩序（虫食い状）に郊外へ広がっていく現象。農地・宅地・工場が混在する。

解説

(2)　なお，2016年1月から「一人っ子政策」が撤廃され，すべての夫婦に二人目の子どもを持つことが認められるようになった。

2

(1)	キ	(2)	コ
(3)	カ	(4)	シ
(5)	ケ	(6)	ソ
(7)	エ	(8)	セ
(9)	ウ	(10)	サ

解説

ア．スーダンにおけるセム系アラブ人とハム系黒人の対立。2011年に南スーダンが独立した。

イ．1974年のインド・パキスタン分離独立の際，カシミール地方の帰属をめぐって両国の間で引きおこされた国境問題。未だ解決していない。

オ．カトリック教徒の多いフィリピンで，ミンダナオ島西部に居住するイスラーム教徒のモロ族がおこした独立運動。

ク．タジキスタン政府とイスラーム反政府勢力との間におこった内戦。

ス．1948年のイスラエル建国によりパレスチナから追われたパレスチナ人と彼らを支援するアラブ諸国がイスラエルと対立，抗争してきた問題。イスラーム教とユダヤ教の宗教対立もその要因の１つで，複雑な背景となっている。

タ．スペインとフランスの国境地帯に居住するバスク人による統一・独立運動。

チ．ボスニア＝ヘルツェゴビナ独立宣言後，クロアチア人，セルビア人，ムスリムの3勢力が対立し，内戦となった。1995年和平協定が調印され終結。

ツ．アルジェリア政府と武装イスラーム集団GIAなどに代表されるイスラーム勢力との政治的・宗教的対立からおこった内戦。

テ．イラン，イラク，トルコなどにまたがるクルディスタンに居住するクルド人による統一・独立運動。クルド人は湾岸戦争やイラクの弾圧政策などにより数万人が難民となっている。

ト．仏教国ミャンマーでは，イスラーム少数民族であるロヒンギャ族が国籍を与えられず，さまざまな差別・迫害を受けており，その多くが隣国バングラデシュに逃れ，難民となっている。

ナ．ロシア連邦内のチェチェンはイスラーム教徒が多く，1994年に独立派と新ロシア派による内戦が勃発。チェチェン独立に反対するロシアも介入した。96年に停戦となったが独立運動は激化し，1999年，ロシア軍が再び侵攻。2009年に終結が宣言されたものの，テロが依然として続き，緊張状態にある。

3

アメリカ合衆国の白人でアングロサクソン系のプロテスタント。アメリカ社会の上層を占めることが多く，民族問題の1つとなっている。

4

(1)　白川郷・五箇山の合掌造り集落

(2)　タウンシップ制

(3)　エ

(4)　イ

(5)　標高2,000mを超える高所に位置するため，酸素が薄くなり，不完全燃焼が起きやすいことと，盆地型の形状をしているため，汚染物質が拡散しにくいこと。

(6)　[インナーシティ問題]

大都市の都心部から高所得者層や若者が郊外へ流出し，空洞化が起こること。このような地域では，高齢化や購買力の低下，コミュニティの崩壊や治安・衛生環境の悪化などの深刻な社会問題がみられる。

[ジェントリフィケーション]

荒廃したインナーシティが再開発され，若年層を中心に高所得者が流入すること。地価が上昇するため，それまで住んでいた住人が締め出され，従来のコミュニティが失われる例もみられる。

解説

(1)　隠田集落は中世，落武者や租税逃れの農民たちが山間部に定住してできた。岐阜県の白川郷や富山県の五箇山，熊本県の五家荘，宮崎県の米良荘などが有名。

(2)　屯田兵村は明治時代，北海道の開拓や防衛などを目的に作られた。「～兵村」「～号線」などの地名が残っている。

(3)　新田集落は江戸時代，幕府や藩の奨励によって開墾された耕地にできた。「新開」「新田」「出屋敷」「免」などの地名がみられる。

(4)　アンカレジ・千歳は航空，神戸・横浜は港湾，米原は鉄道に分類される。

5 アジア・アフリカ

傾向と対策

系統地理分野と重なる部分も多いが，より詳しい知識を要求される出題もある。そのため国や地域ごとの基本的事項や特徴をしっかりまとめておくことが大切である。日本国内についての問題も多く出題されている。地図や『世界国勢図会』，『データブック オブ・ザ・ワールド』，『日本国勢図会』，『県勢』などの統計資料を用いて，環境や産業の特徴を把握しておきたい。また，アジア・アフリカにおける諸問題や国際機関についての出題もあるので，最新の動向とあわせて理解しておくとよいだろう。

例題 1　中国

中国に関する次の各問いに答えよ。

(1) 次の文章は中央直轄市について述べたものである。当てはまる都市名を答えよ。

Ⅰ．スーチョワン（四川）盆地の南東部にある河港で，人口は約3,205万人（2020年）。

Ⅱ．中国を代表する商工業都市。大消費地を背景に，総合工業が発達している。特にプートン（浦東）地区では急速に開発が進んでいる。

Ⅲ．ある大都市の外港としての機能を持つ。石炭などの供給を受け，鉄鋼，機械，紡績などの工業が発達している。

(2) 経済特区に指定されているフーチエン（福建）省の都市名を答えよ。

(3) 中国の経済特区は華南地域に集中している。なぜこの地域に集中するのか，理由を説明せよ。

〈兵庫県改題〉

解答 (1) Ⅰ．チョンチン(重慶)　Ⅱ．シャンハイ(上海)　Ⅲ．テンチン(天津)

(2) アモイ（厦門）

(3) 華僑の出身地が華南であり，彼らの投資に期待したから。

解説 (1) Ⅲ．ある大都市とはペキン（北京）のことである。

(3) 自由港であるホンコン（香港）があることも理由の1つとして挙げられる。

例題 2　**アフリカ**

(1)　次の文章に当てはまる国名をそれぞれ答えよ。

A．カカオ豆が最大の輸出作物で，世界第 1 位の輸出量（2020年）を誇る。大西洋ギニア湾に臨み，国全体が熱帯気候である。

B．アフリカ最大の産油国（2021年）であり，OPEC（石油輸出国機構）に加盟している。原油は重要な輸出品である。

C．鉱物資源国で，コバルトの産出量は世界一（2019年）である。他に銅やダイヤモンドなどの産出量も多い。

(2)　アフリカのサヘル（サハラ砂漠南縁に沿って東西にのびる帯状の地域）では砂漠化が進んでいる。サヘル地域で砂漠化が進行した人為的要因について，3 つの点から説明せよ。

〈沖縄県改題〉

解答　(1)　A．コートジボワール　　B．ナイジェリア　　C．コンゴ民主共和国

(2)　①　医療や衛生状態の向上による人口爆発がおこり，生活に必要な燃料用の薪の需要が増加し，わずかに生育する樹木の**過伐採**が進んだ。

②　増加した人口分の食料を補うため，土地を休ませることなく，何度も同じ作物を栽培するなど**過耕作**が進んだ。

③　飼育家畜頭数の増加により，えさとなる牧草が減少して**過放牧**の状態となった。

解説　A．カカオ豆は高温多雨の気候を好み，西アフリカのギニア湾沿岸やインドネシア，ブラジルなど赤道近辺の国で生産が盛ん。コートジボワールが世界全体の生産量の約 4 割を占める（2020年）。

B．ナイジェリアはギニア湾北東岸に位置し，アフリカ最大の人口を有する国であり，GDP もアフリカ第 1 位である（2020年）。ニジェール川河口の広大なデルタが油田地帯となっている。

C．コンゴ民主共和国はアフリカ大陸中央部に位置する赤道直下の国である。また，アフリカ最大の鉱物資源国で，コバルト鉱の産出量は世界第 1 位（2019年），ダイヤモンドの産出量は世界第 4 位（2019年），銅の産出量は世界第 4 位（2018年）である。

アフリカは鉱産資源や農作物など一次産品の輸出に依存する経済体制（モノカルチャー経済）の国が多い。モノカルチャー経済は生産量や国際価格の変動により，国全体の経済が左右されやすい欠点がある。

例題3　日本

我が国に関する各問いに答えよ。

(1)　日本の地体構造はフォッサマグナによって東北日本と西南日本とに大きく分かれている。このフォッサマグナの西縁の断層線は，その両端に位置する地名を用いた名称でよばれている。その名称を答えよ。

(2)　次の表は，我が国の石炭の輸入先（2021年）上位国とその割合を，金額（円）による百分比（%）で表したものである。空欄Xに当てはまるアジアの国名を答えよ。

〈石炭の輸入先〉

国名	%
オーストラリア	67.2
（　X　）	11.3
ロシア	10.2
アメリカ合衆国	4.8

（『日本国勢図会2023/24』）

(3)　右表は，千葉県，静岡県，大阪府，奈良県，和歌山県の人口に関する統計（2020年）である。ア～オのうち，奈良県に当てはまるものを選べ。

	昼間人口（千人）	昼夜間人口比率（常住人口100人当たり）
ア	9,228	104.4
イ	5,550	88.3
ウ	3,627	99.8
エ	1,195	90.2
オ	908	98.4

（『県勢2023』）

〈福井県改題〉

解答　(1)　糸魚川・静岡構造線　　(2)　インドネシア　　(3)　エ

解説　(1)　フォッサマグナの東縁は，火山活動によって不明瞭である。

(2)　インドネシアは天然資源が豊富である。インドネシアから日本への主な輸入品は石炭，液化天然ガス，機械類，銅鉱など。

(3)　ア．大阪府　　イ．千葉県　　ウ．静岡県　　オ．和歌山県

昼夜間人口比率とは，常住人口に対する昼間人口の割合である。大規模な都市は多くの通勤・通学者が流入するため，昼間の人口は増える。埼玉県や千葉県，奈良県など三大都市圏の周辺部は，昼間の人口が減少する。イとエが千葉県か奈良県のどちらかであり，常住人口の少ないエが奈良県に該当する。

例題 4　東南アジア

(1)　東南アジアの農業に関する記述として誤っているものを選べ。

①　東南アジアの山地や島嶼部のジャングルでは，焼畑が行われ，陸稲や自給用の野菜が栽培されている。

②　東南アジアにおいて，稲作は重要であり，メコン川やチャオプラヤ川下流の平野では広大な水田が広がっている。

③　東南アジアにおいて，米の多くは自給用であるがフィリピンは輸出も盛んで，現在は世界一の米の輸出国である。

④　東南アジアでは，植民地時代に宗主国によってさとうきび・天然ゴム・たばこ・茶などのプランテーション農業が行われた。マレーシアでは，天然ゴムに代わって油やしが多く栽培されるようになった。

⑤　インドネシアなど一部の東南アジアでは，農業と林業を組み合わせることで，自然環境を保全しながら，樹間で農作物の栽培や家畜の飼育を行うアグロフォレストリーが推奨されている。

(2)　ASEAN 諸国に関する記述として誤っているものを選べ。

①　ASEAN 諸国の中で，いち早く工業化に成功したのはシンガポールである。小さな島国のシンガポールは，積極的に工業化政策を進め，アジア NIEs の一員となった。

②　ASEAN 諸国の中で，閉鎖的な統制経済を行ってきたミャンマーでは，ドイモイ（刷新）政策を採用し，社会主義型の市場経済へ移行し，経済発展が進んだ。

③　タイのバンコクでは，工業化の進展，都市部の高層ビルの林立，ショッピングセンターへ集う人々など，急速な経済発展を遂げている。

④　カンボジアでは，内戦の影響や政情不安定，経済の停滞などで工業化が遅れ，工業化の進んでいる近隣諸国へ出稼ぎ労働者が流出し，低賃金できつい労働に従事している。

〈沖縄県改題〉

解答　(1)　③　　(2)　②

解説　(1)　③　フィリピンは米の栽培は盛んであるが，2020年における世界一の米の輸出国はインドである。なお，フィリピンは世界第 2 位の米の輸入国である（2020年）。

(2)　②　ミャンマーではなく，ベトナムに関する記述である。

演習問題

1 ★★☆

中国に関する次の文章を読んで，各問いに答えよ。

・東経85度の線を北から南下すると，ジュンガル盆地，テンシャン山脈，タリム盆地，（　A　）山脈，チベット高原，ヒマラヤ山脈と続く。気候はハイナン島で熱帯モンスーン気候，クンミンで（　B　）気候，ハルビンで（　C　）気候がみられる。

・行政区分は，北京，天津，上海，（　D　）の４直轄市と，23省の他に，チベット，内モンゴル，ニンシア（　E　）族，コワンシー（　F　）族，シンチアンウイグルの５自治区と，２特別行政区がある。

・1949年から1957年までの出生率は30～40‰に達するとともに，急速に死亡率が低下し，自然増加率も20‰前後となった。そこで，マルサスの『人口論』に基づいた主張をした学者もいたが，彼の意見は受け入れられなかった。その後，1978年に新憲法が発表され，翌1979年にはいわゆる「一人っ子政策」が開始された。それは，両親が第一子をもうけた後に避妊手術をしたり第二子を産まないことを宣言したりすると「一人っ子証」を与え，逆に第二子を出産した両親には罰則や罰金を科すというものだった。しかし，2015年に「一人っ子政策」の廃止を発表し，あらゆる夫婦が２人目の子どもまで認められるようになった。

(1)　文章中の空欄に当てはまる語句を答えよ。

(2)　下線部の山脈は地質時代のいつ頃に形成されたものか答えよ。

〈福島県改題〉

2 ★★★

「州・大陸規模の地域の調査」の授業で，東南アジアを取り上げた。次の文章を読んで，各問いに答えよ。

東南アジア地域は，インドシナ半島と${}_{\text{a}}$多くの島々からなり，${}_{\text{b}}$多民族が混在して国家を形成している。かつては，資源や${}_{\text{c}}$農産物の輸出地域であったが，近年では${}_{\text{d}}$工業化が進んで著しい経済成長を達成し，ASEAN 加盟国も10ヵ国となった。現在，各国は経済成長に伴う${}_{\text{e}}$都市問題や${}_{\text{f}}$環境破壊への対策などの課題に取り組んでいる。

(1)　下線部 a について，フィリピン諸島や大スンダ列島，小スンダ列島には火山が非常に多く集中している。この地域に火山が多いことの共通する理由について，「プレート」という用語を用いて簡潔に説明せよ。

(2)　下線部 b について，多民族国家であるマレーシアで，中国系住民とマレー系住民の格差是正を図るために行われてきたマレー系住民を優遇する政策の名称を答えよ。

(3)　下線部 c について，東南アジアや南アジアで行われた高収量品種を導入して収穫を増やす農業の技術革新を何というか答えよ。

(4)　下線部 d について，

問 1　近年のベトナムの著しい経済成長の背景には，1980年代中頃から実施された改革政策がある。この政策を何とよんでいるか答えよ。

問 2　1980年代後半から日本企業がアジア NIES よりも ASEAN 諸国に数多く進出するようになった理由について，簡潔に説明せよ。

(5)　下線部 e について，

問 1　ジャカルタやバンコクのように，その国の中で人口規模が突出している都市を何というか答えよ。

問 2　ジャカルタとバンコクでは，過度の人口流入によって，スラムや交通渋滞などの都市問題が生じている。このような人口流入がおこる要因を，次の語句を使用して説明せよ。

【人口爆発　　経済格差　　人口支持力】

(6)　下線部 f について，

問 1　スマトラ島では，森林面積が著しく減少している。その主な要因について，ある農産物の生産と関連付けながら説明せよ。

問 2　次の文中の空欄に最も適する語句を答えよ。

インドネシアでは，過剰伐採による熱帯林の減少により1985年以降は，(　　　)の輸出を原則として禁止し，国内の産業を活性化させるためにも国内で加工した合板などを輸出するようになっている。

問 3　「東南アジアの森林破壊」をテーマとして，森林開発推進派（X）と開発抑制派（Y）とに分かれて，授業でディベートを行うことにした。その際，X，Y のそれぞれについて，あなたが重視したい視点を簡潔に説明せよ。

〈宮城県・仙台市改題〉

3 ★★☆

次の文章はナイル川について述べたものである。これについて各問いに答えよ。

ナイル川は$_{a}$エチオピアに水源を持つ「$_{b}$青ナイル」と，$_{c}$ケニアや$_{d}$タンザニアと接するヴィクトリア湖付近に水源を持つ「白ナイル」の２つの流れが，スーダンの首都ハルツームの近くで合流し，エジプトを貫流して地中海に注いでいる。スーダンでは，$_{e}$中央部の青ナイルと白ナイルの合流点付近の平原を灌漑する事業に力を入れ，1925年に完成したサンナールダムにより72万ヘクタールの農地の灌漑が可能となった。エジプトでは，1971年に$_{f}$アスワンハイダムを完成させ，洪水の防止，灌漑農地の飛躍的拡大，発電などの経済効果が期待されたが，$_{g}$大規模な自然改造による環境変化は予想以上のものとなった。

⑴　下線部ａについて，この国のカッファ地方を原産とする農作物を答えよ。

⑵　下線部ｂについて，この河川の水源とされる湖の名称を次から選べ。

ア．タンガニーカ湖　　イ．マラウイ湖

ウ．ナセル湖　　エ．タナ湖

⑶　下線部ｃについて，次の統計はエチオピア，モロッコ，アルジェリア，コートジボワールの主要輸出品の輸出額に占める割合の上位５品目を示したものである。エチオピアに当てはまるものをア～エから選べ。

ア

2019年	%
カカオ豆	28.1
石油製品	8.8
金（非貨幣用）	8.5
野菜・果実	8.1
天然ゴム	7.1

イ

2020年	%
コーヒー豆	31.5
野菜・果実	22.8
ごま	14.3
装飾用切花	7.5
衣類	5.5

ウ

2020年	%
機械類	18.3
自動車	13.0
化学肥料	12.2
野菜・果実	11.6
衣類	9.2

エ

2017年	%
原油	36.1
天然ガス	20.3
石油製品	19.9
液化天然ガス	10.4
液化石油ガス	9.0

（『世界国勢図会2022/23』）

⑷　下線部ｄについて，この国の首都ダルエスサラームから大西洋岸の都市を結ぶ２つの鉄道を答えよ。

⑸　下線部ｅについて，この計画名を答えよ。

⑹　下線部ｆについて，このダムはどこの国の援助により完成したか。その当時の国名を答えよ。

(7)　下線部gについて，環境変化に関する記述として誤っているものを選べ。

①　川の氾濫は調整されるようになり，ダム下流域にもたらされる堆積物の量も減少した。

②　地中海への有機物の流出が増え，いわし漁が盛んになった。

③　ナイルデルタでは，海岸線の侵食が進むようになってきた。

④　灌漑水路の拡大により湿地が増え，ネズミの増加，住血吸虫病の蔓延がみられた。

〈高知県改題〉

4　★★☆

西アジアに関する次の各問いに答えよ。

(1)　次の各文章が表す国名を答え，空欄に当てはまる語句を答えよ。

Ⅰ．世界最大級の油田をもち，パイプラインを通じて紅海やペルシャ湾岸の積出港より輸出している。首都はリヤド。

Ⅱ．油田は主に（　　　）山脈南麓にあり，ペルシャ湾岸の積出港から輸出している。この地域で最古の産油国である。首都はテヘラン。

Ⅲ．日本へ多く原油を輸出していることで知られる。1人当たりの国民所得も高い。首都はアブダビ。

(2)　次の地図を見て，Ⅰ～Ⅴに当てはまる国をA～Ⅰから選び，記号と国名を答えよ。

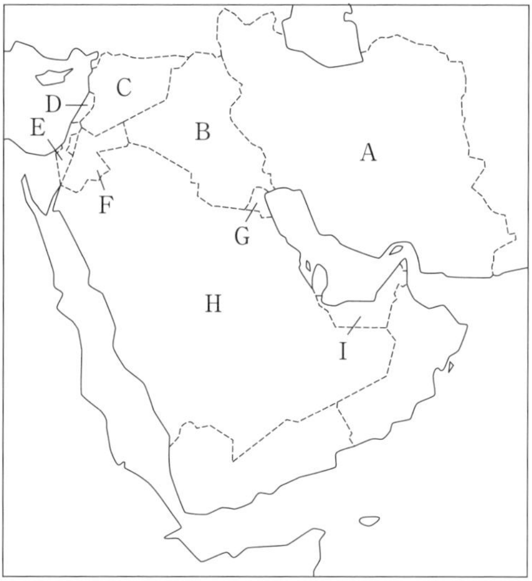

Ⅰ．イスラーム教発祥の地で，ワッハーブ派（スンナ派の一脈）が支配的である。20世紀初めに独立。専制君主国家で国名は王家の名に由来する。

Ⅱ．19世紀後半はイギリスの保護国であったが，20世紀に立憲君主国として独立。1990年のイラク軍侵攻後，翌年の解放を経て，西側寄りの外交政策が強まった。

Ⅲ. シーア派イスラーム教を国教とし，ペルシャ語が国語，1979年革命によって王制は倒された。

Ⅳ.「生きた宗教の博物館」といわれるほどの多宗教国家で，宗教各派の勢力が複雑にからみ内戦状態が続いた。国際金融センターとして繁栄したベイルートも内戦により破壊されたが，現在は再開発が進んでいる。

Ⅴ. 生産も生活も共同化した集団農場（キブツ）や耕作・販売だけを共同化した共同農場（モシャブ）により不毛地開発が行われ，国家建設に大きな役割を果たした。

〈福島県改題〉

5 ★★☆

日本に関する次の各問いに答えよ。

(1) 次の文章を読んで，各問いに答えよ。

商社勤務のAさんは，10月初旬に釧路市内に出張することになった。羽田空港午前7時45分発の釧路行きの便に搭乗した。地理が好きなAさんは，天気もよかったので進行方向左の窓側に座り，地上をできるだけ観察することにした。

羽田空港を飛び立った機体は，ほぼ真北に進路を向けた。間もなく白く輝く帯のような（　A　）川が見えてきた。この川は越後山脈の丹後山付近に源をもち，関東平野を貫流している。（　A　）川を越えて少し経つと眼下に宇都宮の市街地が見えた。その先に（　B　）湖とその湖岸にそびえる$_a$男体山が望まれ，さらにその向こうには群馬・新潟県境の山々が連なっていた。機体は，このあたりからやや東に進路を通り，緩やかに起伏する阿武隈高地を斜めに横断していったが，途中で，彼方に大きな（　C　）湖が光っていた。間もなく阿武隈川河口付近から海上に出た。眼下には美しい入り江や大小の島が散在する小湾が見えた。これがいわゆる$_b$日本三景で有名な（　D　）湾である。ここで右窓をのぞくと，その前方には，$_c$入り江と岬が入り組んだ美しい海岸線が望まれた。その後，機体は大きな河川である（　E　）川に沿って北上し，左手には奥羽山脈，右手には北上高地が広がってきた。やがて左方彼方に（　F　）湖を見ながら海上に出た。

しばらくして，北海道の単調な海岸線に白波がくだけているのが見え，長大な（　G　）山脈がぐんぐん近づいてきた。山脈を越えると，また海上に出たが，左手前方に大きな平野である（　H　）平野が見えた。まもなく釧路空港着陸のアナウンスがあり，高度を下げた機内からは，針葉樹林の緑が確認できた。午前9時05分釧路空港に着陸すると，そこはもう晩秋を迎えた北海道の姿であった。

問１　文章中の空欄に当てはまる語句を答えよ。

問２　下線部ａについて，この山は火山であるが，火山の分類上の名称を答えよ。

問３　下線部ｂについて，日本三景の１つである天橋立の地形用語を答えよ。

問４　下線部ｃについて，このような海岸地形を何というか答えよ。

⑵　我が国の農牧業に関する次の各問いに答えよ。

問１　次の表は，農業総産出額における主な農産物の構成比（％）の推移を示したものである。Ａ～Ｅに当てはまるものを下のア～オからそれぞれ選べ。

	1970年	1980年	2000年	2021年
A	37.9	30.0	25.4	15.5
B	15.8	18.6	23.2	24.3
C	8.5	6.7	8.9	10.4
D	0.9	1.7	4.9	3.7
E	1.0	1.6	1.4	0.8

（『日本国勢図会2023/24』）

ア．花き　　イ．野菜　　ウ．米　　エ．麦類　　オ．果実

問２　次のグラフは，北海道，東北，北陸，東海の各地域別の農業総生産額の割合（2021年）を示したものである。北陸と東海に当てはまるものを選べ。

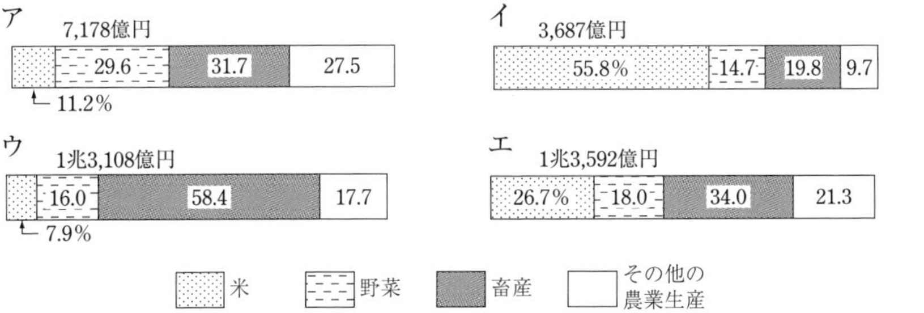

（『日本国勢図会2023/24』）

(3)　次の文章を読んで，各問いに答えよ。

戦後の我が国の米作をはじめとする農業生産は，経営規模の拡大が進まず，相変わらず小規模経営であるものの，品種改良と（　A　）などによって，農業生産技術を大きく改善させたが，一方で我が国の農業は，構造的要因に基づく$_{a}$いくつかの深刻な問題を抱えていた。戦後の農業政策が，50年以上にわたり政府が流通を管理する（　B　）を通り，$_{b}$余剰米の増加などに対応するため（　C　）による生産調整や米などの価格維持政策に代表されるような保護政策を行ってきた。このため，農業構造の改善が遅れることとなり，早急な国内農業の体質強化が求められている。1990年代には，GATTウルグアイラウンドの合意で，食糧安全保障の立場から反対してきた米の（　D　）に踏み切り，我が国の農政が大きく方向転換を始めた。戦後，我が国の農業，特に米作農家を保護してきた食糧管理法にかわり，1995年には新食糧法が施行され，$_{c}$米の流通体制に大きな変革がみられ，$_{d}$米の生産に変化がおこった。次いで1999年には，農業政策の基本方針を定める（　E　）を38年ぶりに改正し，農業の強化を目指している。

問1　文章中の空欄に当てはまる語句を答えよ。

問2　下線部ａの具体例を２つ答えよ。

問3　下線部ｂの主な原因を説明せよ。

問4　下線部ｃについて説明せよ。

問5　下線部ｄの米の生産における変化について，「消費者」という語を用いて説明せよ。

〈茨城県/群馬県改題〉

演習問題　解答・解説

1

(1)　A．クンルン（崑崙）
　　B．温暖冬季少雨（温帯夏雨・亜熱帯モンスーン）
　　C．亜寒帯冬季少雨（冷帯夏雨・冷帯冬季少雨）
　　D．重慶（チョンチン）
　　E．ホイ(回)　　F．チョワン(壮)

(2)　古生代

解 説

(2)　中国の古生代（古期造山帯）に形成された山脈は他に，アルタイ山脈，チンリン（秦嶺）山脈などがある。中生代から新生代（新期造山帯）に形成された山脈はヒマラヤ山脈などである。

2

(1)　フィリピン諸島や大スンダ列島，小スンダ列島には大陸プレートと海洋プレートが衝突するプレートの境界があり，造山運動が続いているため。

(2)　ブミプトラ政策

(3)　緑の革命

(4)　問1　ドイモイ（刷新）政策
　　問2　アジアNIESの経済は急成長を遂げ，地元労働者の賃金上昇や法人税免除の期限切れなどの問題がおこり，ASEAN諸国の方が低コストで工業製品の生産が可能となったため。

(5)　問1　プライメイトシティ（首位都市）
　　問2　第二次世界大戦後，発展途上国では高い出生率と医療の発展により人口が急増する人口爆発が生じた。しかし，大都市では海外からの援助や投資が集中して産業が発達するのに対して，周辺村落が取り残され，都市との間で大きな経済格差が生じる。そのため，農村地域から余剰労働力があふれて人口支持力を超える多くの人間が都市に流入し，都市問題が発生する。

(6)　問1　パーム油を作るため，熱帯林を伐採して大規模な油やしのプランテーション開発を行ったから。
　　問2　丸太（原木）
　　問3　X．森林を開発することで交通網は整備され，住宅地や工業・農業用地としての土地利用も可能となり，産業は発達して雇用の機会も増加し，経済は大きく発展する。
　　　　Y．森林開発はその地域の自然破壊と同時に，地球全体の生態系を狂わせ，地球温暖化や降水量減少などにも影響している。森林に生息する生物の絶滅や，土壌の変化による災害の発生も懸念される。

解 説

(1)　フィリピン諸島付近ではフィリピン海プレートとユーラシアプレートが衝突し，フィリピン海溝を形成する。大スンダ列島，小スンダ列島付近ではインド＝オーストラリアプレートとユーラシアプレートが衝突し，スンダ（ジャワ）海溝を形成する。

(3)　問2　ASEAN（東南アジア諸国連合）

はインドネシア，マレーシア，フィリピン，シンガポール，タイを原加盟国として1967年に発足。ブルネイ，ベトナム，ラオス，ミャンマー，カンボジアがその後，順次加盟し，2023年6月現在は10ヵ国で構成されている。ASEANは域内の経済発展の他，社会・文化的発展の推進，域内の諸問題の解決などを目的としている。

3

(1) コーヒー　(2) エ
(3) イ
(4) タンザン鉄道，ベンゲラ鉄道
(5) ゲジラ灌漑計画（ゲジラ計画）
(6) ソ連　(7) ②

解説

(2) ア．コンゴ（ルアラバ）川
イ．ザンベジ川支流
ウ．ナセル湖は，アスワンハイダムによってできた，ナイル川中流域から下流域にかけての人造湖である。

(3) ア．コートジボワール　ウ．モロッコ　エ．アルジェリア
ア．コートジボワールはカカオ豆の生産量が世界第1位である（2020年）。
イ．エチオピアはコーヒー豆の原産地といわれ，その生産量は世界第5位である（2020年）。
ウ．モロッコは衣服などの製造業の他に，観光業も重要な経済資本である。
エ．アルジェリアは農業が可能である土地が少ないため，原油・天然ガスなどの開発に力を入れている。

(4) タンザン鉄道は1975年に中国の資本と技術援助により開通した。タンザン鉄道とベンゲラ鉄道がザンビアのルサカで結ばれ，大陸横断鉄道になった。

(5) この計画による灌漑で綿花の生産が急増した。

(7) ②　地中海への有機物の流出が減り，河口付近のいわし漁が不振となった。

4

(1) Ⅰ．サウジアラビア
Ⅱ．イラン
Ⅲ．アラブ首長国連邦
空欄：ザグロス

(2) Ⅰ．H・サウジアラビア
Ⅱ．G・クウェート
Ⅲ．A・イラン
Ⅳ．D・レバノン
Ⅴ．E・イスラエル

解説

(1) Ⅱ．クウェートの油田としてブルガン油田が有名である。
Ⅲ．日本の原油輸入相手国上位5ヵ国は次の通り（2021年）。
第1位　サウジアラビア
第2位　アラブ首長国連邦
第3位　クウェート
第4位　カタール
第5位　ロシア

(2) 西アジアではアラブ民族国家が多い中，イランはペルシャ人国家，イスラエルはユダヤ人国家である。

5

(1) 問1　A．利根　B．中禅寺
C．猪苗代　D．松島
E．北上　F．十和田
G．日高　H．十勝
問2　成層火山（円錐火山，コニーデ）
問3　砂州

問4　リアス（式）海岸

(2)　問1　A．ウ　　B．イ
C．オ　　D．ア
E．エ

問2　北陸：イ　　東海：ア

(3)　問1　A．機械化
B．食糧管理制度
C．減反政策
D．輸入自由化
E．農業基本法

問2　・農業従事者の減少
・農業従事者の高齢化
・農家の減少
・農地の減少
などから2つ

問3　米の生産技術向上による単位当たりの収穫量の増加と，消費者の米離れのため。

問4　農協が政府の指導のもとに扱う計画流通米よりも，農協を経由せずに流通コストを抑えた割安な計画外流通米が増加したことにより，国の規制を大幅に緩和し，米の生産者が自由に流通経路を選択できるようになった。

問5　消費者に人気のある「ブランド米」の生産がより活発化した。

解説

(1)　問2　成層火山には他に富士山や岩木山がある。

問3　日本三景の残りの1つは広島県の厳島（宮島）である。

(2)　問1　A．米は日本の農業の中心であるが，食生活の変化などにより，生産量は減少傾向にある。

B．野菜は生産量そのものは減少傾向にあるが，産出額に占める割合は増加している。

C．果実の産出額構成比は，ほぼ横ばいである。

D．花きは近年，輸入の増加などにより，産出額は減少傾向にある。

E．麦類は生産量もそれほど多くなく，需要のほとんどを輸入に頼っている。

問2　ア．東海では近郊農業などが盛んなため，野菜や果実・花きなどのその他の農業生産が多い。

イ．北陸の米の収穫量は東北，関東に次いで多い。また米の占める産出額割合が多いのも特徴である。

ウ．北海道は畜産の産出額割合が多いことから容易に判断できる。

エ．東北はイの北陸と迷うが，畜産の割合が北陸よりも多いことと，農業生産額の総額が多いことから判断できる。

(3)　日本は食料・農業・農村基本法に基づき，5年ごとに新たな食料・農業・農村基本計画を策定している。2020年の策定では，2030（令和12）年度までに，カロリーベース総合食料自給率を45%，生産額ベース総合食料自給率を75%に高める目標を掲げている。

6 ヨーロッパ

傾向と対策

地誌分野の中でもアジアと並んで出題数の多い分野である。EU 諸国を軸に各国の産業，自然環境などを理解しておくとよいだろう。EU の発展の歴史や諸問題などについてはしっかりと把握し，ある程度文章で説明できるようにしておきたい。また，ソ連崩壊後の東欧諸国の動きなどにも注意を払う必要がある。特に東欧諸国には，様々な民族問題や政治的・経済的問題が存在する。最新の動きを新聞などで把握しておこう。その他，農・工業生産品，貿易などの統計データを確認しておくとよい。

例題 1　EU

(1) 1992年に調印されたある条約により，1993年に政治的・経済的統合を目標とする EU が誕生した。ある条約とは何か答えよ。また，EU 域内の「ヒト・モノ・カネ・サービス」の自由な移動が可能になったが，移動に関してパスポートの不要などの条項を定めた協定名を答えよ。

(2) 2013年に EU に加盟し，2023年に共通通貨であるユーロを導入した国はどこか答えよ。

〈香川県改題〉

解答 (1) 条約：マーストリヒト条約　　協定：シェンゲン協定

(2) クロアチア

解説 (1) EU はベネルクス 3 国（ベルギー，オランダ，ルクセンブルク），フランス，旧西ドイツ，イタリアが原加盟国となり，1952年結成の ECSC（ヨーロッパ石炭鉄鋼共同体），1958年結成の EURATOM（ヨーロッパ原子力共同体），1958年結成の EEC（ヨーロッパ経済共同体）を1967年に統合した EC（ヨーロッパ共同体）を母体としている。EC には1973年にイギリス，アイルランド，デンマーク，1981年にギリシャ，1986年にスペイン，ポルトガルが加盟し12ヵ国となった。1993年に EU となってからは1995年にスウェーデン，フィンランド，オーストリア，2004年にエストニア，ラトビア，リトアニア，ポーランド，チェコ，スロバキア，ハンガリー，スロベニア，マルタ，キプロス，2007年にルーマニア，ブルガリア，2013年にクロアチアが加盟し，28ヵ国体制となった。しかし，2020年にイギリスが正式に EU を離脱したことにより，2023年 6 月現在は27ヵ国体制となっている。

(2) EU 加盟国のうちユーロを導入している国は20ヵ国である（2023年 6 月現在）。EU 加盟国以外でもユーロが流通している国もある。

例題２　ヨーロッパの自然

(1)　地図中Ａ～Ｅの地域の地形の特徴に関する記述として誤っているものを１つ選べ。

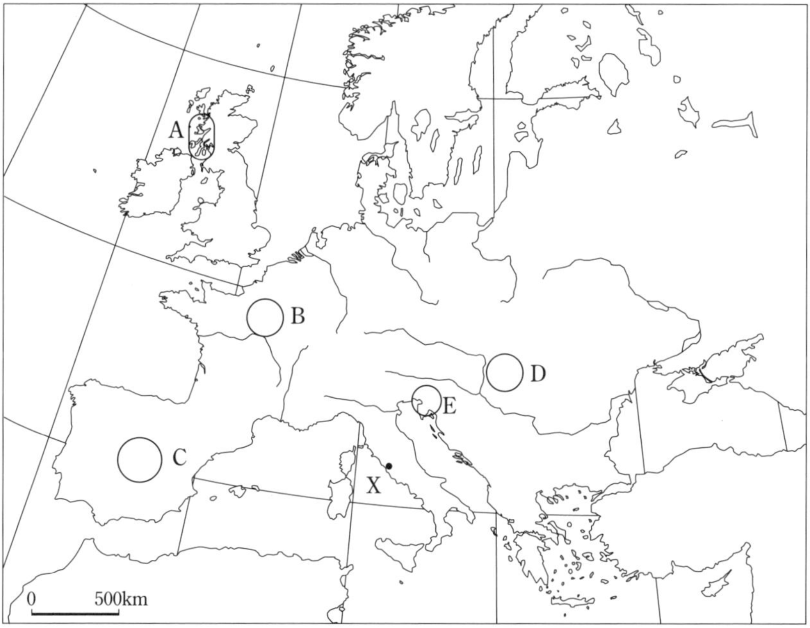

①　Ａの地域には，氷河で削られてできたＵ字谷に，海水が浸入して形成された細長く水深の深いフィヨルドがみられる。

②　Ｂの地域には，硬軟の互層からなる地層が緩い傾斜をなして地表に表れた盆地で，急な崖となだらかな斜面が組み合わさったケスタ地形がみられる。

③　Ｃの地域には，メセタとよばれる高原状の地形が広がっている。夏の乾燥が激しく，羊などの移牧が行われている。

④　Ｄの地域は，氷河時代には大陸氷河に覆われ，氷河の後退とともに現れた平野である。氷河によって運ばれてきた堆積物で覆われているため，やせ地となっている。

⑤　Ｅの地域は，カルスト地方とよばれ，石灰岩が二酸化炭素を含む雨水や地下水に溶食されて形成されたカルスト地形がみられる。

(2) 地図中Xの都市のハイサーグラフとして正しいものを次の①～④から選べ。

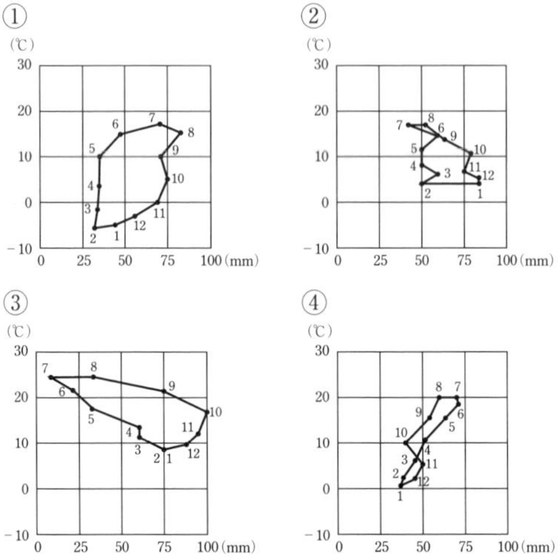

〈三重県改題〉

解答 (1) ④　(2) ③

解説 (1) ① Aの地域は，イギリスのスコットランド西岸である。フィヨルドはこの他にノルウェー西岸やチリ南部，ニュージーランド南島などでみられる。

② Bの地域は，フランスのパリ盆地である。パリ盆地では，ケスタの斜面を利用してぶどう栽培が行われている。ロンドン盆地もケスタの代表例。

③ Cの地域は，スペインのマドリード地方である。メセタはイベリア半島中央部に位置する平均標高700mの広大な乾燥高原である。良質な羊毛が得られるメリノ種は，メセタが原産。

④ これは，ドイツの北ドイツ平原に関する記述である。北ドイツ平原に広がるやせ地は，ハイデとよばれる。Dの地域はハンガリー東部（ハンガリー平原）で，この地域はプスタとよばれる肥沃な温帯草原である。

⑤ Eの地域は，スロベニアのカルスト地方である。カルスト地形の名称の由来となった地域である。日本でも秋吉台（山口県）や平尾台（福岡県）などで，カルスト地形がみられる。

(2) Xはイタリアのローマである。地中海沿岸地方は，夏に高温乾燥，冬に温暖湿潤となる地中海性気候が分布する。①はフィンランドのヘルシンキ（亜寒帯湿潤気候），②はイギリスのロンドン（西岸海洋性気候），④はオーストリアのウィーン（西岸海洋性気候）である。

例題 3　ヨーロッパの民族

次の表はEU諸国の主な言語と宗教を示したものである。表中ア～オに当てはまる国の組み合わせとして正しいものを①～④から１つ選べ。

国	主な言語系	主な宗教とその割合（%）
ア	ウラル語系	福音ルーテル派78　正教１
イ	ラテン語系	カトリック83　イスラム教２
ウ	ゲルマン語系	カトリック31　プロテスタント30　イスラム教５　正教２
エ	スラブ語系	カトリック69　プロテスタント11　正教４
オ	バルト語系	カトリック79　正教４　プロテスタント２

（『データブック　オブ・ザ・ワールド2023』）

① アはポルトガル，イはフランス
② イはイタリア，ウはルーマニア
③ ウはドイツ，エはスロバキア
④ エはオーストリア，オはスウェーデン

〈群馬県改題〉

解答　③

解説　ア．フィンランド　　イ．イタリア　　ウ．ドイツ
エ．スロバキア　　オ．リトアニア

ア．ウラル語系の代表的な言語はハンガリー（マジャール）語，フィンランド語，エストニア語など。

イ．ラテン語系の代表的な言語はスペイン語，ポルトガル語，イタリア語，フランス語，ルーマニア語など。ラテン系の民族は主に南ヨーロッパに居住し，カトリック教徒が多い。

ウ．ゲルマン語系の代表的な言語は英語，ドイツ語，オランダ語，デンマーク語，スウェーデン語，ノルウェー語など。ゲルマン系の民族は主に北西ヨーロッパに居住し，プロテスタントが多い。

エ．スラブ語系の代表的な言語はチェコ語，スロバキア語，ポーランド語，ウクライナ語，ロシア語など。スラブ系の民族は主に東ヨーロッパやロシアに居住し，東方正教やカトリックの信者が多い。

オ．バルト語系の代表的な言語はリトアニア語，ラトビア語など。

例題4　ヨーロッパの産業

次のA～Eの文章はヨーロッパの国の特色を述べたものであり，統計Ⅰ～Ⅴは各国の人口及び人口密度を表している。文章及び統計の組み合わせとして正しいものを①～⑤から選べ。

A．豊かな森林資源を背景とした製材，紙・パルプ工業が有名である。北部のキルナでは良質の鉄鉱石が産出される。

B．ルール炭田とライン川の水運で発達したルール工業地域は，ヨーロッパ最大の工業地帯である。自動車，化学，機械，鉄鋼などの生産量・技術はトップクラスを誇る。

C．国土の約4分の1は海面下の土地であるが，干拓事業でポルダーを造成し，園芸農業と酪農が盛んである。

D．シロンスク地方は石炭に恵まれ，銀や銅なども豊富に埋蔵する。また，じゃがいもやライ麦の生産も多い。

E．4種類の言語が国語とされている。精密機械工業や観光業が有名であるが，国際金融市場の1つに挙げられる都市も有している。

2021年	Ⅰ	Ⅱ	Ⅲ	Ⅳ	Ⅴ
人口（千人）	83,409	8,691	38,308	17,502	10,467
人口密度（1 km^2あたり　人）	233	210	123	421	24

（『世界国勢図会2022/23』）

①　A－Ⅱ　　②　B－Ⅴ　　③　C－Ⅰ　　④　D－Ⅲ　　⑤　E－Ⅳ

〈岐阜県改題〉

解答　④

解説　A．Ⅴ・スウェーデン　B．Ⅰ・ドイツ　C．Ⅳ・オランダ　D．Ⅲ・ポーランド　E．Ⅱ・スイス

A．キルナの鉄鉱石などから，スウェーデンとわかる。北欧は人口密度が低い。

B．ルール工業地域などから，ドイツとわかる。ロシアを除くヨーロッパでは，ドイツが最も人口が多い。

C．ポルダーなどから，オランダとわかる。小国を除くヨーロッパで，オランダの人口密度は高い。

D．シロンスクの石炭などから，ポーランドとわかる。

E．精密機械工業などから，スイスとわかる。4種類の言語とはドイツ語，フランス語，イタリア語，ロマンシュ語，国際金融都市とはチューリヒである。

演習問題

1 ★★☆

次の文章を読んで，各問いに答えよ。

・ヨーロッパでは，1952年に石炭や鉄鋼などの戦略物資を共有することを目的に，$_{a}$6ヵ国で（　A　）[ECSC]が設立され，現在のEUの基礎となった。1957年には，これらの6ヵ国で，共同市場と共通の経済政策によるヨーロッパの発展をうたったヨーロッパ経済共同体[EEC]設立条約（ローマ条約）を締結し，今日のEUの基本理念が作られた。1958年に発足したEECは，1967年にはECSCなどとともに，経済だけでなく政治的な統合を目標に掲げるヨーロッパ共同体[EC]に統合され，1986年には加盟国も12ヵ国に増えた。1991年，オランダの（　B　）で開かれた首脳会議の結果，条約が採択され，$_{b}$通貨統合の他，共通の安全保障条約や，EC加盟国の市民に対して居住国で地方参政権が与えられるなど，経済・政治の両面での統合を目指すことになった。1993年，ECは$_{c}$欧州連合[EU]となり，域内諸国の協調をもとに，強大な経済的・政治的ブロックを形成しつつある。

・EU諸国の農業は地域による違いが大きい。（　C　）気候の影響を受ける大西洋沿岸地域では，農業協同組合による酪農が発達しているが，内陸部では大規模経営による$_{d}$混合農業が特徴となっている。寒冷な北部ではライ麦の栽培がみられる。$_{e}$ピレネー山脈やアルプス山脈では酪農が中心となり，これらの山岳地帯を越えた南部では$_{f}$地中海式農業が発達している。農業地域の形成には自然条件だけでなく，国の政策や歴史，高い収益を求めて作物を選択する農民の動向も関係しており，混合農業地域ではその傾向が強い。ECの成立後間もない1968年に，$_{g}$域内農業に対して共通政策を行った。

・ヨーロッパでは，ドイツ・イギリス・スウェーデンが工業国として発展してきた。北フランスとルール炭田・$_{h}$ロレーヌ鉄山を結ぶ地域は，$_{i}$「重工業三角地帯」とよばれ，ヨーロッパ経済の発展を支えてきた。しかし，$_{j}$1950年代末からエネルギー源が転換され，世界的にも鉄鋼生産が過剰になったことから，現在これらの地域の活力は低下し，高い失業率に悩まされている。近年は，$_{k}$イギリス南部からドイツ西部とフランス東部を経て北イタリアにいたる地域が一種の工業ベルトとして開発され，ヨーロッパの経済，金融，交通・情報通信手段の中心となっている。また，$_{l}$イタリア北部から中部にかけての地域では，アパレル，皮革などの産業が集積している。

(1)　文章中の空欄に当てはまる語句を答えよ。

(2)　下線部aについて，この6ヵ国のうち，ベネルクス3国以外の3つの当時の国名を答えよ。

(3) 下線部bについて，EU加盟国のうち，この通貨を使用していない国をすべて選べ。

ア．スウェーデン　　イ．ギリシャ

ウ．リトアニア　　エ．デンマーク

(4) 下線部cについて，次のグラフは地域別にみた世界の輸出貿易（2021年）を示したものである。ア～エは，EU，ASEAN，MERCOSUR，USMCAのいずれかであるが，EUに当てはまるものを選べ。

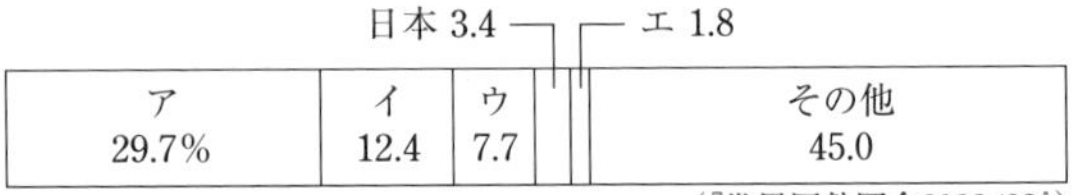

（『世界国勢図会2022/23』）

(5) 下線部dについて，中世ヨーロッパで広く行われ，混合農業の基礎となった農業形態の名称を答えよ。

(6) 下線部eについて，ピレネー山脈やアルプス山脈における典型的な酪農の方法を，簡潔に説明せよ。

(7) 下線部fについて，地中海式農業がみられる地域を，地図中のア～エから選べ。

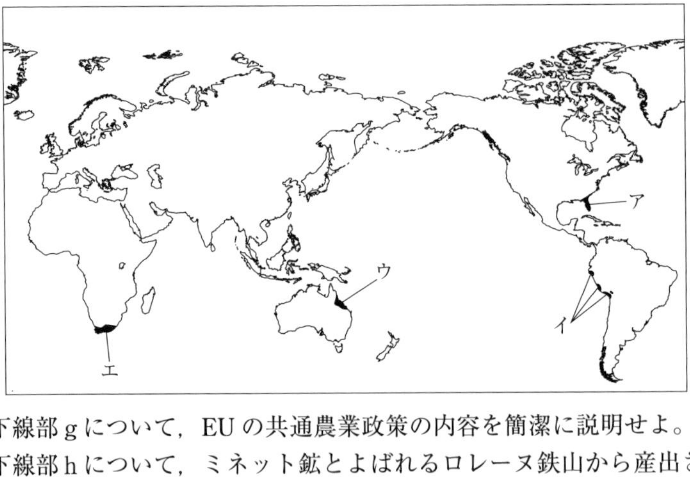

(8) 下線部gについて，EUの共通農業政策の内容を簡潔に説明せよ。

(9) 下線部hについて，ミネット鉱とよばれるロレーヌ鉄山から産出される貧鉱の利用価値を高めた製鋼法の名称を答えよ。

(10) 下線部iについて，この地域に含まれない工業都市を次から選べ。

ア．デュッセルドルフ　　イ．ナンシー

ウ．リール　　エ．リヨン

⑾　下線部 j について，具体的に説明せよ。

⑿　下線部 k について，この地域のことを一般的に何と呼ぶか答えよ。

⒀　下線部 l について，中世以来の伝統的な技術を持った職人たちが集積しているこの地域のことを一般的に何と呼ぶか答えよ。また，この地域に含まれない工業都市を次から選べ。

ア．ヴェネツィア　　イ．ミラノ　　ウ．コペンハーゲン

エ．フィレンツェ　　オ．トリノ

〈岩手県改題〉

2　★★☆

次の文章を読んで，各問いに答えよ。

シベリアの永久凍土地域の凍土層の厚さは数百メートルにも達する。西シベリアの大半は最終氷期に（　A　）氷床に覆われ，大地が寒冷環境に直接さらされなかった。一方，東シベリアは氷床に覆われず直接寒気にさらされたため，永久凍土はより厚く形成された。永久凍土を覆う植生の違いから，地域を３つに区分することができる。内陸地域は大陸性の気候で夏季に気温が高くなるので，永久凍土表層部が１m 近く融解する。この夏季の融解層を（　B　）という。また，この地域の永久凍土表面はカラマツ，トウヒ，モミなどの樹木で覆われる。この密林を（　C　）という。北極海沿岸地域では最暖月平均気温が10度を超えることもなく，冷涼な夏季のため樹木は生育できない。寒さの厳しい冬が長く，短い夏には地表の一部がとけて蘚苔類や地衣類が生育する。これが（　D　）植生である。また，カナダの一部や南極などの氷雪地域では，すべてが荒涼として強風のため積雪がなく植生もない。このような地域を（　E　）砂漠とよんでいる。

永久凍土では土壌が凍結すると，地盤は鉛直方向に膨張する。これを a（　F　）現象といい，北海道でもしばしばおこり，線路や道路，地上の建造物，地下に埋設されている水道管やガス管などがもち上げられ，破壊されることがある。しかし，このとき水平方向には逆に収縮する傾向があり，地表にひび割れが入る。この割れ目に融解水が入り再凍結したものを（　G　）といい，年間２～７mm 程度太くなる。このような地は人の住めない地域というイメージがあるが，b 多くの民族が住み，狩猟やトナカイの飼育を行っている。また，ヤクートでは森林資源の他に石炭，天然ガス，ダイヤモンド，鉄鉱石などの地下資源が豊富にある。東シベリア南部には，シベリア開発のためのシベリア横断鉄道と（　H　）鉄道の２つの幹線鉄道が平行して東西に走っている。

この永久凍土の地域について最近，地球温暖化の問題がもち上がった。国連の環境情報センターでは，c凍土がとけて温暖化にさらに拍車をかけていると指摘している。すでにアラスカでは，永久凍土上の建築物に亀裂が入り，道路，パイプラインに損傷がおき，凍土の融解が進んでいる。環境情報センター所長は，北極海の平均気温は今世紀中に約10度高くなる可能性があり，永久凍土の溶解は緊急課題と指摘している。

(1) 文章中の空欄A～Hに当てはまる語句を答えよ。

(2) 下線部aのため，永久凍土上の建築物の工夫について答えよ。

(3) 下線部bについて，西シベリアの北極海に面した地域を活動の場とし，かつてサモエードとよばれたシベリアの先住民を答えよ。

(4) 下線部cについて，この原因を答えよ。

〈福島県改題〉

3 ★★☆

(1) EUへ加盟した国に関する各問いに答えよ。

問1　旧ソ連領で加盟した3ヵ国を次から選べ。

ア．エストニア，ラトビア，ベラルーシ

イ．ベラルーシ，ウクライナ，モルドバ

ウ．エストニア，ラトビア，リトアニア

エ．ウクライナ，モルドバ，リトアニア

問2　最も広い国土をもつ国について，

ⅰ）国名を答えよ。

ⅱ）主に信仰される宗教の宗派を答えよ。

ⅲ）この国南部にある，世界文化遺産にも登録されている第二次世界大戦中のユダヤ人強制収容所の名称を答えよ。

問3　アジア系の人種からなる国について，

ⅰ）この国の主な言語を，国名とは異なる表現で答えよ。

ⅱ）この国の盆地の東部中心に広がる草原名を答えよ。

問4　地中海にある島国の1つについて，

ⅰ）この国は，かねてから島の北部地域と宗教的な対立を抱えていた。この国の主な宗教の宗派と，対立する少数派の宗教をそれぞれ答えよ。

ⅱ）この国の首都とほぼ同緯度にある日本の都市名を次から選べ。

ア．札幌　　イ．秋田　　ウ．京都　　エ．那覇

問５　2004年に旧ユーゴスラビアから加盟した国について，

ⅰ）国名を答えよ。

ⅱ）この国の南部地方名が語源となった地形の名称を答えよ。

問６　1993年に『ビロード革命』によって分離した２ヵ国について，

ⅰ）西側の国にあるビール醸造で有名な都市名を答えよ。

ⅱ）東側の国の首都などに，ロシアからつながっているパイプラインの名称を答えよ。

(2)　次の表はイギリス，フランス，オランダ，スペインの各統計を示したものである。フランスに当てはまるものをア～エから選べ。

	穀物生産量(千 t) 2020年	原油自給率(%) 2019年	1人当たり GNI(ドル) 2020年
ア	1,364	1.3	52,406
イ	18,962	93.2	40,114
ウ	56,850	1.5	39,573
エ	27,321	0.1	27,570

（『世界国勢図会2022/23』）

〈大分県改題〉

4　★★☆

次の文章を読んで，空欄に当てはまる語句を答え，各問いに答えよ。

1991年，ソビエト連邦が解体し，（　A　）が造られたが，ロシア連邦が面積・人口ともに最大の国である。そして，ロシア連邦の中心民族はロシア人で，全人口の約80％を占めている。ロシア人は，東ヨーロッパの主要民族である（　B　）系民族に属している。ヨーロッパロシアに居住していたが，帝政ロシアの領土拡大に伴って，シベリアや中央アジアへ進出するようになった。

$_a$ヨーロッパロシアは，冬が長く，寒さが厳しい。森林地帯が広がっており，そこを中心に居住してきたため，木造の家を建てて生活するなど，ロシア人の木に対する愛着は根強い。

また，ロシア人は農業に従事して生活してきた民族である。農村に住み，（　C　）を栽培して黒パンを作り，牛を飼育して肉や酪製品を作り，それを食料にしてきた。

1917年の革命によって成立したソ連は，$_b$強力な工業化政策を実施した。そのため，ロシア人の生活様式が大きく変化した。都市化が進み，多くの人が都市に移住するようになった。しかし，軍需生産優先政策がとられたので，住宅建設や$_c$生活関連物資の生産が需要に追いつかず，不自由な生活が続いた。ロシア連邦成立後は，経済の混乱，インフレーションの進行によってロシア人の生活は苦しくなったが，d2000年代に入り，経済の高度成長が始まった。

⑴　下線部ａについて，サンクトペテルブルクの年平均気温と年降水量の組み合わせとして正しいものを選べ。

ア．年平均気温　　15.8℃　　年降水量　252mm
イ．年平均気温　　6.3℃　　年降水量　668mm
ウ．年平均気温　　1.4℃　　年降水量　472mm
エ．年平均気温　－10.0℃　　年降水量　390mm

⑵　下線部ｂについて，1927年の第15回党大会で，重工業部門への重点的資本投下を軸とする急速な工業化を推進する政策が採択された。このとき採択された政策を答えよ。

⑶　下線部ｃについて，次の文章の空欄に当てはまる語句を答えよ。

旧ソ連の際立った産業構造の特徴の１つは，非常に広い範囲の生活関連物資の生産を巨大な（　　　）が生産していたことにある。（　　　）は，石油・ガス掘削機や家電品から香水や玩具に至るまで3,000種類にものぼる民需品を生産し，機械工業で生産する消費財全体の約半数を生産していたといわれる。

⑷　下線部ｄについて，このような成長の要因を，70字程度で説明せよ。

〈茨城県/長崎県改題〉

演習問題　解答・解説

1

⑴　A．ヨーロッパ石炭鉄鋼共同体
　　B．マーストリヒト
　　C．西岸海洋性

⑵　フランス，西ドイツ，イタリア

⑶　ア，エ

⑷　ア　　　　⑸　三圃式農業

⑹　夏は牧草が生育する高地の牧場で放牧し，冬は山麓の村の牧舎で飼養する移牧とよばれる酪農の方法である。

⑺　エ

⑻　域外の農産物に対しては輸入課徴金を課して流入を抑えたり，域内では統一価格による農産物の買い上げや余剰農産物に対する輸出補助金の支給を行い，域内農業の保護を図る政策。

⑼　トーマス製鋼法

⑽　エ

⑾　使用するエネルギー資源が，従来の石炭・亜炭といった固体エネルギーから石油・天然ガスなどの液体エネルギーへ変化したことをいい，エネルギー革命とよばれる。

⑿　青いバナナ（ブルーバナナ）

⒀　名称：第3のイタリア
　　　　（サードイタリー）
　　記号：ウ

解説

⑷　イ．USMCA（米国・メキシコ・カナダ協定）
　　ウ．ASEAN（東南アジア諸国連合）
　　エ．MERCOSUR（南米南部共同市場）

⑸　三圃式農業は耕地を3つに分け，それぞれを冬作地，夏作地，休閑地として毎年これを交代させる農法。冬作物は小麦，ライ麦，夏作物は大麦，えん麦など。休閑地には家畜を放牧し，糞による肥料で地力回復を図ったり，牧草やかぶを植えたりもする。

⑺　地中海式農業は他に，カリフォルニア，チリ中部，オーストラリア南東部などでもみられる。

⑻　近年，EUでは共通農業政策によって生じた農産物の余剰問題が発生している。国際価格よりも高く設定された統一価格により余剰農産物の域外への輸出が難しく，そのための輸出補助金がEUの財政を圧迫する要因となっている。このため統一価格の引き下げ，生産抑制などの政策がとられている。

⑼　ミネット鉱（くず鉱）はリン成分を多く含む低品質の鉄鉱石であったが，19世紀後半に発明されたトーマス製鋼法で，リン成分の除去を可能にしたため，品質が上がった。

⑽　リヨンはフランス中東部に位置する。ローヌ川とその支流のソーヌ川の合流地点にあり，水陸交通の要地でもある。伝統的な絹工業の他，化学繊維，自動車，機械などの工業も盛んである。

⑿　青いバナナという名称は，この地域がバナナのような形でつながっていること，EUのシンボルカラーが青であることにちなんでいる。

⒀　ウ．コペンハーゲンはデンマークの首都である。

2

⑴　A．フェニスカンジナビア
　　B．活動層
　　C．タイガ
　　D．ツンドラ
　　E．極地

F．凍上
G．アイスウェッジ（氷楔）
H．バム（バイカル＝アムール，第2シベリア）

⑵ 凍上現象による被害を防ぐため，家屋やパイプラインなどを高床式にしている。

⑶ ネネツ人（族）

⑷ 永久凍土層の中に存在しているメタンガスが，凍土の融解によって地上に放出され，これも地球温暖化の要因の1つとなるため。

解説

⑶ シベリア地方には他にエヴェンキ（エヴァンキ，ツングース）人，チュコト（チュクチ）人，ブリヤート人などが先住民として生活している。

3

⑴ 問1 ウ
問2 i）ポーランド
ii）カトリック
iii）アウシュヴィッツ
問3 i）マジャール語
ii）ブスタ
問4 i）主な宗教：ギリシャ正教
少数派の宗教：イスラーム教
ii）ウ
問5 i）スロベニア
ii）カルスト地形
問6 i）プルゼニュ（ピルゼン）
ii）ドルジバパイプライン

⑵ ウ

解説

⑴ 問3 設問が示す国はハンガリーである。ハンガリーの民族はアジア系のマジャール人が多数を占め，周囲のスラブ系ヨーロッパ民族の中で民族島を形成している。混血が進み，アジア人的特徴は薄いが，マジャール（ハンガリー）語はアジア系のウラル＝アルタイ語系に属する。

問4 設問が示す国はキプロスである。キプロスは現在，ギリシャ系のキプロス共和国とトルコ系の北キプロス＝トルコ共和国（トルコのみの承認）が並存，対立している。首都はニコシアで，北緯約35度に位置する。
ア．札幌：北緯約43度
イ．秋田：北緯約40度
エ．那覇：北緯約26度

問6 i）設問が示す国はチェコである。
ii）設問が示す国はスロバキアである。
旧チェコ＝スロバキアでおこったビロード革命は，東欧諸国の体制転換の動きの中でなされた無血革命である。

⑵ ア．オランダ イ．イギリス
エ．スペイン
ア．オランダは園芸や酪農が盛んだが，穀物の生産は少ない。
イ．イギリスは北海油田の開発により，石油の自給率が高い。
ウ．フランスはEU最大の農業国である。穀物生産量が多い。
エ．スペインは西ヨーロッパの中では1人当たりのGNIがそれ程多くない。

4

A．独立国家共同体（CIS）
B．スラブ C．ライ麦

⑴ イ

⑵ 第1次5ヵ年計画

⑶ 軍産複合体（軍需産業）

(4)　原油・石油製品および天然ガスなどの資源開発を進めたことに加え，それらの資源の国際市場での価格が高騰したことにより，輸出額が大幅に増加したため。

解説

(1)　サンクトペテルブルクは亜寒帯湿潤（冷帯湿潤）気候（Df）である。

ア．マシュハド（イラン）：ステップ気候（BS）

ウ．イルクーツク（ロシア）：亜寒帯冬季少雨（冷帯冬季少雨）気候（Dw）

エ．ディクソン（ロシア）：ツンドラ気候（ET）

7 南北アメリカ

傾向と対策

近年バイオマスエネルギーに関連し，出題頻度が高くなっている分野である。代表的な国々の各種産業や，この地域の自然環境などの基本事項や特徴的な事柄をしっかりと理解し，得点源としたい。世界地図などを有効利用して各項目ごとにまとめておくと覚えやすいだろう。統計資料の読み取りなども出題されるので，『データブック オブ・ザ・ワールド』や『世界国勢図会』などの統計資料のチェックも怠らないようにしておきたい。また，経済面において日本とのつながりの深い地域なので，その点にも着目したい。

例題 1　自然環境・人口

(1)　アメリカ合衆国の自然環境について，各問いに答えよ。

問 1　ロッキー山脈東麓からアパラチア山脈の間には２つの草原が分布している。この２つの草原について，簡潔に説明せよ。

問 2　アパラチア山脈の東部から大西洋岸にかけて広がる平野名を答え，その成因を説明せよ。

(2)　次の表ア～カは，アメリカ合衆国の州（アイオワ州・アリゾナ州・カリフォルニア州・ジョージア州・フロリダ州・ペンシルヴェニア州）に関する統計である。これを見て，各問いに答えよ。

	ア	イ	ウ	エ	オ	カ
面積(万 km^2, 2020年)	40.5	29.5	15.0	13.9	11.6	14.5
人口(万人，2021年)	3,924	728	1,080	2,178	1,296	319
主な気候	Cs	BW，BS	Cfa	Cfa，Am	Cfb	Df
牛(万頭，2021年)	515	98	109	170	143	370
豚(万頭，2021年)	…	…	…	…	134	2,360

（『データブック オブ・ザ・ワールド2023』）

問 1　隣国との国境（陸地）に接している州を２つ選べ。

問 2　州の人口に占める黒人の割合が高い州を１つ選べ。

問 3　コーンベルトに位置する州を１つ選べ。

〈青森県/長崎県改題〉

解答　(1)　問1　グレートプレーンズに分布するステップの短草草原と，プレーリーの長草草原。

問2　平野名：大西洋岸平野

成因：陸地に沿った浅海底が，地盤の隆起，または海面の低下により海面上に現れて形成された海岸平野である。

(2)　問1　ア，イ　　　問2　ウ　　　問3　カ

解説　(1)　問2　アパラチア山脈と大西洋岸平野の間にはピードモント台地がある。

(2)　各州の気候や農業などの特徴を考えれば解答は導き出せる。アメリカ合衆国の気候区分や農業地域区分を理解しておこう。

ア．カリフォルニア州　　イ．アリゾナ州　　ウ．ジョージア州

エ．フロリダ州　　オ．ペンシルヴェニア州　　カ．アイオワ州

問2　黒人の割合は綿花プランテーションが盛んであった南部に多い。なお，スペイン語を第一言語とするヒスパニックは南西部からメキシコ，スペイン領であった太平洋岸の地域に多い。

問3　**コーンベルト（とうもろこし地帯）**とは，アメリカ合衆国中西部に広がる農業地帯である。湿潤な気候と肥沃な**プレーリー土**に恵まれ，とうもろこし・大豆を中心とした飼料作物の輪作と，肉牛や豚の飼育を組み合わせた混合農業が盛んである。

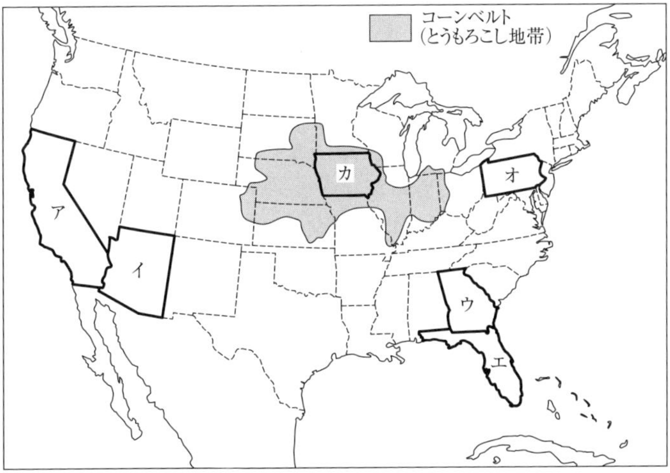

例題 2　北アメリカの気候と産業

(1)　秋田と地図中の北アメリカの３都市の気候に関する記述として正しいものを選べ。

①　秋田とサンフランシスコは同じ気候に分類される。

②　秋田とデンヴァーは同じ気候に分類される。

③　秋田とニューヨークは同じ気候に分類される。

④　秋田と同じ気候に分類される都市はない。

(2)　1970年代以降，アメリカ合衆国において先端技術産業を中核とする新しい工業地域が，サンベルトに展開した要因を50字以内で説明せよ。

〈和歌山県改題〉

解答　(1)　③

(2)　気候が温暖で空気も澄んでおり，安い労働力と広大な土地が得やすく，税制上の優遇もあったため。

解説　(1)　秋田とニューヨークは温暖湿潤気候（Cfa），サンフランシスコは地中海性気候（Cs），デンヴァーはステップ気候（BS）である。

(2)　アメリカ合衆国南部のカリフォルニア州からアリゾナ州を経てメキシコ湾に至る，北緯37度以南の地域をサンベルトという（対して北部はスノーベルトまたはフロストベルトとよばれる）。1970年以降，先端技術産業の進出が著しい。サンノゼを中心としたシリコンヴァレーやフェニックスを中心としたシリコンデザート，ダラスやヒューストンを中心としたシリコンプレーン，オーランドを中心としたエレクトロニクスベルト，ダラムを中心としたリサーチトライアングルパークなど，アメリカ合衆国の先端技術産業地域のほとんどがサンベルトに位置する。

例題3　南北アメリカの産業・民族

次の文章は過去にオリンピック（夏季・冬季）が開催された国について説明したものである。文章中の空欄に当てはまる語句を語群から選べ。また，各文章の下線部が示す国名を答えよ。

Ⅰ．ルーマニアのコマネチが女子体操で大人気となったのは，1976年にこの国で開催された大会であった。東部の（　　　）州はフランス系住民が多く独立運動が続いている。豊かな地下資源や森林資源に恵まれ，ニッケル，ウラン，パルプ，新聞用紙の生産は世界有数である。

【語群】ア．ルイジアナ　イ．ケベック　ウ．オンタリオ　エ．バスク

Ⅱ．この国で1968年に開かれた大会は，海抜2,000m を超える高地で開催された。選手の健康が心配されたが，短距離や跳躍で好記録が続出した。この国は石油を始め豊富な地下資源に恵まれ，特に銀は世界有数の生産量を誇っている。1994年には隣国を含む2ヵ国と，自由貿易協定である（　　　）を発足させた。日本への主な輸出品は，機械類や原油，肉類，果実，塩などである。

【語群】ア．ASEAN　イ．APEC　ウ．NAFTA　エ．IAEA

〈長崎県改題〉

解答　Ⅰ．記号：イ　国名：カナダ　Ⅱ．記号：ウ　国名：メキシコ

解説　Ⅰ．カナダのモントリオールオリンピックに関する記述である。

ア．ルイジアナはアメリカ合衆国南部の州。

イ．ケベック州の人口の約9割はフランス系住民である。

ウ．オンタリオはカナダ中部の州で，イギリス系住民が多い。

エ．バスクはスペインとフランスの国境地帯。ここに居住するバスク人によって独立運動が展開されている。

Ⅱ．メキシコのメキシコシティオリンピックに関する記述である。

ア．ASEAN（東南アジア諸国連合）は東南アジア諸国の経済を開発し，域内の平和，安定を目指す地域協力機関である。このASEANの自由貿易地域がAFTAである。

イ．APEC（アジア太平洋経済協力〔会議〕）はオーストラリアの提唱で始まった経済協力組織で，環太平洋地域の自由貿易体制推進を目指している。

ウ．NAFTA（北米自由貿易協定）はアメリカ合衆国，カナダ，メキシコの3ヵ国により発足した。なお，NAFTAに代わる新たな貿易協定「USMCA」が，2020年7月に発効した。

エ．IAEA（国際原子力機関）は原子力の平和利用を促進し，軍事目的への転用防止を目的とする国際連合の関連機関である。

演習問題

1 ★☆☆

次はアメリカ合衆国に留学している学生３人に，自分の住む都市についてそれぞれ語ってもらったものである。各問いに答えよ。

学生Ａ「私の住む都市は全米第２位の人口があります。近郊には a <u>気候の特色</u>を活かして，1910年代から映画産業が進出し，『映画の都』といわれています。」

学生Ｂ「私の住む都市のある州は北部が隣国と接していて，州境が b <u>国境</u>にもなっています。太平洋に面し，緯度に比較して気候は穏やかです。」

学生Ｃ「私の住む都市は全米一の人口をもつ都市です。世界の政治・経済の中心地といえばまずここ。気候は日本に似ていて，気温の年較差が割と大きい方かな。」

(1)　学生３人が住む都市名と州名を答えよ。

(2)　下線部ａについて，

問１　この気候をハイサーグラフで表すと，どのような形になるか。最も適切なものを①～③から選べ。

①

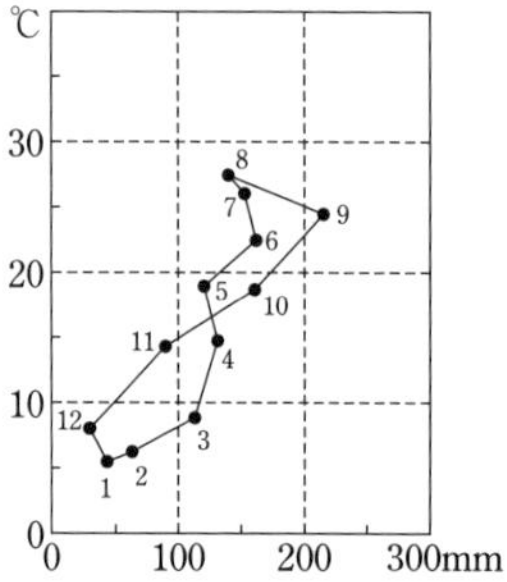

②

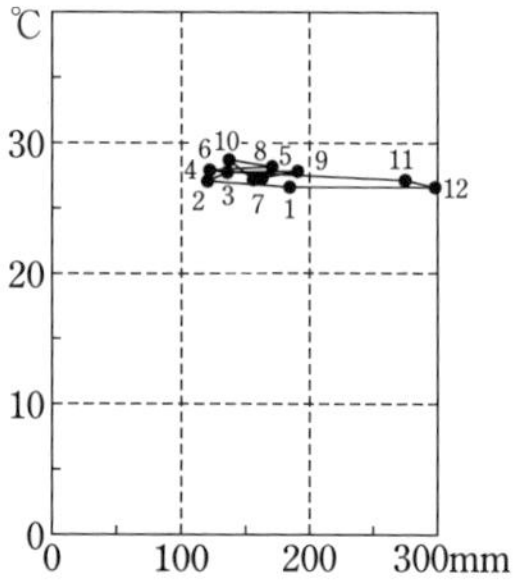

③

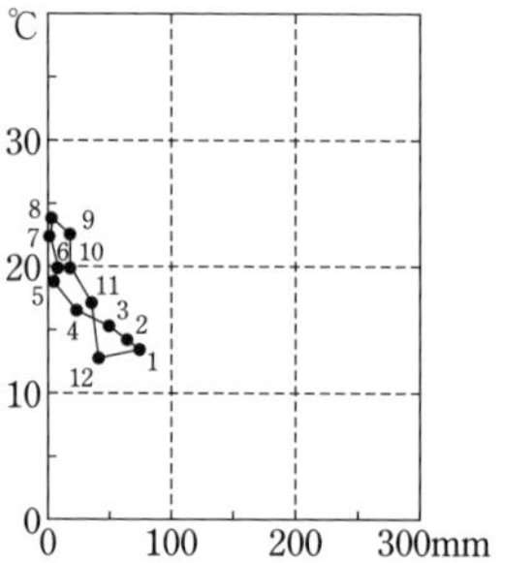

問２　この都市に映画産業が進出した理由を，気候の特色と関連付けて説明せよ。その際，下の語句を用いること。

【中緯度高圧帯　　晴天日数】

(3)　下線部ｂについて，

問１　この国境は緯度をもとに作られているが，このような人為的国境を特に何というか答えよ。

問２　この国境はどのような地域に多くみられるか答えよ。

〈宮城県・仙台市改題〉

2 ★★☆

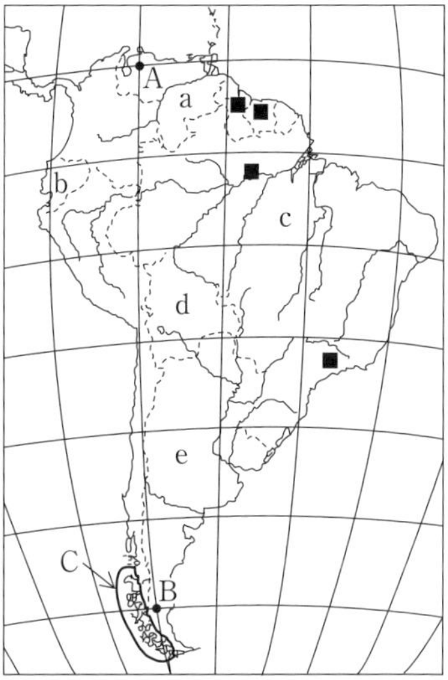

右の地図を見て，各問いに答えよ。なお，地図中の経緯線は10度ごとに示してある。

⑴　地図中のA地点とB地点の間のおおよその距離を求めよ。

⑵　地図中C付近にみられる地形は，地球上の他の地域でもみられるが，分布の共通性を簡潔に説明せよ。

⑶　地図中の■で示した地域に主に分布する地下資源名を答えよ。

⑷　地図中d，eで示す国の人種・民族構成の特徴をそれぞれ説明せよ。

⑸　次の表は，地図中a，b，c，eのいずれかの国の輸出額に占める輸出品の割合（2020年，ウのみ2015年，%）を示したものである。b，e国に当てはまるものを，表中ア～エから選べ。

国	食料品	原材料と燃料	工業製品	その他
ア	54.0	3.4	13.6	29.0
イ	34.8	38.2	25.1	1.9
ウ	0.0	98.1	1.8	0.1
エ	48.3	43.4	6.0	2.3

（『データブック オブ・ザ・ワールド2023』）

⑹　c国において，人口が流入した大都市にみられるスラムを何というか答えよ。

⑺　次の表は，2021年の日本における在留外国人数上位5ヵ国について，1990年から2021年の外国人登録者数の推移を示したものである。地図中cに当てはまるものを，表中ア～オから選べ。

国	1990年	2000年	2005年	2010年	2021年
ア	150,339	335,575	519,561	687,156	716,606
イ	6,233	16,908	28,932	41,781	432,934
ウ	687,940	635,269	598,687	565,989	409,855
エ	49,092	144,871	187,261	210,181	276,615
オ	56,429	254,394	302,080	230,552	204,879

(『データブック オブ・ザ・ワールド2023』)

〈群馬県改題〉

3 ★★☆

アメリカ合衆国に関する次の表と地図を見て，各問いに答えよ。

	州人口に占めるXの割合（2021年，%）	農業総産出額（2020年，億ドル）	製造品出荷額（2016年，億ドル）
ア	38.0	24.2	568
イ	6.5	370.2	4,932
ウ	3.5	62.5	130

(『データブック オブ・ザ・ワールド2023』)

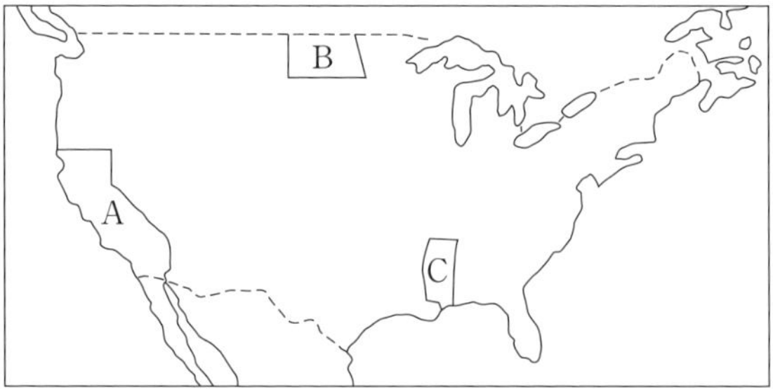

⑴　地図中A～Cに当てはまる州を表中ア～ウからそれぞれ選べ。

⑵　表中Xが示すものを次から選べ。

ア．白人　　イ．黒人　　ウ．ネイティブアメリカン　　エ．ヒスパニック

⑶　アメリカ合衆国の農業地域における土壌侵食の原因について説明せよ。

〈栃木県改題〉

演習問題　解答・解説

1

(1) 学生A：ロサンゼルス，カルフォルニア州
学生B：シアトル，ワシントン州
学生C：ニューヨーク，ニューヨーク州

(2) 問1　③
問2　夏は中緯度高圧帯に覆われ下降気流が卓越し晴天日数が多く，冬も温和な気候のため，映画の撮影に都合が良いから。

(3) 問1　数理的国境
問2　境界とすべき自然的事物に乏しい地域，人口密度が低く開発の遅れている地域，建国の歴史が比較的新しい国家間や旧植民地，紛争地域に多くみられる。

解説

(2) ロサンゼルスは地中海性気候（Cs）である。①は温暖湿潤気候（Cfa），②は熱帯雨林気候（Af）のグラフである。

(3) ワシントン州はカナダと，カリフォルニア州はメキシコとそれぞれ国境を接しており，どちらも数理的国境である。

2

(1) 約6,700km

(2) 大陸氷河に覆われていた高緯度地方

(3) ボーキサイト

(4) ・dのボリビアは先住民であるインディオと，ヨーロッパ系移民とインディオの混血であるメスチソが民族の大部分を構成している。
・eのアルゼンチンの民族は，スペイン系・イタリア系の白人がほとんどを占める。

(5) b：エ　　e：ア

(6) ファベーラ

(7) オ

解説

(1) 地球の全周約40,000kmを360（度）で割ると，経緯線1度＝約111kmとなる。よって，
　111×60＝6,660≒6,700（km）

(2) フィヨルドに関する説明である。フィヨルドは，氷河が侵食してできた氷食谷に海水が侵入して形成された。

(3) ガイアナ，スリナム，ブラジルに共通して埋蔵量の多い地下資源は，ボーキサイトである。

(5) ア．アルゼンチンは穀物や家畜の生産が盛んである。とうもろこしや大豆は世界有数の輸出量を誇る。
イ．ブラジルは南米最大の工業国。豊富な地下資源がその背景にある。
ウ．ベネズエラはOPECの原加盟国で，ブラジル，コロンビアに次ぎ南米第3位の産油国である（2021年）。
エ．エクアドルはバナナやカカオ豆の生産が盛ん。バナナの輸出は世界第1位である（2020年）。

(7) ア．中国　　イ．ベトナム
ウ．韓国・朝鮮　　エ．フィリピン
オ．ブラジル

1990年の「出入国管理及び難民認定法」の改正に伴い，日系人の多いブラジルからの外国人在留者が増加したが，リーマンショック等の影響で2008年は減少に転じた。近年はベトナム人の増加が目立っている。

3

(1) A．イ　B．ウ　C．ア

(2) イ

(3) 灌漑農法による大量の地下水の汲み上げ，化学肥料や農薬の大量使用，防風林の伐採，等高線耕作の無視など，生産性を重視した企業的大規模農業を行ったため。

解説

(1) A．カリフォルニア州は農業総産出額，製造品出荷額が多いことから判断できる。

B．ノースダコタ州は工業が発展していないことから，製造品出荷額で判断できる。

C．ミシシッピ州は黒人の割合が多いことから判断できる。

8 オセアニア

傾向と対策

地誌分野の中で最も出題頻度が低い。オーストラリアとニュージーランドを中心に，基本的な事項さえ押さえておけば対応できる問題がほとんどである。気候，産業，貿易などに関する統計資料を確認し，重要語句などについては説明ができるようにしておくこと。特にオーストラリアは日本と経済や文化交流などの面において結びつきが強い。日本との関わりの面からも，とらえておくとよい。また，メラネシア，ポリネシア，ミクロネシアの諸国についてはその概要を確認しておくとよい。環境問題に関係した出題がみられる。

例題 1　オーストラリアの自然環境と産業

次の各問いに答えよ。

(1)　ウルルやオルガ山は準平原において岩層の固い部分が残ったものだが，このような地形を何というか答えよ。

(2)　小麦栽培の灌漑のためのスノーウィーマウンテンズ計画では，スノーウィー川の水をトンネルでどこの川に流しているか。河川名を答えよ。

(3)　マウントホエールバック鉱山など鉱山の集中している地区名と，その鉄鉱石が専用鉄道で運ばれる積出港名を1つ答えよ。

解答　(1)　残丘（モナドノック）　　(2)　マリー川（マーレー川）

(3)　地区名：ピルバラ

港名：ポートヘッドランド，もしくはダンピア，ケープランバート

解説　(1)　ウルルはエアーズロックともいい，オーストラリア中央部にある巨大な一枚岩の独立岩峰である。先カンブリア時代から古生代初めの古い岩石で，そこが楯状地であったことを物語っている。先住民アボリジニの聖地でもある。

(2)　スノーウィーマウンテンズ計画はオーストラリア南東部の地域開発計画である。スノーウィー川をダムでせき止め，オーストラリアアルプス山脈を抜けて，マリー川に流す計画。灌漑目的の他，電力供給増加も目指している。

(3)　ピルバラ地区はオーストラリア西部に位置する。オーストラリアは他に北部のゴヴやウェイパでボーキサイト，東部のグレートディヴァイディング山脈では石炭，南西部のカルグーリーでは金など，地下資源が豊富である。

例題 2　ニュージーランドの自然環境

ニュージーランドについて，各問いに答えよ。

(1)　右の地図中に示した緯線Aの緯度を次から選べ。

ア．南緯20度　　イ．南緯30度

ウ．南緯40度　　エ．南緯50度

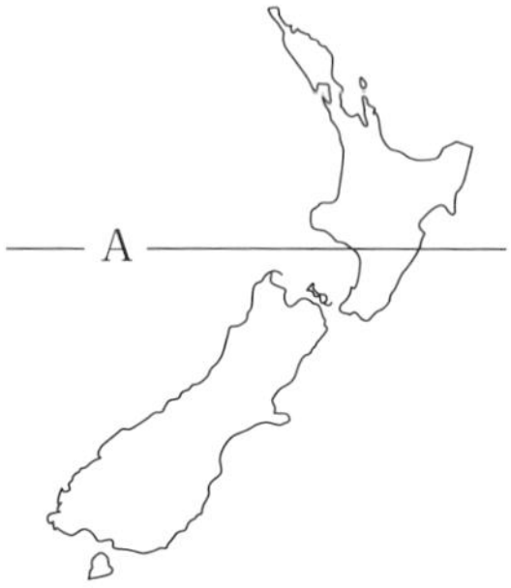

(2)　ニュージーランドは新期造山帯に属している。新期造山帯について100字程度で説明せよ。

(3)　ニュージーランドの地誌に関する記述として誤っているものを選べ。

①　日付変更線よりも西に位置している。

②　南島の南岸には亜寒帯気候がみられる。

③　主な先住民は，ポリネシア系のマオリ族である。

④　南島の南西岸にはフィヨルドがみられる。

〈高知県改題〉

解答　(1)　ウ

(2)　中生代（ジュラ紀）から新生代（第三紀）にかけての造山（褶曲）運動により形成された高峻な山脈で，アルプス＝ヒマラヤ造山帯と環太平洋造山帯の二大山系を構成する。現在も造山運動は継続しており，そのため地震や火山活動が活発である。

(3)　②

解説　(2)　古期造山帯は古生代中期から後期にかけて形成された，褶曲山脈が分布する地域をいう。オーストラリアのグレートディヴァイディング山脈はこの古期造山帯に属し，その他の大陸の大部分は安定陸塊（先カンブリア時代に地殻変動を受けたが，その後造山運動を受けなかった大陸地殻）に属する。ニュージーランドとは異なる地形となっている。ニュージーランドは新期造山帯のうち環太平洋造山帯に属する。

(3)　ニュージーランドの気候は南島も北島も西岸海洋性気候（Cfb）である。

演習問題

1　★★☆

次の表を見て，各問いに答えよ。

日本からの輸出品	割合(%)	ニュージーランドからの輸入品	割合(%)
乗用車	51.3	キウイフルーツ	16.0
一般機械	12.9	アルミニウムと同合金	14.0
バスとトラック	11.4	肉類	10.7
軽油	2.5	チーズとカード	8.7
電気機器	1.6	木製品	7.4

（『データブック　オブ・ザ・ワールド2023』）

(1)　この表は日本とニュージーランドの貿易において，輸出品目とその輸出額が全体に占める割合を示したものである（2021年）。ニュージーランドからの輸入でアルミニウムが多い理由を説明せよ。

(2)　EUなどの経済ブロックに対抗し，アジア・太平洋圏の経済関係強化を目指して，1989年にオーストラリアの提唱で発足した組織名を答えよ。

(3)　(2)の組織の加盟国で，地熱発電所がわずかしかない国を次から選べ。

【アメリカ　日本　フィリピン　ニュージーランド　オーストラリア】

(4)　次のA～Dのうち，オーストラリアの国旗を選べ。

A

B

C

D

(5)　次の文章の空欄に当てはまる語句を答えよ。

先住民として（　A　）が住んでいたこの国は，17世紀にオランダ人の（　B　）が近海を探検した後，18世紀にイギリスの（　C　）が領有を宣言した。この国に牧畜業が発達するに当たり，乾燥に強いスペイン産の（　D　）種が導入され，（　E　）産業が成立した。後に19世紀末になると（　F　）が利用され肉類や乳製品の輸出が可能となった。（　G　）の発見を機に中国などからの移民が急増したが，それに対し政府は（　H　）政策をとり，有色人種を締め出した。1970年代にはこれを廃止し，多文化主義に転換した。2000年には（　I　）でオリンピックが開催された。若者の短期就労移民体験受け入れの（　J　）制度をもつ国としても知られている。

(6) グレートアーテジアン（大鑽井）盆地で行われている農牧業について，次の語句を使って説明せよ。

【グレートディヴァイディング山脈　　掘り抜き井戸】

〈静岡県・静岡市〉

2 ★★☆

ニュージーランドに関する次の各問いに答えよ。

(1) 次のA～Cの指示に従って，白地図に記入せよ。

A．北島と南島の間にある海峡を矢印で示し，海峡名を記入せよ。

B．首都の位置を〇印で示し，首都名を記入せよ。

C．次の写真はある地形を撮影したものであるが，この地形が分布している地域を〇で囲め。

(2) ニュージーランド全島を支配する気候区名を答えよ。

(3) ニュージーランドの牧畜がヨーロッパの国々と比べて，有利とされる点を説明せよ。

(4) ニュージーランドにおいて，羊の放牧はほぼ全島でみられるが，特に南島東部で多い理由を説明せよ。

(5) ニュージーランドにおける発電エネルギー源別割合（2019年）をみると，第1位が水力発電，第2位が火力発電である。第3位に当てはまるものを答えよ。

(6)　次の表は，ニュージーランド・スイス・デンマーク・ウルグアイの主要輸出品（2020年）を示したものである。ニュージーランドに当てはまるものを表中ア～エから選べ。

	ア	イ	ウ	エ
第1位	肉類	酪農品	医薬品	機械類
第2位	木材	肉類	金（非貨幣用）	医薬品
第3位	大豆	野菜・果実	機械類	肉類
第4位	酪農品	木材	精密機械	衣類
第5位	米	機械類	有機化合物	魚介類

（『世界国勢図会2022/23』）

〈青森県改題〉

演習問題　解答・解説

1

(1) アルミニウムは自動車などの機械工業製品から日用品にまで広く利用されており，日本での需要が多いから。また，水資源が豊富なニュージーランドでは水力発電を利用したアルミニウム工業も発達しているため。

(2) APEC（アジア太平洋経済協力〔会議〕）

(3) オーストラリア　　(4) C

(5) A．アボリジニ
B．タスマン
C．（ジェームズ＝）クック
D．メリノ　　E．羊毛
F．冷凍船　　G．金
H．白豪主義　　I．シドニー
J．ワーキングホリデー

(6) グレートディヴァイディング山脈の西側にあるグレートアーテジアン（大鑽井）盆地は乾燥地域であるが，被圧地下水が多量に存在する。そのため，掘り抜き井戸によって自噴水を得ることができ，牧畜が盛んな地域となっている。羊の飼育が多く，企業的牧畜が行われている。

解説

(3) 地熱発電は地下の高温の熱水や蒸気を利用するため，地下でのマグマ活動が活発な地域（新期造山帯）に多い。

(4) A．フィジー共和国
B．ニュージーランド
D．イギリス
A～Cの国はイギリス連邦に加盟していることから，国旗にユニオンジャック（イギリス国旗）が入っている。

2

(1)

(2) 西岸海洋性気候（Cfb）

(3) 国土の半分近くが牧場・牧草地で，冬でも温暖な気候のため，牧草が年中生産可能であり，舎飼いの必要がなく羊や牛を年間通して放牧できるから。

(4) 偏西風がサザンアルプス山脈を越え，乾いた状態で風下の南島東部に達するため，比較的乾燥した気候となり，牧羊に適するから。

(5) 地熱発電　　(6) イ

解説

(1) C．ニュージーランド南島にはフィヨルドがみられる。

(5) ニュージーランドのワイラケイ発電所は地熱発電所としては世界最大級の出力である。

(6) イ．ニュージーランドは先進農業国であり，輸出品の半分以上を食料品が占め，なかでも酪農品が中心となる。
ア．ウルグアイ　　ウ．スイス
エ．デンマーク

第5編

政治

1 民主政治の基本原理

傾向と対策

出題範囲が狭い分野であるにもかかわらず，「政治」全体でみると，出題数が多い分野である。そのため，要点を押さえておけば，得点源となり得るといえる。夜警国家と福祉国家の定義，「法治主義」と「法の支配」の違い，アメリカ独立宣言やフランス人権宣言といった人権に関する宣言の内容とその歴史，社会契約説におけるホッブズ，ロック，ルソーそれぞれの主張の相違点，イギリスの議院内閣制とアメリカの大統領制の特徴については，確実に理解しておく必要がある。

例題 1　国家の成立と役割

(1)　ドイツの社会主義者ラッサールは，国家の任務を国防や治安の維持のような必要最小限度のものに限り，国民の生活に介入しない自由放任主義的な国家を批判して何といったか答えよ。

(2)「国王といえども，神と法の下にある」といった13世紀イギリスの裁判官名を答えよ。

(3)　イギリスで確立した「法の支配」と，第二次世界大戦前のドイツにおける「法治主義」について，簡潔に説明せよ。

解答　(1)　夜警国家　　(2)　ブラクトン

(3)「法の支配」は，人権保障を目的として，権力者・国民ともに自然法・正義の法に拘束されるという原理である。一方，「法治主義」は，法律に基づいて行政を行うべきとする考え方である。

解説　(1)　夜警国家に対し，国家が国民生活に積極的に介入する国家を福祉（行政）国家という。

(2)　ブラクトンは「法の支配」を主張した。その後，17世紀に，権利請願を起草したエドワード＝コーク（クック）が，王権神授説に立つ国王ジェームズ１世に対しブラクトンの言葉を引用して批判した。

(3)「法の支配」が国民の自由と権利を確保する観点から法の内容を重視するのに対して，「法治主義」は法の内容については問題とせずに，行政権の発動は議会が制定した法律にしたがってなされるべきであるという形式を重視した。

例題 2　人権思想の歴史

(1) 次の各文章の出典名を答えよ。

A．権利の保障が確保されず，権力の分立が規定されないすべての社会は，憲法をもつものでない。

B．すべて人は生来ひとしく自由かつ独立しており，一定の生来の権利を有するものである。これらの権利は人民が社会を組織するに当り，いかなる契約によっても，人民の子孫からこれをあらかじめ奪うことのできないものである。

C．すべて人は，人種，皮膚の色，性，言語，宗教，政治上その他の意見，国民的若しくは社会的出身，財産，門地その他の地位又はこれに類するいかなる事由による差別をも受けることなく，この宣言に掲げるすべての権利と自由とを享有することができる。

(2) ルソーが唱えた社会契約論に関する記述として正しいものを選べ。

① 「万人の万人による闘争状態」を避けるため，平和に生きるためには各人が統治者たる絶対主権者に自然権を譲渡しなければならない。

② 主権は国民にあり，社会共通の利益を目指す一般意志に導かれて，自由と平等の社会を形成すべきである。

③ 国家の最高権力者は人民であり，政府はその受託者にすぎず，受託の目的に反した場合には，人民には抵抗権がある。

④ 法とは主権者の命令であり，主権者とは神により権力を委譲された国王である。その国王に絶対的な権力が存する。

解答　(1) A．フランス人権宣言　　B．バージニア権利章典（バージニア憲法）
C．世界人権宣言

(2) ②

解説　(1) A．「権利の保障」「権力の分立」がキーワードで，第16条の条文である。他に，第1条（自由・平等），第2条（圧制への抵抗）も重要である。

B．「生来ひとしく自由かつ独立」がキーワード。自然権・天賦人権思想を明記した世界最初の成文憲法で，1776年に発布された。

C．あらゆる国家・国民の基本的人権と自由についての規範を示した宣言であり，1948年に国連総会で採択された。法的拘束力はない。

(2) ① **ホッブズ**に関する記述。結果的に**絶対君主制**を擁護した。

② **ルソー**は，人民主権に基づく**直接民主制**を主張した。

③ **ロック**に関する記述。代議政治による**間接民主制**を基礎付けた。

④ **王権神授説**に関する記述。絶対君主制に理論的根拠を与えた。

例題 3　各国の政治制度

(1)　イギリスの政治制度に関する次の文章の空欄に当てはまる語句を答えよ。

イギリスでは，行政権をもつ内閣の存立を議会の信任に求め，内閣は議会に対して（　A　）を負うとする議院内閣制がとられている。これを初めて慣行としたのは，18世紀の（　B　）内閣である。また，野党が政権交代に備えてあらかじめ組閣しておく慣行が長年にわたりみられてきたが，このような野党の内閣を（　C　）という。

(2)　アメリカの政治制度に関する記述として誤っているものを選べ。

①　大統領は間接選挙によって選出され，任期は４年で，３選は禁止されている。

②　行政府の各省長官は大統領が任免権をもち，各長官は大統領に対して責任を負う。また，長官は議員との兼職は禁止とされている。

③　大統領は法案の提出権をもたないが，議会の可決した法案に対しての拒否権をもつ。さらに上下両院が出席議員の３分の２以上の多数で再議決した場合には，再度拒否権を行使することができる。

④　裁判所は違憲立法審査権をもち，この権利は憲法上の明文規定はないが，1803年のマーベリー対マディソン事件判決以降，判例法として確立したものである。

解答　(1)　A．連帯責任　　B．ウォルポール
C．影の内閣（シャドー＝キャビネット）

(2)　③

解説　(1)　イギリスの議院内閣制では，議会の信任に基づき内閣が生まれ，内閣が議会に対して連帯して責任を負うため，立法府と行政府が互いに独立して抑制・均衡し合うアメリカの大統領制に比べて，立法府と行政府は密接な関係にある。その他，①議会（下院）の多数党の党首が首相に任命される慣行が確立されている，②下院は内閣不信任決議権を有し，これに対して内閣は下院に対する解散権を有する，③閣僚（国務大臣）は，その全員が上下両院の議員でなければならない，などの特徴がある。

(2)　③　上下両院が出席議員の３分の２以上の多数で再議決した場合には，その法案は成立する。大統領は，再度拒否権を行使することはできない。

その他，①大統領は議会に対して責任を負わない一方，議会に対する解散権を有していない，②大統領は教書を議会に送付することにより，必要な政策や立法措置の勧告を行う，などの特徴がある。

演習問題

1 ★☆☆

次のＡ～Ｅは，ある宣言文・条文の一部である。これについて，各問いに答えよ。

Ａ．１．国王は，王権により，議会の承認なしに法律（の効力）を停止し，または法律の執行を停止し得る権限があると称しているが，そのようなことは違法である。

５．国王に請願することは臣民の権利であり，このような請願をしたことを理由とする収監または訴追は，違法である。

Ｂ．われわれは，自明の真理として，すべての人は平等につくられ，造物主によって，一定の奪いがたい天賦の権利を付与され，そのなかに生命，自由および幸福追求の権利の含まれることを信ずる。また，これらの権利を確保するために人類のあいだに政府が組織されたこと，そしてその正当な権力は被治者の同意に由来するものであることを信ずる。

Ｃ．第１条　人は，自由かつ権利において平等なものとして出生し，かつ生存する。社会的差別は，共同の利益の上にのみ設けることができる。

第２条　あらゆる政治的団結の目的は，人の消滅することのない自然権を保全することである。これらの権利は，自由・所有権・安全および圧制への抵抗である。

Ｄ．第151条　経済生活の秩序は，すべての者に人間たるに値する生活を保障する目的をもつ正義の原則に適合しなければならない。この限界内で，個人の経済的自由は，確保されなければならない。

第153条　所有権は，憲法によって保障される。その内容およびその限界は，法律によって明らかにされる。

Ｅ．第12条　いっさいの兵役免除税もしくは援助金は，朕の王国の一般評議会によるのでなければ，朕の王国においてはこれを課しない。

第39条　自由人は，その同輩の合法的裁判によるか，または国法によるのでなければ，逮捕，監禁，差押，法外放置，もしくは追放をうけまたはその他の方法によって侵害されることはない。

(1)　Ａ～Ｅの出典名を次からそれぞれ選べ。

ア．フランス人権宣言　　イ．アメリカ独立宣言　　ウ．権利章典

エ．マグナ＝カルタ（大憲章）　　オ．ワイマール憲法

(2)　ＣとＤでは年代的にどちらが新しいか，記号で答えよ。また，その理由を条文中の語句を用いて，簡潔に説明せよ。〈鳥取県〉

2 ★★☆

次の文章を読んで，各問いに答えよ。

イギリスのロックやフランスの（　A　）は，人間が生まれながらにしてもつ自然権を守るために相互の契約によって国家が造られたとする（　B　）説を強く主張した。それは，人権擁護の運動を支える有力な論拠となった。20世紀に入ると自由権と同時に社会権の保障が強く主張されはじめた。この保障を本格的に実現したとされるのは，ドイツの（　C　）憲法であるが，aアメリカのローズヴェルト大統領が「４つの自由」の中でとり上げた，欠乏からの自由・（　D　）からの自由もこの流れにあるものといえる。

bイギリスでは，裁判官の（　E　）が「王といえども神と法の下にあるべきだ」として，「人の支配」を否定してc「法の支配」を主張し，フランスでは（　F　）が『法の精神』で国家権力を立法権・執行権・裁判権に分け，これら三権の「抑制と均衡」のしくみを主張した。

⑴　文章中の空欄に当てはまる語句・人名を答えよ。

⑵　下線部ａについて，

問１　大統領は法案を議会に提出することができず，教書を送付するのみであるが，一方で，議会の立法権を抑制する権限を有している。それはどのような権限であるか，20字以内で答えよ。

問２　議会がその権限に対抗するためには，上下両院でどのような手続きが必要であるか。20字以内で答えよ。

⑶　下線部ｂについて，

問１　イギリスでは野党第一党が政権交代に備えた準備機関を組織することが一般的とされてきた。その準備機関を何というか。

問２　イギリスと日本では国務大臣の資格要件が異なる。両国の制度の相違点を簡潔に説明せよ。

⑷　下線部ｃについて，「法の支配」と「法治主義」の相違点について，簡潔に説明せよ。

⑸　次の人権宣言の名称をそれぞれ答えよ。

A.「すべて人は生来ひとしく自由かつ独立しており，一定の生来の権利を有するものである」

B.　第１条「人は自由かつ権利において平等なものとして出生し，かつ生存する」

〈茨城県〉

演習問題　解答・解説

1

(1)　A．ウ　　B．イ　　C．ア
　　D．オ　　E．エ

(2)　〈記号〉　D
　　〈理由〉
　　　Cが「所有権」に制限を設けていないのに対し，Dは「所有権」の内容を法律で定めるとした上，「経済的自由」についても制限を設けているから。

解説

A．権利章典（1689年）は，王政を制限することによって議会主権を確立し，立法権と課税権を議会の権限とした。

B．アメリカ独立宣言（1776年）は，「生命・自由・幸福追求」という天賦人権（自然権）を確認し，暴政に対しては「抵抗権」があることを明示した。

C．フランス人権宣言（1789年）は，正式名称を「人および市民の権利宣言」という。

D．ワイマール憲法（1919年）は，世界で初めて社会権（生存権）を本格的に規定した憲法典として有名である。

E．マグナ＝カルタ（1215年）は，国王ジョンに対する要求である。「承諾なくして課税なし」「国法によらずして逮捕・監禁されず」といった私有財産の不可侵，人身の自由について明記されている。

2

(1)　A．ルソー　　　　B．社会契約
　　C．ワイマール　　D．恐怖
　　E．ブラクトン
　　F．モンテスキュー

(2)　問1　議会が可決した法案を拒否する権限。
　　問2　両院で3分の2以上の再可決を得ること。

(3)　問1　影の内閣
　　　　（シャドー＝キャビネット）
　　問2　イギリスでは全員が上下両院の議員の中から任命されなければならないが，日本では国会議員の中から過半数が任命されればよい。

(4)　「法の支配」では国民の自由と権利を確保する観点から法の内容を重視するのに対し，「法治主義」では行政権が法律に基づいて行使されているかどうかという形式が重視され，法の内容は問われない。

(5)　A．バージニア権利章典（憲法）
　　B．フランス人権宣言

解説

(1)　D．「4つの自由」にはこの2つの他に，「言論と表現の自由」，「各人が好む方法で神をあがめる自由」がある。

2 日本国憲法と政治

傾向と対策

この分野も要点を絞った学習で対応できる。大日本帝国憲法と日本国憲法の比較，日本国憲法の制定過程，憲法改正，平和主義，基本的人権における自由権（特に精神的自由）と社会権（特に生存権），新しい人権についての出題が比較的多くみられる。日本国憲法の条文と照らし合わせながら理解しておこう。

また，自治体によっては，基本的人権についての判例や学説なども出題されているため，そのような自治体を受験する場合は，細かいところまで学習しておく必要がある。

例題 1　大日本帝国憲法（明治憲法）

⑴　大日本帝国憲法に関する記述として誤っているものを選べ。

①　主権は「万世一系」の天皇に属し，天皇は国政にかかわる一切の統治権を総攬するとした。

②　統帥権は天皇のみがもつ大権の１つであり，軍令機関の助言に基づいて行使され，議会や内閣はかかわることができなかった。

③　国民の権利は天皇が恩恵的に与えた「臣民の権利」であるとし，かつ法律によって制限を伴う「法律の留保」が定められていた。

④　内閣総理大臣は「同輩中の首席」であるとして，他の国務大臣よりも超越した権限をもち，天皇に対して直接助言し補佐することができた。

⑵　日本国憲法が「民定憲法」であるのに対して，大日本帝国憲法は何といわれるか答えよ。

⑶　大日本帝国憲法は日本国憲法と同様に，一般の法律よりも改正手続きが厳格な憲法であった。このような憲法を何というか答えよ。

解答　⑴　④　　⑵　欽定憲法　　⑶　硬性憲法

解説　⑴　④　内閣総理大臣は，国務大臣の一員として他の各国務大臣と並び天皇を補佐する機関にすぎず，特別な権限は与えられていなかった。

⑵　欽定憲法とは，君主の単独の意思に基づいて制定され，君主から国民に授けられる憲法のことをいい，民定憲法とは，国民の総意に基づき，国民が直接的に，あるいは議会を通じて間接的に制定された憲法のことをいう。

例題 2　日本国憲法の制定過程，憲法改正

(1)　次の文章の空欄に当てはまる語句を答えよ。

1945年，我が国は（　A　）宣言を受諾することによって，連合国に無条件降伏した。（　B　）の最高司令官であったマッカーサーは同年，幣原内閣に対して憲法改正を指示した。これを受けて，（　C　）委員会が設置され，憲法改正草案として（　D　）案を提出したが，（　B　）はこれを拒否した。そして（　B　）によって作成されたマッカーサー草案が，一部修正されて帝国議会で可決され，日本国憲法として制定された。

(2)　マッカーサー三原則の3つの原則を挙げよ。

(3)　憲法改正について，

問1　憲法改正を国会が発議し国民に提案するためには，どれだけの国会議員の賛成を得る必要があるか答えよ。

問2　日本国憲法第96条の手続きさえ経れば，いかなる改正も可能であると考えられているか。

解答　(1)　A．ポツダム　　B．連合国軍（最高司令官）総司令部（GHQ）
C．憲法問題調査　　D．松本

(2)　天皇は国家の元首，戦争の放棄，封建制（度）の廃止

(3)　問1　各議院の総議員の3分の2以上

問2　国民主権・基本的人権の尊重・平和主義など日本国憲法の基本的原理は，改正できないとするのが通説とされている。

解説　(1)　A．米・英・ソ三巨頭会談の結果を受けて，アメリカ・イギリス・中国により出された日本降伏の条件を示す宣言である。軍国主義の除去，国民生活における民主主義的傾向の復活強化，基本的人権の尊重などが，新しい日本の在り方として求められた。

B．戦後の日本における占領行政のために設けられた。

C．憲法改正の内容について検討するために設置された。

D．松本案が拒否されたのは，天皇主権を温存する不徹底なものであったためである。

(2)　マッカーサー三原則は，憲法草案を作成する際に，マッカーサーがまとめたものである。マッカーサー草案は，国民主権を原理とし，戦争の放棄，基本的人権の尊重の保障を定め，日本国憲法の原型となった。

(3)　憲法改正は，**衆議院及び参議院の各総議員の3分の2以上**の賛成で国会が発議し，国民投票（投票年齢18歳以上）によって**有効投票総数の過半数**の賛成で成立となる（第96条第1項）。国民投票で改正が認められれば，天皇が国民の名で公布する。

例題3　平和主義と日米安全保障

⑴　次の文章の空欄に当てはまる語句を答えよ。

・日本国憲法前文と第98条第２項は，相互不可侵という国際自然法の遵守も含めた（　A　）主義を規定し，それを受けて第９条は徹底した平和主義を採用している。

・憲法は，内閣総理大臣および国務大臣は（　B　）でなければならないとして，防衛発動に関して民主的統制を及ぼしている。この原則を一般に（　C　）・コントロールという。

・日米安全保障条約は，1951年に（　D　）条約と同時に締結されたが，1960年には日米共同防衛体制の強化を図るため改定された。

・1999年，日本周辺（極東地域）における有事に備えて，日米防衛協力のための指針関連法である新日米（　E　）関連法が成立した。

・（　F　）法が1992年に制定され，我が国の自衛隊が初めて同法に基づいて正式に派遣されたのは，国連（　G　）暫定統治機構である。

⑵　砂川事件の飛躍上告審，長沼ナイキ基地訴訟の第二審では，「高度の政治性を有する問題については，裁判所は合憲・違憲の判断は行うべきではない」として憲法判断が回避された。この考え方を何というか答えよ。

⑶　内閣総理大臣を議長とし，我が国の安全保障についての重要事項を審議するために内閣に置かれる機関を何というか答えよ。

解答　⑴　A．国際協調　B．文民　C．シビリアン

D．サンフランシスコ平和（講和）　E．ガイドライン

F．PKO 協力（国連平和維持活動協力）　G．カンボジア

⑵　統治行為論　⑶　国家安全保障会議

解説　⑴　C．文民統制ともいい，軍の独走を抑止するため自衛隊の指揮監督，統括権は軍人がもってはならないとする原則である。

F．紛争当事国の停戦合意，受け入れ合意を条件に，自衛隊を海外派遣する。

G．それ以降，1993年モザンビーク，1994年ルワンダ，1996年ゴラン高原，2002年東ティモール，2012年南スーダンなどに派遣された。

⑵　国会や内閣が高度な政治的判断に基づいて行う行為は，裁判所の違憲審査の対象にならないという考えを**統治行為論**という。**砂川事件**では日米安全保障条約と駐留米軍の合憲性が，**長沼ナイキ基地訴訟**では自衛隊の合憲性が争われた。

⑶　日本版 NSC ともよばれる。なお，内閣総理大臣が自衛隊に出動命令を出すにあたっては，国会の承認が必要である。

例題 4　基本的人権

(1) 日本国憲法において，経済の自由に分類される条項のうち，「居住・移転及び職業選択の自由」以外のものを２つ挙げよ。

(2) 生存権について，

問１　1967年に生活保護打ち切りに反対する不服申し立てが却下されたことに対し，生存権を根拠に処分取り消しを求める訴訟がおこされたが，この訴訟名を答えよ。

問２　この訴訟について，最高裁は憲法第25条第１項の規定についてどのような見解をとったか。また，この見解のことを何説というか。

(3) 基本的人権に関する記述として正しいものを選べ。

① 政教分離の原則に違反するとして争われた愛媛玉串料訴訟において最高裁は，愛媛県が護国神社に玉串料などとして公費を支出したことは，世俗的な行為に当たるので合憲との判決を下した。

② 刑法第200条尊属殺人について，最高裁は憲法第14条の法の下の平等に反するとして，法律の規定を違憲とした。

③ 津地鎮祭訴訟の最高裁判決で，政教分離の原則は徹底的な分離を要求するものであるから，国と宗教との関わり合いは許されないとして違憲とした。

④ 最高裁は，薬局開設の許可条件として適正配置の基準を設けることは，国民の健康，安全を確保するための規制措置であり合憲であるとした。

(4) 基本的人権の行使が他人の権利や自由と衝突した場合には，その適正な調整をはかることが必要であり，そのような人権相互の間の衝突を調整する原理を何というか答えよ。

解答　(1) 外国移住・国籍離脱の自由，財産権の保障

(2) 問１　朝日訴訟

問２　見解：国政の政治的・道義的義務や指針を宣言したにすぎず，直接個々の国民に対して具体的権利を保障したものではない。

名称：プログラム規定説

(3) ②　　(4) 公共の福祉

解説　(3) ① 玉串料の奉納は，習慣化した社会的儀礼的行為とはいえず宗教的活動に当たり，違憲とされた。

③ 地鎮祭は，一般的慣習に従った世俗的な行為で宗教的活動に当たらず，合憲とされた。

④ 薬局の適正配置規制の必要性と合理性は認められず，違憲とされた。

演習問題

1 ★☆☆

次の文章の空欄に当てはまる語句を答えよ。

大日本帝国憲法は，君主が制定して国民に与えるという（　A　）憲法であり，その作成に国民の参加は許されず，天皇の諮問機関である（　B　）の審議を経ただけのものであった。さらに，外見的に近代的憲法ではあるが，今日の日本国憲法の民主主義的な諸原理と比べて保守的な色彩も強く，外見的立憲主義の憲法だともいわれる。

第1に，主権は天皇に属し，天皇は一切の（　C　）を総攬していた。第2に，帝国議会は天皇の立法権を（　D　）するだけの存在であり，また，貴族院は，皇族，華族と（　E　）議員とで構成されていた。第3に，政府は，法律にかわる（　F　）勅令・独立命令の発布を許され，行政組織などについても議会の承認なしに勅令で定めることができた。第4に，（　G　）の独立という原則があり，議会や内閣がこれに関与することができなかった。第5に，保障されていたのは，天皇によって与えられた「（　H　）の権利」であって，不可侵の基本的人権ではなかった。

〈茨城県改題〉

2 ★★☆

次の文章を読んで，各問いに答えよ。

「a ポツダム宣言」を受諾して，1945年8月15日に太平洋戦争が終わり，これ以後我が国は，連合国の占領下に入った。（　A　）は，日本政府に対して大日本帝国憲法の改正を示唆した。これを受けて幣原内閣のもと，b 憲法改正要綱が起草されたが，c 連合国側はこれを拒否し，自ら作成した改正草案を日本政府に示した。日本政府は，これをもとにして，新たな改正案を作成し，（　B　）議会に提出した。（　B　）議会は，この案に若干の修正を加えて可決した。

このように，日本国憲法は，形式的には大日本帝国憲法の改正として成立したが，その内容をみれば，d 日本の歴史や国民生活にとって，画期的な意味をもつものであった。

⑴　文章中の空欄に当てはまる語句を答えよ。

⑵　下線部aについて説明した次の文章の空欄に当てはまる語句を答えよ。

この宣言は，我が国に対する（　C　）降伏を迫るとともに，（　D　）

主義の解除，（　E　）主義的傾向の復活強化に対する障碍の除去，（　F　）の尊重の確立，平和的で（　G　）ある政府の樹立などの諸原則が含まれていた。

(3)　下線部bについて，この改正案は一般に何案とよばれているか答えよ。

(4)　下線部cについて，連合国側が拒否した理由を簡潔に説明せよ。

(5)　下線部dについて，どのような点で画期的な意味をもつといえるか。簡潔に説明せよ。

〈愛媛県〉

3　★★☆

次の文章を読んで，各問いに答えよ。

日本国憲法では$_a$第９条において，戦争の放棄，戦力の不保持，交戦権の否認を定めており，他国の憲法と比較しても徹底した平和主義を掲げている。しかし，他国では自衛権を否定した憲法はなく，国際法や国連憲章第51条では自衛権を認めており，日本でも自衛権は認められているとする説が有力である。

そもそも戦後直後，アメリカの対日占領政策は日本の民主化と非軍事化にあったが，米ソ間の緊張が高まると同時に，この非軍事化政策は一転した。日本は，1950年，東西対立が朝鮮戦争に発展したのを契機に，1951年，連合国と（　A　）条約を結び，国際社会に復帰すると同時に日米安全保障条約が締結され，占領米軍は駐留軍として引き続き日本に残ることとなった。この条約は1960年に改定され，これを機に国民各層の激しい安保闘争を生み，国論は二分された。こうした経過の中で$_b$日本の自衛隊は，様々にその是非が問われながらも現在に至り，世界でも有数の規模と装備を有するようになった。

冷戦の終結，ソ連邦の崩壊という世界情勢の新しい局面の中で，日米安全保障の在り方も大きく変わってきた。1996年には日米安保共同宣言が出され，翌97年には「日米防衛協力のための指針（新ガイドライン）」が合意された。さらには，この新ガイドラインを具体化する関連法として周辺事態法などが制定された。2000年には朝鮮半島南北首脳会談が開かれ，南北両国間，日朝間の交流拡大や国交回復に向けた動きが強まるなど，$_c$極東アジアをめぐる情勢は緊張緩和に向けて進んだ。しかし，2001年にアメリカで同時多発テロがおこり，日本ではこれに関連する法律として，国連および対米協力のための（　B　）法が制定された。

現在日本は，国連外交を掲げ，$_d$PKO（国連平和維持活動）を中心として国際貢献の幅を広げようとしているが，多様化する国際情勢の展開の中で多くの問題を抱えている。

⑴　文章中の空欄に当てはまる語句を答えよ。

⑵　下線部aについて，次は憲法第9条の条文である。空欄に当てはまる語句を補充し，条文を完成させよ。

第1項　日本国民は，正義と秩序を基調とする（　C　）を誠実に希求し，（　D　）の発動たる戦争と，武力による威嚇又は武力の行使は，（　E　）を解決する手段としては，永久にこれを放棄する。

第2項　前項の目的を達するため，（　F　）軍その他の戦力は，これを保持しない。国の交戦権は，これを認めない。

⑶　下線部bについて，自衛隊の存在をめぐっていくつかの訴訟が行われたが，唯一，札幌地裁において自衛隊の違憲判決が出された。その訴訟名を答えよ。

⑷　下線部cについて，極東アジアに関しての協議は，2003年6月に初めて北京で行われた「6ヵ国協議」でも話し合われたが，そこでの6ヵ国とは，日本・北朝鮮・韓国とあとの3ヵ国はどこか，すべて挙げよ。

⑸　下線部dについて，

問1　PKO協力法の内容として誤っているものを選べ。

①　国際平和協力業務の実施，物資協力，これらについての国以外の者の協力等を適切に組み合わせることを明記しているが，PKF（国連平和維持軍）本隊業務への参加については明記していない。

②　国際的な選挙監視活動について，停戦合意，受入同意の要件を満たす範囲内において，要員の派遣及び物資協力を行うことができる。

③　国連難民高等弁務官事務所（UNHCR）など中立性のある国際機関によって実施される人道的な国際救援活動に対する物資協力については，停戦合意の要件がない場合でも行うことができる。

④　上官は武器の使用について，その目的の範囲内において適正に行われることを確保する見地から命令をすることができる。

問2　日本がPKOを派遣した国及び地域として当てはまらないものを次から選べ。

ア．ゴラン高原　　イ．東ティモール　　ウ．アンゴラ
エ．南スーダン　　オ．チェチェン共和国

〈佐賀県改題〉

4　★☆☆

次の文章を読んで，各問いに答えよ。

日本国憲法における自由権的基本権は，その内容の違いから精神の自由，人身の自由，経済の自由に分けることができる。精神の自由としては，a思想の自由，b信教の自由，c表現の自由，d学問の自由が主なものであるが，これらのうち信教の自由に関しては，憲法はいわゆる（　A　）分離の原則を明らかにしている。また，表現の自由の保障の一環として，表現の事前抑制に当たる（　B　）を禁止する規定がおかれている。人身の自由は，みずからの意思に反して身体活動などを拘束されない自由であり，憲法上，奴隷的拘束及び（　C　）からの自由やe法定手続きの保障が規定されている他，刑事手続きにおける被疑者・被告人の権利について詳細な規定もある。f経済の自由は，財産権の保障や職業選択の自由などを内容とするが，精神の自由などに比べると制約を受けることがある。

g憲法第14条の法の下の平等は，すべての人間は平等に尊重されなければならないという精神に基づくものである。また，社会的弱者の人間に値する生活を確保するために，h国家による積極的な保障が要請されている権利として，社会権的基本権がある。憲法では，i生存権，教育を受ける権利，（　D　）権及びいわゆる労働三権を保障している。

(1)　文章中の空欄に当てはまる語句を答えよ。

(2)　下線部a～dに関連の深い事件・訴訟を次のア～エからそれぞれ選べ。

ア．三菱樹脂事件　　　イ．東大ポポロ事件

ウ．チャタレー事件　　エ．津地鎮祭訴訟

(3)　下線部eについて，

問1　憲法第31条は，どのような行為を犯罪とし，それがどのような刑罰を受けるかはあらかじめ法律で定められていなければならない，という近代刑法の大原則を述べているが，この考え方を何というか。漢字6字で答えよ。

問2　憲法は逮捕の要件として，「司法官憲の発する犯罪を明示する令状」によると規定し，令状主義をとっている。この場合の司法官憲とは何を指すか。また，令状を必要としない場合を答えよ。

(4)　下線部fについて，憲法では，どのような言葉で経済の自由を「制約」しているか，5文字で答えよ。

(5)　下線部gについて，次は憲法第14条の条文である。空欄に当てはまる語句を答えよ。

「すべて国民は，法の下に平等であつて，人種，（　E　），性別，社会的

身分又は（　F　）により，政治的，経済的又は社会的関係において，差別されない。」

(6)　下線部hについて，生存権・労働権など福祉国家の基本的枠組みを採り入れた社会権を最初に規定した1919年制定の憲法名を答えよ。

(7)　下線部iについて，

問1　朝日訴訟の最高裁判決では，「憲法第25条は，国の責務や理念を宣言したにとどまり，直接個々の国民に対して具体的権利を賦与したものではない」という判断をしている。この考え方を何説というか答えよ。

問2　児童扶養手当法の併給禁止規定が争点となった訴訟名を答えよ。

〈青森県改題〉

5　★★☆

日本国憲法に関する次の各問いに答えよ。

(1)　公共の福祉に関する記述として正しいものを選べ。

①　公共の福祉に優先するのは，財産権など経済的自由権だけである。

②　都市計画による土地利用規制で，公共の福祉を理由として個人の財産に一定の制限を加えることは認められている。

③　他人の権利も同じように尊重することを意味するのではなく，個人の利益を超えた全体の利益を意味するものである。

④　最高裁判所は，公共の福祉を理由に法律により薬局開設に距離制限を設けることを合憲とした。

(2)　人身の自由に関連して，憲法で絶対的に禁止している事項に当てはまらないものを次から選べ。

ア．意に反する苦役　　イ．公務員による拷問

ウ．奴隷的拘束　　エ．残虐な刑罰

(3)　自由権を制限する場合の違憲審査の基準のひとつとして，「二重の基準論」という考え方が用いられることがある。この「二重の基準論」とはどのような考え方か，説明せよ。

(4)　社会権に関する記述として正しいものを選べ。

①　人が，国に法律の制定・改廃などを要求する権利。

②　公務員の不法な行為により損害を受けた人が，国などに賠償請求を求める権利。

③　権利や自由を侵害された人が，裁判所において裁判を受ける権利。

④　国民が，その能力に応じて，等しく教育を受ける権利。

(5)　第9章の憲法改正に関する記述として正しいものを選べ。

① 憲法改正は，内閣が発議し，衆参両議院の総議員の３分の２以上の賛成によって，国会が承認し，天皇が公布する。
② 憲法改正について，国民の承認には，特別の国民投票を実施するか，または国会の定める選挙の際行われる投票において，その過半数の賛成を必要とする。
③ 憲法改正は，法律案と同様に衆議院の優越が認められている。
④ 我が国の憲法は，硬性憲法であり，憲法改正は通常の法律の改正と同様の手続きで行うことができる。 〈岩手県改題〉

6 ★☆☆

次の文章を読んで，各問いに答えよ。

基本的人権をめぐる問題も，時代とともに変化する。日本国憲法施行後の社会の激しい変化に対応して，従来の人権の内容を見直して発展させる必要や，新しい人権の確立が主張されるようになった。

a公害などによる生活環境の悪化や自然破壊などの問題が深刻化する中で，憲法第13条「生命，自由及び（　A　）に対する国民の権利については，（　B　）に反しない限り，立法その他の国政の上で，最大の尊重を必要とする。」，第25条「すべて国民は，（　C　）で文化的な（　D　）の生活を営む権利を有する。」に基づいて（　E　）権が主張されるようになった。

また，マス＝メディアの発達に伴って，個人情報や私生活が侵害されるような問題がおこってきたため，表現の自由に対して，b私生活や自己の情報をみだりに公表されない権利が主張されるようになった。これを（　F　）の権利という。

さらに，個人の情報が一部の限られたところに集中されており，本人が知らないうちに情報がさまざまに利用されるおそれがある。そこで，c国民が必要な情報を知り政治や企業活動を監視する権利が求められるようになった。

(1) 文章中の空欄に当てはまる語句を答えよ。
(2) 下線部ａについて，大規模な開発が周囲の環境に及ぼす影響を事前に調査，予測，評価し，その結果を公表し開発計画を修正・決定することで，環境破壊を未然に防ごうとする制度を何というか答えよ。
(3) 下線部ｂについて，この権利について初めて争われた有名な訴訟のもととなった三島由紀夫の小説名と，最高裁において発刊差し止め判決が出された柳美里の小説名をそれぞれ答えよ。
(4) 下線部ｃについて，国民がマス＝メディアを利用して反論をしたり，意見を主張する機会を求めたりする権利を何というか答えよ。 〈高知県〉

演習問題　解答・解説

1

A．欽定　B．枢密院
C．統治権　D．協賛
E．勅任　F．緊急
G．統帥権　H．臣民

解説

B．重要な国政の運営については事実上政府を制約するなど，大きな政治的権力を有していた。

C．立法・行政・司法すべての権能のことをいう。

D．統治権の総攬者であった天皇が，法律案や予算案を成立させる際，事前に帝国議会が与える同意のことをいう。

F．天皇大権の1つで，帝国議会の閉会中にその同意を経ずに発布することができた。

G．軍を指揮命令する権限のことをいう。

H．大日本帝国憲法下での臣民の権利は，天皇により恩恵的に与えられ，「法律の範囲内」で保障されたものにすぎなかった。

2

(1)　A．連合国軍総司令部（GHQ）
　　B．帝国
(2)　C．無条件　D．軍国
　　E．民主　F．基本的人権
　　G．責任
(3)　松本案
(4)　天皇主権を温存するなど大日本帝国憲法の根本原則に変更を加えるものではなかったから。
(5)　大日本帝国憲法とは全く異なる原理である国民主権，基本的人権の尊重，平和主義という3つの基本原則をもっていたから。

3

(1)　A．サンフランシスコ平和（講和）
　　B．テロ対策特別措置
(2)　C．国際平和　D．国権
　　E．国際紛争　F．陸海空
(3)　長沼ナイキ基地訴訟
(4)　中国，ロシア，アメリカ
(5)　問1　①　問2　オ

解説

(3)　第二審の札幌高裁は，自衛隊の合・違憲判断は裁判所の審査になじまないとし，憲法判断を控え，最高裁も高裁判決を支持した。

(4)　6ヵ国協議とは，北朝鮮の核開発問題について討議するための多国間協議のことである。

(5)　問1　①　PKF本隊業務への参加は，2001年の改正により可能となっている。
　問2　チェチェン共和国は，ロシア連邦の構成主体の1つであるが，ソ連解体後，独立を求める勢力とロシア政府との間で紛争がみられた。

4

(1)　A．政教　B．検閲
　　C．苦役　D．勤労
(2)　a．ア　b．エ
　　c．ウ　d．イ
(3)　問1　罪刑法定主義
　問2　司法官憲：裁判所
　　令状を必要としない場合：
　　現行犯による場合
(4)　公共の福祉

⑸　E．信条　　F．門地
⑹　ワイマール憲法
⑺　問１　プログラム規定説
　　問２　堀木訴訟

解説

⑵　ア．「思想の自由」について争われた訴訟で，企業は雇用の自由を有することから思想・信条を理由に従業員の本採用を拒否したとしても，思想・良心の自由を侵害したことにならないとされた。

イ．「学問の自由」と大学の自治について争われた訴訟で，大学の中で学生が政治的な活動を行った場合は，大学の自治は認められないとされた。

ウ．「表現の自由」について争われた訴訟で，刑法第175条のわいせつ物頒布罪は最小限度の性道徳を維持するという公共の福祉のための制限であり，表現の自由に違反しないとされた。

エ．「信教の自由」について争われた訴訟で，自治体による地鎮祭への公金支出について，日本国憲法が禁止する国家と宗教とのかかわりあいは，行為の目的と効果から見て，相当とされる限度を超えた場合に限られる（目的効果基準）として，政教分離原則に違反しないとした。

⑺　問２　堀木訴訟では，具体的にどのような立法措置をとるのかという選択決定は，立法府の広い裁量に委ねられており，児童扶養手当法の併給禁止規定は憲法第25条の規定に違反しないとされた。

5

⑴　②　　⑵　ア
⑶　経済の自由は精神の自由に比べて公共の福祉による制限を広く受けるという考え方。
⑷　④　　⑸　②

解説

⑴　①　公共の福祉は，すべての人権に内在しているとされる。ただし，憲法第19条の思想・良心の自由と憲法第36条の公務員による拷問の禁止は絶対保障であり，「公共の福祉」により制約できない。

③　他人の権利も同じように尊重することを意味する。

④　薬事法に基づく薬局開設の距離制限は，必要性・合理性を認めることはできないことから，職業選択の自由に違反し，違憲であるとされた。

⑵　ア．犯罪による処罰の場合には，「意に反する苦役」に服させられる（憲法第18条）。

⑶　精神の自由を規制する場合，経済の自由より厳しい基準によって憲法違反でないかどうかが審査されなければならないとする考え方をいう。

⑷　①～③　受益権（請求権）についての記述である。

⑸　①　各議院の総議員の３分の２以上の賛成で国会が発議し，国民の承認を得た上で，天皇が公布する（憲法第96条）。

③　憲法改正については，衆議院の優越が認められておらず，両院対等である。

④　憲法改正は通常の法律改正手続きよりも厳格な手続きが必要である。

6

(1)　A．幸福追求　B．公共の福祉
　　C．健康　D．最低限度
　　E．環境　F．プライバシー

(2)　環境アセスメント
（環境影響評価制度）

(3)　三島由紀夫：『宴のあと』
　　柳美里：『石に泳ぐ魚』

(4)　アクセス権

解説

(3)『宴のあと』事件は，東京都知事選挙に立候補した原告をモデルとした小説『宴のあと』が，原告のプライバシーの権利を侵害するかどうか争われた事件で，一審の東京地裁はプライバシーの権利の侵害であると判示した。

『石に泳ぐ魚』裁判は，モデル小説における容貌の記述が人格権侵害に当たるとして発刊の差し止めを求めたもので，最高裁はプライバシーの権利の侵害を認めた。

3 日本の政治機構

傾向と対策

「政治」では出題数の最も多い分野である。特に裁判所，地方自治からの出題が多くみられる。国会ではその地位と権限，衆議院の優越，裁判所では司法権の独立，裁判官の任命と罷免される場合，違憲立法審査権，裁判員制度，地方自治では「地方自治の本旨」，地方公共団体の事務，直接請求権についてよく問われている。日本国憲法の条文と照らし合わせて確実に理解しておく必要がある。また，記述式の出題もみられるため，憲法条文をもとに，まとめることができるようにしておこう。

例題 1 **国会**

(1) 国会に関する次の文章の空欄に当てはまる語句を答えよ。

・国会には，毎年1月に始まり150日間を会期とする（　A　），政治上の重大問題や災害などがおこり，国会の審議を必要とするときに召集される（　B　），新しい内閣総理大臣指名のために衆議院解散総選挙後の30日以内に召集される（　C　）がある。

・日本国憲法では，予算について，衆議院と参議院の意見が一致しないときは，（　D　）を開いて話し合うが，それでも意見がまとまらない場合は衆議院の議決が優越する。例えば，衆議院が可決した予算案を，参議院が受け取ってから（　E　）日以内に議決しないときには衆議院の議決が優越する。

(2) 憲法に示されている国会議員の特権を2つ挙げよ。

(3) 国会は「国の唯一の立法機関」とされているが，憲法上の例外を挙げよ。

解答 (1) A．常会（通常国会）　B．臨時会（臨時国会）
C．特別会（特別国会）　D．両院協議会　E．30

(2) 免責特権，不逮捕特権，歳費受領権（歳費特権）　から2つ

(3) 内閣の政令制定権，最高裁判所の規則制定権，両議院の規則制定権，地方公共団体の条例制定権，地方特別法の住民投票，憲法改正の国民投票

例題 2　内閣

(1) 内閣の権限として誤っているものを選べ。
　① 裁判官の懲戒処分を行うこと。
　② 臨時国会の召集を決定すること。
　③ 予算を作成して国会に提出すること。
　④ 大赦，特赦，減刑，刑の執行の免除及び復権を決定すること。

(2) 内閣に関する記述として正しいものを選べ。
　① 法律及び政令には，各国務大臣と内閣総理大臣の署名が必要である。
　② 内閣総理大臣が死亡したり，単独で辞職したりするなどして，内閣総理大臣が欠けた場合，内閣は総辞職しなければならない。
　③ 国会で重要事項を審議しなければならないとき，内閣総理大臣の指名に先だってこれを行う場合がある。
　④ 内閣総理大臣は，国務大臣を任命するが，国務大臣を罷免する場合は閣議において決定している。

(3) 行政権を担う内閣と立法権を担う国会との関係について，衆議院が内閣不信任案を可決した場合，内閣は何をする必要があるか答えよ。

(4) 日本国憲法第90条では，国の収入支出の決算を検査する機関の設置が規定されている。この機関を何というか答えよ。

解答　(1) ①　　(2) ②
(3) 総辞職または衆議院の解散　　(4) 会計検査院

解説　(1) ① 裁判官の懲戒処分は，行政機関が行うことはできない（第78条）。②は第53条，③は第73条第５号，④は第73条第７号に規定されている。
(2) ① 法律及び政令には，すべて主任の国務大臣が署名し，内閣総理大臣が連署することが必要である（第74条）。
③ 内閣総理大臣の指名は，他のすべての案件に先だって行われる必要がある（第67条第１項）。
④ 内閣総理大臣は，国務大臣を任意に罷免できる（第68条第２項）。
(3)「10日以内に衆議院が解散されない限り，総辞職をしなければならない。」（第69条）と規定されている。内閣は任意に総辞職できるが，衆議院が内閣不信任決議案を可決または信任決議案を否決したときに衆議院を10日以内に解散しない場合，衆議院議員の総選挙後，初めて国会の召集があった場合，内閣総理大臣が欠けた場合には総辞職しなければならない（第69・70条）。

例題3　裁判所

(1)　日本国憲法で禁じられている特別裁判所の例を1つ挙げよ。

(2)　裁判官の任命に関する記述として誤っているものを選べ。

①　最高裁判所の長たる裁判官は，内閣の指名に基づき天皇が任命する。

②　長たる裁判官以外の最高裁判所の裁判官は，内閣が任命する。

③　地方裁判所の裁判官は，最高裁判所の指名した者の名簿によって，内閣が任命する。

④　家庭裁判所の裁判官は，最高裁判所の長たる裁判官が任命する。

(3)　最高裁判所は，なぜ「憲法の番人」といわれるのか，簡潔に説明せよ。

(4)　次の文章の空欄に当てはまる語句を答えよ。

裁判は，国民の自由や権利を守るために慎重に行われなければならない。そのため，裁判は一回限りではなく，原則的に（　A　）がとられている。また，裁判を公正に行うために，司法権の独立の原則が要請される。憲法第76条第3項が「すべて裁判官は，その（　B　）に従ひ独立してその職権を行ひ，この憲法及び法律にのみ拘束される。」と定めているのはこの原則である。このためには裁判官の身分が保障されなければならず，裁判官は，（　C　）の故障のために職務を執ることができないと裁判によって決定された場合と，（　D　）による場合の他は罷免されない。最高裁判所の裁判官については，さらに（　E　）によっても罷免される場合がある。

(5)　有権者の中から抽選で選任された者によって構成され，利害関係人の申し立てなどにより検察官の不起訴処分の当否を審査する組織を何というか答えよ。

解答　(1)　行政裁判所，皇室裁判所，軍法会議　　など から1つ　　(2)　④

(3)　法令などが合憲か違憲かを最終的に判断する権限を有するから。

(4)　A．三審制　　B．良心　　C．心身

D．公の弾劾　　E．国民審査

(5)　検察審査会

解説　(1)　特別裁判所とは，特殊な人または特殊な事件について裁判を行う，司法裁判所の系列に属さない裁判所のことをいう。

(2)　④　家庭裁判所は下級裁判所であり，地方裁判所裁判官と同様，最高裁判所の指名した者の名簿によって内閣が任命する（第80条第1項）。

(5)　検察審査会で起訴相当と2回議決されれば，裁判所が指定した弁護士によって強制的に起訴される。

例題4　地方自治

(1)　地方自治に関する記述として誤っているものを選べ。

①　地方自治の本旨は，団体自治と住民自治の２つの要素からなる。

②　住民には，地方自治に直接参加する直接請求権が認められている。

③　議会は首長に対する不信任決議権をもち，首長は不信任決議に対して議会を解散する権限をもつ。

④　議会は自由に条例を制定・改廃でき，条例は法律に優先する。

⑤　首長および議員は，住民の直接選挙によって選ばれる。

(2)　J. ブライスは地方自治の重要性を指して「地方自治は民主主義の学校である」と表現したが，この意味について簡潔に説明せよ。

(3)　次の文章の空欄に当てはまる語句を答えよ。

地方公共団体が行う事務は，地方税の徴収，条例の執行など，原則として各公共団体が自らの責任と判断で行う（　A　）と，国政選挙に関する事務など国が実施方法まで指示できる（　B　）に大別される。

(4)　住民に認められている首長の解職請求に関し，次の事項を答えよ。

ア．必要署名数（原則）　　イ．請求の受理機関　　ウ．請求後の措置

(5)　地方自治に関し，小泉純一郎内閣によって推進されていた「三位一体改革」の内容を３つ挙げよ。

解答　(1)　④

(2)　地方の政治に住民自身が参加するのが民主主義の出発点であること。

(3)　A．自治事務　　B．法定受託事務

(4)　ア．有権者の３分の１以上　　イ．選挙管理委員会

ウ．有権者による住民投票に付し，過半数の同意があれば職を失う。

(5)　国庫補助金の廃止・削減，国から地方への税源移譲，地方交付税の見直し

解説　(1)　④　法律が条例に優先し，条例は法律の範囲内に限られる。

(3)　1999年制定の地方分権一括法により，**機関委任事務は廃止**された。

法定受託事務には国政選挙の他に，旅券交付，戸籍事務，国道管理などがある。

(4)　直接請求権については，**地方自治法**において規定されている。

請求の種類	必要署名数	請求先	請求後の措置
条例の制定・改廃	有権者の50分の１以上	首長	議会に付議し，結果を公表
事務の監査請求		監査委員	監査結果を公表
議会の解散	有権者の※３分の１以上	選挙管理委員会	住民投票の過半数同意で解散
議員・首長の解職			住民投票の過半数同意で解職
主要公務員の解職		首長	議会で総議員３分の２以上出席，４分の３以上同意で解職

※有権者数40万人超・80万人以下の地方公共団体では，「40万人に３分の１を乗じた数」と「40万人を超える数に６分の１を乗じた数」とを合計した数。有権者数80万人超の地方公共団体では，「40万人に３分の１を乗じた数」と「40万人に６分の１を乗じた数」及び「80万人を超える数に８分の１を乗じた数」を合計した数。

例題５　選挙制度

(1)　現在の参議院の比例代表，選挙区における定数をそれぞれ答えよ。

(2)　参議院議員選挙の比例代表制における非拘束名簿式とはどのような選挙制度か，簡潔に説明せよ。

(3)　特定の政党に有利な選挙区割りをすることを何というか答えよ。

(4)　一票の格差について，

問１　1972年に初めて最高裁が違憲判決を下した，第33回衆議院議員総選挙における一票の格差は約何倍であったか。

問２　問１の判決で最高裁は行政事件訴訟法第31条第１項に従って選挙自体は有効であるとの判決を下したが，このような判決を何というか。

(5)　国政選挙の比例代表制ではドント式が採用されている。仮に有効投票数が3,120票で，各政党の得票がＡ党1,500票，Ｂ党900票，Ｃ党720票であり，総定数を７人とした場合，各政党に配分される議席数を答えよ。

(6)　改正公職選挙法に関する記述として誤っているものを１つ選べ。

①　国政選挙や地方選挙の投票日に，駅やショッピングセンター等の「共通投票所」で投票できるようになった。

②　国政選挙や地方選挙の選挙権年齢は「20歳以上」から「18歳以上」に引き下げられた。

③　18歳以上であれば投票の呼びかけ等選挙活動が解禁されたが，重大な選挙違反を犯した場合，原則として成人同様の刑事手続で処罰される。

④　政党や候補者はブログなどのSNSを通じて選挙運動をすることが認められ，有権者は政党や候補者から受け取ったメールを転送することができるようになった。

解答 ⑴　比例代表：96名　　選挙区：146名

⑵　あらかじめ政党が作成し届け出る候補者名簿に順位をつけず，候補者個人の得票数に従って当選者が確定するという方式。

⑶　ゲリマンダー

⑷　問１　約５倍　　問２　事情判決

⑸　Ａ党：４　　Ｂ党：２　　Ｃ党：１

⑹　④

解説 ⑴　なお，2018年７月の改正公職選挙法等により，参議院の議員定数は，比例代表100名（４増），選挙区148名（２増）の計248名（６増）となった。**衆議院の定数は，比例代表176名，小選挙区289名**である。

⑵　参議院議員選挙の比例代表制では**非拘束名簿式**を基本とするが，2019年より**特定枠**（政党等が優先的に当選人となるべき候補者を，あらかじめ当選人となるべき順位を決めて名簿に記載し，特定枠の候補者を優先的に当選させる方式）を設けられる拘束名簿式も導入された。衆議院議員選挙においては，同順位に複数候補者名を記載できる**拘束名簿式比例代表制**が採用されている。

⑶　ゲリマンダーは，小選挙区においてなされる可能性が最も高い。

⑷　衆議院議員選挙においては，従来は３倍以上の格差を違憲としてきた。しかし，2011年３月の最高裁判決では，2.30倍を「違憲状態」と判示し，2015年11月の最高裁判決でも「違憲状態」と判示した。事情判決とは，行政機関の処分は違法であるが，これを取り消すと公の利益に著しい損害が生じる場合，請求を棄却できる制度をいう。

⑸　ドント式とは，各政党の獲得票数を１，２，３……という整数で割り，その商の大きい順に各党に議席を配分する方式である。

除数	Ａ党	Ｂ党	Ｃ党
÷１	①　1,500	②　900	④　720
÷２	③　750	⑥　450	360
÷３	⑤　500	300	240
÷４	⑦　375	225	180

○数字は当選順位

⑹　④　有権者は政党や候補者から受信したメールを転送することはできない。メールを利用できるのは政党と候補者に限定され，一般の有権者には認められない。ただし，ツイッターなどで投票を呼びかけることはできる。

演習問題

1　★☆☆

次の文章を読んで，各問いに答えよ。

日本国憲法は第41条で，「$_a$国会は，国権の最高機関であつて，国の唯一の立法機関である。」と規定している。この規定に基づいて，国会には，$_b$多くの重要な権限が与えられており，$_c$憲法改正の発議権も国会に属している。

また，憲法は第65条で，「行政権は，$_d$内閣に属する。」と規定し，内閣は行政権の行使について，国会に対して連帯責任を負うと定めている。衆議院が，内閣を不信任としたときには，内閣は，(　　　) 日以内に衆議院が解散されない限り，総辞職をしなければならない。

⑴　文章中の空欄に当てはまる数字を次から選べ。

ア．5　　イ．10　　ウ．15　　エ．20

⑵　下線部 a について，内閣が必要と認めたとき，またはいずれかの議院の総議員の 4 分の 1 以上の要求で召集される国会を次から選べ。

ア．常会　　イ．臨時会　　ウ．特別会　　エ．緊急集会

⑶　下線部 b について，国会の権限ではないものを次から選べ。

ア．予算の議決　　イ．条約の承認

ウ．議員の懲罰　　エ．最高裁判所長官の指名

⑷　下線部 c について，憲法改正の発議に関する記述として正しいものを選べ。

①　衆議院の総議員の過半数の賛成で発議できる。

②　衆議院の総議員の 3 分の 2 以上の賛成で発議できる。

③　各議院の総議員の過半数の賛成で発議できる。

④　各議院の総議員の 3 分の 2 以上の賛成で発議できる。

⑸　下線部 d について，内閣の職務ではないものを次から選べ。

ア．外交関係の処理　　イ．国政調査権

ウ．政令の制定　　エ．特赦の決定

〈愛知県〉

2 ★★☆

次の文章を読んで，各問いに答えよ。

国民主権を実現するため，国民の意見を国政に反映する手段としては，直接民主制と${}_a$間接民主制がある。日本国憲法では，間接民主制を主とし，直接民主制は，間接民主制の補完として一部の制度にとり入れられている。国民の代表である国会議員はいうまでもなく，不当な圧力や干渉から独立しているべきであり，このことは憲法上，${}_b$国会議員に対する特権の一部として認められている。

大日本帝国憲法下で，帝国議会は貴族院・衆議院の二院からなっていた。日本国憲法の制定に伴い，参議院が新たに設置され，${}_c$衆議院の参議院に対する優越が定められている。参議院は，「良識の府」としての役割が期待されるが，衆議院同様に政党色が強まっている。

現代の国家では，行政権への民主的な統制が大きな課題である。憲法において，「行政権は，内閣に属する。」（第65条）とされているが，行政権の肥大化が指摘されるとともに，行政システムの制度疲労などの批判を踏まえ，${}_d$中央省庁再編が実施された。

⑴ 下線部 a について，現代の国家が間接民主制を採用している理由を簡潔に説明せよ。

⑵ 下線部 b について，国会議員の不逮捕特権が適用されず，国会開会中に逮捕される場合を２つ挙げよ。

⑶ 下線部 c について，次の議案のうち，衆参両議院で異なる議決をしたとき，その議決が国会の議決として成立するために，衆議院での再議決を要するものを選べ。

ア．内閣総理大臣の指名　　イ．法律案の議決
ウ．条約の承認　　　　　　エ．予算の議決

⑷ 下線部 d について，

問１　中央省庁改革関連法により，省庁再編が実施されたときの首相を次から選べ。

ア．福田康夫　　イ．安倍晋三　　ウ．小泉純一郎
エ．麻生太郎　　オ．小渕恵三　　カ．森喜朗

問２　憲法において内閣の権限とされていないものを，次から選べ。

ア．国務の総理　　　　　　　　　イ．条約の締結
ウ．国務大臣の訴追に関する同意　エ．下級裁判所裁判官の任命

〈福島県改題〉

3　★★☆

次の文章を読んで，各問いに答えよ。

日本国憲法は，「すべて司法権は，a最高裁判所及び法律の定めるところにより設置する下級裁判所に属する。」（第76条第１項）と定めて，裁判所が他の国家機関からの干渉を受けず，独立して司法権を行使できるようにした。また，公正な裁判が行われるようにするために，b裁判官はその職権の行使に際しては「すべて裁判官は，その良心に従ひ独立してその職権を行ひ，この憲法及び法律にのみ拘束される。」（第76条第３項）として，裁判官の独立も保障した。

裁判は，民事裁判とc刑事裁判に大別できる。裁判所は，d裁判の慎重を期して三審制をとり，同一事件について訴訟当事者に原則として３回の審理・裁判の機会を与えている。近年，国民の裁判への参加による司法の民主化を進めるため，e司法制度改革が行われた。

⑴　下線部ａについて，最高裁判所の長たる裁判官の任命方法を選べ。

①　国会の指名に基づいて，天皇が任命する。

②　内閣の指名に基づいて，天皇が任命する。

③　内閣が任命する。

④　最高裁判所の指名した者の名簿によって，内閣が任命する。

⑵　下線部ｂについて，憲法第78条は，裁判官の身分保障を規定し，裁判官の罷免を２つの場合に限定している。裁判官が罷免される２つの場合とは，どのような場合であるか答えよ。

⑶　下線部ｃについて，刑事裁判は被告人の人権を守るため，犯罪となるべき行為及びこれに対する刑罰は，すべて法律によってあらかじめ規定し，法律にない行為は罪にならないとする考え方に基づいて行われる。この考え方を何というか答えよ。

⑷　下線部ｄについて，裁判所が行う裁判以外の命令・決定に対して上訴することを何というか。次から選べ。

ア．抗告　　イ．上告　　ウ．控訴　　エ．跳躍上告

⑸　下線部ｅについて，一般市民と裁判官が一緒になって事実審理と量刑判断の双方を行う制度が2009年５月に導入された。この制度を何というか答えよ。

〈広島県・広島市〉

4　★★☆

我が国の地方自治制度に関する次の文章を読んで，各問いに答えよ。

大日本帝国憲法下においては，府県知事は国の官吏であり，府県庁の組織と人事については（　A　）大臣の指揮監督を受けた。このように，大日本帝国憲法下における地方行政制度は中央集権的色彩の濃いものであった。

日本国憲法は，第８章で「地方自治」についての章を設け，第92条では「地方公共団体の組織及び運営に関する事項は，（　B　）に基いて，法律でこれを定める。」とされた。そして，1947（昭和22）年に地方自治法が日本国憲法とともに施行された。

地方自治法で規定された現在の地方自治制度は，$_{a}$地方議会による間接民主制を中心としているが，それを補完するために$_{b}$直接請求の制度もとり入れている。

昭和40年代になると，大気汚染などの公害が深刻になり，そのため，環境政策や福祉政策に力点をおく地方の首長が登場し，独自の公害規制条例や福祉関係の条例が制定されるようになった。また，近年では産業廃棄物処理場の設置などについて，条例に基づく（　C　）を行って，住民の意思を直接問うといった動きもみられる。このほかにも情報公開制度や$_{c}$オンブズマン制度など，住民の地方行政への関心の高まりに応じた制度の整備も進んでいる。

国と地方との関係については，1995（平成７）年に成立した地方分権推進法に基づいて，国と地方との関係を相互に協力する関係ととらえる地方分権が推進され，1999（平成11）年には，$_{d}$機関委任事務の廃止を中核とする$_{e}$地方分権一括法が成立した。これにより，国と地方はより対等な関係に移行することとなった。

(1)　文章中の空欄に当てはまる語句を答えよ。

(2)　下線部ａについて，地方議会が首長の不信任を議決した後，首長が失職するのはどのようなときか，簡潔に説明せよ。

(3)　下線部ｂについて，リコールとイニシアティブの具体例をそれぞれ１つずつ挙げよ。

(4)　下線部ｃについて，オンブズマンとは何か簡潔に説明せよ。

(5)　下線部ｄについて，次のア～ウの事務は，地方公共団体の事務のうち何という事務に分類されることになったか，その事務の名称をそれぞれ答えよ。

ア．パスポートの交付　　　　イ．都市計画の決定

ウ．生活保護の実施の決定

(6)　下線部ｅについて，これにより，国と地方公共団体の紛争処理のための「第三者機関」として設けられた委員会名を答えよ。　〈新潟県改題〉

5 ★★☆

日本の選挙に関する次の各問いに答えよ。

(1) 選挙制度に関する記述として正しいものを選べ。

① 衆議院選挙の候補者は小選挙区にも比例代表区にも重複して立候補できる。これは参議院選挙でも同じである。

② 衆議院選挙の場合，有権者は小選挙区の候補者に一票を投じ，それとは別に比例代表選挙区に関しても投票を行う。

③ 衆議院選挙の場合，有権者は比例代表選挙区の立候補者名簿のうち，その個人名を投票用紙に記入する必要がある。

④ 衆議院選挙の場合，比例代表選挙区の選挙は全国単位ではなく，全国を７つに分けた地域ブロック単位で行われる。

(2) 次は架空の選挙の結果である。この結果から，衆議院選挙の比例代表で行われている計算方式を用いて各党の議席配分を決定した場合，それぞれいくつになるか答えよ。ただし，定数は11議席とする。

Ｐ党　420,000票　　Ｑ党　350,000票

Ｒ党　200,000票　　Ｓ党　70,000票

(3) 衆議院選挙において，Ｘ党は小選挙区に届け出た候補者のうち，次の表のようにＢ，Ｃ，Ｄ，Ｅの４人を比例代表選挙の名簿にも登載した。選挙の結果，Ｘ党は比例代表選挙区で２人の当選者を出すことになった。選挙の結果について各問いに答えよ。

問１　候補者Ｃは乙小選挙区で４万票の得票を得ながら落選した。この選挙区の当選者はどれくらいの得票で当選したと思われるか。最も近い数値を次から選べ。

ア．約５万5,000票

イ．約５万票

ウ．約４万8,000票

エ．約４万5,000票

小選挙区選挙（Ｘ党の候補者と選挙結果）

小選挙区名	候補者名	選挙結果
甲	Ｂ	当選
乙	Ｃ	落選　惜敗率72％
丙	Ｄ	落選　惜敗率80％
丁	Ｅ	落選　惜敗率90％

問２　Ｘ党は比例代表の選挙区で２人の当選者を出すことになったが，Ｘ党の候補者のうち比例代表の選挙区で最終的に当選した候補者２人は誰か。Ａ～Ｆから２人選べ。

比例代表選挙（Ｘ党の届け出候補者名簿）	
届出時の順位	立候補者名
1	A
2	B
2	C
2	D
5	E
6	F

(4)　次の記述のうち正しいものを選べ。

①　2014年12月の総選挙では，「一票の格差」の問題は見られなかった。

②　2000年６月の総選挙から，選挙運動期間中の戸別訪問が認められた。

③　2022年以降の総選挙から，アダムズ方式の導入が決定された。

④　地方議会における女性議員の割合は国会におけるそれよりも低い。

⑤　知的障害者など成年後見制度で後見人がついた成年被後見人は選挙権を失う。

(5)　選挙の候補者と一定の関係をもつ者が，選挙違反の罪で刑に処された場合，候補者自身がかかわっていなくても，選挙の当選が無効となることを何というか。

〈長野県改題〉

6 ★★★

次の文章を読んで，各問いに答えよ。

議会制民主政治では，$_a$政党の果たす役割が大きい。政党とは，政治上の理念や目的を共有する人々によって結成された政治集団のことである。各政党は選挙のときに政権の獲得を目指して政策を掲げ，有権者の支持を得ようと競い合う。政党は社会の諸利益を守るため，有権者に政策を提示するので，本来私的集団にもかかわらず$_b$公的な機能をもっているといわれる。現代では国民の意思は政党を通じて国政に反映される。これを政党政治とよぶ。政党は教養と財産のある人たちからなる（　Ａ　）政党から，一般党員や支援者を組織する（　Ｂ　）政党へと発展してきた。

日本の政党の多くは下部の党組織が弱く，むしろ$_c$議員政党に近い。$_d$立候補者は独自の選挙基盤を築く必要があるため，一般に，業界組織や労働組合，宗教団体などの（　Ｃ　）と緊密な連携関係を結ぶ。この関係を基盤に立候補者の後援会が組織されるため，当選後，議員の顔は支持者の方ばかりを向きがちになる。国会議員は「地域の代表」という側面もあるが，「全国民の代表」

という側面を考えれば問題視する声もある。政党の内部では（　D　）が形成され（　D　）単位で政策が決定されたり，有力幹部の意向が強く働いたりする傾向がみられる政党もある。

(1)　文章中の空欄に当てはまる語句を答えよ。

(2)　下線部 a について，17世紀後半にイギリスで生まれた政党の始まりとされる政党名を２つ挙げよ。

(3)　下線部 b について，我が国では，1994年に国が政党に交付金を支出する法律を制定したが，この法律名を答えよ。

(4)　下線部 c について，簡潔に説明せよ。

(5)　第二次世界大戦直後の日本の政治は政党の離合集散が激しかったが，1955年にいわゆる「55年体制」ができあがった。この「55年体制」を，次の語句をすべて用いて説明せよ。

【日本民主党　　日本社会党　　自由党　　二大政党制】

(6)　第二次世界大戦後における日本の政党政治に関する記述として誤っているものを選べ。

①　1947年に初の社会党政権である片山連立内閣が誕生した。

②　1960年に日米安全保障条約をめぐり社会党内の右派グループが分離し，民主社会党が結成された。

③　1960年代の半ば以降，日本の政党の多党化が進行した。

④　1993年の総選挙の結果，自民党と革新政党による連立政権が誕生した。

(7)　下線部 d について，政治資金をめぐり，政治の腐敗を防ぐために政治資金規正法がある。この法律に関する記述として誤っているものを選べ。

①　政党や政治資金団体への企業・団体献金は認められている。

②　政治家個人への企業・団体献金は禁止されている。

③　後援会などへの企業・団体献金は認められているが，上限がある。

④　政治家個人の資金管理団体への企業・団体献金は禁止されている。

〈青森県改題〉

演習問題　解答・解説

1

(1) イ　(2) イ　(3) エ
(4) ④　(5) イ

解説

(3) エ．内閣の権限である（第6条第2項）。
(5) イ．各議院の権能である（第62条）。

2

(1) 国家の規模が肥大化してくると，直接民主制の実施は事実上不可能となるから。
(2) ・院外における現行犯逮捕の場合
・議員の所属する議院の許諾がある場合
(3) イ
(4) 問1　カ　　問2　ウ

解説

(2) 不逮捕特権とは，法律の定める場合を除いて，国会の会期中逮捕されず，会期前に逮捕された議員は，その議院の要求があれば，会期中釈放される特権である（第50条）。法律の定める例外については，国会法第33条に定められている。
(3) ア．第67条第2項参照。
ウ．第61条参照。
エ．第60条第2項参照。
(4) 問1　省庁再編は2001年1月に行われた。
問2　ウ．内閣総理大臣の権限である（第75条）。

3

(1) ②
(2) ・裁判により心身の故障のために職務を執ることができないと決定された場合
・公の弾劾による場合
(3) 罪刑法定主義　(4) ア
(5) 裁判員制度

解説

(1) ②　第6条第2項参照。
(4) イ．上告とは，第二審裁判所（控訴審）の判決に不服で上訴することをいう。
ウ．控訴とは，第一審裁判所の判決に不服で上訴することをいう。
エ．跳躍上告とは，控訴審を飛び越して直接上告することをいう。

4

(1) A．内務
B．地方自治の本旨
C．住民投票
(2) 不信任決議が可決された後，首長が10日以内に議会を解散しないとき，または解散後はじめて招集された議会で再び不信任決議が可決された場合，首長は失職する。
(3) 〈リコール〉
首長，議員などの解職請求
〈イニシアティブ〉
条例の制定・改廃請求
(4) 国政や地方行政を国民や市民にかわって監督し，政府や議会に調査報告や勧告を行う行政監察官のこと。

⑸　ア．法定受託事務
　　イ．自治事務
　　ウ．法定受託事務
⑹　国地方係争処理委員会

解説

⑵　地方自治法第178条参照。

⑶　リコール（住民解職）とは，住民が公職にある者の解職を請求する権利，イニシアティブ（住民発案）とは，住民が条例の制定・改廃を要求する権利のことである。

⑷　オンブズマン制度は，国政レベルでは制度化されていないが，自治体レベルでは1990年に川崎市が制度化して以来，全国で導入が進んでいる。オンブズパーソンともいわれる。

⑸　法定受託事務とは，国が本来果たすべきであるが，地方において処理した方が効率的であることから，法律に基づいて地方公共団体が行う事務のこと，自治事務とは，地方公共団体が主体的に行う事務のことをいう。

5

⑴　②
⑵　P党：5議席　　Q党：4議席
　　R党：2議席　　S党：0議席
⑶　問1　ア　　　問2　A，D
⑷　③
⑸　連座制

解説

⑴　①　参議院選挙では重複立候補はできない。
　③　衆議院では拘束名簿式比例代表制が採用されており，候補者個人名ではなく，政党名に投票する。
　④　比例代表選挙は11ブロックに分けて行われる。

⑵　ドント式で計算する。

除数	P党	Q党	R党	S党
÷1	①420,000	②350,000	④200,000	次70,000
÷2	③210,000	⑤175,000	⑨100,000	35,000
÷3	⑥140,000	⑦116,667	66,667	23,333
÷4	⑧105,000	⑩ 87,500	50,000	17,500
÷5	⑪ 84,000	次 70,000	40,000	14,000

○数字は当選順位

⑶　問1　惜敗率とは，小選挙区で落選した重複立候補者の得票数が当選者の何％に当たるかを計算したものである。C候補者は4万票の得票を得たから，次の式が成り立つ。
　　40,000÷0.72≒55,000（票）
　問2　同順位に複数名あるときは，惜敗率の高い方が当選者となる。

⑷　①「一票の格差」の問題については，依然として格差が存在し，解決には至っていない。2021年10月の総選挙では，最大2.08倍の格差が生じたが，最高裁判所は「合憲」との判断を下した。
　②　選挙運動期間中の戸別訪問は，現在も禁止されている。
　③　2016年5月に成立した衆議院選挙制度改革関連法により，2022年以降の衆議院議員選挙からアダムズ方式（都道府県の人口を一定の数値で割った商の小数点以下を切り上げて議席数とする方法）の導入が決定した。総務省は2021年11月に2020年国勢調査確定値を発表し，これに基づき15都県で「10増10減」の定数配分を見直した。
　④　国会の方が低い。
　⑤　かつては，成年被後見人は選挙権・被選挙権を喪失することとされていたが，2013年5月の公職選挙法の

改正により，選挙権・被選挙権が認められることになった。2013年の参議院議員選挙から適用されている。

6

(1) A．名望家　　B．大衆
C．圧力団体（利益集団）
D．派閥

(2) トーリー党（保守党），ホイッグ党（自由党）

(3) 政党助成法

(4) 党員が少なく，地方議員や国会議員が中心となって組織されている政党。

(5) 日本社会党の統一に対抗して，日本民主党と自由党が保守合同して自由民主党を結成し，両党による保守勢力と革新勢力の二大政党制の形が続いた政治体制。

(6) ④　　(7) ③

解説

(2) トーリー党は現在の保守党，ホイッグ党は現在の自由民主党に当たる。なお，イギリスでは，20世紀初期に結党された労働党が，保守党とともに二大政党政治を展開していたが，2010年以降には保守党と自由民主党との連立政権が誕生した。

(3) 助成対象となる政党は，所属国会議員5人以上，または国会議員を1人以上有し，直近の国政選挙での得票率が2％以上の政党で，所属国会議員の数および得票数に応じ一定の政党交付金が交付される。

(4) 議員政党と異なり，組織政党は党員・党費が多く，党議拘束も強い。

(5) 現実には，自民党の議席が社会党の2倍を占め，自民党の一党支配が続いたため，「1か2分の1政党制」ともよばれた。

(6) ④ 非自民8党派連立政権が誕生した。

(7) ③ 1995年から禁止されている。

4 国際政治

傾向と対策

他の分野と比較して出題数の少ない分野であるが，出題される事項がほぼ決まっている上，用語を答える問題や選択問題が多く，基礎的な知識があれば対応できるため，対策は立てやすい。国際法に関しては，ウェストファリア条約や『戦争と平和の法』を著したグロティウス，国際連合に関しては，主要機関の１つである安全保障理事会や国連関連機関，その他，マルタ会談で終結した東西冷戦の流れ，PTBT，NPT など核軍縮の条約について問われやすい。

例題１　主権と国際法など

(1)「主権」に関する次の各問いに答えよ。

問１　三十年戦争を終結させ，ヨーロッパで主権国家が誕生する契機となったといわれる条約名を答えよ。

問２　三十年戦争中に多国間の調整としての国際法の必要性を主張し，「国際法の父」とよばれたのは誰か答えよ。

(2) 現代の国際社会は主権国家を基礎としているが，種々の非政府間国際組織も国際社会を動かす要素になっている。この非政府間国際組織について，各問いに答えよ。

問１　非政府間国際組織のことを英文字略語で答えよ。

問２　非政府間国際組織に当てはまらないものを次から選べ。

ア．国際赤十字（IRC）　　イ．世界科学者連盟
ウ．国際オリンピック委員会（IOC）　　エ．国際労働機関（ILO）
オ．アムネスティ・インターナショナル

(3) 自分の属している民族や人種などの文化を最も優れたものとし，異民族の文化を劣ったものとみなす考え方を何というか，カタカナで答えよ。

解答　(1)　問１　ウェストファリア条約　　問２　グロティウス（グロチウス）
(2)　問１　NGO　　問２　エ
(3)　エスノセントリズム

解説　(3)「自民族中心主義」「自文化中心主義」ともいう。

例題 2　国際連合

次の文章を読んで，各問いに答えよ。

国連憲章のもとに，国際の平和と安全に主要な責任を持つのが安全保障理事会である。安全保障理事会は，5か国の常任理事国と，総会で選出された任期2年の（　A　）か国の非常任理事国で構成されている。各理事国は1票の投票権を持つ。常任理事国の反対投票する権限は（　B　）と呼ばれ，その権限を行使すると安全保障理事会の決議は否決されることとなる。こうしたことにより安全保障理事会が機能しない場合もあったことから，1950年の国連総会では「（　C　）」決議が採択され，(a)総会の権限は強化されている。

その後，(b)安全保障理事会の改革については，国連創設60周年を機会に改革の機運は高まりをみせたが，実現にはいたらなかった。

(1)　文中の空欄A～Cに当てはまる適切な数または語句をそれぞれ答えよ。

(2)　下線部(a)について，国連総会の権限はどのような内容へと強化されたか答えよ。

(3)　下線部(b)に関して，安全保障理事会の改革の必要性が指摘される背景にはどのようなものがあるか答えよ。

(4)　国連憲章では，平和の維持・回復を図る体制として集団安全保障体制を整え，第51条では加盟国に対し，個別的自衛権とともに集団的自衛権について認めている。「集団安全保障」と「集団的自衛権」について，それぞれ説明せよ。

(5)　国際連合の主要機関の一つである国際司法裁判所では，領土などの問題の解決が困難な場合や裁判そのものが始まらない場合も多い。その理由について答えよ。〈群馬県改題〉

解答　(1)　A．10　　B．拒否権　　C．平和のための結集

(2)　常任理事国による拒否権の行使により安全保障理事会が本来の任務を果たせない場合，総会は加盟国の3分の2以上の賛成で，軍事的な強制措置をとるよう加盟国に勧告できる。また，会期中でない場合には，緊急特別総会を開催できる。

(3)　国連の加盟国数は，創設時の約4倍にまで増加し，アジア・アフリカ諸国が加盟国の約半数を占めていたり，安全保障理事会の活動範囲が，冷戦終結後拡大していたりするにもかかわらず，常任理事国の数は依然として5ヵ国にとどまっている。

(4)　「集団安全保障」とは，違法な武力行使を行う加盟国に対して，その他の加盟国が共同して制裁を科す安全保障の方式をいう。「集団的自衛権」とは，同盟関係にある国が攻撃された場合に，自国が攻撃されていなくても同盟国と共同して防衛にあたる権利をいう。

(5)　裁判の開始には，紛争当事国双方の合意が必要であるため。

例題3　東西冷戦，核軍縮

(1)　次の文章の空欄に当てはまる語句・人名を答えよ。

第二次世界大戦終了後，世界は米・ソをそれぞれ頂点とする西側陣営（資本主義諸国）と東側陣営（社会主義諸国）に分かれて対立した。西側は北大西洋条約機構に，東側はワルシャワ条約機構に基づく軍事同盟を結んだ。朝鮮戦争（1950～53年），（　A　）危機（1962年），（　B　）戦争（1965～73年）などには米ソ対立の影響が強く反映されていた。

1970年代になって米ソのデタントが本格化し，1972年に米ソ間で第1次（　C　）が結ばれたが，1979年にソ連が（　D　）に侵攻し，米ソの対立が再び増した。しかし，1980年代後半にソ連の政治指導者（　E　）が民主化政策を打ち出すと，東側陣営の民主化が進展し，1989年11月には東西冷戦の象徴であった（　F　）の壁も崩壊した。そして，1990年代初頭には東西ドイツ統一，ソ連解体などが実現した。

(2)　米ソの両首脳が1989年に冷戦の終結を宣言した会談名を答えよ。

(3)　次の核軍縮に関する条約名を答えよ。

ア．米・英・ソ間で締結された，大気圏，宇宙空間，水中における核兵器実験を禁止した条約。

イ．地下核実験を含むすべての核兵器の爆発実験を禁止する多国間条約。アメリカ・中国などが批准しておらず発効の見通しは立っていない。

ウ．核兵器保有国の非保有国への核兵器引渡しと，核物質の軍事転用を禁止した多国間条約。

解答　(1)　A．キューバ　　B．ベトナム
C．戦略兵器制限交渉（SALT）　　D．アフガニスタン
E．ゴルバチョフ　　F．ベルリン

(2)　マルタ会談

(3)　ア．部分的核実験禁止条約（PTBT）
イ．包括的核実験禁止条約（CTBT）
ウ．核拡散防止条約（NPT）

解説　(1)　A．**キューバ危機**は，ソ連がキューバにミサイルを配備しようとしたことから発生した米ソ戦争の危機。アメリカの**ケネディ**大統領がキューバ海域の封鎖を決定したところ，ソ連のフルシチョフがミサイル配備を中止したことから，危機は回避された。これは，その後の**デタント**の契機となり，翌1963年には**部分的核実験禁止条約**が締結された。

演習問題

1 ★★☆

次の文章を読んで，各問いに答えよ。

第一次世界大戦後に設立された${}_a$国際連盟の失敗を教訓として，1945年，51ヵ国を原加盟国とする国際連合（国連）が誕生した。国連は，総会・${}_b$安全保障理事会・（　A　）理事会・信託統治理事会・国際司法裁判所・事務局をもち，これらの主要機関の下に多数の委員会・専門機関を設けて活動している。

国連は，紛争の防止と解決，国際協力関係の実現，人権保障の拡大を目指して活動を続けている。例えば，国連教育科学文化機関（＝　B　），国際労働機関（＝　C　），世界保健機関（＝　D　），国連難民高等弁務官事務所（UNHCR）など，国家の大小，民族や社会体制の違いをこえた国際協力を行っている。

しかし，国連には，${}_c$軍備の縮小，核兵器の廃絶，テロ対策，発展途上国への援助，人口問題への取り組みなど早急に解決しなければならいない課題がある。その一方で，国連内部にも多くの問題がある。第1に，分担金の滞納による深刻な財政危機，第2に，安全保障理事会理事国の構成の在り方，第3に，国際法に違反した国が大国である場合，国連は力を発揮できないこと，第4に，${}_d$PKOの在り方などが挙げられる。国連は万能ではないが，こうした問題を解決するために国連改革が議論されている。

⑴　文章中の空欄Aに当てはまる語句を答えよ。また，空欄B～Dに当てはまるアルファベットの略称を答えよ。

⑵　下線部aについて，国際連盟のような機構をその著作で最初に構想したとされる人物名を次から選べ。

ア．ホッブズ　　イ．カント　　ウ．ルソー

エ．ボーダン　　オ．マキャヴェリ

⑶　下線部bについて，常任理事国5ヵ国をすべて挙げよ。

⑷　下線部cについて，核軍縮に関する記述として正しいものを選べ。

① 部分的核実験禁止条約では，大気圏内・宇宙空間・水中・地下における核実験を禁止している。

② 核拡散防止条約では，非核保有国による新たな核兵器の開発は禁止していない。

③ SALT（戦略兵器削減条約）は，米ソ間で核兵器の数量を制限する条約である。

④　INF（中距離核戦力）全廃条約では，空中や水中発射のミサイルについては触れられていない。

(5)　下線部dについて，日本の自衛隊が派遣されたことのない国・地域を次から選べ。

ア．南スーダン　　イ．東ティモール　　ウ．カシミール
エ．ゴラン高原　　オ．カンボジア　　〈長崎県改題〉

2　★★☆

次の文章を読んで，各問いに答えよ。

第二次世界大戦の結果，世界は，アメリカとソ連という2つの超大国をそれぞれ頂点とする資本主義と社会主義の両陣営へ再編成された。

アメリカ政府は，1947年3月，$_{a}$社会主義勢力を経済的，軍事的に封じ込める政策を発表し，同年6月には（　A　）の復興を支援するためのマーシャル＝プランを実施した。これに対し東側は，1949年に$_{b}$COMECONを設立した。軍事分野では西側が（　B　）年に北大西洋条約機構（NATO）を，東側が1955年に$_{c}$WTOを結成した。対立はアジア地域や太平洋地域にまで及び，1950年には（　C　）戦争が勃発した。

1950年代後半に入ると，東西両陣営は依然として対立しながらも，世界大戦を回避し，（　D　）を求める動きが強くなっていった。その中で，ソ連は，1956年，フルシチョフ第一書記（兼首相）によって（　D　）路線に乗り出した。

こうした中，（　E　）年に$_{d}$キューバ危機がおこり，世界は核戦争の危機に陥った。しかし，これをきっかけにして米ソ両国は緊張を緩和する努力を始めた。1963年には両国間にホットラインを設けて偶発戦争の防止を図り，またイギリスも加えて（　F　）条約を結んだ。1968年には核拡散防止条約（NPT）も結ばれ，核配備や核保有国の増加を防ぐ体制作りがさらに進展した。

米ソ両国のこのようなデタント（緊張緩和）は70年代末まで着実に進んだが，他方，このかたわら，東西両陣営とも深刻な国際問題をかかえていた。アメリカは60年代から本格化した（　G　）が泥沼化していた。ソ連もまたチェコに対して軍事侵攻するなど，米ソ間には次第に新たな緊張が生まれていった。

1985年にソ連共産党の書記長に就任した（　H　）は，アメリカに対して次々に軍縮提案を行った。その背景には，軍事費の大きな負担と平和を求める国際世論の高まりなどがあった。1989年には（　I　）が撤去され，米ソ首脳が（　J　）を開き冷戦の終結を宣言した。1990年に（　K　）の統一が実現し，1991年にはソ連が消滅した。

(1) 文章中の空欄に当てはまる語句・人名・数字を答えよ。
(2) 下線部aは一般に何とよばれるか答えよ。
(3) 下線部b，cの略称を，日本語の正式名称で答えよ。
(4) 冷戦の中，米ソ対立の構造に対して，アジアやアフリカの国々の多くは，インドなどを中心に，東西両陣営のいずれにも加わらない立場をとったが，こうした国々は何とよばれていたか。また，1955年，こうした国々によって開かれ，植民地主義反対・民族独立・平和の確保などを唱えた会議を何というか答えよ。
(5) 下線部dを簡潔に説明せよ。また，それを回避したアメリカの大統領名を答えよ。

〈福井県〉

3 ★★★

次の説明文は，世界の地域紛争・民族問題・戦争について述べたものである。①～⑩が示す地域紛争・民族問題・戦争の名称を答えなさい。また，それぞれの地域として最も適切なものを，次の地図の（A）～（J）のうちから一つ選び，記号で答えなさい。

【説明文】

① 少数派であるカトリック教徒が多数派を占めるプロテスタントから差別されたことを背景として，独立運動が絶えず，さらにIRAのテロ戦術もあり，多数の犠牲者を出すなど対立が続いていた紛争。
② 1982年に，イギリスとアルゼンチンが諸島の領有をめぐって武力衝突した紛争。
③ 大量破壊兵器破棄を名目に，ブッシュ米大統領・パウエル国務長官らの指揮のもと，米英軍がバクダッドを空爆し，地上軍も投入してフセイン政権が倒された戦争。
④ 1990年から1994年まで行われたツチ族の反政府ゲリラ組織と，フツ族の政府軍とによる内戦。
⑤ 国内のフランス系住民の大部分が居住する地域で起こっている独立問題。1995年の住民投票では，独立賛成が49.4%，反対が50.6%であった。
⑥ 19世紀以来，ロシアの支配に激しく抵抗し，1991年にロシアから独立が宣言されたが，これをロシア側が認めずに内戦に突入した。2009年に終結宣言がなされた紛争。

⑦　インドネシアからの独立の賛否を問う1999年の住民投票などを経て，2002年に独立が達成された紛争。

⑧　印パ戦争の要因となった，インドとパキスタンの国境付近の地域をめぐる紛争。

⑨　民族の内部は伝統的集団として複数の氏族に分かれている。この氏族間の対立が1991年，バレ独裁政権の崩壊によって顕在化した紛争。

⑩　スペインとフランスの国境付近にある地方に居住する人たちが，スペインからの分離・独立を求めている運動。

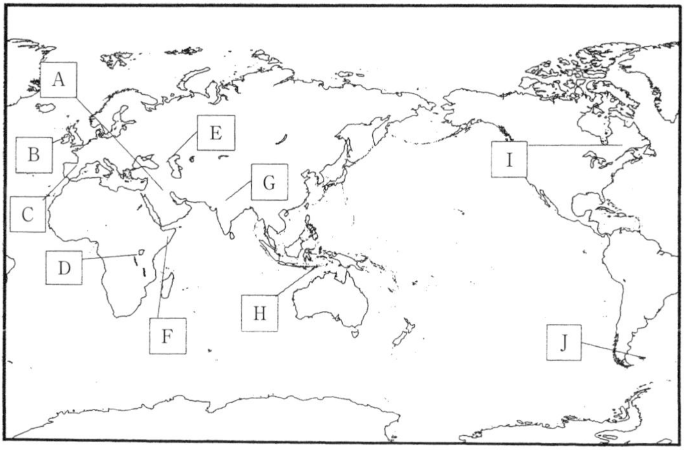

〈岩手県〉

演習問題　解答・解説

1

(1) A．経済社会　B．UNESCO
C．ILO　D．WHO

(2) イ

(3) アメリカ，イギリス，フランス，ロシア，中国

(4) ④　(5) ウ

解説

(2) ア．社会契約説を説き，『リバイアサン』を著した。
イ．カントは，その主著『永久平和のために』において，常備軍の撤廃や，自由な国家の上に国際法が成立すべきであると主張した。
ウ．社会契約説を説き，『社会契約論』などを著した。
エ．主権という概念を初めて用い，『国家論』を著した。
オ．近代政治学の先駆者で，『君主論』を著した。

(4) ①　地下での核実験は禁止していない。
②　非核保有国の核開発は禁止している。
③　戦略兵器削減条約の略称は，SALT ではなく START である。SALT は戦略兵器制限交渉のことであり，米ソ間での核兵器の保有数の上限を定めた協定である。

2

(1) A．欧州（ヨーロッパ）
B．1949　C．朝鮮
D．平和共存　E．1962
F．部分的核実験禁止
G．ベトナム戦争
H．ゴルバチョフ
I．ベルリンの壁
J．マルタ会談
K．（東西）ドイツ

(2) トルーマン＝ドクトリン

(3) b．（東欧）経済相互援助会議
c．ワルシャワ条約機構

(4) 名称：非同盟諸国（第三勢力）
会議：アジア＝アフリカ会議
（バンドン会議，AA 会議）

(5) 〈説明〉
1962年，ソ連がキューバへの核ミサイル配備に着手したことから，アメリカがキューバ海域を封鎖しようとしたことで，米ソの全面的核戦争となる一触即発の事態になったこと。
〈大統領〉
ケネディ

解説

(1) F．部分的核実験禁止条約（PTBT）は，米英ソ間で締結された大気圏・宇宙空間・水中における核兵器実験を禁止した条約である。

(3) いずれも1991年に解散・解体された。

3

① 北アイルランド紛争，B
② フォークランド紛争，J
③ イラク戦争，A
④ ルワンダ内戦，D
⑤ ケベック問題，I
⑥ チェチェン紛争，E
⑦ 東ティーモール紛争，H
⑧ カシミール紛争，G
⑨ ソマリア内戦，F
⑩ バスク独立運動，C

第6編

経済

1 資本主義経済のしくみ

傾向と対策

「経済」では最も出題数の多い分野である。その中でも，アダム＝スミスやケインズに代表される経済学説，GDP・GNI といった国民所得概念，金利政策などの金融政策，所得再分配機能などの財政の機能，租税についての出題が多い。基本的な知識を問う問題が多数を占めるが，中には記述する問題もみられるため，自分なりの表現でまとめることができるようにしておこう。また，経済成長率や信用創造についての計算問題もみられるので，計算の仕方をマスターしておく必要がある。

例題 1　経済学説

次の文章の空欄に当てはまる語句・人名を答えよ。

（　A　）は，その著書『（　B　）』の中で，個人が利己心に基づいて自由に活動すれば，神の「（　C　）」に導かれて社会全体の福祉の増進をもたらすとして，自由放任主義を唱えた。

このような自由放任主義は，資本主義経済の発展に貢献したが，一方で，景気変動や失業・倒産，貧富の差，さらには社会階層間の対立など様々な問題を生んだ。（　D　）は『人口論』において，貧困の原因を（　E　）的にしか増加しない食糧と，（　F　）的に増加する人口との不均衡に求め，人口抑制策を主張した。

その後，1929年の世界恐慌をきっかけとして，各国政府は積極的な財政政策をとり始めた。このような政府の経済への介入の必要性を，その著書『（　G　）』の中で体系的に明らかにしたのが（　H　）である。彼は自由放任主義を批判し，失業をなくして完全雇用を実現するため，政府は積極的な（　I　）の拡大政策をとるべきという，修正資本主義を主張した。

解答　A．アダム＝スミス　B．国富論（諸国民の富）　C．見えざる手
D．マルサス　E．算術級数（等差級数）
F．幾何級数（等比級数）　G．雇用・利子および貨幣の一般理論
H．ケインズ　I．有効需要（公共投資）

例題２　市場経済

(1)　次の文章の空欄に当てはまる語句を答えよ。

買い手と売り手との間で商品が取引される場を（　A　）という。そして，商品のもっている（　B　）を貨幣量で表したものが価格である。資本主義経済においては，本来，自由競争が前提とされるため，多数の売り手と多数の買い手が，それぞれ各自に有利な行動をとることによって，適正な（　C　）価格が自然に達成される。これを価格の（　D　）機能という。

(2)　現実の経済社会では，完全競争市場が実現できず，市場の調整作用が及ばない現象がみられるが，このことを何というか。また，具体例を挙げよ。

(3)　コンツェルンに関する記述として正しいものを選べ。

①　株式保有などを通じて複数産業の企業を重層的に支配する。

②　多数の出資者から小口資金を集めて組織する。

③　同種産業の複数の企業が独立性を捨てて合併し巨大企業を形成する。

④　同種産業の複数の企業が，高い利潤を確保する目的で協定を結ぶ。

(4)　日本の企業に関する記述として誤っているものを選べ。

①　株主だけでなく，従業員や消費者，関連企業，地域住民など多様な利害関係者（ステークホルダー）に配慮することが，株式市場における市場価値を高めることになってきている。

②　株式会社が倒産した場合に株主が問われる責任は，その出資した金額に限られている。

③　株式会社は，設立と同時に証券取引所に上場しなければならない。

④　大企業では，会社の所有者と経営を実際に担当する経営者が事実上切り離される傾向がみられる。

⑤　近年，企業は誰に対して経営責任を負うべきであるかというコーポレート＝ガバナンスの議論が高まっている。

解答　(1)　A．市場　　B．価値　　C．均衡（市場）　D．自動調節

(2)　現象：市場の失敗

具体例：公共財や公共サービスが十分に供給されない。独占・寡占市場の成立により市場機構が働かない。公害などの外部不経済が発生する。など

(3)　①　　(4)　③

解説　(3)　②は株式会社，③は**トラスト**，④は**カルテル**に関する記述である。

(4)　③　必ず上場させる必要はなく，また，一定の要件を満たさなければ上場することはできない。

例題 3　**国富と国民所得**

次の文章の空欄に当てはまる語句を答えよ。

・一年間に国内・国外を問わず，すべての国民が生産し，市場で取引した財やサービスの総額から中間生産物の価額を引いたものを（　A　）という。（　A　）に，国民が海外に資本や労働などの生産要素を提供して得た所得を引き，外国人が国内で活動して得た所得を加えると，（　B　）が得られる。なお，2000年から経済企画庁（現在の内閣府）は，経済構造の変化に対応し，より精密な統計体系とするため，（　A　）を（　C　）に変更した。（　C　）は（　A　）を分配面からみたもので，支出面からみたものは国民総支出（GNE）とよび，これらは等価である。

・（　A　）から，生産活動によって磨耗した機械や建物などの固定資本減耗（減価償却費）を引いたものが（　D　）である。（　D　）から間接税を差し引き，補助金を加えると，（　E　）が得られる。賃金も利潤も付加価値であり，（　E　）は純付加価値の合計となる。

・（　A　）や（　B　）は，一定期間において生産された経済活動の量を示し，（　F　）の指標である。これに対して，建物，工場，機械設備，道路などのある一定時点における財貨の蓄積量は，（　G　）の指標である。

解答　A．国民総生産（GNP）　B．国内総生産（GDP）
C．国民総所得（GNI）　D．国民純生産（NNP）
E．国民所得（NI）　F．フロー
G．ストック

解説　それぞれを計算式で表すと次のようになる。

国内総生産(GDP)＝国内の総生産額－中間生産物
国民総生産(GNP)＝国民総所得(GNI)＝国内総生産(GDP)＋海外からの純所得
国民純生産(NNP)＝国民総所得(GNI)－固定資本減耗
国民所得(NI)　　＝国民純生産(NNP)－(間接税－補助金)

なお，経済活動は，生産→分配→支出という循環をくり返すが，これらは同一の価値の流れを異なった側面から捉えたにすぎず，理論上は，生産国民所得＝分配国民所得＝支出国民所得となる。これを三面等価の原則という。

例題 4　**経済成長と景気変動**

(1)　ある国の一昨年度の実質 GDP が510兆円，昨年度の名目 GDP が490兆円であり，この間の GDP デフレーターが98であったとき，実質経済成長率は何%か。ただし，小数点以下第2位を四捨五入すること。

(2)　景気変動は，その周期や要因によって分類することができる。このうち，コンドラチェフの波の周期と要因の組み合わせとして正しいものを選べ。

ア．約3～4年　在庫調整　　イ．約8～10年　設備投資

ウ．約50～60年　技術革新　　エ．約20年　建築投資

(3)　インフレーションは様々な要因によって発生するが，賃金や原材料費，燃料費などの上昇が原因でおこるインフレーションを何というか答えよ。

(4)　需給動向を敏感に反映する，生産者段階や一次卸売の段階での物価水準のことで，従来の「卸売物価指数」にかわり2003年1月から公表されるようになった物価指数を何というか答えよ。

解答　(1)　−2.0%　　(2)　ウ

(3)　コスト＝プッシュ＝インフレーション　　(4)　企業物価指数

解説　(1)　実質 GDP は，次の式で求められる。

実質 GDP＝（名目 GDP÷GDP デフレーター）×100

よって，昨年度の実質 GDP は，

$$\frac{490}{98}\times100=500\ (\text{兆円})$$

実質経済成長率は，

$$\frac{\text{昨年度の実質 GDP}-\text{一昨年度の実質 GDP}}{\text{一昨年度の実質 GDP}}\times100$$

$$=\frac{500-510}{510}\times100=-1.96\fallingdotseq-2.0\ (\%)$$

(2)　景気変動は，周期やその原因によって，次のように分類される。

	周期	原因
キチンの波	3～4年	在庫調整
ジュグラーの波	8～10年	設備投資の増減
クズネッツの波	約20年	建築投資の増減
コンドラチェフの波	50～60年	画期的な技術革新

(3)　総需要が増加することにより発生するインフレーションのことを，ディマンド＝プル＝インフレーションという。

例題5　金融

⑴　日本銀行の３つの主な業務について，簡潔に説明せよ。

⑵　支払準備率を10%，当初に預金された額を100万円とすると，信用創造が最大限行われた場合，新たにいくらの預金が銀行によって作られるか。

⑶　銀行が国際業務を行う際に，BIS規制（国際決済銀行の自己資本比率規制）で求められている自己資本比率は何%以上とされているか答えよ。

⑷　経済指標に関する次の文章の空欄に当てはまる語句を答えよ。

日本銀行は2008年より，従来の（　A　）統計にかわり，（　B　）統計を公表している。（　B　）は金融機関以外の民間部門が保有する通貨残高のことで，従来のM_2＋CDにかわり（　C　）が代表的な指標になった。

⑸　金融に関する記述として正しいものを選べ。

①　金融市場には株式市場や公社債市場などの短期金融市場と，コール市場や手形市場などの長期金融市場とがある。

②　金融機関が預金保険機構に積み立てている保険金で預金者の預金を全額保護する制度をペイオフという。

③　金融には，企業が株式や社債を発行して資金を調達する間接金融と，銀行に直接借り入れることによって資金を調達する直接金融がある。

④　量的緩和政策は，政策目標を金利ではなく，日銀当座預金残高を高めることに置き，通貨量の増加を図る政策で，買いオペレーションによって行われる。

解答

⑴　①日本銀行券の発行（発券銀行），②国庫金の保管・出納，国債の発行・償還に関する事務代行（政府の銀行），③市中銀行に対する資金の貸し付け，準備預金の受け入れ（銀行の銀行）

⑵　900万円　　⑶　８%

⑷　A．マネーサプライ　B．マネーストック　C．M_3

⑸　④

解説

⑵　$$預金総額＝最初の預金×\frac{1}{支払準備率}＝100万円×\frac{1}{0.1}＝1,000万円$$

新たに作り出された預金＝預金総額－最初の預金

＝1,000万円－100万円＝900万円

⑷　マネーストック統計には，通貨の範囲に応じてM_1，M_2，M_3，広義流動性の４つの指標がある。M_1は現金通貨＋全預金取扱機関に預けられた預金通貨，M_2は現金通貨＋国内銀行等に預けられた預金（ゆうちょ銀行を除く），M_3はM_1＋準通貨（定期預金，外貨預金など）＋CD（譲渡性預金）で示される。

⑸　①**短期**金融市場と**長期**金融市場の説明が逆である。②ペイオフは元金1,000万円とその利息が保護される。③**間接**金融と**直接**金融の説明が逆である。

例題6　財政

(1) 財政の機能について，

問1　現代の財政の大きな役割を3つ挙げよ。

問2　裁量的財政政策（フィスカル＝ポリシー）について簡潔に説明せよ。

問3　財政は，そのしくみ自体が景気安定化の機能を果たす面をもつが，そのしくみとは具体的に何を指すか答えよ。

(2) 租税に関する記述として正しいものを選べ。

① 高額所得者はより多くの税金を負担すべきという水平的公平の考え方により，所得税には累進課税制度が適用されている。

② 国税＋地方税に占める直接税と間接税の割合は，近年およそ4：6で推移している。

③ 所得税は，所得の高い者ほど段階的に税率が高くなるので，所得再分配機能がある。

④ 関税と酒税はともに間接税であるが，前者は国税，後者は地方税である。

(3) 次の説明に当てはまる語句を答えよ。

A．公債発行などによる政府支出の増加が，市中の資金を吸い上げて利子率の上昇をもたらし，民間投資を減少させる現象。

B．公債費を除く歳出と，公債や借入金などを除く租税収入などの歳入が均衡していること。

(4) 次の文章の空欄に当てはまる語句を答えよ。

国債は，（　A　）法の第4条但書で認められている，道路や港湾などの公共事業を行うために発行される（　B　）と，単年度立法の財政特例法で発行が認められる（　C　）の2つに分けられる。

解答 (1) 問1　資源配分，所得再分配，経済安定化（景気調整）

問2　景気動向に対応して政策的・裁量的に財政支出を伸縮させること。

問3　累進課税制度，社会保障制度

(2) ③

(3) A．クラウディング＝アウト　B．プライマリー＝バランス

(4) A．財政　B．建設国債　C．赤字（特例）国債

解説 (1) 問3　この機能のことを**ビルト＝イン＝スタビライザー**という。

(2) ① 水平的公平ではなく**垂直的公平**である。**水平的公平**とは，同程度の所得を得ている人は同程度の負担をすることをいう。

② **直間比率**はおよそ65：35で推移している（2020年度実績額）。

④ 酒税も国税である。

演習問題

1 ★★☆

次の文章を読んで，各問いに答えよ。

18世紀から19世紀にかけて資本主義が確立された頃，（　1　）は，1776年に『（　A　）』を著し，初めて理論的，体系的に資本主義経済のしくみを明らかにした。しかしながら，19世紀半ば頃から，資本主義も a いろいろな弊害を生じるようになり，資本主義の欠陥に対する批判が，（　2　）によってなされた。彼は，1867年に『（　B　）』を刊行し，b 資本主義はそれ自身の矛盾から必然的に崩壊し，やがて社会主義へ移行するという経済理論を説いた。一方，20世紀に入ると，資本主義の欠陥を反省して，資本主義の基本原則を残しながらその弊害を除去しようとする修正資本主義の考え方が生まれた。この考え方を基礎付けたのが（　3　）である。彼は，1936年に著した『（　C　）』において，政府が積極的に経済活動に介入して，不況を克服し完全雇用を実現するための政策を提唱した。

(1) 文章中の空欄１～３に当てはまる人名を答えよ。また，空欄A～Cに当てはまる著書名を次からそれぞれ選べ。

ア．帝国主義論　　イ．金融資本論　　ウ．経済学および課税の原理
エ．国富論　　オ．選択の自由　　カ．資本論
キ．経済表　　ク．経済学原理
ケ．雇用・利子および貨幣の一般理論　　コ．経済発展の理論
サ．人口論

(2) 下線部aの内容として適当でないものを次から選べ。

ア．労資間の対立の激化　　イ．周期的恐慌の発生
ウ．不況とインフレの共存　　エ．所得の不平等の発生

(3) 下線部bに関する記述として誤っているものを選べ。

① リカードの労働価値説を受け継ぐ立場で理論展開を図った。
② 剰余価値説と唯物史観に基づいたので，科学的社会主義とよばれる。
③ 社会主義のもとでは，人々は能力に応じて働き，その必要に応じて与えられる。
④ 資本主義のもとでは，資本家の利潤獲得競争によって生産は無政府的となる。

〈愛媛県〉

2 ★★☆

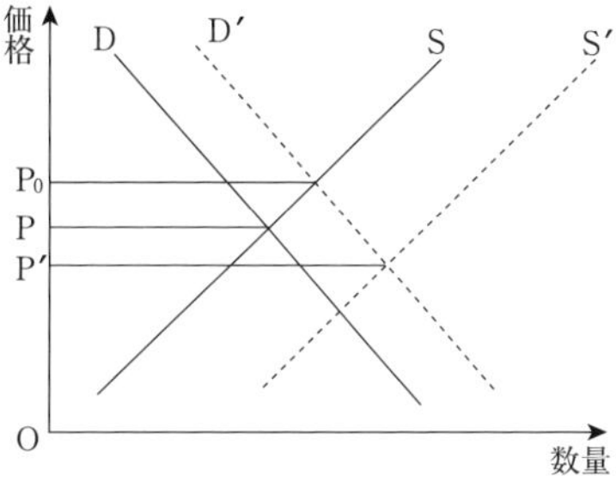

次の文章を読んで，各問いに答えよ。

右の図は，自由競争下の市場における価格決定のメカニズムを説明するものであり，右下がりの曲線Dは（　A　），右上がりの曲線Sは（　B　）という。

いま，ある商品の価格がP_0であって，供給量が需要量よりも多い場合を考える。

この場合の供給量と需要量の差を超過（　C　）というが，この場合は，価格は（　D　）する。価格が（　D　）すると，その商品に対する（　E　）量は増加し，その商品の（　F　）量は減少する。この結果，価格がPのときに超過（　C　）は解消される。このPの価格を（　G　）価格という。

もし，最初の価格がPよりも下にある場合には逆の動きがおこり，超過（　H　）も価格がPのとき解消される。このように市場においては，$_a$価格の変化をなかだちにして，需給の不均衡を解消しようとする機能が働く。図のように，曲線DがD′へ移動し，また$_b$曲線SがS′に移動した場合には，（　G　）価格はPからP′になる。

以上の原理は，完全自由競争を前提とするが，現実の経済社会では，（　I　）とよばれる現象がみられる。例えば，$_c$独占や寡占が形成されている場合や，道路などの公共財のように，料金を支払わなくても利用できるために市場自体が成立しない場合がある。また，公害のように$_d$他の経済主体に不利益をもたらす場合もある。これらは市場機構の限界を示しており，ここでは政府の果たす役割が重要となる。

(1) 文章中の空欄に当てはまる語句を答えよ。

(2) 下線部aについて，このような価格変化の働きのことを，神の「見えざる手」による調和と表現した経済学者名を答えよ。

(3) 下線部bについて，このような場合の原因として正しいものを選べ。

① 国民の所得水準が上昇した。

② この商品の生産技術が進歩した。

③ この商品に間接税が課せられた。

④ この商品に対する人気が高まった。

(4) 下線部cに関する記述として誤っているものを選べ。

① コングロマリットとよばれる異種の業種に属する企業の合併によって巨大企業が形成されることがある。

② 少数の大企業が市場を支配する場合，価格は下方硬直的になる。

③　寡占市場では，価格競争が回避されて，広告・宣伝・アフターサービスなどの非価格競争が激化する傾向がみられる。

④　寡占市場でも資本の移動は自由に行われるので，競争価格は実現する。

⑸　下線部ｄのことを何というか，漢字５文字で答えよ。　〈長崎県〉

3　★★☆

次の文章を読んで，各問いに答えよ。

一国の経済の規模や動向についての指標とされるのが，フローの概念である$_{\mathrm{a}}$国内総生産や国民所得などである。これに対して，ある時点における蓄えを示しているのがストックの概念である。ストックの指標には資産や$_{\mathrm{b}}$国富などがある。

国内総生産の対前年増加率で示される経済成長の度合いを$_{\mathrm{c}}$経済成長率という。市場経済では，$_{\mathrm{d}}$景気の変動を伴いながら経済が成長する。

⑴　下線部ａについて，国内総生産や国民所得などの概念を表す計算式として正しいものを選べ。

①　国内総生産(GDP)　＝国内の総生産額－固定資本減耗

②　国民純生産(NNP)　＝総生産額－中間生産物の価額－間接税

③　国民総所得(GNI)　＝国内総生産－固定資本減耗

④　分配国民所得(NID)　＝雇用者報酬（所得）＋財産所得＋企業所得

⑵　下線部ｂについて，国富に含まれないものを次から選べ。

ア．再生不可能な有形資産　　イ．純固定資産

ウ．国内金融資産　　エ．対外純資産

⑶　下線部ｃについて，物価が下落している状況での経済成長率に関する記述として正しいものを選べ。

①　名目経済成長率が正の値の場合，実質経済成長率は必ず正の値となる。

②　名目経済成長率が正の値の場合，実質経済成長率は必ず負の値となる。

③　名目経済成長率が負の値の場合，実質経済成長率は必ず正の値となる。

④　名目経済成長率が負の値の場合，実質経済成長率は必ず負の値となる。

⑷　下線部ｄについて，波動に関する記述のうち，ジュグラーが発見した景気の変動の波を選べ。

①　技術革新や資源開発が主な原因と考えられる，約50年周期の波動

②　住宅などの建物の更新が主な原因と考えられる，約20年周期の波動

③　設備投資の需要の増減が主な原因と考えられる，約10年周期の波動

④　在庫投資の変化が主な原因と考えられる，約３～４年周期の波動

〈愛知県〉

4　★★☆

次の文章を読んで，各問いに答えよ。

経済は変動をくり返しながら，成長している。好況期においては，$_a$経済成長率は高くなるが，過熱しすぎると，インフレーションが発生する。一方，不況期においては，経済成長率は低下し，企業の倒産，失業者の増大とともに，デフレーションが発生することがある。

政府には，このような過度の景気や物価の変動を安定化させ，持続的な経済成長を実現するような経済政策を運営することが求められている。このような経済政策には，大きく分けて，財政政策と金融政策とがある。$_b$財政政策とは，財政支出や課税の額を調整することで，景気の変動の安定化を目指す政策である。一方，$_c$金融政策とは，中央銀行が主体となり，マネーストックを調整することにより，景気や物価の変動の安定化を目指す政策である。金融政策には，金利政策，公開市場操作，預金準備率操作などがある。

(1)　下線部aについて，経済成長率は，通常，実質国内総生産の対前年度増加率で測定される。これを特に実質経済成長率とよぶ。

ある国において，基準年度の実質国内総生産が450兆円，比較年度の名目国内総生産が470兆円，基準年度の物価指数を100としたときの比較年度の物価指数が94であった。このとき，この国の基準年度から比較年度にかけての実質経済成長率は何％となるか。小数点第１位を四捨五入して答えよ。

(2)　下線部bについて，

問１　次の文章の空欄に当てはまる語句を答えよ。

公共投資の拡大による需要増加が他の各経済部門の需要を刺激し，当初の投資額の何倍かの需要増加が生じるといわれている。これを，(　A　)効果とよぶ。他方，財政支出の拡大により，利子率が上昇するため，民間の投資支出が抑制されることがある。これを，(　B　)効果とよぶ。

問２　課税による収入によって，すべての財政支出をまかないきれない場合には，財政収支は赤字となる。この場合，政府は，公債を発行する。財政法第４条の但書により，公共事業費，出資金および貸付金の財源に用いる場合にのみ発行が認められている公債は何か答えよ。

(3)　下線部cについて，

問１　マネーストックの指標の１つであるM_1について説明せよ。

問２　預金準備率が５％，当初預金額（本源的預金額）が200億円であるとき，信用創造により預金額は当初預金額を含め最大限いくらとなるか。

〈鳥取県改題〉

演習問題　解答・解説

1

(1)　1．アダム＝スミス
2．マルクス　　3．ケインズ
A．エ　　B．カ
C．ケ

(2)　ウ　　(3)　③

解 説

(1)　ア．社会主義のレーニン
イ．社会主義のヒルファーディング
ウ．古典学派のリカード
オ．近代経済学のフリードマン
キ．重農主義のケネー
ク．古典学派のJ.S.ミル
コ．近代経済学のシュンペーター
サ．古典学派のマルサス

(2)　ウ．不況とインフレの共存（スタグフレーション）は，1960年代から先進国全体でみられるようになったものであり，政府が経済に介入する修正資本主義の弊害である。

(3)　③「能力に応じて働き，その必要に応じて与えられる」というのは，共産主義の理想を表す言葉である。

2

(1)　A．需要曲線　　B．供給曲線
C．供給　　D．下落
E．需要　　F．供給
G．均衡（市場）　　H．需要
I．市場の失敗

(2)　アダム＝スミス

(3)　②　　(4)　④

(5)　外部不経済（外部負経済）

解 説

(3)　曲線SがS′に移動するのは，同じ価格P_0の下で，ある商品に対する売り手の供給が増加する場合である。その原因としては，①原材料費の下落，人件費の抑制，技術革新などによるコストの削減，②法人税減税，③技術革新による生産力の上昇，などが挙げられる。

(4)　④　寡占市場では，価格競争が回避されるため，競争価格は実現不可能である。

(5)　外部不経済とは，企業や消費者の行動が他の経済主体にマイナスの影響を与えることである。例えば，公害が発生すると，それを除去するための費用が必要となるため，地方公共団体などの税金が使われたりすることをいう。

3

(1)　④　　(2)　ウ

(3)　①　　(4)　③

解 説

(1)　①　国内総生産＝国内の総生産額－中間生産物の価額
②　国民純生産＝国民総所得（GNI）－固定資本減耗
③　国民総所得＝国内総生産＋海外からの純所得

(2)　国富は，実物資産と対外純資産からなる。有形資産ではない金融資産は含まれない。

(3)　実質経済成長率は，名目経済成長率から一般物価水準の相対的変化率を差し引いて求められる。一般に，デフレの発生している状況では，名目経済成長率が実質経済成長率を下回る。

(4)　①　コンドラチェフの波
②　クズネッツの波
④　キチンの波

4

⑴　11%

⑵　問１　A．乗数

　　　　　B．クラウディング＝アウト

　　問２　建設公債

⑶　問１　現金通貨と（全預金取扱機関に預けられた）預金通貨の合計

　　問２　4,000億円

解説

(1)　比較年度の実質 GDP は，

$$\frac{470}{94}\times 100=500$$（兆円）

実質経済成長率は，

$$\frac{500-450}{450}\times 100\fallingdotseq 11.1$$（%）

(3)　問２　$200\times\frac{1}{0.05}$

$=4,000$（億円）

2 日本経済の発展と福祉

傾向と対策

出題範囲が広く的が絞りきれない分野ではあるが，日本経済の発展の他，公害・地球環境問題，労働関係，社会保障制度に関してコンスタントに出題されている。「日本経済の発展」では高度経済成長期とプラザ合意以降のバブル経済，「公害・環境問題」では四大公害訴訟，環境基本法，「地球環境問題」では地球温暖化とその対策としてのパリ協定，「労働関係」では労働三法と男女雇用機会均等法，「社会保障制度」ではベバリッジ報告，年金保険・介護保険がポイントとなる。

例題 1　日本経済の発展

次の年表の空欄に当てはまる語句を答えよ。

年	できごと
1947年	（　A　）方式→基幹産業に重点的に投資
1949年	（　B　）＝ライン，1ドル＝（　C　）円の単一為替レート設定
1950年	（　D　）勃発→アメリカ軍による多額の特需発生
1955年	（　E　）景気（～57年）　三種の神器などの耐久消費財ブーム
1956年	経済白書，「（　F　）」の言葉で戦後経済の復興完了を宣言
1958年	（　G　）景気（～61年）
1964年	（　H　）に加盟→加盟国の経済発展と貿易の拡大，発展途上国への援助
1965年	（　I　）景気（～70年）
1973年	第4次（　J　）戦争→第1次石油危機→狂乱物価
1985年	G5による（　K　）合意→ドル高是正
1986年	バブル経済（～91年）円高ドル安の進行→「産業の（　L　）」懸念

解答　A．傾斜生産　B．ドッジ　C．360　D．朝鮮戦争　E．神武
F．もはや戦後ではない　G．岩戸　H．OECD（経済協力開発機構）
I．いざなぎ　J．中東　K．プラザ　L．空洞化

例題2　我が国の公害・環境問題

⑴　明治時代におこった日本の公害の原点ともいわれる足尾銅山鉱毒事件で，天皇に直訴するなど対策に努めた栃木県選出の衆議院議員を答えよ。

⑵　次の表は，四大公害訴訟についてまとめたものである。空欄に当てはまる語句を答えよ。

公害名	被害地域	内容
水俣病	熊本県・水俣湾周辺	工場廃液中の（　D　）による中毒
新潟水俣病	（　C　）川流域	
（　A　）病	富山県・神通川流域	鉱山流出の（　E　）による骨軟化症
四日市（　B　）	三重県・四日市市	大気汚染による（　B　）などの呼吸器障害

⑶　環境に関する次の用語について，簡潔に説明せよ。

A．環境アセスメント　　B．コージェネレーションシステム

⑷　次の説明に当てはまる法律名を答えよ。

A．1967年に制定された公害対策基本法を見直し，地球環境問題も視野に入れ，環境行政を総合的に推進するために制定された法律。

B．資源を循環させて環境への負荷を減らす社会システムを構築していくことを目的とする法律。

C．ビン，ペットボトル，プラスチックなどの廃棄物について，消費者に分別排出，自治体に分別回収，事業者にリサイクルを求めた法律。

解答　⑴　田中正造

⑵　A．イタイイタイ　　B．ぜんそく　　C．新潟県・阿賀野

D．メチル（有機）水銀　　E．カドミウム

⑶　A．環境破壊を防ぐため大規模な開発事業を行う際，環境への影響について事前に調査・予測・評価すること。

B．発電と同時に排熱を利用して，エネルギー効率を高めるシステム。

⑷　A．環境基本法　　B．循環型社会形成推進基本法

C．容器包装リサイクル法

解説　⑵　四大公害訴訟では原告がすべて勝訴した。イタイイタイ病訴訟では企業側の無過失責任が認定されたが，水俣病訴訟，新潟水俣病訴訟では過失責任，四日市ぜんそく訴訟では過失責任と共同不法行為責任が認められた。

⑶　A．1997年には環境アセスメント法（環境影響評価法）が成立した。

例題 3　地球環境問題

(1) 次の文章の空欄に当てはまる語句を答えよ。

地球規模の環境問題としては様々なものがあるが，そのうち，「オゾン層の破壊」の原因物質は，かつて冷蔵庫の冷媒やスプレーの噴射剤などに使用されていた（　A　）である。（　A　）がオゾン層を破壊することにより，オゾン層に吸収されていた（　B　）の地上への到達量が増加し，皮膚がんや白内障の増加，農産物の収穫量の減少，生態系の変化をもたらす。

また，「酸性雨」の原因物質は，自動車の排ガスや工場の排煙に含まれる（　C　）や（　D　）である。これらが大気中で化学反応をおこしてpH（　E　）以下の酸性の雨や霧として降下し，湖沼や土壌の酸性化による魚類の死滅，森林の枯れ死などをもたらす。

(2) 次の説明に当てはまる条約名を答えよ。

A．絶滅のおそれのある野生動植物種保護のため，その国際取引を規制するもの。規制対象は生物だけでなく，剥製・毛皮・牙なども含まれる。

B．多様な生態系を有する湿地を保全するもの。締約国は条約事務局に最低1ヵ所の湿地を登録する義務がある。

(3) 次の説明に当てはまる環境問題に関する国際会議の名称と開催地を答えよ。

A．1972年に開催され，「かけがえのない地球」をスローガンに「人間環境宣言」が採択された。

B．1992年に開催され，「持続可能な開発」について議論し，気候変動枠組み条約やアジェンダ21などが採択された。

(4) 気候変動枠組条約第21回締約国会議（COP21）において採択された，2020年以降の新たな地球温暖化対策の枠組みを何というか答えよ。

(5) (4)の枠組みと京都議定書の違いを説明せよ。

解答　(1)　A．フロン（ガス）　　B．紫外線

C，D．硫黄酸化物（SO_x），窒素酸化物（NO_x）（順不同）　　E．5.6

(2)　A．ワシントン条約　　B．ラムサール条約

(3)　A．名称：国連人間環境会議　　開催地：ストックホルム

B．名称：国連環境開発会議（地球サミット）　　開催地：リオデジャネイロ

(4)　パリ協定

(5)　先進国だけでなく途上国も含む全加盟国に温室効果ガスの削減目標と対策実行を義務付けた。

例題 4　消費者問題

(1)　アメリカのケネディ大統領が1962年に特別教書で提唱した「消費者の4つの権利」をすべて挙げよ。

(2)　割賦販売法及び特定商取引法では消費者が締結した契約について，一定期間内であれば，無条件で書面による契約の解除ができることを認めている。この制度を何というか答えよ。

(3)　PL 法（製造物責任法）に関する記述として誤っているものを選べ。

①　被害者は損害賠償を求めるとき，製造業者に製品の欠陥について故意や過失があったことを立証しなければならない。

②　被害者は製品に欠陥があったことを裁判で立証できなければ，製造業者に責任を負わせることはできない。

③　住宅などの不動産やサービスなどによる消費者の被害は，救済の対象とはならない。

④　製造業者は製品の欠陥がその出荷時点での科学技術水準で予測不可能であったことを裁判で立証できれば，損害賠償の責任を負わなくてよい。

(4)　次の説明に当てはまる語句を答えよ。

A．悪質な業者による不当な商品やサービスの売買契約などから消費者を保護することを目的として，2001年に施行された法律。

B．被害にあった個人に代わり消費者団体が事業者に不当な勧誘をやめさせたり，契約条項の差止を請求したりする制度。

解答　(1)　安全である（ことの）権利，知らされる権利，選択できる（選ぶ）権利，意見を反映させる（意見が反映される）権利

(2)　クーリングオフ制度　　(3)　①

(4)　A．消費者契約法　　B．消費者団体訴訟制度

解説　(2)　2009年12月に，改正割賦販売法及び改正特定商取引法が施行されたことにより，原則としてすべての商品・役務がクーリングオフ制度の対象となった。ただし，自動車，葬儀，電気，都市ガス，3,000円未満の現金取引などはクーリング・オフの適用から除外されている。

(3)　①　故意や過失の有無については立証する必要はない。製品に欠陥があったことを証明すれば，製造業者などに過失がなくても，損害賠償を求めることができる。

(4)　B．消費者契約法の改正により，2007年6月より導入された。当初は，消費者契約法上不当とされる行為に限られていたが，2009年4月に特定商取引法に違反する行為にまで拡大された。

例題5　労働関係

(1) 労働基準法に関する記述として誤っているものを選べ。

① 使用者は，労働者に，休憩時間を除き1週間について40時間を超えて，労働させてはならない。

② 使用者は，労働者に対して，毎週少なくとも1回の休日を与えなければならない。

③ 使用者は，女性を午後10時から午前5時までの間において，使用してはならない。

④ 使用者は，6週間以内に出産する予定の女性が休業を請求した場合においては，その者を就業させてはならない。

⑤ 使用者は，労働者を解雇しようとする場合においては，少なくとも30日前にその予告をしなければならない。

(2) 不当労働行為に関する記述として誤っているものを選べ。

① 使用者による正当な労働組合活動を妨害する行為のことをいう。

② 労働組合法第7条で禁止されている。

③ 労働者は労働基準監督署に申立てを行うことができる。

④ 黄犬契約は不当労働行為として禁止されている。

(3) 男女雇用機会均等法に関する記述として正しいものを選べ。

① 募集・採用，定年・退職・解雇など雇用に関する男女の差別を解消する目的で制定された。

② 制定時からセクシュアル＝ハラスメントを防止する規定を含んでいる。

③ 採用，配置，昇進などについて男女に平等な機会を与えることは事業主の努力事項としている。

④ 女性労働者が婚姻し，出産したことを退職理由として予定する定めを設けることについては規定していない。

解答　(1) ③　(2) ③　(3) ①

解説　(1) ③ 深夜業の禁止規定や時間外・休日労働の制限といった女子保護規定は，法改正により1999年に撤廃された。

(2) ③ 労働基準監督署ではなく労働委員会や裁判所に救済の申立てを行う。

(3) ② 1999年の改正法施行により規定され，2007年の改正法施行により強化された。

③ 制定当初は努力義務であったが，1999年の改正法施行により禁止規定に強化された。

④ 規定されている。

例題 6　社会保障

(1)　イギリスでは，1942年に，「ゆりかごから墓場まで」といわれる，国民全体の生涯にわたる最低限の生活の保障を，国家の責任において行うことを提言し，以後の各国の社会保障制度に大きな影響を与えた。この提言は，何報告といわれているか答えよ。

(2)　次の文章の空欄に当てはまる語句を答えよ。

1944年，ILO（国際労働機関）は（　A　）宣言によって社会保障の国際的な基準を示した。日本においては，日本国憲法第25条の「生存権」の規定を根拠として社会保障制度が確立された。それには，社会的な弱者に公的施設の提供や公的なサービスを行う（　B　）や，国民全体の健康を維持して生活環境を管理する（　C　），健康で文化的な最低限度の生活を維持することができない人に対してこれを保障する（　D　）がある。さらには，疾病や老齢，失業，労働災害などに対して加入者に給付される（　E　）がある。

(3)　我が国における年金の財源を調達する方法について，簡潔に説明せよ。

(4)　2008年４月に導入された，原則75歳以上の高齢者を対象とする医療制度のことを何というか答えよ。

(5)　障害者や高齢者を特別視して差別することなく，社会に参加し，行動できるようにすることが当たり前であるという理念が確立しつつあるが，このような考え方を何というか答えよ。

(6)　日本は1994年に高齢社会に入ったとされるが，国連の基準では，65歳以上の老齢人口の総人口に占める割合が何パーセントを超えると高齢社会とされるか。数字で答えよ。

解答　(1)　ベバリッジ（ビバリッジ）報告

(2)　A．フィラデルフィア　　B．社会福祉　　C．公衆衛生
D．公的扶助（生活保護）　E．社会保険

(3)　賦課方式（年金給付の原資をそのときの現役世代の保険料でまかなう方式）を基本としながら，積立方式（将来に必要な年金給付の原資を現役世代の間に積み立てていく方式）もとり入れ，年金給付の一部をその積立金の運用収入でまかなうしくみ（修正賦課方式）。

(4)　後期高齢者医療制度（長寿医療制度）

(5)　ノーマライゼーション　　(6)　14％

解説　(6)　老齢人口が総人口の７％を超えた社会を高齢化社会という。

演習問題

1 ★★☆

日本経済に関する次の各問いに答えよ。

(1) 日本は1985年以降，急激に円高が進行したが，そのきっかけとなったできごとを答えよ。

(2) 円高不況となった後，当時の企業は余剰な経営資源を削減し，効率的な経営にとり組んだ。このことを何というか。漢字４字で答えよ。

(3) デフレとなり，さらにこの状態が進行すると，価格の低下が企業収益の低下，賃金・雇用の縮小，需要の減少を生み，さらなる物価下落を生むという現象がおきる。日本でも2000年代初頭に見られたが，この現象を何というか答えよ。

(4) 戦後の日本経済の動向について，

問１　戦後の経済復興期に基幹産業へ資金を調達することを目的として，1947年，日本銀行から大量の借り入れを行うため設立された機関名を答えよ。

問２　高度経済成長期において，急速な経済成長をもたらした主な要因として適当でないものを次から選べ。

ア．国民の貯蓄率の高さ　　イ．積極的なイノベーションの導入

ウ．積極的な外国資金の導入　　エ．政府による産業保護政策

問３　高度経済成長期における４つの好景気の名称を年代順に４つ挙げよ。

問４　平成景気（バブル経済）の時期にみられた現象として誤っているものを選べ。

① 銀行は，地価の上昇を背景に不動産の取引・開発などのために巨額の資金を融資した。

② 税の自然増収により，1990年度予算から1993年度予算までは赤字国債を発行しなかった。

③ 政府が公定歩合（当時，現在は基準割引率および基準貸付利率）を断続的に引き上げたので，民間の消費や投資需要が刺激された。

④ 好景気と地価や株価などの資産価格の上昇を背景に消費ブームがおきた。

(5) 金融機関が行った融資のうち，バブル経済崩壊後，回収が不能・困難になったものを何というか答えよ。

〈岩手県改題〉

2 ★★☆

次の文章を読んで，各問いに答えよ。

戦後の重化学工業化の過程で，日本では深刻な産業公害が相次いだ。そのうち，長期にわたり裁判で争われたのが，a四大公害訴訟である。日本では，1960年代後半から公害反対の世論と運動が高まり，1970年代には生活環境の保全を掲げた（　A　）法をはじめ，公害関係14法が成立，改正され，1971年には公害行政を一元化して行うために（　B　）が設置された。（　A　）法の中では，公害とは，「大気の汚染，水質の汚濁，土壌の汚染，騒音，振動，地盤の沈下及び悪臭によって，人の健康又は生活環境に係わる被害が生ずること」と定義されたが，b多様な公害の実態に対応していないとの不備も指摘された。また，1973年には，被害救済の原則を定めた世界で最初の（　C　）法が制定され，裁判を待たなくても被害者は治療費，障害補償費などの給付を受けることができると定められた。ここでは費用負担についてcPPPが貫かれている。

⑴　文章中の空欄に当てはまる語句を答えよ。

⑵　下線部aの四大公害訴訟のうち，企業の共同不法行為の考え方を示した訴訟名を答えよ。

⑶　下線部bについて，

問１　どのような不備が指摘されたか，簡潔に説明せよ。

問２　不備が指摘されたこの法律にかわって，総合的な環境対策にとり組むために，1993年に制定された法律名を答えよ。

⑷　下線部cに関する記述として正しいものを選べ。

①　環境汚染の防止に関する費用は，汚染原因者が負担するという原則。

②　故意・過失の有無にかかわらず，損害があれば賠償責任を負う制度。

③　救済は被害者の現状を回復することが第一であり，金銭的補償はあくまでも次善の手段でなければならないという原則。

④　預かり金や補償金の意味で，例えば空きビンの費用を前もって料金に含めておき空きビン回収時に返金する制度。

〈福井県〉

3 ★★☆

次の文章を読んで，各問いに答えよ。

地球規模の環境問題が世界的に初めて注目されたのは1970年代に入ってからである。先進諸国における急速な経済成長が1960年代に公害問題を深刻化させ，各国の環境問題へのとり組みを受けた結果であった。1972年，ローマ・クラブが『成長の限界』と題する報告書を発表して資源環境問題への警鐘を鳴らし，同じ年，ストックホルムで開催された国連（　A　）会議では，「かけがえのない地球」のスローガンを掲げ，（　1　）＝UNEPが創設された。また，1973年には絶滅の恐れがある野生動植物の種の国際的取引を禁止する（　2　）条約が結ばれた。さらに２度の石油危機は多くの国々に打撃を与え，そのため，省エネルギーや石油代替エネルギーの技術開発を促した。1980年代に入ると，$_a$酸性雨や$_b$オゾン層の破壊，$_c$地球温暖化などの問題に注目が集まった。このため，1992年にはリオデジャネイロで「$_d$持続可能な開発」を基本理念に国連（　B　）会議（地球サミット）が開かれ，地球温暖化防止のための気候変動枠組み条約と生態系保護のための（　3　）条約などが結ばれた。1997年には，気候変動枠組み条約第３回締約国会議が（　4　）で開かれ，$_e$温室効果ガス排出量の具体的な削減目標が採択された。また，地球サミットから10年後の2002年には，ヨハネスブルグで，「持続可能な開発に関する世界首脳会議（環境開発サミット）」が開かれた。最近では，2012年にリオデジャネイロで，「国連持続可能な開発会議（リオ＋20）」が開かれた。

(1)　文章中の空欄A，Bに当てはまる語句の組み合わせとして最も適当なものを次から選べ。

ア．資源開発・環境人間　　イ．人間開発・環境資源
ウ．人間環境・環境開発　　エ．環境開発・人間環境

(2)　文章中の空欄１～４に当てはまる語句を答えよ。

(3)　下線部ａ～ｃの地球環境問題に関して，それぞれの最も影響の大きい原因物質を次からそれぞれ選べ。

ア．二酸化炭素　　イ．ダイオキシン　　ウ．硫黄酸化物
エ．フロンガス　　オ．有機水銀

(4)　下線部ｄの「持続可能な開発」とは，どのようなことを意味するか，簡潔に説明せよ。

(5)　下線部ｅに関して，この採択には様々な問題点があるが，そのうちの１つに温室効果ガスの排出削減数値目標が先進国にだけ課され，発展途上国には課されていないという点がある。そのようなことになった発展途上国側の主張内容を簡潔に説明せよ。

〈長崎県改題〉

4 ★★★

次の文章を読んで，各問いに答えよ。

労働問題とは，労働時間や賃金などをめぐる使用者と労働者との間の摩擦や紛争をいう。資本主義経済においては，（　A　）の原則のもと労働市場で自由に雇用関係を結ぶことができる。しかし，生産手段をもたない労働者は不利な条件で資本家に雇われざるを得ないため，とりわけ資本主義の初期には，労働者に対して過酷な労働が強いられた。このような状況の中で，a労働者の身分保障や労働条件の向上を目指す運動が各国で展開された。

我が国では，第二次世界大戦後に日本国憲法の制定に伴って，本格的な労働者の権利保障が確立された。まず，憲法第27条に規定されている勤労権を保障するために，1947年にb労働基準法が制定され，その後の改正に至っている。また，憲法第28条に規定された団結権・団体交渉権・団体行動権のc労働三権の保障のもとで，労働組合法や労働関係調整法が制定された。労働組合法においては，団体交渉を通じて，使用者側と労働条件や組合の組織に関する条項を定めた（　B　）を結ぶ権利と労働争議を行う権利を認めている。また，d不当労働行為が禁止されている。労働関係調整法は，労使関係の公平な調整を図り，労働争議を予防・解決するために制定された法律である。この法律では，労働争議が紛糾した場合には，労働委員会によるe斡旋・調停・仲裁の３種類の方法を通してその解決に当たることを規定している。

しかし，近年においては長期の不況のもとで，雇用慣行や労働形態も多様化しており，変形労働時間制や労働時間にかかわらず一定時間働いたとみなす（　C　）制を導入する企業も増えてきている。また，年々増加する女性労働者にとっての健全な職場環境を保障するため，1985年に制定されたf男女雇用機会均等法は1999年・2007年に改正法が施行されている。

⑴　文章中の空欄に当てはまる語句を答えよ。

⑵　下線部ａに関する記述として誤っているものを選べ。

①　初期の労働運動は，労働者の普通選挙権を求めるラダイト運動や，職人労働者による機械打ちこわし運動であるチャーチスト運動などがあった。

②　20世紀に入り，イギリスの労働争議法やアメリカのワグナー法などのような政府による労働立法によって労働者の権利を認める動きが進展した。

③　1864年にロンドンで最初の国際的労働組織である第１インターナショナルが結成され，ヴェルサイユ条約に基づいて1919年には国際労働機関（ILO）が組織された。

④　日本では，日清戦争後に労働組合期成会が日本最初の組合として結成されたが，治安警察法などの治安立法によって厳しい弾圧を受け消滅した。

(3)　下線部bに関する記述として誤っているものを選べ。

①　労働基準法で定める勤務条件は最低基準を示したものであり，この基準以下の労働条件で勤務させることは許されない。

②　業務上の負傷・疾病による療養期間及び女性の出産による休業期間及びその後の30日間については解雇を禁止とする。

③　賃金の支払いについては，直接労働者に全額を毎月１回以上，一定の期日に支払い，その最低賃金額については全国一律に最低基準を設ける。

④　年次有給休暇については，６ヵ月間以上継続勤務（８割以上出勤）した場合10日，以後勤務年数に応じて加算し，最高20日とする。

(4)　下線部cについて，公務員については「公共の福祉」の観点より労働三権が制限されている。次のうち労働三権すべてが制限された公務員職の組み合わせとして正しいものを選べ。

ア．学校職員・警察職員　　イ．消防職員・自衛隊員

ウ．国会議員　　エ．刑務所職員・県庁職員

(5)　下線部dについて，不当労働行為はどのような行為であるか，「組合活動」という語句を用いて簡潔に説明せよ。

(6)　下線部eについて，次の文章は斡旋・調停・仲裁の具体的な内容を示したものである。それぞれ斡旋・調停・仲裁いずれのものか記号で答えよ。

A．労働委員会により設けられた使用者・労働者・公益代表者による委員会により案を作成する。

B．労使双方または一方の申請により，労働委員会の会長により指名された委員が労使の仲介をする。

C．労使双方の要請で，労働委員会の会長により指名された委員が法的拘束力をもつ裁定を行う。

(7)　下線部fについて，男女雇用機会均等法の内容として誤っているものを選べ。

①　男女の平等処遇について，罰則を科すことが可能な禁止規定がおかれている。

②　性的嫌がらせ（セクシュアル＝ハラスメント）の防止に関して企業に措置義務が課されている。

③　間接差別を禁止している。

④　高齢者介護にあたるための介護休暇期間が規定されている。

〈佐賀県改題〉

5　★☆☆

次の文章を読んで，各問いに答えよ。

消費者保護のためには，企業が社会的責任を自覚するとともに，行政の役割も大切である。1962年にアメリカのケネディ大統領は特別教書の中で「a消費者の４つの権利」を明確にし，この権利はその後の消費者行政の基本とされた。日本では，消費者運動の高まりを受けて1968年に消費者保護基本法が制定され，b消費者保護の基本的な枠組みが定められた。さらに，1994年にはc製造物責任法（PL法）が，2000年には（　　　）法が制定された。

⑴　文章中の空欄に当てはまる語句を次から選べ。

ア．訪問販売　　イ．家庭用品品質表示

ウ．消費者契約　　エ．貸金業規制

⑵　下線部ａについて，この「消費者の４つの権利」に当てはまらないものを次から選べ。

ア．安全である権利　　イ．知らされる権利

ウ．選択できる権利　　エ．忘れられる権利

⑶　下線部ｂについて，1970年に特殊法人として設立された，国民生活に関する情報の提供及び調査研究を行うことを目的とする機関を次から選べ。

ア．消費生活センター　　イ．国民生活センター

ウ．主婦連合会　　エ．日本消費者連盟

⑷　下線部ｃの説明として正しいものを選べ。

①　製造物の欠陥による被害に対して，製造業者の過失の程度に応じて，製造業者が賠償責任を負う。

②　製造物の欠陥による被害に対して，製造業者の過失の程度に応じて，製造業者と政府が賠償責任を負う。

③　製造物の欠陥による被害に対して，製造業者の過失がない場合は，政府が賠償責任を負う。

④　製造物の欠陥による被害に対して，製造業者の過失の有無にかかわらず，製造業者が賠償責任を負う。

〈愛知県〉

6　★★☆

次の文章を読んで，各問いに答えよ。

1947年に日本国憲法が施行され，その第25条の規定によって，国は社会保障制度を積極的に拡充させる義務を負うこととなった。我が国の社会保障制度は公的扶助，社会保険，社会福祉，公衆衛生の４つを基本的な柱としている。

公的扶助は，貧困で生活が困難な人に対して一定水準の生活を国の責任で保障するものであり，1950年に全面改正された（　A　）法では，現在，生活，教育など8つの扶助を定めている。社会保険は，疾病や老齢などに際して現金や医療サービスを提供することにより，生活不安の解消を目的とするもので，医療保険，年金保険，雇用保険，（　B　）保険，介護保険の5種類がある。社会福祉は，児童，高齢者，障害者など社会的に弱い立場にある人々が安定した生活を営むことができるように，福祉施設や福祉サービスを提供するものである。公衆衛生は，生活環境整備や伝染病などの予防衛生などによって，国民の健康の維持・増進を図る事業である。（　C　）法によって各自治体に設置された保健所などは，地域の公衆衛生行政の中心となっている。

a公的年金制度については，1961年に自営業者を対象とした国民年金制度が創設され，年金制度が整備されていた民間企業に勤めている人などとあわせ，（　D　）体制となった。そして，1986年の制度改正により，国民年金はb民間企業に勤めている人やその被扶養配偶者にも適用される基礎年金として拡充された。また，1991年にはc国民年金への強制加入対象者が拡大された。国民年金は現在，d賦課方式を基本として，加入者などが納める保険料と国の負担金（税金）を財源としてまかなわれ，e年金が支給されている。公的年金で不足する部分を補うものとして企業年金や個人年金がある。これらの年金ではf確定拠出型年金を採用するところもでてきた。

一方，我が国では少子高齢化が進んでいる。政府は少子化対策として，1991年に育児休業法（現在は育児・介護休業法）を制定するとともに，2020年に（　E　）プランを策定した。高齢化対策としては，1995年に（　F　）法を制定するとともに，2000年に介護保険制度を開始した。介護保険制度においては，保険者が行う（　G　）を受け，その結果を踏まえて介護サービスを受けることができるようになった。

⑴　文章中の空欄に当てはまる語句を答えよ。

⑵　下線部aについて，現在，公的年金の運営業務を担当している公法人の名称を答えよ。

⑶　下線部bについて，国民年金と併せて加入する公的年金の名称を答えよ。

⑷　下線部cについて，従来の任意加入から強制加入とされたのはどのような人か答えよ。

⑸　下線部dとはどのような方式か，簡潔に説明せよ。

⑹　下線部eについて，国民年金で支給される年金の種類をすべて挙げよ。

⑺　下線部fについて，簡潔に説明せよ。

〈新潟県改題〉

7 ★☆☆

次の文章を読んで，各問いに答えよ。

日本の家族形態は，高度経済成長期以来大きく変化してきた。結婚しても両親と同居したり，兄弟姉妹が結婚後も同じ家族として同居したりする（　A　）にかわって，夫婦のみ，または親と未婚の子どもから成る（　B　）の割合が急速に増加し，近年では（　C　）の割合が増えてきている。このような家族形態の変化により，$_{a}$家族の果たしていた社会的機能が次第に外部の機関に委ねられるようになっていった。

$_{b}$「男は外で仕事，女は家で家事」といった家族の性別役割分担に対する考え方も変化し，女性の社会進出が進んだ。1985年には男性中心の雇用管理などの在り方を改めるため（　D　）が，1999年には性別にかかわりなく個性と能力を十分に発揮することができる社会の実現を目指す（　E　）が制定された。

また，家族形態の変化に伴って世帯規模が縮小しているが，その一因として$_{c}$少子化も挙げられる。1人の女性が一生の間に産む平均的な子どもの数が，人口が維持できるとされる人数を1974年には下回り，2021年には（　F　）となっている。一方，全人口に占める65歳以上の人口の割合が1994年には（　G　）%を超え高齢社会となった。このように少子高齢社会を迎えたことから，社会保障制度をはじめ様々な社会の制度やしくみについて，見直しを図ることが求められている。

⑴　文章中の空欄に当てはまる語句・数字を次から選べ。

ア．2.10　　イ．20　　ウ．拡大家族　　エ．男女雇用機会均等法

オ．1.30　　カ．14　　キ．単独世帯　　ク．男女共同参画社会基本法

ケ．核家族

⑵　下線部aについて，具体的な例を1つ答えよ。

⑶　下線部bのように，生物学的な性差ではなく社会的・文化的に形成された性差を表す言葉を次から選べ。

ア．セクシュアル＝ハラスメント　　イ．フェミニズム

ウ．ユース＝カルチャー　　エ．ジェンダー

⑷　下線部cについて，その要因を1つ挙げよ。

〈北海道・札幌市〉

演習問題　解答・解説

1

(1) プラザ合意　(2) 減量経営
(3) デフレスパイラル
(4) 問1　復興金融金庫
問2　ウ
問3　神武景気→岩戸景気→オリンピック景気→いざなぎ景気
問4　③
(5) 不良債権

解説

(1) ドル高を是正するため，各国がドル売りの協調介入を実施することで合意した。

(2) 最近はリストラ（事業の再構築）という場合が多い。

(4) 問1　巨額の資金を日銀引き受けの復興金融金庫債でまかなったため，激しいインフレーションを招いた。

問2　その他の要因としては，①良質な若年労働力が豊富に供給されたこと，②1ドル＝360円という固定為替レートが，日本の経済力に比べて相対的に円安であったことが輸出に有利に働いた，という国際的要因が挙げられる。

問4　③　公定歩合は引き下げられた。超低金利政策が土地や資産への過剰な投機をもたらした要因である。また，金利政策は日銀が行う金融政策である。

2

(1) A．公害対策基本　B．環境庁
C．公害健康被害補償
(2) 四日市ぜんそく訴訟
(3) 問1　都市・生活型公害や増加の一途をたどる廃棄物，さらに地球環境問題に対応するには不十分であった。
問2　環境基本法
(4) ①

解説

(1) A．公害対策基本法は1970年に改正され，「経済の健全な発展と調和」の規定（調和条項）が企業優先であるとして削除された。

B．環境庁は2001年の省庁再編に伴い，環境省に昇格した。

C．公害健康被害補償法は1987年に改正され，公害健康被害補償予防法に名称変更された。従来の公害患者に対する補償を中心としたものから，健康被害の予防を含めた制度に改められた。

(2) 共同不法行為とは，複数の加害者が不法行為を共同して行うことをいい，共同不法行為者は連帯して損害賠償の義務を負う（民法第719条）。四日市ぜんそく訴訟では，コンビナートを形成している複数の工場からのばい煙によって住民に健康被害が生じたとして，共同不法行為が認められた。

(4) PPPとは汚染者負担の原則のことである。

②　無過失責任制度に関する記述。

④　デポジット制に関する記述。

3

(1)　ウ

(2)　1．国連環境計画
　　2．ワシントン
　　3．生物多様性　　4．京都

(3)　a．ウ　b．エ　c．ア

(4)　将来の世代が享受する経済的・社会的利益を損なわないように，現代の世代が開発と保全を調和させながら環境を利用していこうとする考え方。

(5)　工業化の促進を目指す発展途上国にとって，温室効果ガス排出量の規制は経済的発展を遅らせるというもの。

解説

(4)　この概念は，環境と開発を互いに反するものではなく共存し得るものとしてとらえ，環境保全を考慮した節度ある開発が重要であるという考え方に立つものである。

4

(1)　A．私的自治（契約自由）
　　B．労働協約　　C．裁量労働

(2)　①　　(3)　③

(4)　イ

(5)　使用者による正当な労働組合活動に対する妨害行為のこと。

(6)　斡旋：B　　調停：A
　　仲裁：C

(7)　④

解説

(2)　①　ラダイト運動とチャーチスト運動についての記述が逆である。

(3)　①　労働基準法第1条参照。
　　②　同法第19条参照。
　　③　賃金の最低基準に関しては，最低賃金法の定めるところによるとされている（同法第28条）。また，最低賃金額は各都道府県労働局長によって定められ，各都道府県によって異なる。
　　④　同法第39条参照。

(4)　公務員は争議権が一律に禁止され，団体交渉権も一般職公務員については制限されている。警察・消防・刑務所職員，自衛隊員については団結権も禁止され，労働三権すべてが禁止されている。

(5)　不当労働行為の禁止については，労働組合法第7条に規定されている。

(6)　仲裁裁定は労働協約と同一の効果を有し，裁定に拘束力がある点で斡旋・調停と異なる。

(7)　④　介護休暇については，育児・介護休業法に規定されている。

5

(1)　ウ　　(2)　エ

(3)　イ　　(4)　④

解説

(2)　もう1つは，意見を反映できる（聞いてもらう）権利である。「忘れられる権利」とは，犯罪歴のある人の前科などの情報を，本人の申し出などにより削除するよう事業者に求める権利で，欧州連合（EU）では2018年から実施されている一般データ保護規則で保障されている。日本では，2017年以降，最高裁は事実を公表されない法的利益が「明らかに」優越する場合には，検索結果の削除を求められるとしている。

(3)　国民生活センターは2003年に独立行政法人化された。

ア．消費生活センターは，各都道府県に設置されている。商品やサービスなど消費生活全般に関する苦情や問い合わせといった消費者からの相談を，専門の相談員が受け付け，公正な立場で処理に当たっている。

ウ，エ．消費者団体であり，特殊法人で

はない。

なお，消費者行政に関しては，2009年９月に，内閣府の外局として消費者庁が発足した。消費者庁は消費者行政を一元的に所管する目的を持つ。また，2012年10月には，消費生活上の事故の発生・拡大を防止するため，消費者安全調査委員会が消費者庁に設置された。

6

⑴　A．生活保護
　　B．労働者災害補償（労災）
　　C．地域保健　　D．国民皆年金
　　E．新子育て安心
　　F．高齢社会対策基本
　　G．要介護認定

⑵　日本年金機構

⑶　厚生年金（保険）

⑷　20歳以上の学生

⑸　必要な年金給付の原資を，そのときの現役世代の保険料でまかなう方式。

⑹　老齢基礎年金，障害基礎年金，遺族基礎年金

⑺　掛け金（拠出金）を一定額とし，加入者が運用方法を選択して，その運用次第で将来の年金給付額が変動する年金。

解説

⑴　E．「新子育て安心プラン」は，「待機児童解消加速化プラン」，「子育て安心プラン」に続くもので，2021年度から2024年度までの４年間で約14万人の保育の受け皿整備や地域の子育て資源の活用など，待機児童解消を目指して取り組む国の計画である。

⑵　日本年金機構は，2010年１月に廃止された社会保険庁に代わり設立された公法人であり，公的年金の運営業務にあたっている。社会保険庁の廃止に伴い，各地の社会保険事務所は，年金事務所に名称変更された。

⑸　賦課方式は，少子高齢化が進んだ場合，現役世代の保険料負担が大きくなるという問題点がある。

⑺　運用リスクは加入者が負うことになるが，掛け金の拠出時・給付時に税制上の優遇措置がある他，転職の際に持ち運びができるというメリットがある。

7

⑴　A．ウ　B．ケ　C．キ　D．エ
　　E．ク　F．オ　G．カ

⑵　保育施設，老人ホームなどの福祉施設，介護サービス　　などから１つ

⑶　エ

⑷　晩婚化，非婚化，女性が仕事を続けながら育児をする環境の未整備
などから１つ

解説

⑴　F．「１人の女性が一生の間に産む平均的な子どもの数」というのは，合計特殊出生率のことである。
　　G．2021年における65歳以上の人口の割合は推計28.9％である。

⑶　ア．性的嫌がらせのことで，特に，職場などで女性に対して行われる性的・差別的な言動をいう。
　　イ．女性の社会的・政治的・経済的地位を男性と同等にし，女性の能力や役割の発展を目指す主張や運動のことをいう。
　　ウ．若者文化のことで，既存の文化からは異端とされるような別の価値観を支持する青年たちによって成立する文化をいう。

3 国際経済

傾向と対策

国際経済では，IMF と IBRD の創設を決定したブレトン＝ウッズ協定に始まる第二次世界大戦後の国際経済体制に関する問題が圧倒的に多い。設立当初の IMF・IBRD の役割や，ドル信用の低下に伴う体制の崩壊過程について，アメリカ経済の動向とともに確実に理解しておく必要がある。その他，リカードの唱えた比較生産費説や，国際収支の分類，GATT と WTO の役割，南北問題に対する UNCTAD をはじめとするとり組み，日本の ODA の現状についても，基本的事項を中心に一通り押さえておこう。

例題 1　貿易と国際収支

(1)　国際収支は，経常収支と資本収支に大別され，さらに，それぞれ細かい項目に分類される。次の説明に当てはまる項目を答えよ。

A．雇用者報酬と投資収益からなる。

B．直接投資と証券（間接）投資からなる。

C．無償の資金援助や国際機関への拠出金からなる。

(2)　次の表に基づき，下の文章の空欄に当てはまる語句・人名を答えよ。

	ぶどう酒１単位の生産に必要な労働量	パン１単位の生産に必要な労働量
X国	130（人）	110（人）
Y国	90（人）	100（人）

比較生産費説では，生産要素のうち労働力の投入量によって生産費を考える。この表の２つの国を比較すれば，ぶどう酒とパンのどちらの財の生産費も，（　A　）の方が絶対的優位にある。しかし，それぞれの生産費を各国内で比較すると，X国は（　B　）の生産に比較優位をもち，Y国は（　C　）の生産に比較優位をもつ。このように，それぞれの国が比較優位をもつ財の生産に特化し，国際分業を進めることの重要性を主張したのが（　D　）であった。

解答　(1)　A．所得収支　　B．投資収支　　C．経常移転収支

(2)　A．Y国　　B．パン　　C．ぶどう酒　　D．リカード

例題2　国際貿易体制

(1) 次の文章の空欄に当てはまる語句を答えよ。

第二次世界大戦後の国際経済の枠組みを構築するため，自由貿易の発展を目的として国際経済機構が相次いで設立された。1944年，（　A　）及びIBRD（国際復興開発銀行）の設立を主な内容とする（　B　）協定が成立し，金融面から国際経済を支えることとなった。また，1947年には世界貿易を拡大するために，関税及び貿易に関する一般協定（GATT）が成立した。

しかし，アメリカ経済の相対的地位の低下に伴ってドル不安が深刻化し，1971年のアメリカ（　C　）大統領による（　C　）＝ショックや1973年の主要国の変動相場制への移行によって，体制の動揺が進んだ。

GATTに関しては，数次にわたるラウンド交渉によって貿易の自由化に大きな役割を果たしてきたが，知的所有権や農業保護などの諸問題に対処するため，より包括的な機能をもつ（　D　）が1995年に設立された。

(2) 1976年に変動為替相場制への移行を正式に追認した合意を何というか答えよ。

(3) 輸入の急増が国内産業に重大な被害を与えると認められるとき，一時的・緊急避難的に輸入数量制限や関税引き上げを行うことができる，GATTにおいて認められていた例外措置を何というか答えよ。

解答 (1) A．IMF（国際通貨基金）　B．ブレトン＝ウッズ
C．ニクソン　D．WTO（世界貿易機関）
(2) キングストン合意　(3) セーフガード

解説 (1) A．国際収支赤字国に対しては一時的に短期融資を行う。
C．ニクソン＝ショックはドル＝ショックともいう。①ドルと金の交換停止，②10%の輸入課徴金の賦課などを骨子とする一連の経済政策を発表したことから，世界経済は大混乱に陥った。
D．貿易に関する紛争処理手続きに関し，対抗措置（制裁）の承認については，すべての当事国が拒否しない限り採択されるネガティブ・コンセンサス方式が採用されている。

(2) 変動為替相場制を正式に追認するとともに，金の公定価格制を廃止し，金にかわってSDRを国際準備資産に高めることが決定された。SDRとはIMFの特別引き出し権のことであり，IMF加盟の国際収支赤字国は，IMFへの出資額に応じて配分されるSDRを用いて，黒字国から無担保で外貨を引き出すことができる。

例題3　南北問題，ODA

(1)　次の文章の空欄に当てはまる語句を答えよ。

先進諸国は南北問題の解決のため，1961年に（　A　）の下部機関として（　B　）を組織した。また，ケネディ大統領による「国連開発の10年」の提唱や発展途上国側の要求に基づき，1964年に（　C　）の第1回会議が開催され，「（　D　）報告」が提出された。この報告では，一次産品の価格安定化のための商品協定の締結，発展途上国の製品を優遇する（　E　）の賦与，国際収支を改善するための融資措置などが提案された。第一次石油危機後の1974年に開催された国連資源特別総会においては，発展途上国側は先進国と対等な貿易秩序の樹立を求め，（　F　）を採択した。

(2)　ODA（政府開発援助）に関する記述として誤っているものを選べ。

①　国連はODA供与国に対しGNIの0.7%以上を充てるよう求めている。

②　ODA援助は二国間援助と多国間援助とに大きく分かれ，国際機関に対する出資や拠出なども行われている。

③　日本のODA実績は世界で上位に位置するが，近年減額傾向にある。

④　日本のODAについては，対GNI比が低いことなどが問題点として指摘されている。

⑤　日本のODAは，中央銀行である日本銀行が総合的に実施している。

解答　(1)　A．OECD（経済協力開発機構）　B．DAC（開発援助委員会）

C．UNCTAD（国連貿易開発会議）　D．プレビッシュ

E．（一般）特恵関税

F．新国際経済秩序樹立に関する宣言（NIEO宣言）

(2)　⑤

解説　(1)　A．2023年6月現在，先進38ヵ国が参加する経済協力組織で，加盟各国の経済発展と貿易の拡大，発展途上国援助の促進と調整を図ることを目的とする。

C．発展途上国側の要求により，南北問題を扱う最初の本格的な国際機関として，国連総会で設立された。

E．輸出を増大させ工業化と経済発展の促進を図るため，発展途上国から輸入される一定の産品に対し，一般の関税率よりも低い税率を適用。

(2)　⑤　日本のODAは，独立行政法人である国際協力機構（JICA）が実施機関となって行っている。

演習問題

1 ★★☆

次の文章を読んで，各問いに答えよ。

イギリスの経済学者リカードは，その著書『(　A　)』の中で，a国際分業の利益と，これに基づいて行われる自由貿易の意義を説明した。彼の考え方は（　B　）説として知られている。これに対して，ドイツの経済学者（　C　）は，自由貿易は先進工業国に有利な理論として保護貿易論を展開した。このような両者の考え方は，今日の国際貿易に関する制度や議論にも受け継がれている。

第二次世界大戦前の閉鎖的，排他的な（　D　）経済化による貿易の大幅な縮小に対する反省の中から，自由貿易の回復とb国際通貨体制の再建を意図して，新しい国際経済機構が形成された。特に，1948年に発足したGATTは自由貿易へ向けての政策協調を基本とし，多角的貿易交渉において国際貿易の拡大に大きな役割を果たしてきた。1995年にはGATTを引き継ぐ形で（　E　）が設立された。

(1)　文章中の空欄Aに当てはまる著書を次から選べ。

　ア．諸国民の富　　イ．経済学及び課税の原理

　ウ．国際経済学　　エ．雇用・利子及び貨幣の一般理論

(2)　文章中の空欄B～Eに当てはまる語句・人名を答えよ。

(3)　下線部aについて，リカードは生産を特化して貿易を行うことで，全体の富を増すことができるとした。右の表では，A国はどちらの製品に特化して貿易を行えば，全体の生産量を増やすことができるか。その製品名とその製品の総生産量（単位）をそれぞれ答えよ。

	A国	B国
ワイン生産1単位に要する労働量	60人	120人
毛織物生産1単位に要する労働量	90人	100人

(4)　下線部bについて，

　問1　1945年に国際収支赤字国への短期資金の供給と為替相場の安定を目的に発足した機関名を答えよ。

　問2　次のできごとを年代の古いものから順に並べ替えたとき，3番目にくるものを答えよ。

　　ア．新たな準備資産としてSDRが創設された。

　　イ．金1オンス＝35ドルとする金・ドル本位制が採用された。

ウ．スミソニアン協定により各国通貨の平価調整が行われた。
エ．ニクソン政権はドルと金との交換を停止する措置を決めた。
オ．各国が協調してドル高を是正するというプラザ合意が成立した。

〈群馬県〉

2 ★★★

次の文章を読んで，各問いに答えよ。

1944年，国際通貨金融を秩序づけるために，アメリカに世界各国の首脳が集まり，ブレトン＝ウッズ協定を結び，a国際通貨基金（IMF）と（　1　）（IBRD）が設置された。これらの協定は各国が協力体制をとることによって，第二次世界大戦前の為替（　A　）競争の再来を防止し，貿易の拡大を通して各国の生活水準の向上と（　B　）の実現を図ろうとするものである。この体制は，ブレトン＝ウッズ体制（IMF体制）とよばれた。

ブレトン＝ウッズ体制は，強大なアメリカの経済力を背景として，ドルを基軸通貨とする（　2　）相場制であった。しかし，アメリカは，b国際流動性としてドルを供給するために国際収支の（　C　）が続きcドル不安が深刻化した。1971年にアメリカの（　3　）大統領が【　　　X　　　】するという措置をとり，（　3　）＝ショックが世界各国に影響を与えた。このため，ブレトン＝ウッズ体制が崩壊した。また，（　D　）合意が成立し一度は再建されたものの，1973年には主要国が全面的に（　4　）相場制に移行した。ブレトン＝ウッズ体制崩壊後，ドルを基軸通貨とする制度的保証がなくなりドルの価値が低下してきた。しかし，今日でもドルは基軸通貨として利用され続けている。

一方，ヨーロッパでは，EU加盟国の間で経済通貨統合を目的として1979年に欧州通貨制度（EMS）が設立され，1999年には単一の共通通貨（　5　）が導入され欧州通貨同盟がスタートした。今後（　5　）がドルに次ぐ第二の基軸通貨となることが期待されている。

第二次世界大戦前の世界経済の反省の中から，GATT（関税及び貿易に関する一般協定）が生まれた。GATTは1948年の発効以来，d多角的貿易交渉（ラウンド）が開かれ，加盟国の関税引き下げを行い，関税以外の制限措置（非関税障壁）の撤廃など，（　E　）の自由化を推進してきた。1995年にはGATTを引き継ぐ（　6　）が設立された。（　6　）は常設の国際機関として設立され，GATTに比べて紛争解決手続きが大幅に（　F　）されている。

(1)　文章中の空欄A～Fに当てはまる語句を次から選べ。

ア．黒字　イ．為替　ウ．強化　エ．切り下げ
オ．世界平和　カ．スミソニアン　キ．赤字　ク．プラザ
ケ．緩和　コ．完全雇用　サ．切り上げ　シ．貿易

(2) 文章中の空欄1～6に当てはまる語句・人名を答えよ。ただし，空欄6は英略文字でもよい。

(3) 【　　X　　】に当てはまる語句を10字程度で答えよ。

(4) 下線部aについて，IMFを説明しているものを2つ選べ。
① 戦災国の復興と加盟国の経済開発を目的としている。
② 現在ではロシアなどの市場経済移行国への金融支援も行っている。
③ 国際収支の短期的な赤字加盟国への資金の融資を目的としている。
④ 現在では主に発展途上国の経済的・社会的開発に融資することを任務とするようになった。

(5) 下線部bについて，簡潔に説明せよ。

(6) 下線部cについて，この原因として不適切なものを次から選べ。
① 発展途上国などへの対外経済援助
② 先進各国の為替切り下げ競争
③ ベトナム戦争への介入などによる対外軍事支出の増加
④ 多国籍企業などによる海外への資本輸出の増加

(7) 下線部dについて，次の表は，GATTによる多角的貿易交渉（ラウンド）のうち第6回～第8回までをまとめたものである。表中の空欄G，Hに当てはまるラウンドの名称を答えよ。また，空欄I～Kにはア～ウから当てはまるものを選べ。

交渉年	回数	交渉の名称	交渉の内容
1964～67年	第6回	（　G　） ラウンド	・工業製品の関税を平均35%引き下げ ・（　　I　　） ・一部非関税障壁の軽減
1973～79年	第7回	東京 ラウンド	・鉱工業製品の関税を平均33%引き下げ ・（　　J　　） ・非関税障壁の軽減
1986～93年	第8回	（　H　） ラウンド	・サービス貿易の新たなルールの設定 ・（　　K　　） ・非関税障壁の軽減

ア．農産物の関税を平均41%引き下げ
イ．セーフガード（緊急輸入制限）の規定の見直し
ウ．ダンピング防止協定の作成

〈青森県〉

3　★★☆

次の文章を読んで，各問いに答えよ。

各国の国民経済の相互依存関係は，以前と比べものにならないくらいに拡大深化しており，国境を越えた企業，消費者相互の結びつきが堅固なものになってきている。また，現在の$_a$国際通貨制度に支えられた金融市場の発達を背景に，資本の国際的移動も活発になっている。1980年代以降，$_b$アジア地域は外国資本の導入により急速な経済成長を遂げ，その結果として世界市場も拡大した。この例にみられるように資本の国際的移動は，$_c$経済援助とともに，国内の資本蓄積が不十分な発展途上国の経済発展を促し，ひいては世界経済全体の発展に大きく貢献している。しかし，時として$_d$投機的な資金の流れが通貨危機を引きおこし，国際経済を混乱させる原因ともなる。

今日の国際経済のもう１つの特徴として挙げられるのは，$_e$地域的経済統合の加速化である。その最も進んだ例として，長い歴史を経て成立した$_f$EUを挙げることができる。$_g$欧州以外の地域も経済統合が進んでいるが，EUのように政治的統合まで視野に入れたものではない。

(1)　下線部ａに関連する次の事項を年代の古い順に並べ替えよ。

Ａ．キングストン合意　　Ｂ．ブレトン＝ウッズ会議

Ｃ．ニクソン＝ショック　　Ｄ．SDR創設　　Ｅ．スミソニアン協定

(2)　下線部ｂについて，「プラザ合意」が東南アジア諸国の経済発展に与えた影響について，「日本企業」という語句を用いて，簡潔に説明せよ。

(3)　下線部ｃについて，世界銀行の活動を補完している国連専門機関を２つ挙げよ。

(4)　下線部ｄについて，デリバティブ（派生取引）の具体例を２つ挙げよ。

(5)　下線部ｅについて，TPP（環太平洋経済連携）協定に関する記述として誤っているものを次から選べ。

ア．物品の関税の撤廃・サービス貿易のみならず，投資や知的財産といった非関税分野についても対象としている。

イ．環境や労働など新しい分野での取り決めも含む包括的な協定である。

ウ．2006年にシンガポール，ブルネイ，チリ，ニュージーランドの４ヵ国で発効した経済連携協定が土台となっている。

エ．日本は民主党政権下の2012年から交渉に参加している。

(6)　下線部ｆについて，

問１　1979年，EUの前身のEC域内においてマルクを基軸通貨とする固定相場制がスタートした。この制度名を答えよ。

問２　2013年７月の新加盟国として正しいものを次から選べ。

ア．ポルトガル　　イ．クロアチア　　ウ．ルーマニア
エ．トルコ　　　　オ．ノルウェー

問３　従来からの加盟国15ヵ国のうち，イギリスを除いて，通貨統合に加わっていない国をすべて答えよ。

(7) 下線部ｇについて，

問１　MERCOSUR（南米南部共同市場）の原加盟国をすべて答えよ。

問２　中国の軍事的・経済的な影響力の拡大に対抗するため，自由で開かれたインド太平洋を目指す枠組である「クアッド」を構成する国の組み合わせとして正しいものを次から選べ。

ア．アメリカ合衆国，オーストラリア，日本
イ．アメリカ合衆国，インド，オーストラリア，日本
ウ．大韓民国，オーストラリア，日本
エ．インド，インドネシア，オーストラリア，日本

〈福島県改題〉

演習問題　解答・解説

1

(1) イ
(2) B．比較生産費　C．リスト
D．ブロック
E．WTO（世界貿易機関）
(3) 製品名：ワイン
総生産量：2.5単位
(4) 問1　IMF（国際通貨基金）
問2　エ

解説

(1) ア．アダム＝スミス
ウ．リスト
エ．ケインズ
(3) 生産性が高いのは，A国ではワイン，B国では毛織物であるから，A国はワインの生産に特化する。
A国は60人で1単位のワインを生産できるから，（60＋90）人では，
$\frac{60+90}{60}$＝2.5（単位）生産できる。
(4) 問2　ア．1969年　イ．1947年
ウ．1971年12月
エ．1971年8月
オ．1985年

2

(1) A．エ　B．コ　C．キ
D．カ　E．シ　F．ウ
(2) 1．国際復興開発銀行（世界銀行）
2．固定（為替）　3．ニクソン
4．変動（為替）　5．ユーロ
6．世界貿易機関（WTO）
(3) 金とドルとの交換停止
(4) ②，③
(5) 外国に対する債務などの支払い手段
(6) ②
(7) G．ケネディ　H．ウルグアイ
I．ウ　J．ア
K．イ

解説

(1) D．金1オンス＝38ドル，1ドル＝308円としてドル切り下げを実施し，為替平価の許容変動幅も上下各1％から各2.25％に拡大された。
(4) ①，④　世界銀行（IBRD，正式名称は国際復興開発銀行）に関する記述である。
(6) 固定為替相場制の下では，先進各国による為替切り下げ競争は不可能である。

3

(1) B→D→C→E→A
(2) 日本企業，中でも輸出関連企業は，低い労働コストを求めて東南アジア諸国への直接投資を増やした。その結果，技術力や生産性が向上し，現地の経済発展に寄与した。
(3) IDA（国際開発協会，第二世界銀行），IFC（国際金融公社）
(4) スワップ，先物　など
(5) エ
(6) 問1　EMS（欧州通貨制度）
問2　イ
問3　スウェーデン，デンマーク
(7) 問1　アルゼンチン，ブラジル，パラグアイ，ウルグアイ
問2　イ

解説

(1) A．1976年　B．1944年
C．1971年8月
D．1969年
E．1971年12月
(3) IDAは，世界銀行の貸し付け条件に応

じられない低所得国に対し，緩やかな条件で融資を行う。IFCは，発展途上国の民間企業の育成を目的として，企業向けの融資を行う。

(4) スワップとは，外国為替取引で，直物為替の売りまたは買いを行うと同時に，先物為替の買いまたは売りを同額で行うことをいう。先物とは，将来一定の時期に受け渡す条件で売買契約を結ぶ商品のことをいう。

(5) エ．日本は自民党政権下（第2次安倍内閣）の2013年7月から交渉に参加している。

(6) 問2　ア．ポルトガルは第3次拡大の1986年に加盟した。

ウ．ルーマニアはブルガリアとともに2007年に加盟した。

エ．トルコは2005年に加盟交渉を開始。

オ．ノルウェーは加盟していない。

(7) MERCOSURは，アルゼンチン，ブラジル，パラグアイ，ウルグアイを原加盟国として1995年に発足した。2006年にベネズエラが新たに加盟したが，2016年12月に加盟資格停止を通知した。2023年6月現在，ベネズエラは加盟資格停止中，ボリビアは加盟各国の批准手続き中である。

第 7 編

倫　理

1 西洋の思想

傾向と対策

「倫理」の中では範囲も広く，出題数も多い分野である。特に，ギリシア思想のソクラテスやプラトン，アリストテレス，経験論のベーコン，合理論のデカルト，ドイツ観念論のカントやヘーゲル，実存主義のキルケゴールやニーチェ，ハイデッガー，サルトルについての問題が多くみられる。各思想家の主張やキーワードとなる用語の定義，著書を確実に理解しておく必要がある。自治体によっては，記述式の出題もみられるため，理解した知識を自分なりの言葉で書くことができるようにしておくとよい。

例題1　思想の源流

(1)　次の文章の空欄に当てはまる語句を答えよ。

・人間の徳，すなわち（　A　）を重視した（　B　）は，市民に無知の自覚をよびかけるため（　C　）という方法で対話を行い，デルフォイの神殿の柱に銘記された「（　D　）を知れ」という言葉を真の知に至る出発点とした。

・プラトンの弟子である（　E　）は，存在としての個物は，素材である（　F　）と個物に内在する本質としての（　G　）からなると考えた。

(2)　プラトンのイデア論に関する記述として誤っているものを選べ。

①　この世界は現象界とイデア界に分けられると考えた。

②　永遠不変のイデアは，生成変化するこの世界では実在性をもたないと考えた。

③　人生は洞窟の中でイデアの影を見ているようなものであると考えた。

④　美しいバラが美しいのは美のイデアを分有するからであると考えた。

(3)　キリスト教で神がすべての人に与える無償・無差別の愛を何というか。

(4)　ムハンマドが神から受けた啓示を記録・集成したものを何というか。

解答　(1)　A．アレテー　B．ソクラテス　C．問答法（助産術・産婆術）　D．汝自身　E．アリストテレス　F．ヒュレー（質料）　G．エイドス（形相）

(2)　②　(3)　アガペー　(4)　コーラン（クルアーン）

例題 2　近代思想①―ルネサンス，モラリスト，経験論・合理論

(1)　ルネサンス期の思想家であり，『人間の尊厳について』という演説草稿の中で，人間が自らの自由意志で自分自身を形成していくことを人間の尊厳の根拠とした人物名を答えよ。

(2)　モラリストについて，

問１　懐疑主義の立場から，より深い真理探究のために自己省察を行うことを説き，「私は何を知るか（ク＝セ＝ジュ）」という言葉を残した人物名を答えよ。

問２　人間は宇宙に比べれば弱く小さな存在であるが，自らの悲惨さを自覚できる点で偉大であるということを語ったパスカルの言葉を答えよ。

(3)　イギリス経験論・大陸合理論について，

問１　次の文章の空欄に当てはまる語句を答えよ。

イギリス経験論を代表する（　Ａ　）は，人間の認識や判断をゆがめる先入観や偏見をイドラと名付けた。このイドラを除去したのち，観察や実験によって得られた個々の経験的な事実から共通する事柄をとり出し，その中にある一般的な法則を求めようとした。このような方法は（　Ｂ　）法とよばれる。

一方，大陸合理論を代表する（　Ｃ　）は，明晰判明な原理を得るため，可能な限りすべてのものを徹底して疑うことから始めたが，このように一切を疑ってみることを（　Ｄ　）という。そして，普遍的な原理を前提として，論理的に結論を導く方法である（　Ｅ　）法を提唱した。

問２　空欄Ａの人物のいう「４つのイドラ」について，次のａ，ｂに関する記述として正しいものをア～エからそれぞれ選べ。

ａ．洞窟のイドラ　　ｂ．劇場のイドラ

ア．人間が本来もっている精神や感覚に基づく偏見・先入観
イ．資質や環境に応じて身に付けた主観に基づく偏見・先入観
ウ．伝統や権威を無批判に信じてしまうことに基づく偏見・先入観
エ．言葉の不適当な使い方によって生じる偏見・先入観

解答　(1)　ピコ＝デラ＝ミランドラ

(2)　問１　モンテーニュ　　問２　「人間は考える葦である」

(3)　問１　Ａ．ベーコン　　Ｂ．帰納　　Ｃ．デカルト
Ｄ．方法的懐疑　　Ｅ．演繹

問２　ａ．イ　　ｂ．ウ

例題3 近代思想②－社会契約説，ドイツ観念論，功利主義

(1) 次のA～Cは，ロック，ホッブズ，ルソーのうち誰の主張か答えよ。

A．自然状態は争いであり，各人は闘争状態を回避するために自然権の全部を譲渡して社会契約を結ぶことを説いた。

B．政府が人民の権利を保障せず権力を濫用したならば，人民は政府に対する抵抗権・革命権をもつとした。

C．自然状態を自由・平等・平和な状態であると考え，各人が自分の特殊意志を放棄して一般意志に従うことにより政治が行われる必要性を説いた。

(2) ドイツ観念論に関する次の文章の空欄に当てはまる語句を答えよ。

ドイツ観念論の祖と称される（　A　）は，人間の理性能力を吟味する批判哲学を唱え，理性には，経験を通じて自然法則を認識する「理論理性」と，経験から独立して働き，意志決定を行う「（　B　）」があることを明らかにした。また，あらゆる人間が他者の人格における人間性を，「いつも同時に（　C　）として扱い，けっして単に（　D　）としてのみあつかわないように行為せよ」とし，これによって，人類究極の理想的な社会である「（　E　）」が形成されるとした。

(3) ヘーゲルは，存在するすべてのものの発展過程の全体を包括する絶対的存在者のことを何といったか。また，この精神が歴史の中に自己を展開していくとき，その精神を何といったか答えよ。

(4) 功利主義に関する次の文章の空欄に当てはまる語句を答えよ。

（　A　）は，主観的な感情である快楽を数的に計算できるとする（　B　）の考えを示し，社会全体の幸福の総和の増大を願う「（　C　）」という言葉で定式化した。

一方，（　A　）の後継者である（　D　）は，快楽に質的差異を認め，精神的快楽を重視した。そのことは，「満足した豚であるよりは，不満足な人間であるほうがよく，満足した愚か者であるよりは，不満足な（　E　）であるほうがよい」という言葉に端的に表されている。

解答

(1) A．ホッブズ　B．ロック　C．ルソー

(2) A．カント　B．実践理性　C．目的
D．手段　E．目的の王国

(3) 絶対的存在者：絶対精神　精神：世界精神

(4) A．ベンサム　B．量的功利主義　C．最大多数の最大幸福
D．J.S.ミル　E．ソクラテス

例題４　現代思想①－実存主義

(1)　次のA，Bを主張した人物名を答えよ。

A．人間は自由である。人間は自由そのものである。……我われは逃げ口上もなく孤独である。そのことを私は，人間は自由の刑に処せられていると表現したい。

B．私にとって真理であるような真理，私がそれのために生き，そして死にたいと思うようなイデー（理念）を発見することが必要なのだ。

(2)　次の説明に当てはまる人間についての用語を答えよ。

A．ニーチェの用語で，現実に甘んじるラクダの精神を克服し，無意味な生を力強く肯定する獅子の精神をもち，さらには無限の価値創造に向かう小児の精神をもって，自己を常に超克し続ける人間。

B．キルケゴールの用語で，常に真実の自己を求め，神と交わることを絶対的な目的として神の前に１人立つ主体的な人間。

(3)「神は死んだ」と宣言してキリスト教的価値観を否定したニーチェの根本思想で，一切の抵抗を克服し，運命に対する情熱と創造に向かおうとする本源的な生命力を何というか答えよ。

(4)　ヤスパースは，死，苦悩，争い，責めなど，人間の限られた力では解決できない人生の壁のようなものを何といったか。また，このような不可避的な状況の中で，自らの限界を自覚したときに出会う人間を超え包み込む存在のことを何というか答えよ。

(5)　人間の本質は生得的なものではなく，人間はまず存在し，その後に本来的な自己を創造していくのだという意味のサルトルの言葉を何というか答えよ。

(6)　ハイデッガーに関する次の文章の空欄に当てはまる語句を答えよ。

人間は自らの存在の意味を問うことができるという意味で（　Ａ　）である。しかし，多くの現代人は本来的な自己の在り方を了解せず，日常性の中に埋没した（　Ｂ　）の在り方に陥っている。この状態を脱するためには，自らが「（　Ｃ　）」であり有限な存在であることを自覚し，良心の声に耳を傾けて生きることである。

解答　(1)　A．サルトル　　B．キルケゴール

(2)　A．超人　　B．単独者

(3)　力（権力）への意志　　　(4)　限界状況，超越者

(5)「実存は本質に先立つ」

(6)　A．現存在（ダーザイン）　　B．ひと（ダス＝マン）　　C．死への存在

例題５　現代思想②－プラグマティズム，構造主義他

⑴　プラグマティズムに関する次の文章の空欄に当てはまる語句を答えよ。

プラグマティズムの先駆者は（　Ａ　）であるが，その考えを受け継ぎ，理論や知識は生活上の困難や問題の解決に有効であるとき，初めて真理の名に値するという「真理の（　Ｂ　）」を唱えたのは（　Ｃ　）である。また，プラグマティズムを大成させた（　Ｄ　）は，知性やそれによって獲得された知識も，人間がよりよく環境に適応していくための「（　Ｅ　）」であるという（　Ｅ　）主義を提唱し，学問のための学問を批判した。

⑵　ガンディーについて，次の各問いにカタカナで答えよ。

問１　ガンディーの根本理念である真理の把持を何というか答えよ。

問２　ガンディーが対英非協力，非暴力・不服従運動を指導するときに掲げた，２つのスローガンを挙げよ。

⑶　次の文章の空欄に当てはまる語句を答えよ。

ホルクハイマーやアドルノを中心とした（　Ａ　）学派は，マルクス理論の影響を受けながら，現代の人間疎外の原因を，主観的な目的を達成するためだけの手段・道具となってしまった理性に求め，この理性を強く批判した。また，（　Ｂ　）主義は，人間は理性的・主体的に行動する以前に，自らが属する社会の組織や制度といった構造の制約を受けていると主張した。その代表的思想家である（　Ｃ　）は，未開社会の研究を通して，西洋の理性中心主義の見方を批判した。

⑷　次のＡ～Ｄの「人間とは何か」という定義について，当てはまる人物名をア～オからそれぞれ選べ。

Ａ．人間はポリス的動物である　　Ｂ．人間は遊ぶ存在である

Ｃ．人間は知性をもつ存在である　　Ｄ．人間はホモ＝ファーベルである

ア．リンネ　　イ．ベルグソン　　ウ．アリストテレス

エ．ホイジンガ　　オ．プラトン

解答　⑴　Ａ．パース　　Ｂ．有用性　　Ｃ．ジェームズ

Ｄ．デューイ　　Ｅ．道具

⑵　問１　サティヤーグラハ

問２　スワラージ，スワデーシ

⑶　Ａ．フランクフルト　　Ｂ．構造　　Ｃ．レヴィ＝ストロース

⑷　Ａ．ウ　　Ｂ．エ　　Ｃ．ア　　Ｄ．イ

解説　⑵　問２　スワラージは「自治独立」，スワデーシは「国産品愛用」のこと。

演習問題

1　★★☆

人間としての生き方に関する次の文章を読んで，各問いに答えよ。

・紀元前5世紀頃，アテネの民主政治が黄金時代を迎えると，話術や弁論術を教える（　A　）とよばれる職業教師があらわれ，その代表である$_a$プロタゴラスは，法律や道徳に絶対的なものはないという相対主義の立場をとった。このような普遍的真理を軽んじる風潮の中でソクラテスは，人間の生き方について普遍的な原理を探究し，自らの魂をすぐれたものにしてより善く生きることを説いた。ソクラテスの弟子である（　B　）は，人間が理性によって捉えることができるものごとの完全な姿を（　C　）とよび，（　C　）の世界，すなわち真実の世界を思慕する純粋な心の衝動こそ，人間の$_b$魂を向上させる原動力であると考えた。（　B　）の弟子であるアリストテレスは，師の考えを批判し，経験と観察を重んじる現実主義の考え方を示し，人間にふさわしい幸福とは$_c$徳をそなえた，すぐれた魂を活動させることであると唱えた。

・すべての人間の命を尊び守ろうとするヒューマニズムの精神を貫いた人物として，まず，インドの独立運動を指導した（　D　）を挙げることができる。彼は，イギリスへの非協力・不服従による抵抗を民衆によびかけ（　E　）主義を唱えた。また，真理の把持を目指し，それを自分の生活や社会の中で実践することにより，相手に過ちを悟らせようとした。また，（　F　）は，すべての生きようとする意志を尊重し，生命への畏敬をもつことが倫理や道徳の根本であると考え，赤道直下のランバレネで黒人への医療と$_d$キリスト教の伝道に努めた。

(1)　文章中の空欄に当てはまる語句を答えよ。

(2)　下線部aについて，プロタゴラスの言葉として適切なものを次から選べ。

ア.「万物は流転する」　　イ.「人間は万物の尺度である」

ウ.「人間はポリス的動物である」　　エ.「汝自身を知れ」

(3)　下線部bについて，魂の三部分とは何か。「理性」「欲望」の他に1つ挙げよ。

(4)　下線部cについて，中庸を保つことによって得られる徳を次から選べ。

ア.習性的な徳　　イ.禁欲的な徳　　ウ.知性的な徳　　エ.自律的な徳

(5)　下線部dについて，キリスト教に関係するものを次から選べ。

ア.六信五行　　イ.縁起　　ウ.アガペー　　エ.コーラン

〈福井県改題〉

2 ★☆☆

人間の尊厳に関する次の文章を読んで，各問いに答えよ。

(1) おれの目からみると，あんたは，ほかの十万もの男の子と，べつに変わりない男の子なのさ……あんたの目からみると，おれは，十万ものキツネと同じなんだ……だけど仲よくなると，あんたは，おれにとって，この世で a たった一人の人になるし，おれは，あんたにとって，かけがえのないものになるんだよ。

問１　フランスの作家で飛行機のパイロットでもあった，この文章の作者名と作品名を答えよ。

問２　下線部 a について，人間の尊厳に関する各問いに答えよ。

ⅰ）ヨーロッパの14世紀から16世紀にかけて，北イタリアの自由都市を中心に，商業によって経済力を蓄えた市民が，現実的な人間中心の文化を築いたが，このような新しい文化の動きを何とよぶか答えよ。

ⅱ）ⅰ）の時代に，自分の能力を全面的に発揮し，個性を十分に実現させた理想的な人間像は，何とよばれるか答えよ。

ⅲ）イタリアの人文主義者で，『人間の尊厳について』という演説で，「地上のすべてのものは，定められた法則にしばられている。しかし，人間だけは，みずからの自由な意志によって，自分がなりたいと思うものになるようにつくられている」と述べた人物名を答えよ。

(2) 人間は自然のうちでもっとも弱い一茎の（　　　）にすぎない。しかし，それは考える（　　　）である。

問１　この哲学者名，著書名を答えよ。

問２　文章中の空欄に当てはまる語句を答えよ。

問３　この哲学者は，考えるはたらきに人間の偉大さと尊厳があると考えたが，人間の考えるはたらきは総称して，何とよばれるか答えよ。

問４　この哲学者の生まれた17世紀から次の18世紀にかけては，自由で平等な社会を作ろうとする運動が盛んになり，啓蒙主義がヨーロッパ全体に行きわたった時代であったが，その源ともいうべきイギリスの哲学者・政治思想家で，『統治論』を著した人物名を答えよ。

〈茨城県〉

3 ★☆☆

実存主義の思想家である，カミュ，ハイデッガー，キルケゴールの思想に関する記述として正しいものをＡ～Ｈからそれぞれ選べ。

Ａ．ギリシア神話に登場する人物シーシュポスを「不条理の英雄」とする考え方を説いた。そして，過去の実存主義者たちが，神の救いを最終的に求めたことに対して批判した。

Ｂ．ヘーゲル哲学が説いた主観的真理を発展させ，「私がそのために生き，そして死にたいと思うようなイデー」・「私にとって真理であるような真理」を生涯追求した。

Ｃ．「ひとは女に生まれない。女につくられるのだ」という有名な言葉は，主著『第二の性』で述べられたものである。大きな反響をよび，女性解放運動の思想的原点となった。

Ｄ．人間は，死・苦・争いなど越えることも変化させることも不可能な限界状況に直面し，自己の有限性を自覚する。その時，世界のすべてをつつみこむ超越的な絶対者と出会うと唱えた。

Ｅ．理想的人間像は，無意味な人生のくり返しにもかかわらず，駱駝の忍耐力と獅子の自由な精神と小児の創造力を合わせもち，たくましい生命力を発揮して生きる人であると唱えた。

Ｆ．人間の本質は，あらかじめ規定されているものではなく，まず実存して，自己の選択・決断により自己の本質を作り上げていく存在であるとした。

Ｇ．主体性を失い無責任で平均的な存在に人間は頽落してしまっているとして，真の実存を回復するには，自らが死への存在であることを直視し受け入れることが重要であると説いた。

Ｈ．ヘーゲル哲学の批判的継承をし，実存の三段階を主張した。それは，絶望を契機として人間の生き方は深まっていき，最後の段階として宗教的実存を唱えるものである。

〈三重県改題〉

4 ★★☆

次の文章は，それぞれある哲学者・思想家について述べたものである。この文章を読んで，各問いに答えよ。

Ⅰ．彼は，意志の自由を基盤とする人間の世界には，自然法則とは別に道徳法則が存在すると考え，人間の意志を決定する命令の方式には，「好感を持って欲しいなら，人には優しく振る舞え」というような条件付きの命令である（　A　）命法と，「人には優しく振る舞え」と無条件に命令する（　B　）命法があるとした。その上，道徳法則が普遍的法則であるためには，それは（　B　）命法であらねばならないとした。これは，「汝の意志のa格率が，常に同時に普遍的な立法の原理として妥当しうるように行為せよ」という言葉に表されている。また，彼は行為の目的や結果ではなく（　C　）を重視した。この（　C　）のよささこそ，道徳法則によって無条件に善とみなされる（　D　）であると主張した。

⑴　文章中の空欄A～Dに当てはまる語句を答えよ。

⑵　下線部aについて，彼のいうところの格率の意味する事例として適切でないものを次から選べ。

①　成績が悪くなるといけないので，毎日２時間勉強しよう。

②　レギュラーになりたいので，毎日一生懸命部活動に取り組もう。

③　ウエストを細くしたいので，ダイエットに取り組もう。

④　医者から止められているので，お酒を飲むのはやめよう。

⑶　次の文章は，人間の尊厳を強調した彼の言葉であるが，その空欄に当てはまる語句の組み合わせとして正しいものを次から選べ。

「汝の人格や他のあらゆる人の人格のうちにある人間性を，いつも同時に（　E　）として扱い，決して単に（　F　）としてのみ扱わないように行為せよ。」

ア．E＝手段　F＝目的　　イ．E＝目的　F＝道具

ウ．E＝道具　F＝目的　　エ．E＝目的　F＝手段

Ⅱ．18世紀後半のイギリスにおいて，功利主義は彼によって始められたといわれる。Utility（有益）の意味を含む功利主義とは，人々は（　G　）を追求し（　H　）を避けることから，人間のある行為が（　G　）をもたらすか，（　H　）をもたらすかによってその行為の善悪を判断する考え方である。彼は，産業革命の進行する近代市民社会において，立法の原理となり道徳の原理となるものを功利に見い出した。（　G　）と（　H　）は（　I　）に計算することができるとして，そこには明確な基準が存在し（　G　）を計算することによって幸福の度合いも計ることができるとした。

⑷　文章中の空欄G～Iに当てはまる語句を次から選べ。

ア．損失　イ．苦痛　ウ．量的　エ．快楽　オ．質的　カ．利益

⑸　彼の思想の根幹にあるのが「最大多数の最大幸福」という考え方であるが，この考え方の基盤にあるものとして適切でないものを次から選べ。

①　最大幸福を実現するためには，少数者が犠牲になる側面を否定できない。

②　個人の利己心を公共の福祉に一致させる強制力は否定しなくてはならない。

③　最大幸福を計るためには，各人は平等な存在として扱われなければならない。

④　道徳は，ある個人の主観的判断ではなく人間性の客観的法則の上に樹立されなくてはならない。

Ⅲ．彼は，Ⅱの思想家と同じ功利主義の立場に立つが，さらにその思想を発展させた。すなわち，幸福を計ることができるという考えでは，幸福の質の違いが無視されてしまう。この点を考慮した彼は，一人ひとりの個性と自由が大切だとした。$_b$人間が高い質の快楽を選ぶという彼の考えは，$_c$利他的行為をもいとわないという人間の尊厳を認める彼の人生観を示すものである。彼にとっての幸福とは，それぞれの人間の個性に応じた自己の発展にある。個人の個性の追求がまた，社会全体の発展にもつながるから，（　J　）。彼の「自由主義」の思想の根拠はここにある。

⑹　文章中の空欄Jに当てはまる文章を次から選べ。

①　多数者が少数者の個性を押さえつける場合も許容されなくてはならない

②　多数者は全体のためには少数者の個性を認めるべきではない

③　多数者が少数者の個性を押さえつけることは認められない

④　多数者は全体のために少数者の個性を押さえつけなければならない

⑺　下線部bについて，次の言葉は彼の考えを最もよく表している。空欄K，Lに当てはまる語句を答えよ。

「満足した（　K　）であるより不満足な人間である方がよく，満足した愚か者であるより不満足な（　L　）である方がよい」

⑻　下線部cについて，彼はイエスの黄金律に功利主義道徳の極致を求めた。その極致に当てはまるものを次から選べ。

①　心の貧しいものは幸いである。天国は彼らのものである。

②　右のほほを打たれたならば，左のほほも差し出せ。

③　人はパンのみにて生きるにあらず。

④　何事でも人々からして欲しいと望むことは人々にもそのとおりにせよ。

Ⅳ．彼は，17世紀前半，ヨーロッパがまだ混沌とした動乱の時代の中で，自我の存在を確立し，そこから世界を全体として科学的に解明しようと考えた。彼はその著書の中で「良識はこの世で最も公平に配分されたものだ」と述べている。良識とは，真偽を判断し，真偽を区別する能力，すなわち（　M　）のことである。ところが，人々はこの（　M　）の正しい使い方を知らないことから，間違ったり迷ったりするのだと考えた。そこで，新たな学問的方法として$_d$まず誰にとっても疑うことのできない真理から出発し，正しい推理をかさねることによって次々と新しい知識を見い出していくという方法を考えた。そして，$_e$その疑うことのできない真理に到達するために，およそ疑うことのできるものはすべて，感覚や数学的な真理までも疑ってみた。やがて彼は$_f$絶対に疑うことのできない真理に到達し，その真理の上に一切の学問を築こうとしたのである。

⑼　文章中の空欄Mに当てはまる語句を答えよ。

⑽　下線部ｄの方法を何というか答えよ。

⑾　下線部ｅのようなことは何といわれるか答えよ。

⑿　下線部ｆについて，彼が到達した絶対に疑うことのできない真理を表した言葉を答えよ。

Ⅴ．イギリス経験論は，16～17世紀に政治家としても活躍した彼に始まる。経験論とは，感覚的な経験を（　N　）の源と考える立場である。彼は，中世の学問は実生活には何の利益ももたらさないとしてこれを退け，「（　O　）」と主張して実生活に役立つ新しい知識を求めた。この言葉は，彼が学問を自然支配の手段として捉えていたことを表している。彼は，まず古い「イドラ（心の鏡に映るゆがんだ偶像）」の崩壊を主張し，さらに，スコラ的三段論法の批判をした。彼によれば，人間は$_g$「種族のイドラ」「洞窟のイドラ」「市場のイドラ」「劇場のイドラ」の４つのイドラにとらわれている。そして，中世の哲学はこれらのイドラのもとで形式的な三段論法をあやつりながら，抽象的思考にふけっていた。これに対して，彼が新たに提唱したのは$_h$実験に基づいて個々の事例の比較及び吟味から自然の一般法則を探り出す方法であった。

⒀　文章中の空欄Nに当てはまる語句を次から選べ。

ア．知識　　イ．技術　　ウ．理性　　エ．自由

⒁　文章中の空欄Oに当てはまる言葉を答えよ。

⒂　下線部ｇについて，この４つのイドラのうち「洞窟のイドラ」に関する記述として正しいものを選べ。

①　伝統的な哲学の学派や体系の権威を盲信的に信じ込む。
②　感覚で捉えたことを信じ込み，疑おうとしない。
③　自分の殻に閉じこもり，個人的・主観的なものに固執する。
④　曖昧で不適切な言葉を，内容もわからないまま使ってしまう。

⒃　下線部ｈについて，

問１　この方法を何というか答えよ。

問２　この方法の実例として適切なものを次から選べ。

①　すべてのカラスは黒い。この鳥はカラスである。ゆえにこの鳥は黒い。
②　これまで発見されたカラスはすべて黒い。ゆえにカラスは黒い。
③　鳥は空を飛ぶ。カラスは空を飛んだ。ゆえにカラスは鳥である。
④　カラスは鳥である。鳥は空を飛ぶ。ゆえにカラスは空を飛ぶ。

⒄　Ⅰ～Ⅴの文章中に出てくる「彼」とはそれぞれ誰のことか。その名前を答えるとともに，その人物の主著を次からそれぞれ選べ。

ア．『功利主義』　　イ．『死にいたる病』
ウ．『精神現象学』　　エ．『純粋理性批判』
オ．『ノヴム＝オルガヌム』　　カ．『人間不平等起源論』
キ．『道徳および立法の諸原理序説』　　ク．『ツァラトゥストラはこう語った』
ケ．『人間知（悟）性論』　　コ．『方法序説』

〈佐賀県〉

5　★★☆

次の文章を読んで，各問いに答えよ。

青年期は子どもから大人へと移行していく時期である。しかし近代以前の社会では，子どもは成人式や婚礼などの（　A　）を経ると一人前の大人として扱われたので，青年期は存在しなかった。

青年期が存在するようになったのは，近代になって産業が発達し，職業の分化や社会の仕組みが複雑化することにより，大人になるために知識や技能を習得することが必要となってきたからである。青年期は，肉体的にも精神的にも変化の大きい時期であり，特に男女の体の形態的な違いがはっきりとあらわれてくる。このことを（　B　）という。また，青年は，大人でもあり子どもでもあり，逆に大人でもない子どもでもないともいえる位置にある。このような状況にある青年をドイツの心理学者レヴィンは（　C　）とよんだ。さらに，この時期の青年は大人になるための準備期間として，大人としての社会的責任や義務が免除されていることから，アメリカの心理学者エリクソンは，青年期のおかれているこのような状態を心理・社会的（　D　）とよんだ。

青年期には，自我意識の高まりから自分のことについて思い悩むようになる。自分が一人ぼっちである不安から孤独感を味わったり，自分と他人を比較して自分が劣っていると（　E　）に悩んだりすることも多くなる。このような状況は大人になるためには必要なことであり，自己を見つめ直すチャンスにもなりうる。

人間が成長していく上で，発達時期に応じた課題を克服していくことが重要な意味をもつ。また，人間には様々な欲求がある。欲求は飢え，渇き，性欲などのような（　F　）と，独立，達成，所有などのような（　G　）とに分けられる。青年期においても，欲求を周囲との関係において調和を図っていくことが必要であり，欲求や葛藤に対して，状況に応じた行動をとることを（　H　）という。

人間は，自分や他者，さらには社会との新たな出会いを通して，自己形成していく。このような自己形成の過程を，エリクソンは（　I　）の確立への過程として捉えた。

⑴　文章中の空欄に当てはまる語句を次から選べ。

ア．モラトリアム　　イ．劣等感　　ウ．適応
エ．社会的欲求　　オ．アイデンティティ　　カ．第二次性徴
キ．生理的欲求　　ク．通過儀礼　　ケ．マージナル＝マン

⑵　下線部について，マズローが説いた「欲求の階層性」を簡潔に説明せよ。

〈北海道・札幌市〉

演習問題　解答・解説

1

⑴　A．ソフィスト　B．プラトン
C．イデア　D．ガンディー
E．非暴力
F．シュヴァイツァー

⑵　イ　⑶　意志（気概）

⑷　ア　⑸　ウ

解 説

⑴　A．ソフィストたちは，絶対的真理を否定して真理の相対性を説いた。

C．イデアは，すべての事物の本質・原型であり，永遠不滅の真の存在と考えられた。

D，E．ガンディーは，一切の暴力を否定し平和的に目的を実現することによって，人権の擁護と民族の自立を図ろうとした。

F．シュヴァイツァーの主著には『文化と倫理』『水と原生林のはざまで』がある。

⑵　ア．ヘラクレイトス

ウ．アリストテレス

エ．ソクラテス

⑶　理性と意志（気概），欲望それぞれに知恵，勇気，節制という徳があり，これらの徳が調和をもって実現するとき，正義という徳が生まれるとした。この4つの徳のことを四元徳という。

⑷　習性的な徳は，人間の行動や態度の善さにかかわる徳で，過不足のない中庸を目指すことで形成されると考えられた。

⑸　ア．イスラーム教に関係するもので，六信は信ずべきこととされる6つの項目，五行は5つの重要な宗教的実践のこと。

イ．仏教に関係するもので，この世の一切はそれ自体としては存在せず，相互に依存しあっているという真理のこと。

ウ．「神の愛」ともいい，人間に対する神の無差別で無償の愛。

エ．イスラーム教の経典。

2

⑴　問1　作者名：サン＝テグジュペリ
作品名：『星の王子さま』

問2　i）ルネサンス
ii）万能人（普遍人）
iii）ピコ＝デラ＝ミランドラ

⑵　問1　哲学者名：パスカル
著書名：『パンセ』

問2　葦

問3　繊細な精神

問4　ロック

解 説

⑵　問3「繊細な精神」とは，直感や感性を特質とし，柔軟な思索を自然に展開する精神のことである。厳密な推論による論理的思考力を特質とする幾何学的精神と対置される。

3

カミュ：A　ハイデッガー：G
キルケゴール：H

解 説

B．ヘーゲルが説いたのは，主観的真理ではなく客観的真理・普遍的真理である。後半の記述はキルケゴールのもので，彼はヘーゲルを批判して主観的真理を主張した。

C．ボーヴォワール　D．ヤスパース
E．ニーチェ　F．サルトル

4

⑴ A．仮言　B．定言
C．動機　D．善意志

⑵ ④　⑶ エ

⑷ G．エ　H．イ　I．ウ

⑸ ②　⑹ ③

⑺ K．豚　L．ソクラテス

⑻ ④　⑼ 理性

⑽ 演繹法　⑾ 方法的懐疑

⑿ われ思う，ゆえにわれあり
（コギト=エルゴ=スム）

⒀ ア　⒁ 知は力なり

⒂ ③

⒃ 問1　帰納法　問2　②

⒄ Ⅰ．カント，エ
Ⅱ．ベンサム，キ
Ⅲ．J.S.ミル，ア
Ⅳ．デカルト，コ
Ⅴ．ベーコン，オ

解 説

⑵ 格率とは意志の主観的原則をいう。

⑸ ②　個人の利己心を公共の福祉に一致させるように規制する必要があり，人間の行為に与えうるこのような拘束力を制裁とよんだ。

⒂ ①　劇場のイドラ
②　種族のイドラ
④　市場のイドラ

⒄ イ．キルケゴール　ウ．ヘーゲル
カ．ルソー　ク．ニーチェ
ケ．ロック

5

⑴ A．ク　B．カ
C．ケ　D．ア
E．イ　F．キ
G．エ　H．ウ
I．オ

⑵ 人間の欲求には，①生理的欲求，②安全欲求，③所属・愛情欲求，④承認・自尊欲求，⑤自己実現欲求がある。これらの欲求は，①から順にピラミッド型の階層をなしており，低次の欲求が充足されないと高次の欲求が生じないとする。

解 説

⑵ マズローの「欲求の階層性」において欲求は，次のようなピラミッド型をなす。

2 東洋の思想

傾向と対策

仏教では四諦，八正道，涅槃，慈悲といった代表的な用語を問う問題，また，諸子百家では孔子・孟子・老子についての問題が比較的よくみられる。日本における思想については，鎌倉新仏教では法然・親鸞・道元，儒学では林羅山・伊藤仁斎，国学では本居宣長，近代思想では福沢諭吉・内村鑑三・西田幾多郎・和辻哲郎などが多く出題されている。各思想家の主著名や述べた言葉，用語の定義について，確実に把握しておく必要がある。さらに，記述式の問題にも対応できるよう，各思想家の主張などについて，自分なりの表現で書けるようにしておこう。

例題 1 諸子百家

(1) 次のA～Cの文章に最も関係の深い人物名を答えよ。

A．大道廃れて，仁義有り，慧智出でて，大偽有り。六親和せずして孝慈有り，国家昏乱して忠臣有り。

B．子曰く，故きを温めて新しきを知る，以て師と為すべし。

C．人間の性は悪にして，その善なるものは偽なり。

(2) 人と人との間に生まれ出る自然な親愛の感情で，孔子の思想の中核をなす心の在り方を何というか答えよ。

(3) 孟子は，人間には生まれながらに備わっている4つの徳の芽生えがあり，それを養い育てれば徳が実現できると考えたが，この4つの徳の芽生えのことを何というか答えよ。

(4) 老子が唱えた，すべてにおいて作為を捨て，自然の道に素直に従って生きることを何というか答えよ。

(5) 次の文章の空欄に当てはまる語句を答えよ。

中国明代の思想家（　A　）は「知は行のはじめであり，行は知の完成である」と述べ（『伝習録』），（　B　）という実践的な考え方を説いた。

解答

(1) A．老子　B．孔子　C．荀子

(2) 仁　(3) 四端　(4) 無為自然

(5) A．王陽明　B．知行合一

例題 2　**鎌倉新仏教**

(1) 法然に関する次の文章の空欄に当てはまる語句を答えよ。

法然の主著『(　A　)』には，末法の世では悟りはなく，弥陀の本願にすがる他に救いの道はないという他力の教えが説かれている。自力による悟りがない以上は修行は無意味であり，ただひたすら「(　B　)」と仏の名を念じるだけで救われるとする（　C　）を根本思想とする。

(2) 親鸞について，

問 1　親鸞の信仰の在り方で，念仏は阿弥陀仏の力とはからいによるという，他力の徹底化を意味する言葉を何というか答えよ。

問 2　自力で功徳を積むことのできる善人（自力作善の人）よりも，自力作善ができずに苦しんでいる悪人こそが，阿弥陀仏の救いの対象であるという思想を何というか答えよ。

問 3　これらの思想が記されている，弟子の唯円の著書名を答えよ。

(3) 道元について，

問 1　道元が坐禅の真髄として表した言葉で，焼香や礼拝，念仏などの一切の行為を排して，ただひたすら坐禅を行うことを何というか答えよ。

問 2　坐禅は悟りへの手段ではなく，坐禅の修行がそのまま悟りであるという，道元の基本的立場を何というか答えよ。

解答　(1)　A．選択本願念仏集　　B．南無阿弥陀仏　　C，専修念仏

(2)　問 1　絶対他力　　問 2　悪人正機説　　問 3　『歎異抄』

(3)　問 1　只管打坐　　問 2　修証一等（修証一如）

解説　次の表は，鎌倉新仏教についてまとめたものである。

宗派	開祖	内容	主要著書
浄土宗	法然	専修念仏による他力信仰	『選択本願念仏集』
浄土真宗	親鸞	悪人正機説	『教行信証』 『歎異抄』（弟子の唯円）
時宗	一遍	踊念仏による全国遊行	
日蓮宗 （法華宗）	日蓮	題目唱和（「南無妙法蓮華経」）による救済	『立正安国論』 『開目抄』
臨済宗	栄西	公案による修行と悟り	『興禅護国論』
曹洞宗	道元	坐禅による修行と悟り（只管打坐）	『正法眼蔵』

例題 3　儒学と国学

(1)　林羅山について，

問 1　天地に上下があるように，人間にも上下の秩序があるという思想を何というか答えよ。

問 2　「敬」を重んじたが，「敬」の意味として正しいものを選べ。

①　自分や他人に対して，偽りや飾りをもたない純粋な心情のこと。

②　常に自らを慎み，他を欺かない心のこと。

③　いつもへりくだって目上の人を立てる心のこと。

④　忍従のことで，自己の欲望を抑えて礼に従う心のこと。

(2)　次の文章の空欄に当てはまる語句を答えよ。

『論語』こそが最上の書物と確信した（　A　）は，『論語』『孟子』の本質を求める（　B　）を提唱し，孔子の教えの本質である（　C　）の根底にあって，自他に偽りをもたない，古代の清明心に通じる純粋な心を（　D　）といった。

(3)　賀茂真淵について，

問 1　高く直き心が言葉や行為として表れたもので，男性的でおおらかな万葉の心と考えた精神の在り方を何というか答えよ。

問 2　繊細な女性らしい言葉や行為を示すもので，『古今集』の心とされ，真淵の批判した精神の在り方を何というか答えよ。

(4)　本居宣長について，

問 1　『源氏物語』の研究を通して捉えた文芸の本質で，素直な心が外界の事物に触れたときに生じる，しみじみとした感動の心を何というか答えよ。

問 2　「よくもあしくも生まれたるままの心」と述べた，偽りのない自然でおおらかな人間本来の心を何というか答えよ。

問 3　聖人・賢者によって人為的に作られた道ではなく，神によって造られたとされる日本古来の道を何というか答えよ。

(5)　平田篤胤が本居宣長の思想を継承しながら，古神道の再興を図る中で確立した神道を何というか答えよ。

解答　(1)　問 1　上下定分の理　　問 2　②

(2)　A．伊藤仁斎　　B．古義学　　C．仁・愛　　D．誠

(3)　問 1　ますらおぶり　　問 2　たおやめぶり

(4)　問 1　もののあわれ　　問 2　真心　　問 3　惟神の道

(5)　復古神道

例題4　近代思想

⑴　福沢諭吉について，

問1　近代的・市民的な自主独立の精神を指し，思想の核心である言葉を漢字4文字で何というか答えよ。

問2　問1の精神が国の独立の基礎であることを，次の言葉で表明した。空欄に当てはまる語句を答えよ。

「(　　　)独立して一国独立す」

⑵　ルソーの『社会契約論』を翻訳するとともに，自由民権運動を理論的に支援した啓蒙思想家名を答えよ。

⑶　内村鑑三が唱えた「二つのJ」が意味しているものを次から2つ選べ。

ア．正義（Justice）　イ．日本（Japan）　ウ．イエス（Jesus）
エ．判断（Judge）　オ．喜び（Joy）

⑷　次の文章の空欄に当てはまる語句を答えよ。

国際連盟事務次長となった（　A　）は，その著『(　B　)』において，日本的精神とキリスト教精神を融合させ，キリスト教的人格主義に基づく教育に尽力した。

⑸　近代的自我の確立とエゴイズムの克服という矛盾の中で，夏目漱石が到達した境地で，普遍的な大我（自然）の理法に従って生きる東洋的・宗教的な心境を何というか答えよ。

⑹　次の文章の空欄に当てはまる語句を答えよ。

倫理学を「人間の学」と規定した（　A　）は，人間を人と人との関係性の中で生きる社会的存在であると考え，それを「(　B　)」とよび，西欧近代思想の人間観に異議を唱えた。

また，『善の研究』を著した（　C　）は，主観と客観を区別して考える西洋思想を批判しつつも，西洋哲学の方法で東洋的思考を解明し，真の実在は主観と客観が区別されない前，すなわち（　D　）の段階における（　E　）において表れるとした。

解答　⑴　問1　独立自尊　　問2　一身
⑵　中江兆民　　⑶　イ，ウ
⑷　A．新渡戸稲造　　B．武士道　　⑸　則天去私
⑹　A．和辻哲郎　　B．間柄的存在　　C．西田幾多郎
D．主客未分　　E．純粋経験

演習問題

1　★★☆

次の文章を読んで，各問いに答えよ。

春秋戦国時代には思想・言論界が活発となり，諸子百家とよばれる多くの思想家が登場し，政治の在り方や人生観・世界観を説いた。このうち，後世に最も影響を与えたものが，孔子を祖とする儒家の思想である。それは自然や人間を超越した価値を求めるのではなく，倫理と政治を中心とする，現実的・実践的なものであった。倫理の中心は仁であるが，社会的には五常の徳とそれを支える（　A　）・父子・夫婦・長幼・朋友の五倫が重視された。a家族的な親愛の情をもとにして，それを普遍的に拡大し，天下国家の政治活動にも及ぼす徳目としたのが仁であり，そこに義・礼・智・（　B　）を加えて五常とよんだのである。その考え方は，b孟子や荀子をはじめとする後継者たちによってc他の思想家たちとの論争を経ながら，さらに豊かな内容を有するようになったのである。

これに対して，d老子とe荘子にはじまるf道家の思想は，（　C　）の立場に立って，人間と自然界の万物に一貫する恒常不変の道を探ろうとするものであった。

(1)　文章中の空欄に当てはまる語句を答えよ。

(2)　下線部aについて，『論語』ではどのように表現されているか。次の文章中の空欄に当てはまる語句を答えよ。
「(　　) なるものは，其れ仁の本たるか」

(3)　下線部bについて，次の文章は『孟子』の一節である。この説は何とよばれているか答えよ。
「惻隠の心は仁の端なり。羞悪の心は義の端なり。辞譲の心は礼の端なり。是非の心は智の端なり。」

(4)　下線部cについて，孟子は墨子の思想をどのような点から批判したのか，簡潔に説明せよ。

(5)　下線部dについて，彼の説いた「世の中」として正しいものを次から選べ。
ア．仁や礼による王道の体現された国
イ．富国強兵による覇道の達成された国
ウ．正義の支配する理想の国
エ．少数の民による自給自足の国

(6)　下線部eについて，「逍遙遊」の意味を簡潔に説明せよ。

(7) 下線部 f について，中国に仏教が伝わったとき，中国人が受け入れることができたのは，この思想とどのような類似性があったためと考えられるか，簡潔に説明せよ。

〈福島県〉

2 ★★☆

次の文章は，日本人の考え方に大きな影響を与えた鎌倉仏教の開祖についてそれぞれ述べたものである。これを読んで，各問いに答えよ。

A.「善につけ、悪につけ、法華経を捨つるは、地獄の業なるべし。」と，『法華経』を重んじ，「南無妙法蓮華経」という題目を唱える唱題の行によって，救いにいたることができると説いた。

B.「善人なをもて往生をとぐ、いはんや悪人をや。」と，「悪人」にこそ，まず阿弥陀仏の救いが与えられると説いた。

C.「ただ往生極楽のためには、南無阿弥陀仏と申して、疑いなく往生するぞと思いとりて、申すほかには別の子細候わず。」と，ひたすら「南無阿弥陀仏」をとなえること（専修念仏）によって，極楽浄土に往生することができると説いた。

D.「一問不通にて無才愚痴の人も、坐禅を専らにすれば、その禅定の功によりて多年の久学聡明の人にも勝るるなり。」と，坐禅による自力の救済を説いた。

(1) Aについて，この人物が著した代表的な書物名を次から選べ。

ア.『歎異抄』　イ.『正法眼蔵』　ウ.『開目抄』　エ.『教行信証』

(2) Bについて，この人物が考えた「悪人」とはどのような人のことを意味するか。簡潔に説明せよ。

(3) Cについて，『選択本願念仏集』を著し，阿弥陀仏が諸仏の願いの中から選択して立てた本願の中で，念仏だけが往生の正因であると説いた人物名を答えよ。

(4) Dについて，この人物は，坐禅につとめることにおいて，欲望や執着などから解き放たれ，身も心も本来の清浄なありようになることを何とよんだか。その名称を答えよ。

(5)　日本の仏教は，主として「大乗仏教」の教えに大きな影響を受けている。「大乗仏教」の特徴として誤っているものを選べ。

①　阿羅漢を理想として自分一個の悟りを求めることを重視する。

②　すべてのものは様々な原因と条件が併さって生まれ，それ自体は固有の本体をもたないという空の理論をもつ。

③　すべての生命あるものに仏陀となる可能性を認める「一切衆生悉有仏性」の思想をもつ。

④　西城・中国・朝鮮を経て日本にまで伝わり，北伝仏教ともよばれている。

〈広島県・広島市〉

3　★☆☆

次の江戸時代の思想家について，関係あるものをA群，B群からそれぞれ1つずつ選べ。

林羅山　　中江藤樹　　伊藤仁斎　　安藤昌益
石田梅岩　　本居宣長　　荻生徂徠

〈A群〉

ア．古文辞学派　　イ．報徳思想　　ウ．国学派　　エ．朱子学派
オ．古義学派　　カ．心学派　　キ．自然真営道　　ク．陽明学派
ケ．洋学派

〈B群〉

a．東洋の道徳，西洋の芸術　　b．自然世　　c．居敬窮理
d．孝　　e．経世済民　　f．惟神の道　　g．真実無偽
h．正直と倹約　　i．分度と推譲

〈秋田県〉

4　★★☆

次の文章は日本の思想家について述べたものである。これを読んで，各問いに答えよ。

A．天は尊く地は卑し。天は高く地は低し。上下の差別あるごとく，人にもまた君は尊く，臣は卑しきぞ。その上下の次第を分けて，礼儀・法度ということは定めて，人の心を治められたぞ。

B．孝の徳が万物に感通するのを手短に名づけていうと，愛敬の二字に帰着する。愛は，懇切にして親しむの意味である。敬は，目上の人を敬い，目下の人を軽蔑しないという意味である。

C．仁は，徳のうちでも偉大なものである。しかしこれを一語によっていいつくそうとすれば，愛そのものだ。それは，君臣関係においては義といわれ，父子では親といい，夫婦では別といい，兄弟では叙といい，朋友では信といわれる。

⑴　Aについて，この考えは何とよばれているか答えよ。また，この考えが当時の政治権力に推奨された理由を説明せよ。

⑵　Bについて，これは誰の考えか，人物名を答えよ。また，この人物は，孝の徳の実践がどのようになされるべきであると説いているか。これを彼の用いた3つの用語を使って説明せよ。

⑶　Cについて，この人物のおこした学問の特徴を説明せよ。また，この人物が批判した人物の考えはA，Bのうちのどれか。記号で答えよ。

〈宮城県・仙台市改題〉

演習問題　解答・解説

1

(1)　A．君臣　　B．信
　　C．無為自然

(2)　孝悌　　　(3)　四端（説）

(4)　墨子の説く無差別平等に愛し合う兼愛主義を，父を無視し，君をないがしろにする「禽獣の道」であるとして批判した。

(5)　エ

(6)　ありのままの自然に従い，とらわれのない自由の境地に心を遊ばせること。

(7)　仏教の「空」と道家思想の「道」には，「無」という共通した発想があったため。

解 説

(2)　孝悌とは，仁の核心をなす心情で，親や兄弟に対する親愛の情のことをいう。

(3)　人間の本性は善であり，人間には生まれながらにして仁・義・礼・智の徳の萌芽が備わっているため，それを養い育てることによって四徳を実現できる（四端説）として，性善説の根拠とした。

(5)　素朴で柔弱な心をもつ少数の人々が住む自給自足の共同体のことを小国寡民とよび，無為自然を可能にする社会であるとした。

2

(1)　ウ

(2)　煩悩にとらわれて自分の力では悟りを開くことができない人のこと。

(3)　法然　　(4)　身心脱落

(5)　①

解 説

A．日蓮

B．親鸞（出典は弟子唯円の『歎異抄』）

C．出典は『一枚起請文』

D．道元（出典は弟子懐奘の『正法眼蔵随聞記』）

(5)　①　阿羅漢とは，修行を完成し世の人の尊敬を受けるのにふさわしい人のことで，小乗仏教が理想とする人間像である。

3

林羅山：エ，c　　　中江藤樹：ク，d
伊藤仁斎：オ，g　　安藤昌益：キ，b
石田梅岩：カ，h　　本居宣長：ウ，f
荻生徂徠：ア，e

解 説

イとｉは二宮尊徳，ケとａは佐久間象山である。

4

(1)　考え：上下定分の理
　　理由：士農工商といった現実の身分秩序を正当化するから。

(2)　人物名：中江藤樹
　　説 法：時（時 期），処（場 所），位（身分）という 3 つの条件を考慮し，状況への柔軟性や活発な心の働きを重視して実践するべきとした。

(3)　特徴：『論語』『孟子』の原典に立ち返り，古義を明らかにして孔孟の精神を求めようとすること。
　　考え：A

解 説

A．林羅山

C．伊藤仁斎

第 8 編

実践問題

1 地理歴史分野

1 ★☆☆

高等学校学習指導要領（平成30年告示）「地理歴史」について，次の(1)～(3)に答えなさい。

(1) 次の文は，「地理歴史」の「目標」である。A～Gにあてはまる語句を下の１～21から１つずつ選び，番号で答えなさい。

> 社会的な（　A　）を働かせ，課題を追究したり解決したりする活動を通して，広い視野に立ち，グローバル化する国際社会に主体的に生きる平和で民主的な国家及び社会の有為な形成者に必要な公民としての（　B　）を次のとおり育成することを目指す。
>
> (1) 現代世界の地域的特色と日本及び世界の歴史の展開に関して理解するとともに，（　C　）や諸資料から様々な情報を適切かつ効果的に調べまとめる技能を身に付けるようにする。
>
> (2) 地理や歴史に関わる事象の意味や意義，特色や相互の関連を，（　D　）などを活用して多面的・多角的に考察したり，社会に見られる課題の解決に向けて構想したりする力や，考察，構想したことを効果的に（　E　）したり，それらを基に議論したりする力を養う。
>
> (3) 地理や歴史に関わる諸事象について，よりよい社会の実現を視野に課題を主体的に解決しようとする態度を養うとともに，多面的・多角的な考察や（　F　）を通して涵《かん》養される日本国民としての自覚，我が国の（　G　）や歴史に対する愛情，他国や他国の文化を尊重することの大切さについての自覚などを深める。

1	自覚	2	深い理解	3	国境	4	調査
5	理念	6	意識	7	視点	8	資質・能力
9	対話	10	論述	11	知識	12	概念
13	発表	14	領土	15	見方・考え方	16	説明
17	国土	18	文献	19	観点	20	話合い
21	インターネット						

(2)　次の文は，「各科目」の「地理総合」の「内容」の一部である。A～Fにあてはまる語句を下の1～18から1つずつ選び，番号で答えなさい。

(1)　地図や地理情報システムと現代世界
　位置や分布などに着目して，課題を追究したり解決したりする活動を通して，次の事項を身に付けることができるよう指導する。
ア　次のような知識及び技能を身に付けること。
(ア)　現代世界の地域構成を示した様々な地図の（　A　）などを基に，方位や時差，日本の位置と（　B　），国内や国家間の（　C　）などについて理解すること。
(イ)　日常生活の中で見られる様々な地図の（　A　）などを基に，地図や地理情報システムの役割や（　D　）などについて理解すること。
(ウ)　現代世界の様々な地理情報について，地図や地理情報システムなどを用いて，その情報を収集し，読み取り，まとめる基礎的・基本的な技能を身に付けること。
イ　次のような思考力，判断力，表現力等を身に付けること。
(ア)　現代世界の地域構成について，位置や範囲などに着目して，主題を設定し，（　E　）から見た日本の位置，国内や国家間の（　C　）などを多面的・多角的に考察し，表現すること。
(イ)　地図や地理情報システムについて，位置や範囲，（　F　）などに着目して，目的や用途，内容，適切な活用の仕方などを多面的・多角的に考察し，表現すること。

1　解釈	2　領海	3　世界的視野	4　交流
5　観察	6　つながり	7　読図	8　有効性
9　有用性	10　気候	11　縮尺	12　国際的視野
13　面積	14　結び付き	15　利便性	16　地形
17　領域	18　地球的視野		

(3)　次の文は，「各科目」の「歴史総合」の「内容」の一部である。A～Gにあてはまる語句を下の1～21から1つずつ選び，番号で答えなさい。

A　歴史の扉

(1)　歴史と私たち

諸資料を活用し，課題を追究したり解決したりする活動を通して，次の事項を身に付けることができるよう指導する。

ア　次のような知識を身に付けること。

(ア)　私たちの生活や（　A　）などに見られる諸事象を基に，それらが日本や（　B　）の地域及び世界の歴史とつながっていることを理解すること。

イ　次のような思考力，判断力，表現力等を身に付けること。

(ア)　（　C　），国際秩序の変化や（　D　），グローバル化などの歴史の変化と関わらせて，アで取り上げる諸事象と日本や（　B　）の地域及び世界の歴史との関連性について考察し，表現すること。

(2)　歴史の特質と資料

日本や世界の様々な地域の人々の歴史的な営みの（　E　）や記録である遺物，文書，図像などの資料を活用し，課題を追究したり解決したりする活動を通して，次の事項を身に付けることができるよう指導する。

ア　次のような知識を身に付けること。

(ア)　資料に基づいて歴史が（　F　）されていることを理解すること。

イ　次のような思考力，判断力，表現力等を身に付けること。

(ア)　複数の資料の関係や（　G　）に着目して，資料から読み取った情報の意味や意義，特色などを考察し，表現すること。

1	異同	2	居住地域	3	記述	4	差異
5	相違	6	近代化	7	東アジア	8	資質・能力
9	表記	10	日本周辺	11	民主化	12	証拠
13	叙述	14	欧米化	15	痕跡	16	軌跡
17	文化	18	現代化	19	大衆化	20	都市化
21	身近な地域						

〈青森県〉

2 ★★☆

次の文章を読んで，各問いに答えよ。

人類の歴史を振り返ったとき，いくつかの地域で形成された複数の文明世界の存在を知ることができる。この文明世界は，オリエント，南アジア，東アジアという，それぞれ大きな地域において誕生した。このうちオリエント文明は，やがて西アジア，地中海世界へと発展し，$_a$ペルシア，$_b$ギリシア，ローマといった国家や世界帝国を世に送り出した。インダス都市文明から出発した南アジア世界では，後に東アジアや東南アジアに影響を及ぼす仏教や$_c$ヒンドゥー教が誕生した。一方，東アジア世界にも世界帝国が成立した。儒教，律令，漢字などの諸文化に代表される中国文明は，東アジアにまとまりのある文明世界を現出させた。

この個性ゆたかなそれぞれの地域世界は，やがて交流を開始したが，ほぼ9～10世紀を境目としてこれらの文明世界は，転換期を迎える。まず西アジアでは，アッバース朝の時代にイスラーム法による統一の基盤が確立したことにより，イスラーム世界は北アフリカ，イベリア半島，地中海世界，東はインダス川流域まで拡大した。やがてはヒンドゥー世界へも広く浸透していくことになる。ゲルマン人の移動によって西ローマ帝国が滅亡した後の地中海世界では，$_d$ビザンツ帝国が一時的に覇権を回復したが，西ヨーロッパでは，9世紀までにこのビザンツ帝国の影響から離れ，封建社会を基盤とするローマ・カトリック世界が出現した。西ヨーロッパの力はやがて外部に向けられたが，その膨張政策の結果，封建社会が崩壊して都市が発展し$_e$王権が伸長した。

東アジア世界では，漢帝国が滅亡した後に$_f$魏晋南北朝時代の混乱の時代を迎えるが，後に隋・唐帝国が成立する。しかし，東アジア世界の中心をなす唐帝国が10世紀初頭に滅亡すると，$_g$北方の遊牧民や$_h$周辺諸国は中国から次々と自立し，後には$_i$モンゴル帝国の成立をみることになる。ただし，中国文明はその後も瓦解せず，$_j$明帝国に受け継がれていくことになる。その明を受け継いだ清はさらに広大な領域を獲得する大帝国となった。このような多様な文明世界は，相互に影響を与えつつ，ときには争いながら次第に一つにまとまり，ついには今日の一体化された世界へと変容していく。こうした世界の一体化を主導したのは，ルネサンス，$_k$宗教改革を経験し，さらに15世紀末に始まる新航路の開拓とアメリカ大陸への接近とが相まって，対外膨張を一気に促進した西ヨーロッパの国々であった。$_l$19世紀になるとイギリスをはじめとするヨーロッパと$_m$アメリカは，資本主義体制を確立し，様々な利権を奪い合う$_n$帝国主義の時代を迎えることになる。こうしてこれらの国は，$_o$清朝支配下の中国や$_p$その他のアジア，アフリカ，ラテンアメリカへの攻勢を加速させていくことになった。次いで20世紀になると世界経済の主導権をめぐる諸国の利害が対立する中で，世界は２つのq世界大戦を経験する不幸な時代を迎えた。

(1)　下線部ａについて，エジプトを征服し，オリエントを統一したペルシアの君主名を答えよ。

(2)　下線部ｂについて，ギリシアの歴史家ヘロドトスとトゥキディデスがそれぞれ著した『歴史』は，何について記述したものか。その内容と記述の相違点について説明せよ。

(3)　下線部ｃについて，ヒンドゥー教が成立したグプタ朝時代に，中央アジアから西北インドに侵入した遊牧騎馬民族名を答えよ。

(4)　下線部ｄについて，ビザンツ帝国は11世紀になると，セルジューク朝の侵入により衰退する。このとき，領主に軍事奉仕の代償に皇帝領の管理権をゆだねる制度が発達し始めた。この制度名を答えよ。

(5)　下線部ｅについて，王権伸長のきっかけとなった，英・仏の百年戦争勃発の経済的背景を説明せよ。

(6)　下線部ｆについて，この時代に成立した北魏で行われた均田制は，隋・唐にも継承された。しかし，それは隋・唐時代のそれと比べ明らかに豪族に有利であったとされる。その理由を簡潔に説明せよ。

(7)　下線部ｇについて，10世紀以降に中国の北方で活動し，金を建国したツングース系の民族名を答えよ。

(8)　下線部ｈについて，11世紀のベトナムでは，約1000年にわたる中国の支配から独立して，13世紀前半まで続く長期の王朝が成立した。その国名を王朝名も入れて答えよ。

(9)　下線部ｉについて，フランス国王の使者でモンゴルの都カラコルムを訪れた宣教師名を答えよ。

(10)　下線部ｊについて，明の鄭和は，第３代永楽帝の命を受けて南海の大遠征を行った。この艦隊が到達したアフリカ東岸の地で，現在ケニアの海港を何というか答えよ。

(11)　下線部ｋについて，宗教改革者の１人は，その後の近代資本主義の倫理・精神に大きな役割を果たしたといわれる。

問１　この宗教改革者名を答えよ。

問２　この宗教改革者と近代資本主義との関係を指摘した，19世紀のドイツの社会学者名とその著書名を答えよ。

(12)　下線部ｌについて，19世紀後半から社会の現実を直視しようとする主義・主張が文学の面でもみられた。その代表的な作家を次から選べ。

ア．ヴィクトル＝ユゴー　　イ．ゾラ　　ウ．ゲーテ　　エ．ミルトン

⒀ 下線部mについて，アメリカ南北戦争中の1862年に，リンカン大統領が西部農民の支持を得るため発布したものを次から選べ。

ア．カンザス・ネブラスカ法　　イ．奴隷解放宣言

ウ．ミズーリ協定　　エ．ホームステッド法

⒁ 下線部nについて，イギリスの政治家で，1895年植民相となり南アフリカ戦争をおこすなど，帝国主義政策を推進した人物名を次から選べ。

ア．セシル＝ローズ　　イ．ディズレーリ

ウ．ジョゼフ＝チェンバレン　　エ．グラッドストン

⒂ 下線部oについて，清朝が列強の進出によって沿海州を奪われた条約名を次から選べ。

ア．北京条約　　イ．アイグン条約　　ウ．天津条約　　エ．イリ条約

⒃ 下線部pについて，19世紀半ばに帝国主義列強の進出に対し，イランでおこった反乱名を答えよ。

⒄ 下線部qについて，第二次世界大戦の敗戦から西ドイツは「奇跡」といわれる経済復興をなし遂げた。1950年代に西ドイツ復興を指導した首相名を答えよ。

〈岩手県改題〉

3 ★★☆

3世紀の帝政ローマにおける政治・社会の変質について説明せよ。

〈愛媛県〉

4 ★★☆

次の①，②の地図は，２世紀，11世紀の世界のいずれかを示したものである。Ⅰ～Ⅷの各文章が示す国家を地図中の記号で答えよ。また，文章中の空欄に当てはまる語句を答えよ。

①

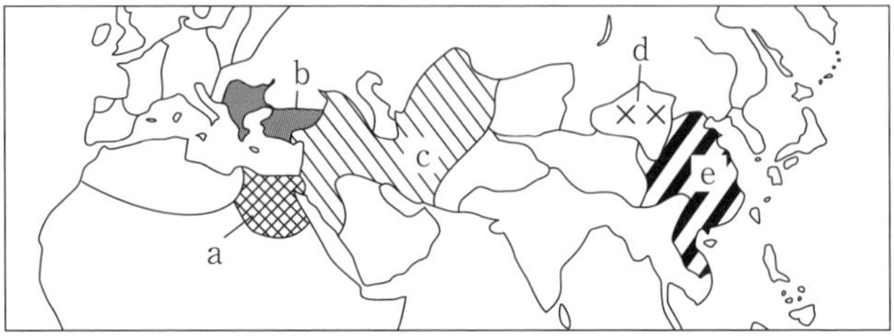

②

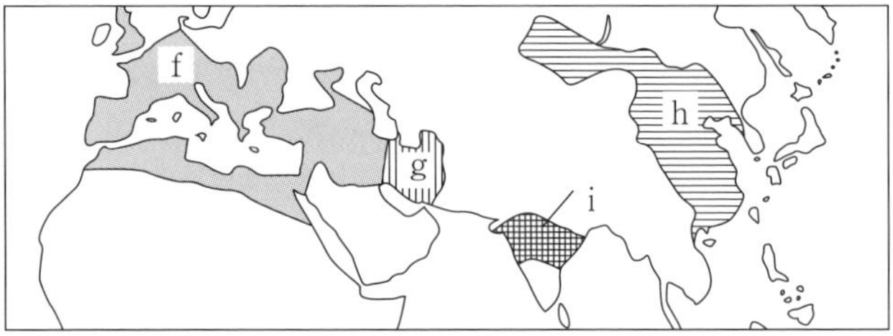

Ⅰ．中央集権を図るため屯田兵制や軍管区制を施行したが，後に国有地の貸与と軍役奉仕を絡めたプロノイア制を行った。

Ⅱ．当時は五賢帝時代の安定期に当たり，（　A　）帝のときに最大領土となった。

Ⅲ．（　B　）人国家。カリフからスルタンの称号を授けられた。西方への進出は十字軍をおこす原因にもなった。

Ⅳ．シーア派の一派を奉じ，アッバース朝の権威を否定した。首都（　C　）を新たに建設した。

Ⅴ．セレウコス朝から独立したイラン人国家である。中国では国名を（　D　）と記した。

Ⅵ．共和政の時代には貴族出身の終身議員で構成する（　E　）が国政の実権を握っていた。

Ⅶ．官僚は（　F　）という官僚任用法で登用されたが，宦官との権力抗争の結果，党錮の禁という弾圧事件がおこった。

Ⅷ．都を（　G　）におき，文治主義を採用した。末期には新法党と旧法党の党争で国政が混乱した。〈福井県〉

5 ★★★

次の各史料は，歴史に登場する諸勢力がときには生き残りをかけて，ときには自らの勢力発展のために結んだ取り決めに関するものである。これらを読んで，各問いに答えよ。

［Ｉ］（　Ａ　）の領土は天下の半ばを占め，その兵は４か国に対抗することができ，険要を繞らし，黄河をひかえ，四方が閉塞しているのが，国の固めであります。また，精悍な士卒百余万，戦車千乗，騎馬一万匹，粟を貯えること山のごとく，$_{a}$法令は明らかで，士卒は艱難に甘んじ死を軽んじ，君主は聡明で厳格，将軍は智謀があって，また勇武，出兵しなくても，その勢は常山の険要をも席捲するほどで，必ず天下の脊骨を折きましょう。天下の諸侯で，遅れて（　Ａ　）に服従する者が，先に滅亡するものです。ともあれ，≪　ｂ　≫に参加する者は，駆り立てられて猛虎を攻める羣羊に異なりません。…（中略）…いま，（　Ａ　）と（　Ｂ　）とは境界を接し，地形から言っても，もともと親しまねばならない国であります。大王が，真に$_{c}$臣の説をお聴き入れなら，…（中略）…長く兄弟の国となっていただきたい。こうして，生涯互いに攻伐することがなければ，これほど良策は，ないとぞんじます。

（小竹文夫・小竹武夫訳『史記』弘文堂）

⑴　史料［Ｉ］に関して，

問１　空欄Ａ，Ｂに当てはまる国名を答え，その場所を右の古代中国の地図より選べ。

問２　下線部ａの法令は，前４世紀中頃の改革に端を発する。改革当時の国王と改革者名を明らかにして，その目的と法令を威力あるものとするための方策を簡潔に説明せよ。

問３　空欄ｂに入る外交策名を答えよ。

問４　下線部ｃの臣とは誰のことか答えよ。

〔古代中国〕

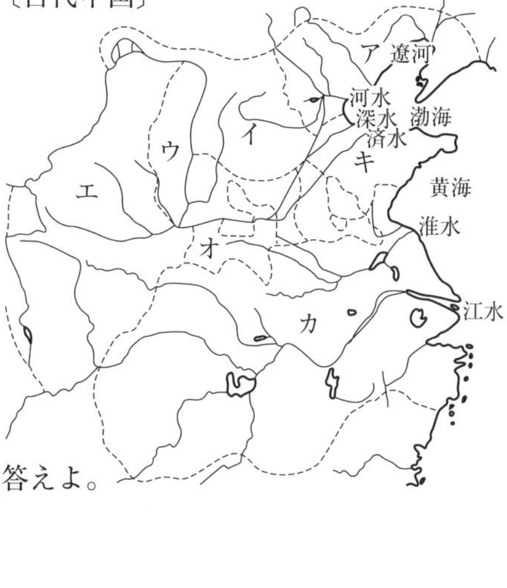

［Ⅱ］　われわれは，経験に富む人々が注意深い熟慮を持って判断し，（　C　）市の法を享受し，かつそれに従うすべての商人の保護のために制定した約定を貴下に告げたい。

まず，dいかなる都市も，海を航する商人がその商業を自由に営みうるよう，おのおのの力に応じて海を海賊およびその他の悪者どもから守るべきこと。…（中略）…また，eある領主がある都市を包囲した場合には，自らの領主に対する場合を除いて，いかなる都市も，かの領主に対し，かの都市の損害となるべきなにものをも与えざるべきこと。

（堀米庸三訳『西洋史料集成』平凡社）

〔中世都市〕

⑵　史料［Ⅱ］は，13世紀後半に成立し，14世紀後半には全盛期を迎えて100を越える都市が参加した都市同盟協定の一部である。これについて，

問1　空欄Cの都市はこの同盟の中心となる都市である。都市名を答え，その場所を中世都市の地図より選べ。

問2　空欄Cの都市の“富の源泉”となった交易品として最も適当なものを次から選べ。

【毛皮　　ニシン　　毛織物　　銀　　木材】

問3　下線部dについて，この同盟のそもそもの目的は航海の安全確保にあり，それが次第に商圏を拡大し，外国に特権をもつほどになった。この同盟の主要在外商館がおかれ，運河を頼りに14世紀にはブルゴーニュ公国領のもとで西ヨーロッパ随一の貿易港として栄えた都市名を答え，その場所を中世都市の地図より選べ。

問４　下線部ｅについて，中世都市が領主の支配から自立して自治権を獲得した過程を，空欄Ｃの都市を例にとって簡潔に説明せよ。

問５　この都市同盟は15世紀以降衰退の途をたどり，16世紀末には事実上活動は停止し，17世紀には消滅する。衰退には様々な理由が考えられるが，以下の語句を使って，対内的な面と対外的な面の双方から衰退理由を，句読点を含め120字以内で説明せよ。

【手工業者　　領邦君主　　重商主義】

〈大分県〉

6 ★★☆

次の各問いに答えよ。

(1) 地中海を舞台とする交易活動に関する記述として誤っているものを選べ。

① エーゲ海に栄えたクレタ文明では，海上交易が活発で，鉄が重要な交易品目であった。

② 穀物の大生産地であったシチリア島は，第１回ポエニ戦争でローマ最初の属州となった。

③ フェニキア人は，シドン・ティルスなど多くの都市国家を造り，海上交易で活躍した。

④ ギリシア人は，多くの植民市を建設し，奴隷・穀物・オリーブ油などの交易を行っていた。

⑤ 帝政期のローマには，属州であるエジプトから大量の穀物がもたらされた。

(2) 中国と西域に関する記述として正しいものを選べ。

① 西域に領土を拡大した唐は，８世紀半ばにアッバース朝とタラス河畔で戦い，敗北した。

② 仏教は西域を経て４世紀頃に中国に伝わったが，中国で広まったのは６世紀頃からである。

③ 後漢の時代に，西域都護の班固は，部下の甘英をローマ（大秦）に派遣した。

④ ４世紀から５世紀にかけて，西域出身の法顕は，中国で布教や仏典翻訳に従事した。

⑤ 前漢の武帝は，匈奴に派遣した張騫から情報を得て，東西交易路の整備を目指した。

⑶　モンゴル帝国に関する記述として誤っているものを選べ。

①　テムジンは，クリルタイでハン位に就き，モンゴル系やトルコ系の諸部族を統一した。

②　モンゴル帝国は，交通路の安全の確保を重視し，駅伝制を施行した。

③　カトリック教が初めて中国で布教されたのは，元の時代である。

④　キプチャク＝ハン国では，ガザン＝ハンの時代にイスラーム教を国教として採用した。

⑤　イル＝ハン国に伝えられた中国絵画は，イランで発達したミニアチュールに影響を与えた。

⑷　中世ヨーロッパの歴史に関する記述として正しいものを選べ。

①　プランタジネット朝のフィリップ２世は，領有していたフランスの地の大半を失った。

②　ギルドは，品質の向上と技術の革新を目指して，経済上の自由競争を促進した。

③　東フランク王国では10世紀にカペー朝が断絶し，ハインリヒ１世がザクセン朝を開いた。

④　第３回十字軍は，ヴェネツィア商人に利用され，聖地回復の目的を達成できなかった。

⑤　トマス＝アクィナスは，アリストテレス哲学を取り入れ，13世紀にスコラ哲学を大成した。

⑸　イスラーム世界に関する記述として誤っているものを選べ。

①　ムハンマドらは，622年にメディナからメッカに移住し，ここに共同体を建設した。

②　ガーナ王国がムラービト朝に征服されたのを機に，西アフリカのイスラーム化が進んだ。

③　アクバルは，ヒンドゥー教徒とイスラーム教徒の融和を図るために，ジズヤを廃止した。

④　イブン＝シーナーの著作である『医学典範』は，西欧の医学校で教科書として用いられた。

⑤　10世紀には，チュニジアにファーティマ朝がおこり，この王朝は後にエジプトを征服した。

(6)　第一次世界大戦後のアジア・アフリカに関する記述として誤っているものを選べ。

①　ベトナムでは，ファン＝デン＝ボスら維新会のドンズー運動が盛んになり，反仏運動が進んだ。

②　1922年に締結された九カ国条約は，中国の独立と主権の尊重，門戸開放などを定めた。

③　エジプトでは，ワフド党を中心とした反英独立運動がおこり，エジプト王国が成立した。

④　スカルノは，インドネシア国民党を結成し，オランダからの独立運動を提唱した。

⑤　トルコ国民党を組織したムスタファ＝ケマルは，近代西欧諸国を模範に国家建設を目指した。

(7)　２つの世界大戦間の欧米諸国に関する記述として正しいものを選べ。

①　ドイツは，アウトバーン建設などの公共事業をおこしたが，失業者はさらに増加した。

②　イタリアは，ヴァチカン市国の独立を認め，ローマ教皇庁と和解した。

③　イギリスは，オタワ連邦会議を開催し，連邦内での特恵関税制度を廃止した。

④　フランスは，ベルギーとともにドイツの賠償不払いを理由に，ザール炭田を占領した。

⑤　アメリカは，ドイツの賠償支払いを減額するフーヴァー＝モラトリアムを実施した。

(8)　朝鮮半島と日本に関する記述として誤っているものを選べ。

①　日本は，朝鮮戦争中に，サンフランシスコ平和条約と日米安全保障条約を調印した。

②　1919年に，ソウル（京城）でおこった日本の支配からの独立運動は，朝鮮全土に広がった。

③　日露戦争後の日韓協約で，日本は韓国の外交権を握り，事実上の保護国とした。

④　李成桂は，水軍を強化して，16世紀末の豊臣秀吉による侵攻に打撃を与えた。

⑤　日本は，江華島事件を契機に日朝修好条規を結び，プサン（釜山）など３港を開港させた。

(9) 次のできごとについて，年代の古いものから順に正しく配列されているものを選べ。

① 張作霖爆殺事件→柳条湖事件→五・三〇運動→盧溝橋事件

② スエズ運河国有化（宣言）→パレスチナ分割案→第４次中東戦争→湾岸戦争

③ 独ソ戦開始→真珠湾攻撃開始→ヤルタ会談→ポツダム会談

④ ドイツ革命→ラインラント進駐→ドーズ案→ミュンヘン会談

⑤ 朝鮮休戦協定→ソ連邦が原子爆弾保有→核拡散防止条約→キューバ危機

(10) 女性の政治的・社会的活動に関する記述として正しいものを選べ。

① サッチャーは，労働党内閣を組織し，アルゼンチンとのフォークランド紛争を指揮した。

② ナイティンゲールは，クリミア戦争で疾病兵の看護に活躍し，国際赤十字社を結成した。

③ 西太后は，戊戌の政変で光緒帝を幽閉し，「滅満興漢」を掲げる義和団の蜂起に同調した。

④ マリア＝テレジアは，七年戦争でフリードリヒ２世と戦い，シュレジエンを領有した。

⑤ マリー＝キュリーは，夫とともに物理学や化学などの研究に従事して，ラジウムを発見した。

〈愛知県〉

7 ★★☆

次のＡ～Ｄの両者の共通点・相違点を比較しながら，両者について説明せよ。

Ａ．第１次天安門事件と第２次天安門事件

Ｂ．アベラールとアンセルムス

Ｃ．軍管区制とプロノイア制

Ｄ．第１次囲い込みと第２次囲い込み

〈鳥取県〉

8 ★★☆

次の各問いに答えよ。

(1)　A～Dの人物に関する記述として誤っているものを選べ。

A．ヘーゲル　　B．キェルケゴール
C．ダンテ　　　D．ウェルギリウス

① Aは，存在や思惟は絶えずその内部に矛盾をはらみながら，より高次な次元でそれを統一して無限に発展していくとする考えを説いた。

② Bは，Aの哲学の方法を批判し，苦痛の生を克服して，常に力強く自己の向上を目指す存在を理想の人間像とした。

③ Cは，イタリア＝ルネサンスの先駆者とされ，現代のイタリア語に発展するトスカナ地方の日常語を用いた作品を書いた。

④ Cは，自身がDに導かれて，地獄・煉獄・天上界をめぐるというテーマの大叙事詩を著した。

⑤ Dは，英雄アエネアスのトロイア脱出からローマ建国までの冒険をうたった叙事詩を著した。

(2)　中国の反乱A～Dに関する記述として誤っているものを選べ。

A．太平天国の乱　　B．紅巾の乱　　C．赤眉の乱　　D．黄巣の乱

① 南京を占領したAの反乱軍は南京を天京と改称して首都とした。

② Bの反乱軍の主導権を握った人物は，南京を都として新王朝を創始した。

③ 神仙説を受けた宗教結社の信徒がCの反乱軍の主力であった。

④ Dは山東の塩の密売商人であった人物が指導した唐末の農民反乱である。

⑤ 各反乱を古い方から年代順に並べると，C→D→B→Aの順となる。

(3)　20世紀の初めにおこった革命A～Dに関する記述として誤っているものを選べ。

A．メキシコ革命　　　B．第一次ロシア革命
C．青年トルコ革命　　D．辛亥革命

① Aでは，ディアスら自由主義者が，独裁者であったマデロ大統領を打倒した。

② Bでは，都市労働者の蜂起が軍隊内に波及し，政府は日露戦争続行を断念した。

③ Cは，軍人エンヴェル＝パシャのもと，サロニカで成功した無血革命である。

④ Dの直前，政府の鉄道国有令に対する暴動が四川でおこった。

⑤ 各革命が勃発した年を古い方から年代順に並べ替えると，B→C→A→Dとなる。

〈三重県改題〉

9 ★☆☆

スイスの都市，ジュネーヴに関する記述として誤っているものを選べ。

① カルヴァンは『キリスト教綱要』を著したが，この著書によりジュネーヴに招かれたといわれている。

② 1927年に日・英・米の３ヵ国間で補助艦軍縮の会議がジュネーヴで開かれたが，合意に達せず解散した。

③ 世界平和を目的に組織された国際連盟の本部は，ジュネーヴに設置された。

④ 1954年，数ヵ月に及ぶジュネーヴでの会議を経て，朝鮮戦争の休戦協定成立にまでこぎつけた。

⑤ 第１回アジア＝アフリカ会議が開催されると，アメリカ・ソ連・イギリス・フランスはジュネーヴで４巨頭会談を開催し，ドイツ問題などを討議した。

〈福岡県・福岡市・北九州市〉

10 ★★☆

次の図を見て，各問いに答えよ。

A

B

C

D

E

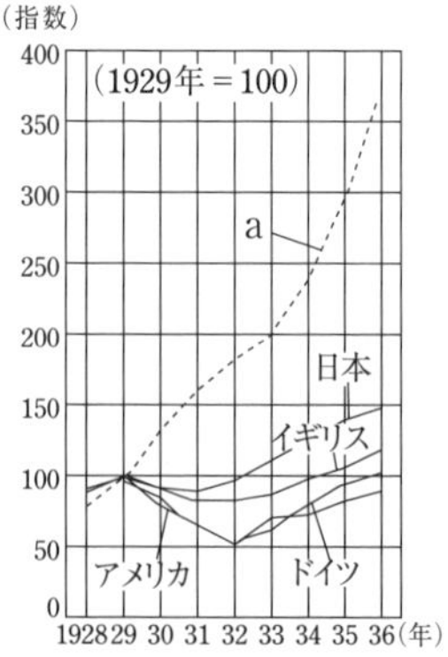

⑴　Aの人物が，1919年におこった民族運動の影響のもとに結成した大衆政党を答えよ。

⑵　Bの人物が，1930年代後半にとったア～エの行動を古い順に並べ替えよ。

ア．独ソ不可侵条約締結　　イ．オーストリア併合

ウ．ポーランド侵攻　　　　エ．ラインラント進駐

⑶　Cは1930年代にヨーロッパのある国でおこった内戦を素材として描かれた絵である。

問１　この内戦に国際義勇兵として参加し，『誰がために鐘は鳴る』，『武器よさらば』などの作品で知られるアメリカの作家名を答えよ。

問２　この内戦について，イギリス・フランスはどのような態度をとったか，簡潔に説明せよ。

⑷　Dについて，

問１　これは何というできごとを風刺したものか。６文字で答えよ。

問２　このできごとの原因を説明せよ。

⑸　Eは各国の工業生産指数の推移を表したものである。

問１　ａ国以外の生産が落ち込み始めた時期のアメリカの大統領名を答えよ。

問２　この時代の国際情勢について，ａの国名を明確にし，「ブロック経済」という語句を用いて，経済面と政治面から説明せよ。

〈鹿児島県改題〉

11 ★★☆

次の【A】～【C】の文章を読んで，各問いに答えよ。

【A】・2004年５月，インド総選挙で第一党となった国民会議派の$_{a}$ソニア＝ガンディー総裁は18日，ニューデリーの国会内で次期首相への就任を辞退すると発表した。同総裁の首相就任は確実視されていただけに，インド国内では驚きの声が広がっている。ガンディー総裁は「首相に就くことは私の目的ではなかった」とし，「今日のこの立場に立ったら，私は自分の内なる声に従おうと決めていた」と述べた。首相辞退は最終決断であり，再考の余地はないことを明らかにした。理由は明言しなかったが，外国（イタリア）出身であることへの反発などを考慮し，安定を優先させるためであることを示唆した。

・インド総選挙（下院，定数545）で第一党となった$_{b}$国民会議派の$_{c}$マンモハン＝シン元財務相は22日夕，ニューデリーの大統領官邸で宣誓し，首相に就任した。同時に閣僚・準閣僚約67人も宣誓し，シン内閣が誕生した。

(1) 下線部aの人物は故ラジブ＝ガンディー首相の妻である。ラジブ＝ガンディーの母親もインドの首相であり，祖父もインドの初代首相であった。母の名を答え，祖父が1954年に周恩来との会談で合意した「平和5原則」に含まれないものを次から選べ。

ア．国際紛争の平和的解決　　イ．領土・主権の尊重

ウ．内政不干渉　　エ．平和共存

(2) 下線部bの勢力が1906年にカルカッタで大会を開催し，決議した四綱領をすべて答えよ。

(3) 下線部cのマンモハン＝シン氏はインド共和国の首相としては初のシク教徒である。ナーナクが創始したこの宗教はどのような宗教か，簡潔に説明せよ。

【B】 第一次世界大戦については，大戦の勃発に至る経緯，（　　）戦としての性格，大戦後の世界の変化などについて，多角的にとらえさせる。また，戦間期の世界では，アメリカ合衆国の国際的影響力が急速に増し，その$_d$大量生産・大量消費の生活様式が他の資本主義諸国に波及し，欧米諸国や日本において大衆社会が出現したことを理解させる。

大衆の政治参加がイタリア・ドイツではファシズムを生むなど，当時の国家や社会，文化に大きな影響を与えたことに留意させる。さらに，世界恐慌とその後の世界情勢については，恐慌が資本主義諸国に深刻な経済的打撃を与えたことや，$_e$各国で様々な恐慌対策がとられたことに着目させる。

(4) 第一次世界大戦は，当初の短期戦の予想に反して長期化した。その結果，参戦国の多くは国民の生活を戦争に巻き込み，全国民を動員して生産と補給体制を整えた。このことに関わる第一次世界大戦の特色を示すように文章中の空欄に当てはまる語句を答えよ。

(5) 下線部dについて，ベルトコンベア方式による自動車の大量生産を始めた人物名を答えよ。

(6) 下線部eについて，有効需要の原理などの新しい経済理論を打ち立て，世界恐慌後の資本主義国家の経済政策に指針を与えたイギリスの経済学者名を答えよ。

【C】 1993年11月1日の（　C　）条約発効によってEUが誕生しました。欧州統合の構想を提起した思想家には$_f$サン＝ピエール，カントなどが挙げられますが，中でも$_g$クーデンホーヴェ＝カレルギー伯は1923年に『汎ヨーロッパ』と題する書物において平和的世界統一の第一段階としてヨーロッパ統一をよびかけました。その後第二次世界大戦による国土の荒廃と

二大国による世界の分断が進む中，欧州が一致団結することで再興を図ろうとの動きが活発化し，1950年，フランス政府は（　D　）を発表，独仏間の対立に終止符を打つために両国の石炭・鉄鋼産業を超国家機関の管理のもとにおき，これに他の欧州諸国も参加するというECSCが1952年に設立され，1958年にはEEC，EURATOMが創設され，1967年にこの三共同体の主要機関が統一され，欧州共同体（EC）が誕生しました。当初の加盟国は6ヵ国でしたが，1973年以降，加盟国が増大し，1986年までに12ヵ国に拡大しました。その後の「ECの停滞の時代」に対する危機感から，1985年ドロール委員長の主導により域内市場統合の完成を目指し，1990年に（　E　）仏大統領とコール独首相が，EMU（経済通貨統合）を形成して一気に政治統合まで実現するとの共同提案を行い，1992年2月には（　C　）条約の調印に至りました。1995年1月に15ヵ国となったEUは，様々な分野において，域内においても対外的にもより緊密な連携を目指して統合を進め，2023年現在27ヵ国となり，拡大を続けている。

（外務省ホームページより抜粋，要約の上，一部改）

(7)　文章中の空欄C～Eに当てはまる語句を答えよ。

(8)　イギリスがECに加盟した年を次から選べ。

ア．1967年　　イ．1973年　　ウ．1986年　　エ．1995年

(9)　下線部fのサン＝ピエールはフランスの聖職者・外交官である。彼の『永久平和論』は1713年に初版が出ているが，この年に終結した戦争でのイギリスとフランスの間の北米植民地をめぐる状況について，支配地の変更と戦争名を含めて答えよ。

(10)　下線部gのクーデンホーヴェ＝カレルギーが『汎ヨーロッパ』を発表した1923年のドイツの状況として誤っているものを選べ。

①　ドイツの賠償金支払い不履行を理由にフランスとベルギーはルール地方を占領した。

②　激しいインフレーションに対して，シュトレーゼマンはレンテンマルクを発した。

③　ロカルノ条約でドイツと西欧諸国の間の国境の現状維持と相互保障がまとまった。

④　ヒトラー率いる国民社会主義ドイツ労働者党がミュンヘン一揆をおこしたが失敗した。

〈長崎県改題〉

12 ★★☆

次の年表を見て，各問いに答えよ。

年	できごと
645年	a　大化改新が始まり，班田収授法が行われる
743年	b　墾田永年私財法が発布され私有地が認められる
801年	c　班田の施行が難しくなり，12年１班に改められる
1185年	d　源頼朝が守護・地頭の設置を朝廷に認めさせる
1467年	e　応仁の乱がおこり，戦国大名による領国支配が始まる
1582年	f　豊臣秀吉が検地を始める
1873年	g　明治新政府が地租改正条例を公布する
1946年	h　農地改革（第一次・第二次）が始まる

(1)　aについて，

問１　次のア～キは，aの後，律令政治のしくみがほぼ整うまでのできごとである。年代の古い順に並べ替えたとき，５番目にくるものを答えよ。

ア．八色の姓制定　　イ．庚午年籍作成　　ウ．大宝律令完成

エ．藤原京遷都　　オ．近江大津宮遷都　　カ．白村江の戦い

キ．壬申の乱

問２　田地は条里制により整然と区画された。その目的を15字以内で述べよ。

問３　新しい税や負担に関する説明として正しいものをすべて選べ。

①　租は田地に課される税で，収穫の約30％程度の稲を納めた。地方の正倉に貯蔵され，地方財政に充てられた。

②　調・庸は絹・布・糸などを納めるもので，主に成年男子に課せられ，都に運ばれ，中央政府の財源になった。

③　雑徭は国司の命令によって，日数をかぎって国内の水利土木工事や国府の雑用などに奉仕する労役であった。

④　すべての正丁に兵役の義務があり，その一部は都を警備する衛士や九州北部を防衛する防人となった。

(2)　bについて，

問1　bの法令やその法令が発布された頃の状況の説明として正しいものをすべて選べ。

① 逃亡する農民が増えて口分田が荒れるとともに，人口増加により口分田が不足する地域も出てきた。

② この法令では，身分によって墾田の所有面積に限度はあるが，開墾した土地は永久に私有することを認めた。

③ この法令によって墾田には税が課されなくなったため，中央の有力な貴族や寺社は農民や浮浪人などを使って大規模な開墾をした。

④ 地方の有力農民による開墾も急増したが，国司らの圧迫を免れるため，所有地を権門勢家に寄進した。

問2　bの法令と同年に大仏造立の詔が出された。その背景として正しいものを選べ。

① 現世利益をはかる密教が仏教界の主流であった。

② 末法思想が人々の間に広まった。

③ 神前で読経するなど神仏習合の動きが強まった。

④ 鎮護国家の考えが支配的だった。

(3)　cの頃の天皇の政策を調べ，ア～ケの見出しをそれぞれつけたカードを作った。これを見て，各問いに答えよ。

ア．『弘仁格式』　イ．『令義解』　ウ．『貞観格式』　エ．検非違使
オ．勘解由使　カ．蔵人頭　キ．征夷大将軍　ク．健児の制
ケ．平安京遷都

問1　それぞれのカードを関係の深い天皇ごとに分類した。cを実施した天皇に関係の深いカードは何枚あるか答えよ。

問2　エ，オ，カ，キの4枚のカードを集めて大見出しをつけたい。適切な大見出しを答えよ。

問3　全てのカードを大きい紙に貼り付け，各政策のねらいを考えて全体の題を付けたい。適切な題を答えよ。

(4)　dについて，

問1　御家人と将軍との間の主従関係を表す「御恩」と「奉公」について，それぞれが意味する内容を具体的に2つずつ答えよ。

問2　dの後，荘園や公領の領主は，地頭との間で「下地中分」といわれる取決めを行うものもあった。その理由を簡潔に説明せよ。

(5)　e について，守護大名や戦国大名が割拠した頃に，各地で都市が生まれ発展した。次のA～Eは，図1中に示したア～ソの都市を説明したものである。説明に対して都市名や位置が誤っているものをA～Eから2つ選べ。また，それぞれの説明に対する正しい都市名と位置を答えよ。

説明	都市名	位置
A．日明貿易で栄えた港町。36人の会合衆により市政が運営される自由都市になった。	堺	コ
B．伊勢神宮の門前町。神宮領から納入される貢納物の加工販売で商工業が成長した。	宇治・山田	ク
C．北条氏の城下町。北条早雲が大森氏を追って，ここを本拠地とした。	小田原	エ
D．大内氏の領内にあった港町。日明貿易の出発港として発展した。	下関	サ
E．大友氏の城下町。大友宗麟のキリスト教保護政策で，南蛮船も入港して賑わった。	府中	セ

図1

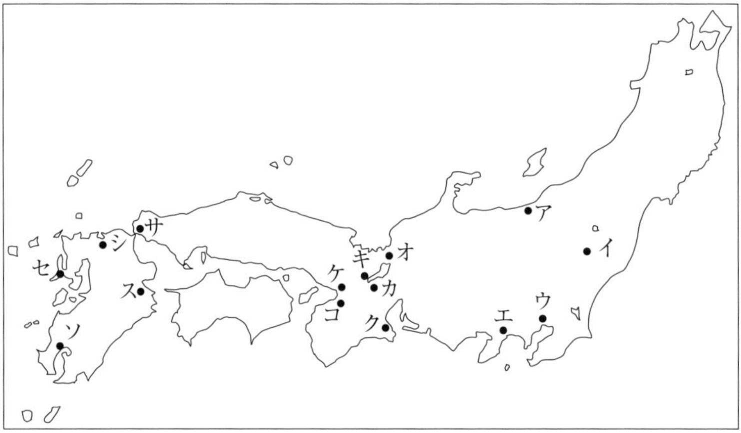

(6)　f について，

問1　太閤検地に関する記述として正しいものをすべて選べ。

① 大名に領国の検地帳を提出させ，大名の貫高が定まった。大名が貫高にみあった年貢を納める体制ができた。

② 検地帳は貫高で統一することが求められ，全国の生産力が米の量で換算された貫高制が確立した。

③ 地域ごとに異なっていた枡の容量を京枡に統一するとともに，土地の面積表示も里・町・段・尺に統一した。

④　検地帳には実際に耕作している農民の田畑と屋敷地が石高で登録され，農民に田畑の所有権が認められた。

問２　秀吉はバテレン追放令などによりキリスト教の取り締まりを行ったが，不徹底に終わり信者の数は増加し続けた。不徹底に終わった理由を簡潔に説明せよ。

問３　江戸幕府は，田畑永代売買の禁止令，田畑勝手作りの禁，五人組制度などによって，農民に様々な規制を加えた。これらの規制は何を目的としたものか。次の３つの語句をすべて用いて60字以内で説明せよ。

【年貢・諸役の負担　　本百姓の経営　　貨幣経済】

(7)　gについて，

問１　gの後，図２のように，国家に配分される小作人生産米の割合は大きく減少した。一方で，小作に配分される小作人生産米の割合には大きな変化がなかった。どうしてこのような現象がおきたのか，それぞれ理由を説明せよ。

図２

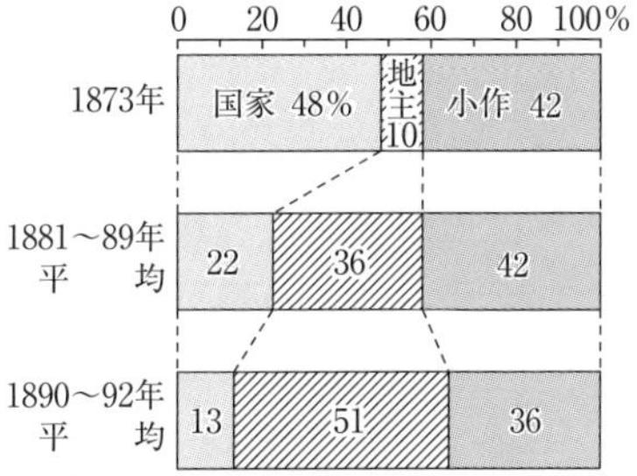

地租改正後の小作人生産米の配分の変動（丹羽邦男『地租改正と秩禄処分』より）

問２　次のア～キは，gの後のできごとである。年代の古い順に並べ替えたとき，３番目と５番目のできごとをそれぞれ選べ。

ア．大日本帝国憲法発布　　イ．立憲改進党結成

ウ．国会期成同盟結成　　エ．第一回帝国議会

オ．民撰議院設立の建白書提出　　カ．国会開設の勅諭

キ．西南戦争

問３　gの後，小作料の減免を求める小作争議をはじめ，吉野作造が提唱した「民本主義」の影響で様々な社会運動が高揚した。次の史料１を参考にして「民本主義」と「民主主義」の違いについて説明せよ。

史料１

民本主義といふ文字は、日本語としては極めて新しい用例である。従来は民主々義といふ語を以て普通に唱へられて居ったやうだ。時としては又民衆主義とか平民主義とか呼ばれたこともある。然し民主々義といへば、社会民主党などといふ場合に於けるが如く、「国家の主権は人民にあり」といふ危険なる学説と混同され易い。…（中略）…我々が視て以て憲政の根柢と為すところのものは、政治上一般民衆を重んじ、其間に貴賤上下の別を立てず、而かも国体の君主制たると共和制たるとを問はず、普く通用する所の主義たるが故に、民本主義といふ比較的新しい用語が一番適当であるかと思ふ。　　　　　　（『中央公論』1916（大正５）年１月号）

(8)　h について，

問１　h に関する記述として正しいものをすべて選べ。

①　第一次農地改革では，不在地主に１町歩までの土地所有を認めたため，改革は不徹底に終わった。

②　第二次農地改革では，小作料は収穫物の価格の25％以内で，すべて金納となった。

③　第一次・第二次農地改革とも，山林は解放されなかった。

④　自作農創設を目指した農地改革の結果，小作地や小作農はなくなった。

問２　h と同時期に GHQ が幣原内閣に指令した５大改革は，婦人参政権の付与，経済機構の民主化，圧政的諸制度の撤廃の他に何があるか。２つ答えよ。

問３　h の後，日本国内では全面講和の主張もあったが，西側諸国との単独（多数）講和を行った。政府が単独（多数）講和を選んだ理由を，我が国の内外の状況にふれて説明せよ。

問４　h の後，「所得倍増」をスローガンに経済成長を促進する政策をとった首相名を答えよ。また，その政策を進めた内閣のもとで行われたことをすべて選べ。

ア．農業基本法公布　　　　イ．日米新安全保障条約調印
ウ．公害対策基本法制定　　エ．沖縄返還協定調印
オ．東京オリンピック開催

〈島根県〉

13 ★★☆

古代・中世の農民の様子を記した次の史料に関する各問いに答えよ。

(1)　史料Ⅰの下線部aについて，次の各問いに答えよ。

> Ⅰ．春正月乙酉詔して曰く、「$_{a}$<u>諸国の役民</u>，郷に還るの日、食糧絶へ乏しくして、多く道路に饉ゑて、溝壑に転塡すること、其の類少なからず。国司等宜しく勤めて撫養を加へ、量りて賑恤すべし。如し死する者有らば、且は埋葬を加へ、其の姓名を録して、本属に報ぜよ」と。
>
> （$_{b}$<u>『続日本紀』</u>和銅五年）

問１　下線部aのような地方から貢納物を中央に運ぶ人夫を何というか答えよ。

問２　下線部aが都に運んだ主な貢納の名称を２つ答え，かつそのうち歳役につかないかわりに納める布で，正丁１人が負担すべき分量を答えよ。

(2)　下線部bに関する次の説明文の空欄に当てはまる漢字２字の語句を答えよ。

『日本書紀』に始まる（　A　）史の２番目の歴史書で，漢文で書かれ，体裁は（　B　）体である。

> Ⅱ．裁断せられむことを請ふ、$_{c}$<u>当国の守</u>　$_{d}$<u>藤原朝臣元命</u>、三箇年の内に責め取る非法の官物幷せて濫行横法三十一箇条の愁状
>
> 一　$_{e}$<u>例挙の外</u>、三箇年の収納、暗に以て加徴せる正税四十三万千二百四十八束が息利の十二万九千三百七十四束四把一分の事
>
> 一　交易と号して誣ひ取る絹、手作の布、信濃の布、麻布・漆・油・苧・茜・綿等の事（後略）
>
> （$_{f}$<u>尾張国郡司百姓等解</u>）

(3)　史料Ⅱに関する次の説明文の空欄に当てはまる語句を答えよ。

下線部dのように任国に赴任した下線部cを（　C　）というが，その非法の様子は当時の地方政治の実態を表している。一方，任地に下らない国司が一般化するが，これを（　D　）国司という。

(4)　下線部eとは正式に定められた公出挙のことであるが，出挙の制度の本来の目的及び実態について説明せよ。

(5)　この出典である下線部fの読みを答えよ。

Ⅲ．一　ヲンサイモクノコト、アルイワ$_g$チトウノキヤウシヤウ、アルイワチカフトマウシ、カクノコトクノ人フヲチトウノカタエセメツカワレ候ヘハ、ヲマヒマ候ワス候、ソノヽコリ、ワツカニモレノコリテ候人フヲ、サイモクノヤマイタシエ、イテタテ候エハ、テウマウノアトノムキマケト候テ、ヲイモトシ候イヌ。ヲレラカコノムキマカヌモノナラハ、メコトモヲヲイコメ、ミヽヲキリ、ハナヲソキ、カミヲキリテ、（後略）

（『$_h$高野山文書』$_i$阿氐河荘民訴状）

⑹　史料Ⅲを説明した次の文章の空欄に当てはまる語句を答えよ。

地頭は地頭請や（　Ｅ　）などにより荘園侵略を進めて在地領主化し，農民に対する搾取も激化した。史料は阿氐河荘の農民が，地頭湯浅氏の横暴を荘園領主の寂楽寺に訴えた文書であるが，当時両者の支配をめぐり，西国諸国の裁判も管掌した京都の（　Ｆ　）において係争中で，領主側が裁判を有利にするために，農民を指導して書かせたものといわれる。

⑺　下線部ｇは「地頭の京上」と思われる。地頭が都に上る当時の一般的な理由を答えよ。

⑻　下線部ｈ，ｉのあったのは同じ国であるが，その国名を答えよ。

Ⅳ．嘉吉元年九月三日…（中略）…近日向辺の土民蜂起す。土一揆と号し$_j$御徳政と称して、借物を破り、少分を以て押して質物を請く。緈は江州より起る。…（中略）…$_k$侍所多勢を以て防戦するも猶承引せず。土民数万の間、防ぎ得ずと云々。…（中略）…今土民等、代始に此の沙汰は先例と称すと云々。言語道断の事なり。

（『建内記』）

⑼　史料Ⅳを説明した次の文章の空欄に当てはまる語句を答えよ。

この10数年前の正長の徳政一揆も同じく「江州」の交通業者である（　Ｇ　）からおこった。この嘉吉の徳政一揆は結果的に幕府の徳政令を引き出したが，庶民の襲撃対象となった当時の代表的な金融業者に，（　Ｈ　）・酒屋・寺院などがある。

⑽　当時，下線部ｋの長官に任じられる家柄を何というか答えよ。

⑾　嘉吉元年に土民が「代始」の下線部ｊを要求した背景を説明せよ。

〈宮城県・仙台市改題〉

14 ★★☆

古代から近代にかけての日本の教育に関する次の文章を読んで，各問いに答えよ。

古代社会においては，都には大学が，地方には国学がおかれて，中下級の貴族や郡司の子弟が法律や書道などを学び，$_{a}$25歳になると授位を受けた。また，藤原氏や和気氏などの有力貴族は，一族の子弟への便宜を図るため，(　　　)という機関を設けたりもした。

中世になると，文字の使用が上層農民や商人まで浸透し，村政や商業活動にとって重要な役割を担うものとなった。しかし，武士も含めて，独自の教育機関をもたなかったこの時代の人々の多くは，$_{b}$僧侶から文字の手ほどきを受ける場合が多かった。この頃の高等教育機関としては，関東管領の職にあった上杉憲実が再興した$_{c}$足利学校が名高い。

近世では，江戸幕府の公認となった儒学，とりわけ朱子学が重要視され，武士や町人の儒学者も出現した。寛政期前後には，各藩で盛んに$_{d}$藩校が設置され家臣教育にも力が注がれるところとなった。しかしながら，庶民の教育を担ったのは，前代同様に僧侶が手ほどきをする$_{e}$寺子屋とよばれるものが主体であり，指導者として，やがて武士や医者も加わるようになっていった。

(1)　下線部aについて，五位以上の貴族の子孫にあっては，21歳になると授位される特権があったが，これを何というか答えよ。

(2)　文章中の空欄に当てはまる語句を答えよ。

(3)　下線部bについて，このような場合に使用された教科書はどのような内容のものだったか答えよ。

(4)　下線部cについて，宣教師たちは足利学校を「坂東の大学」と西洋に紹介しているが，なぜそのようによばれたのか答えよ。

(5)　下線部dについて，米沢藩と庄内藩に設置されたものを答えよ。

(6)　下線部eについて，江戸時代には寺子屋で学ぶことがより重要なこととなるが，それはなぜか。当時の支配体制や商品経済が発達した農村社会に観点をおいて説明せよ。

〈山形県改題〉

15 ★★★

⑴　次の史料を読んで，各問いに答えよ。

> 去程に、京都には君伯耆より還幸なりしかば御迎に参られける卿相雲客かうさう花をなせり。今度忠功をいたしける正成・長年以下供奉の武士其数をしらず。…（中略）…保元・平治・治承より以来、武家の沙汰として政務を恣にせしかども、元弘三年の今は天下一統に成しこそめづらしけれ。君の御聖断は延喜・（　A　）のむかしに立帰て武家安寧に民屋謳歌し、いつしか諸国に国司・守護をさだめ、卿相雲客各其階位に登りし体、実に目出かりし善政なり。…（中略）…古の興廃を改て、今の例は昔の新儀也。朕が新儀は未来の（　B　）たるべしとて、新なる勅裁漸々きこえけり（後略）。
>
> （『梅松論』）

問１　史料中の「君」「朕」は同一人物である。誰を指しているか答えよ。

問２　史料中の下線部について，これは西暦何年か答えよ。

問３　史料中の空欄に当てはまる語句を答えよ。

問４　『梅松論』とほぼ同じ頃に北畠親房が著した，南朝の正統性を強調した歴史書を答えよ。

問５　足利尊氏が，史料中の「君」「朕」に反旗をひるがえし，自ら室町幕府を開くまでの経過について，次の４つの語句をすべて用いて説明せよ。

【中先代の乱　　湊川の戦い　　光明天皇　　建武式目】

⑵　現存する法隆寺は，創建当時のものであるとする非再建説と，再建されたものであるとする再建説の２説がある。これについて，次の各問いに答えよ。

問１　再建説の根拠の１つに，古代の歴史書の記述がある。その歴史書名を答えるとともに，再建説の根拠とされる歴史書の記述について説明せよ。

問２　現在では，再建説がほぼ確実と考えられているが，その根拠を説明せよ。

⑶　江戸時代に行われた地方知行制と俸禄制度についてそれぞれ説明せよ。

⑷　1888年に公布された市制・町村制及び1890年に公布された府県制・郡制によって整備された，我が国の地方自治制度の特徴について，当時の地方議会の選挙権・被選挙権に関する資格と，府県知事郡長の任命方法に着目して説明せよ。

⑸　1946年に制定された自作農創設特別措置法と農地調整法再改正に基づき実施された，第二次農地改革について，簡潔に説明せよ。　〈栃木県〉

16 ★★☆

次の史料を読んで，各問いに答えよ。

一　本朝天下の大勢、九変して武家の代となり、武家の代また五変して当代におよぶ総論の事。a神皇正統記に、光孝より上つかたは一向上古也、万の例を勘ふるも、仁和より下つかたをぞ申める。五十六代（　A　）幼主にて、外祖良房b摂政す。是、外戚専権の始＜一変＞。基経外舅の親によりて陽成を廃し光孝を建しかば、天下の権藤氏に帰す。そののち関白を置きc或は置ざる代ありしかど、d藤氏の権おのづから日々盛也＜二変＞。六十三代冷泉より…（中略）…後冷泉、凡八代百三年の間は外戚権を専にす＜三変＞。（　B　）・白河両朝は政天子に出ず＜四変＞。堀河…（中略）…安徳、凡九代九十七年の間は、e政上皇に出ず＜五変＞。…（中略）…武家は源頼朝幕府を開て、父子三代天下兵馬の権を司どれり。凡三十三年＜一変＞。平義時、承久の乱後天下の権を執る。そののち七代凡百十二年、高時が代に至て滅ぶ＜二変＞。後醍醐中興の後、源尊氏反して天子蒙塵。尊氏、光明院を北朝の主となして、みづから幕府を開く。子孫相継て十二代におよぶ。凡二百三十八年＜三変＞。…（中略）…足利殿の末、織田家勃興してf将軍を廃し、天子を挾みて天下に令せんと謀りしかど、事未だ成らずして凡十年がほど、其臣光秀に弑せらる。豊臣家、其故智を用ひ、みづからg関白となりて天下の権を恣にせしこと凡十五年＜四変＞。そののち終に当代の世となる＜五変＞。

(1)　史料名とその著者名を答えよ。

(2)　史料中の空欄に当てはまる天皇名を答えよ。

(3)　下線部aの史書は，大義名分論に基づいて何を主張しているか，簡潔に答えよ。

(4)　下線部bの摂政は，従来の摂政とはどんな点が異なっているか，簡潔に説明せよ。

(5)　下線部cについて，摂政・関白がおかれず，醍醐天皇・村上天皇による親政が行われた時代があった。この治世を特に総称して何とよぶか答えよ。

(6) 下線部dについて，藤原氏が政権を独占するまでの過程で行った他氏排斥事件に関する記述として誤っているものを選べ。

① 藤原良房は842年，皇太子恒貞親王を廃し，伴健岑・橘逸勢を配流した。これを承和の変という。これにより良房の甥に当たる道康親王が皇太子となった。

② 866年の応天門の変では，左大臣源信の失脚を狙った大納言伴善男が伊豆に配流された。このとき事件の処理に当たった藤原基経は，有力な他氏を排斥することに成功した。

③ 宇多天皇により登用され，その後右大臣にまで昇った菅原道真は左大臣藤原時平の讒言により901年に大宰権帥に左遷された。これを昌泰の変という。

④ 969年，藤原実頼が関白のとき，左大臣源高明が源満仲らの密告により大宰権帥に左遷された。これを安和の変という。

(7) 下線部eの時代，白河上皇が挙げた「三大不如意」の1つである「山法師」とは何を指しているか答えよ。

(8) 下線部fの将軍名を答えよ。

(9) 下線部gについて，この後全国に発した戦国大名間の私戦を禁止する命令名を答えよ。

〈群馬県〉

17 ★★☆

次の【A】～【E】の表・図・グラフを見て，各問いに答えよ。

【A】(周防国玖珂郡玖珂郷908年の戸籍)

戸		A	B	C	D	E	F	G	H	I	J	K	L	M	計
課口		4	6	7	7	4	3	7	6	4	4	4	4	6	66
不課口	男	1	0	1	0	2	0	3	3	3	0	4	0	3	20
	女	13	12	11	12	16	13	18	35	16	13	39	27	10	235

(1) 表中の　　　部分に注目したとき，このような戸籍を作る行為を何というか答えよ。

(2) この戸籍が作られた時期に出された荘園整理令について，そのときの年号と天皇の組み合わせとして正しいものを選べ。

ア．延喜＝桓武天皇　　イ．延久＝後三条天皇　　ウ．延暦＝後三条天皇
エ．延喜＝醍醐天皇　　オ．延久＝醍醐天皇　　カ．延暦＝桓武天皇

(3)　この戸籍が作られた時期の社会状況に関する記述として誤っているものを選べ。

①　知行国主に任じられた高級貴族や寺社が，その国の収益の大部分を得るようになった。

②　三善清行は，地方の実態を取り上げ，律令体制の行き詰まりを指摘した意見書を提出した。

③　公領・荘園は，田堵とよばれる有力農民が名を単位に耕作と納税を請け負うようになった。

④　国司は，中央政府に一定の納税責任を負うかわりに，現地支配を委任されるようになった。

【B】（遣明船一覧）

回数	出発年	渡航船	回数	出発年	渡航船
1	a 1401年	幕府船	11	1451年	天竜寺･大友･大内船など
2	1403年	幕府船	12	c 1465年	幕府・細川・大内船など
3	1404年	幕府船	13	1476年	幕府・相国寺勝鬘院船
4	1405年	幕府船	14	1483年	幕府・内裏船
5	1406年	幕府船	15	1493年	幕府・細川船
6	1408年	幕府船	16	d 1506年	大内・細川船
7	不明	幕府船	17	不明	大内船
8	不明	幕府船		1520年	細川船
9	b 1432年	幕府･相国寺･山名船など	18	1538年	□船
10	1434年	幕府･相国寺･山名船など	19	1547年	□船

(4)　第3回の遣明船から使用された渡航証明証を何というか答えよ。

(5)　年表中の空欄に入る大名家は，ある都市の商人と結んで貿易船を派遣した。その大名家と都市との組み合わせとして正しいものを選べ。

ア．大内＝博多　　イ．大内＝堺　　ウ．細川＝博多　　エ．細川＝堺

(6)　下線部a～dのときの将軍に関する記述として正しいものを選べ。

①　aのときの将軍は，南北朝合一を実現し武士で初めて太政大臣に任じられた。

②　bのときの将軍は，鎌倉公方に敵対した関東管領上杉憲実を永享の乱で滅ぼした。

③　cのときの将軍は，将軍後継者を弟から息子に変更したことで，応仁の乱を引きおこした。

④　dのときの将軍は，朝貢形式を嫌って明との国交を断絶したため，以後は私貿易となった。

【C】（近世儒学者の系譜）

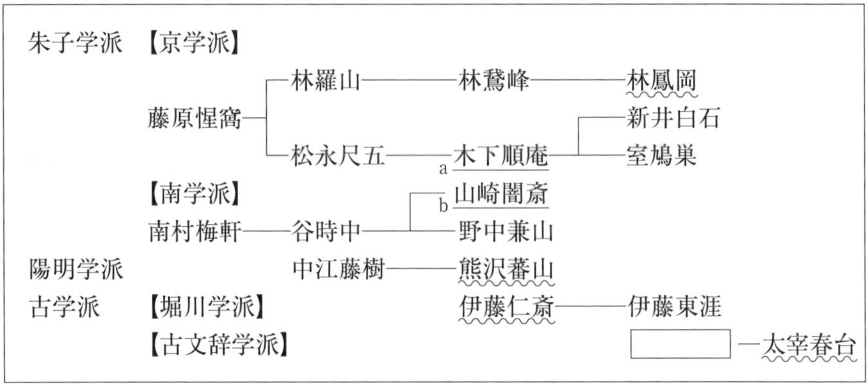

⑺　系譜中の空欄に当てはまる人物名を答えよ。

⑻　下線部a，bの人物が仕えた大名の組み合わせとして正しいものを選べ。

ア．a＝前田綱紀　　b＝池田光政　　イ．a＝池田光政　　b＝前田綱紀

ウ．a＝前田綱紀　　b＝保科正之　　エ．a＝池田光政　　b＝保科正之

⑼　波線部の人物に関する記述として誤っているものを選べ。

①　林鳳岡は，『本朝通鑑』を編纂した林羅山の孫に当たり，綱吉から大学頭に任じられた。

②　熊沢蕃山は，『聖教要録』の中で朱子学を批判したため，幕府により下総古河に流された。

③　伊藤仁斎は，京都堀川に私塾を開き，政治とは区別された個人的修養道徳を重んじた。

④　太宰春台は，師が唱えた武士土着論に対し，藩営専売論を唱えて『経済録』を著した。

【D】（綿織物輸出の推移）

年＼国名	a	—	b
1910～13	2.00	4.00	66.50
1926～28	13.87	5.40	39.40
1936～38	25.11	2.52	17.19

単位：億平方ヤード（『近代日本経済史要覧』より）

⑽　明治中期に国産力織機を発明して，日本の綿織物業の発展に貢献した人物名を答えよ。

⑾　a，bに当てはまる国名の組み合わせとして正しいものを選べ。

ア．a＝アメリカ　　b＝イギリス　　イ．a＝イギリス　　b＝アメリカ
ウ．a＝イギリス　　b＝日本　　　　エ．a＝日本　　　　b＝イギリス
オ．a＝日本　　　　b＝アメリカ　　カ．a＝アメリカ　　b＝日本

⑿　下線部の期間の社会状況に関する記述として正しいものを選べ。

①　藩閥内閣の成立に対し，政党は「民力休養・経費節減」を唱えて反政府運動を展開した。

②　天皇暗殺計画に関わったとして，急進的な社会主義者ら12名が死刑に処せられた。

③　アメリカから帰国した高野房太郎を中心に，労働組合期成会が結成された。

④　市川房枝は，女性の地位向上を目的に，婦人参政権獲得期成同盟会を組織した。

【E】（エネルギー供給の割合の変化）

				②		
	1935	①1940	1952	1960	1970	1980
水　力	20.0	18.0	b 31.2	15.7	5.6	5.2
石　炭	68.3	73.8	55.4	c 41.2	19.9	17.0
石　油	11.5	a 7.9	12.3	37.6	71.9	d 66.1
その他	0.2	0.3	1.1	5.5	2.6	11.7

単位：％（「総合エネルギー統計」などより）

⒀　下線部①の年には，戦時体制の一環として，既成の労働団体や労働組合を解散して新たな労働団体が組織されたが，その名称を答えよ。

⒁　②の期間のできごととして正しいものを選べ。

ア．四大公害訴訟の提訴　　　　イ．第１回先進国首脳会議の開催
ウ．破壊活動防止法の制定　　　エ．湯川秀樹のノーベル賞受賞

⒂　波線部a～dに関する記述として正しいものを選べ。

①　aで石油の割合が低下しているのは，太平洋戦争の戦局の悪化に伴って，日本への原油輸送量が減少したためである。

②　bで水力の割合が増加しているのは，猪苗代水力発電所の完成によって東京への送電が開始されたためである。

③　cで石炭の割合が低下しているが，そうした中，三池炭鉱では解雇に反対する労働組合によって激しい労働争議が展開されていた。

④　dで石油の割合が低下しているが，その後におきた第四次中東戦争のため原油価格は高騰を続け，石油の割合はさらに低下した。

〈長崎県〉

18 ★★☆

次の文章中の空欄に当てはまる歴史用語を答え，各問いに答えよ。

日本の古代は，中国の歴史書から伺うことができる。『漢書』地理志には，「夫楽浪海中有倭人、分為百余国。以歳時来献見云。」と書かれており，紀元前1世紀頃の日本の状況が伺える。『後漢書』東夷伝には，「建武中元二年、倭奴国奉貢朝賀。使人自称大夫。倭国之極南界也。（　A　）賜以印綬。（　B　）永初元年、倭国王帥升等献生口百六十人、願請見。」と書かれており，さらにa「桓霊の間、倭国大いに乱れ、更相攻伐して、歴年主なし。」と書かれている。「魏志」倭人伝によると，「倭人在（　C　）東南大海之中、依山島為国邑。旧百余国、漢時有朝見者、今使訳所通三十国。従郡至倭循海岸水行、…（中略）…南至邪馬台国、女王之所都。…（中略）…」と，3世紀の日本の社会や習俗，邪馬台国やその連合を構成する小国の政治組織や権力の在り方などを知ることができる。『晋書』倭国伝には，266年に倭の女王（壱与のことか）が晋の都に使いを送った記述がみられるが，それを最後に，以後150年間倭に関する記載は中国の歴史書から姿を消す。中国大陸では，三国時代のあと晋が統一したが，4世紀になると北方の匈奴をはじめとする周辺民族の侵入を受けて南に移り，北方は五胡十六国の時代になり，南北分裂の時代を迎えた。b『宋書』倭国伝には，「…（中略）…興死、弟武立、…（中略）…順帝昇明二年、遣使上表曰、封国偏遠、作藩于外。自昔祖禰、擐躬甲冑、跋渉山川、不遑寧処。東征毛人、五十五国、西服衆夷、六十六国、渡平海北、九十五国。…（中略）…詔除武使持節都督倭新羅任那加羅秦韓慕韓六国諸軍事安東大将軍倭王。」とあり，5世紀に（　D　）・珍・済・興・武という5人の王が相次いで南朝に朝貢した記述がみられる。隋が589年に中国を統一し，607年に小野妹子が遣隋使として派遣された。『隋書』倭国伝には，「大業三年、其王多利思比孤、遣使朝貢。…（中略）…其国書曰、日出処天子、致処日没処天子。…（中略）…」とある。隋の皇帝（　E　）は，翌年に国使裴世清を日本に遣わしている。

8世紀に入ると，ほぼ20年に一度遣唐使を派遣した。遣唐使にしたがったc吉備真備や玄昉らは数多くの困難をのりこえ，唐の文物を日本に伝えた。894年（　F　）の建議によって，遣唐使が廃止された。中国では979年に宋（北宋）が中国を統一した。遣唐使の廃止後も朝廷は宋と正式な国交をひらこうとしなかったが，宋の商船は博多などに来航した。平清盛は摂津の（　G　）を修築するなど貿易を推進した。

フビライ＝ハンは，中国を支配するため，都を（　H　）に移し，国号を元と定めたが，その以前から南宋を攻め，高麗を服属させ，日本にも朝貢を強要してきた。1274年に元軍は対馬・壱岐，次いで博多に上陸したが，大風雨によって退いた。南宋を滅ぼした元は，1281年に大軍をもって九州北部にせまった。しかし，暴風雨がおこり再び敗退した。元寇の前後$_{d}$日元間に公式の交渉はなかったが，民間の商人の往来は続けられていた。

$_{e}$室町時代の14世紀後半から東アジアの情勢は大きく変わりつつあった。中国では，1368年（　Ⅰ　）が明を建国した。三代将軍足利義満は1401年に，明に使者を派遣して国交をひらいた。$_{f}$日明貿易は，戦国時代に至るまで継続した。

満州民族の清朝が成立し，明は1644年に滅亡した。清船は明船にかわって長崎に来航し，貿易額は年々増加した。幕府は1685年に輸入額を制限し，1688年に清船の来航を年間70隻に限った。また，長崎に雑居していた清国人の居住地を，（　Ｊ　）とよばれる区画内に限定した。

⑴　下線部ａについて，弥生時代には争いに備えた集落がみられるが，これらの集落の特色について説明せよ。

⑵　下線部ｂについて，後述される『隋書』倭国伝とでは，中国の皇帝への対応が変化している。変化をもたらした国内的・国際的な背景を120字以上150字以内で説明せよ。

⑶　下線部ｃについて，豪族出身でありながら長い間政界で活躍できたのはなぜか。70字以上90字以内で説明せよ。

⑷　下線部ｄについて，鎌倉幕府と足利尊氏が元に派遣した貿易船について，それぞれ説明せよ。

⑸　下線部ｅについて，鎌倉時代と室町時代では守護はどのように異なるのか説明せよ。

⑹　下線部ｆについて，日明貿易の実権の推移について，120字以上150字以内で説明せよ。

〈秋田県〉

19　★★☆

⑴　明治初期の不平士族の反乱以前におこった乱に関する記述として誤っているものを選べ。

①　「大塩門弟」と称しておこされた乱は大塩平八郎の門弟であった，陽明学者の生田万が中心になって蜂起したものである。

②　江戸幕府が武断政策を改めて文治政策に転換するきっかけになったのは由井正雪がおこした乱である。

③　藤原式家の宇合の子どもは政府から玄昉や吉備真備の追放を求めて，西海道の地で反乱をおこした。

④　承久の乱は，朝廷方の後鳥羽上皇が大寺院の僧兵などを組織して，鎌倉幕府の実権を握っている北条義時を追討しようとしておこされたものである。

⑤　京都の市街を焼け野原にする大乱が1400年代の後半におこったが，この乱をきっかけに室町幕府権力の失墜は，より一層進んだ。

(2)　神仏習合に関する記述として誤っているものを選べ。

①　神仏習合の風潮はすでに奈良時代からみられ，東大寺法華堂（三月堂）の執金剛神像などは仏の世界を加護するために寺院に安置されたものである。

②　神仏習合の風潮は，明治政府の神道国教化政策によって，神仏分離令が出されるなどして否定された。

③　仏教界が神仏習合を理論化したものが本地垂迹説である。それに対して神道界においては反本地垂迹説に基づいて，鎌倉時代に吉田兼倶が唯一神道を提唱した。

④　神仏習合の風潮は僧形八幡神像の制作や神宮寺の建立などに表れた。

⑤　天台宗系の神道が近江日吉神社を中心にした山王神道（日吉神道）である。

〈福岡県・福岡市・北九州市〉

20　★★☆

次の【A】～【D】の表・図・グラフを見て，各問いに答えよ。

【A】（大宰府関係年表）

年	できごと
536年	a那津に宮家が設置される
664年	b水城を築く
730年	大伴旅人が官舎で梅花の宴を開く
746年	造観世音寺別当の（　　　）が死去する
851年	延暦寺の僧円珍が大宰府を訪れる
901年	菅原道真が大宰府に左遷される
	｜c
941年	藤原純友が大宰府を焼き打ちする

(1)　年表中の空欄には，橘諸兄政権下で活躍した僧侶名が当てはまる。この僧侶名を答えよ。

⑵　下線部ａ，ｂの原因となったできごとの組み合わせとして正しいものを選べ。

ア．ａ＝好太王に敗れる　　　ｂ＝白村江の戦い
イ．ａ＝好太王に敗れる　　　ｂ＝壬申の乱
ウ．ａ＝磐井の乱　　　　　　ｂ＝白村江の戦い
エ．ａ＝磐井の乱　　　　　　ｂ＝壬申の乱

⑶　年表中のｃの期間に関する記述として正しいものを選べ。

①　橘逸勢らは，皇太子の恒貞親王を天皇に擁立しようとした嫌疑で失脚した。

②　文化の国風化が進み，紫式部の『源氏物語』など，平仮名を用いた女流文学も著された。

③　律令の追加法である格や，その施行細則である式を集成したものが初めて編纂された。

④　中国の唐や中国東北部の渤海が滅亡し，朝鮮半島では新羅が滅んで高麗が建国された。

【Ｂ】（北条氏系図）

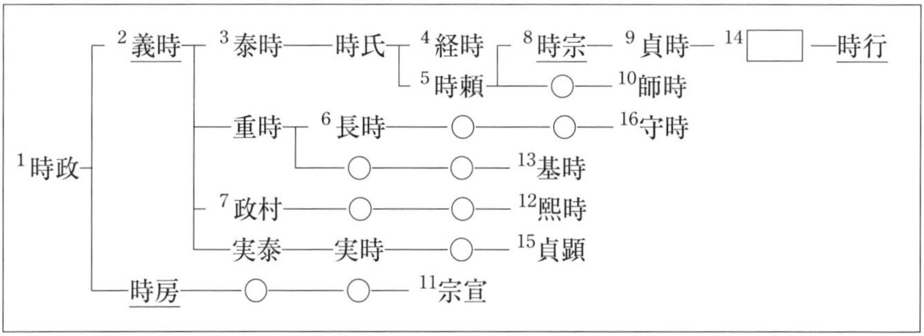

⑷　系図中の空欄に当てはまる人物名を答えよ。

⑸　系図中の下線部の人物と，その関連事項の組み合わせとして誤っているものを選べ。

ア．義時＝新補率法　　　イ．時房＝初代連署
ウ．時宗＝霜月騒動　　　エ．時行＝中先代の乱

⑹　系図中の人物とその時代に関する記述として正しいものを選べ。

①　系図中の番号は得宗の就任順を示し，時政から守時までが得宗として幕政に深く関与した。

②　泰時は，承久の乱で後鳥羽上皇に通謀した摂家将軍を追放し，かわって宗尊親王を迎えた。

③　時頼は，増加する土地訴訟に対処するため，評定衆を廃止して新たに引付衆を設けた。

④　時宗が設けた異国警固番役は，御家人に重い負担となったが，幕府滅亡まで継続された。

【C】（小説の系譜）

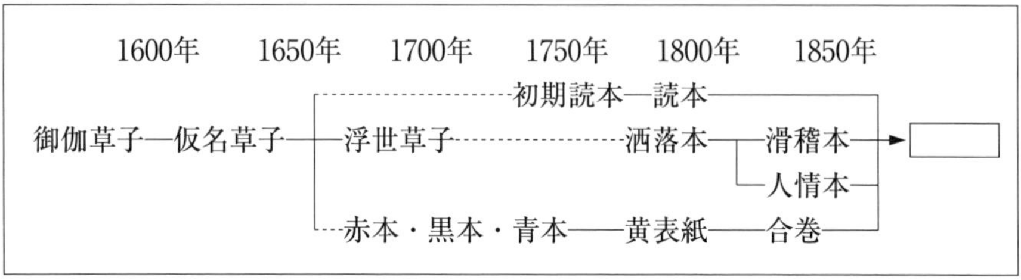

⑺　系譜中の空欄には，仮名垣魯文を代表とする明治初年代の小説のジャンル名が当てはまる。このジャンル名を答えよ。

⑻　系譜中の小説と，その代表的な作家及び作品の組み合わせとして正しいものを選べ。

ア．浮世草子―近松門左衛門『曽根崎心中』

イ．洒落本―山東京伝『仕懸文庫』

ウ．読本―曲亭馬琴『東海道五十三次』

エ．人情本―柳亭種彦『春色梅児誉美』

⑼　江戸時代の文化に関する記述として誤っているものを選べ。

①　仮名草子が出版された頃，酒井田柿右衛門は赤絵の技法を完成し，有田焼を発展させた。

②　浮世草子が出版された頃，鈴木春信は色彩豊かな浮世絵版画を創始し，一世を風靡した。

③　洒落本が出版された頃，「白河の清きに魚のすみかねて（後略）」などの狂歌が詠まれた。

④　滑稽本が出版された頃，幕府天文台に蛮書和解御用がおかれ，蘭書の翻訳が行われた。

【D】（東京の小売物価の変動）

（1934～36年＝１）

年	指数	上昇率（%）
1945	3.084	47.0
1946	18.930	513.8
1947	50.990	169.4
1948	149.600	193.4
1949	243.400	62.7
1950	239.100	−1.8

（『図説戦後史』筑摩書房）

⑽　【D】の表では，1950年には物価上昇率が戦後初めてマイナスに転じているが，その一因となった，超均衡予算，単一為替レート設定などを内容とする政策名を答えよ。

⑾　この表の期間中（1945～50年）におきたできごととして誤っているものを選べ。

ア．保守合同　　イ．警察予備隊発足

ウ．松川事件　　エ．湯川秀樹ノーベル賞受賞

⑿　1950年以後の日本経済に関する記述として誤っているものを選べ。

①　1960年代前半には，GATT11条国移行やOECD加盟など，経済の国際化が図られた。

②　金とドルの交換停止により円高となったため，1971年は戦後初のマイナス成長になった。

③　1980年代には日本は世界のGDP（国内総生産）の約１割を占め，ODA供与額も世界最大規模になった。

④　1990年代になると株価や地価が下落し，金融機関の経営悪化が実体経済の不況に波及した。

〈長崎県〉

21 ★★☆

次の各史料を見て，各問いに答えよ。

史料A

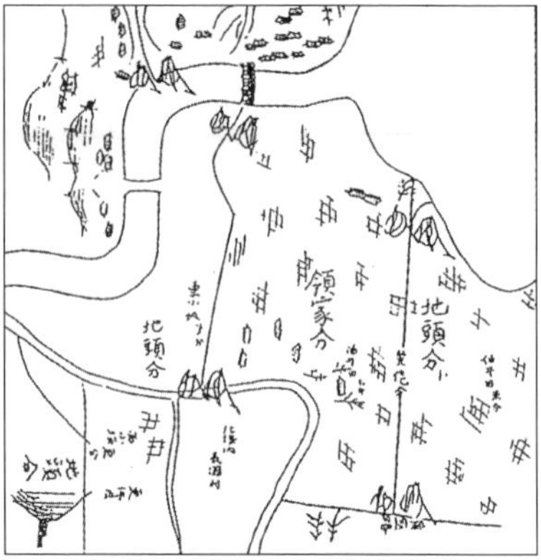

⑴　史料Aは13世紀半ばの伯耆国東郷荘の地図である。地図上の分割線の左右には幕府の執権・連署の認定サインがみられるが，このサインを何というか答えよ。

⑵　史料Aを参考に鎌倉時代の西国における地頭の支配権拡大について，200字以内で説明せよ。

史料B

今月五日越前府中に行く。それ以前$_{a}$越前の合力勢賀州に赴く。しかりといえども、一揆衆二十万人、富樫城を取り回く。故を以て、同九日城を攻め落さる。皆生害して富樫一家の者$_{b}$一人これを取り立つ。

⑶　下線部ａの「越前の合力勢」とは何氏のことか答えよ。

⑷　下線部ｂの「一人これを取り立つ」について，取り立てられた守護名を答えよ。

⑸　史料Bのように，なぜ北陸一帯に一向宗の信者が増大したのか。その要因を100字以内で説明せよ。

史料Ｃ

Ⅰ．百姓以下ニ至るまで、相届かざるニ付いてハ、一郷も二郷も悉くなでぎり仕るべく候。六十余州堅く仰せ付けられ、出羽・奥州迄そさうニハさせらる間敷候。たとへ亡所ニ成候ても苦しからず候間、其意を得べく候。

Ⅱ．諸国百姓、刀、脇差、弓、やり、てつはう、其外武具のたぐひ所持候事、堅く御停止候。其子細は、入らざる道具をあひたくはへ、年貢・所当を難渋せしめ、自然、一揆を企て、給人にたいし非儀の動をなすやから、勿論御成敗あるべし。

Ⅲ．奉公人、侍・中間・小者・あらし子に至る迄、去七月奥州江御出勢より以後、新儀ニ町人百姓ニ成候者之在らば、其町中地下人として相改、一切をくべからず。

(6)　史料Ｃを参考に，豊臣秀吉による近世封建体制の基礎作りについて100字以内で説明せよ。

史料Ｄ

①

②

③

④

(7)　史料Ｄの③の浮世絵の作者名を答えよ。

(8)　史料Ｄの①～④の絵を参考に江戸時代の浮世絵の発展とその影響について200字以内で説明せよ。

〈佐賀県〉

22 ★★☆

次の文章を読んで，各問いに答えよ。

地図には，世界地図などの小縮尺の地図と，地形図に代表される大縮尺の地図がある。小縮尺の地図は，目的に応じて様々な図法で描かれる。図法にはメルカトル図法や$_a$正距方位図法，ホモロサイン（グード）図法，$_b$エケルト図法などがある。ホモロサイン図法は，低緯度地方を（　A　）図法，高緯度地方を（　B　）図法で描き，緯度（　①　）分で結合したもので，全体的に形の歪みが少ない優れた正積図法である。また，1752年にフランス人（　C　）が円錐図法を改良し考案した（　C　）図法は，大陸図などによく用いられる。一方，国土地理院が発行する大縮尺の地形図は，1960年以前は多面体図法で描かれていたが，それ以後は（　D　）図法で描かれている。2万5千分の1地形図は，計曲線が（　②　）m 間隔で描かれており，1葉の図幅は緯度（　③　）分，経度（　④　）分の範囲を示し，4葉で$_c$5万分の1地形図と同じ範囲を示している。

(1)　文章中の空欄A～Dに当てはまる語句を答えよ。

(2)　文章中の空欄①～④に当てはまるものを次から選べ。

ア．23度27　　イ．40度44　　ウ．5　　エ．7.5

オ．10　　カ．15　　キ．20　　ク．50

(3)　下線部 a について，右の地図は，東京を中心とした正距方位図法で描かれている。これを見て，各問いに答えよ。

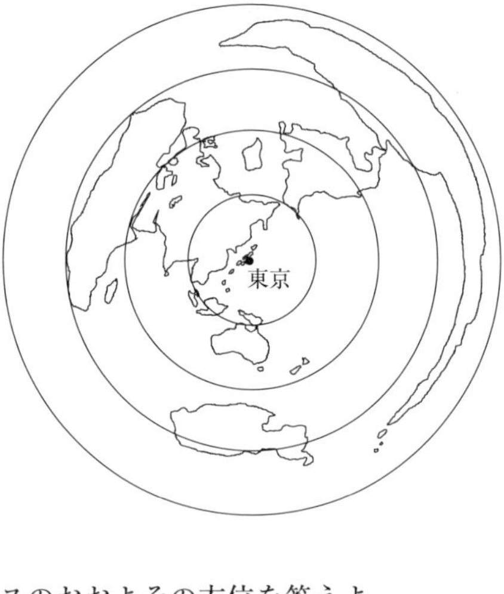

問1　正距方位図法で描かれた地図が航空図として利用される理由を説明せよ。

問2　東京とロンドン間のおおよその直線距離を次から選べ。

ア．5,000km

イ．10,000km

ウ．15,000km

エ．20,000km

問3　東京から見たブエノスアイレスのおおよその方位を答えよ。

問4　この地図の投影位置を次から選べ。

ア．正軸　　イ．横軸　　ウ．斜軸

エ．正軸・横軸・斜軸のいずれでもない

(4)　下線部ｂについて，どのような図法か簡潔に説明せよ。

(5)　下線部ｃに用いられる「消防署」と「城跡」の地図記号を描け。

〈北海道・札幌市〉

23 ★★★

(1)　次の①，②の条件に従って，略地図を完成させよ。ただし，略地図中のａ～ｃの線は，それぞれ北緯40度・赤道・南緯40度を表す。

①　３つの大陸を描き加え，南極大陸以外の５つの大陸が描かれた略地図を完成させること。ただし，各大陸の簡略の程度は，既に描かれている部分を参考にすること。

②　東経（西経）180度を示す経線を記入すること。

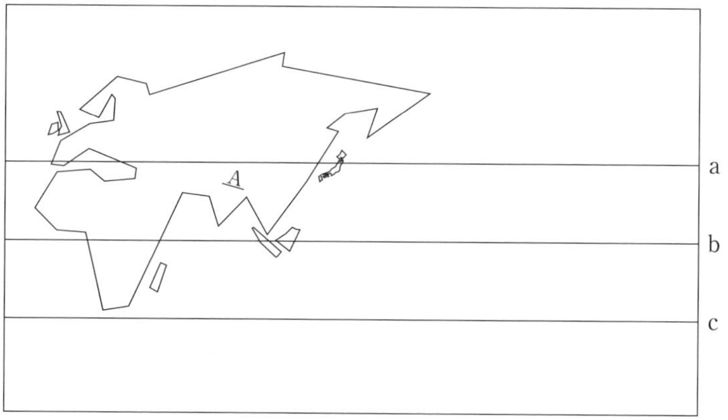

(2)　(1)で作成した略地図中に，次のア～エを（例）にならって模式的に示せ。

（例）　A．ヒマラヤ山脈・――――

ア．グレートアーテジアン（大鑽井）盆地・

イ．アンデス山脈・

ウ．サンフランシスコ・●

エ．サハラ砂漠・

〈京都府改題〉

24 ★★☆

次の５万分の１地形図を見て，各問い答えよ。

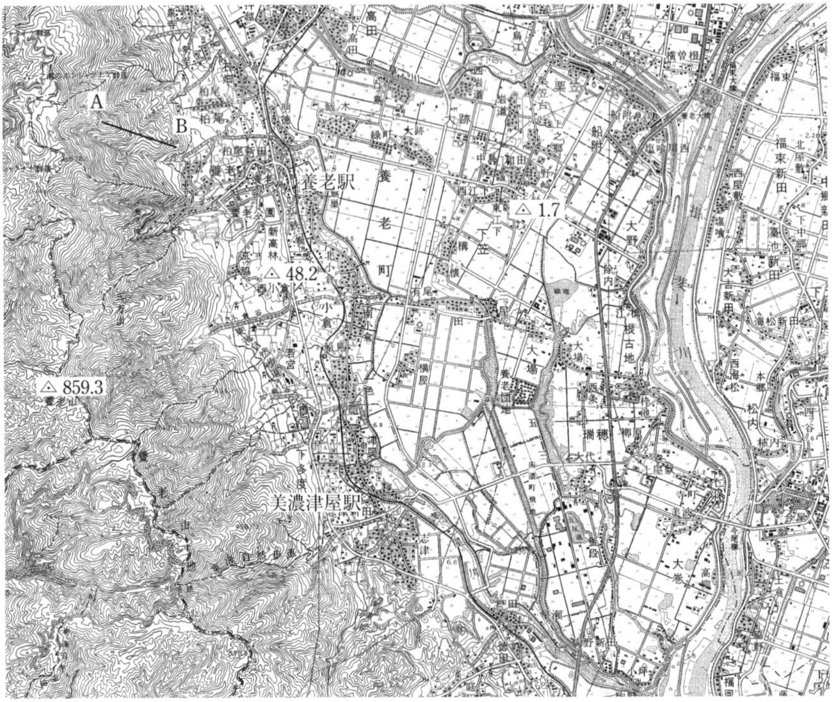

（国土地理院 「津島」）

⑴　地形図中の養老鉄道養老線「養老」駅と「美濃津屋」駅間の直線の長さは８cm あった。両地点の実際の距離を求めよ。

⑵　地形図中の西側はある典型的な地形を示している。南北に走る近鉄養老線は，その地形のさらにどのような所を走っているか。その名称を答えよ。

⑶　地形図中の小倉～南小倉間の道路・鉄道・河川の特徴に関する次の各問いに答えよ。

問１　この河川の特徴を２つ答えよ。

問２　この河川と道路・鉄道の交差の仕方を答えよ。

⑷　地形図中Ａ地点（標高600mm）とＢ地点（標高200mm）間の平均勾配を求めよ。なお，Ａ－Ｂ間の地形図上の長さは2.5cm である。

⑸　図１を参考に地形図中の「859.3」の三角点と「1.7」の三角点を直線で結び，図２の書式に従って地形断面図を描け。なお，□には適切な数値を記入すること。

〈図１　２つの三角点の位置〉

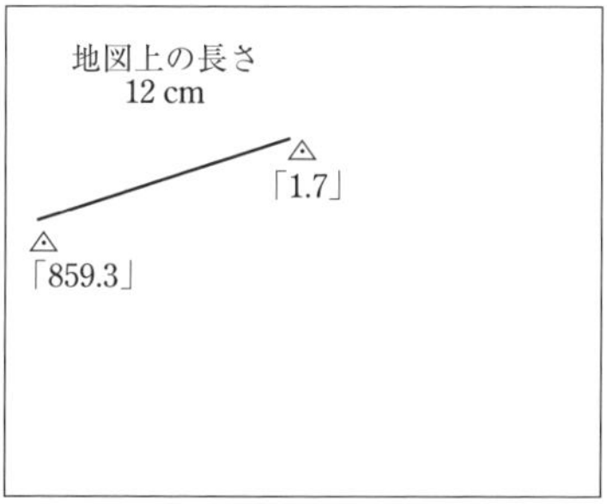

〈図２〉

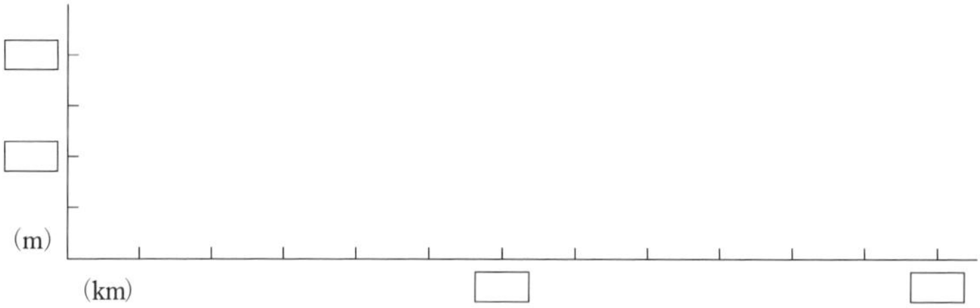

⑹　地形図中の東側について述べた次の文章の空欄に当てはまる語句を答えよ。

大場の南は水田・（　A　）・沼が多くみられることから，この一帯は（　B　）の（　C　）と考えられる。付近の江橋，根古地，大巻などの集落立地や（　B　）の（　D　）岸に多くみられる（　E　）などは，河川の（　F　）を利用したものと考えられる。なお，この近くには洪水に備えた独特の集落形態である（　G　）もみられる。

〈山梨県〉

25 ★★★

自然環境に関する次の各問いに答えよ。

⑴　次の表はある都市の月平均気温と降水量を示したものである。表を見て，各問いに答えよ。　　　（上段…月平均気温：℃，下段…月降水量：mm）

1月	2月	3月	4月	5月	6月	7月	8月	9月	10月	11月	12月	全年
29.7	29.3	29.6	28.5	24.8	22.2	21.5	22.4	25.0	27.8	29.5	30.0	26.7
229.3	221.0	105.1	27.7	12.2	18.8	10.0	1.3	0.9	0.9	10.9	96.5	734.6

（『データブック オブ・ザ・ワールド2023』）

問１　この都市のハイサーグラフを作成せよ。

問２　この都市の気候区名をケッペンの気候記号で答えよ。

問３　この都市の気候区を判断した理由を説明せよ。

問４　この表の気候区の地域で行われている農業の特色を，代表的な２つの地域を取り上げて説明せよ。

⑵　次の文章を読んで，各問いに答えよ。

人間活動の中心的舞台である平野は，成因によって（　Ａ　）平野と（　Ｂ　）平野に大きく分けることができる。（　Ａ　）平野の例としては北ドイツ平原やロシア平原などの大規模な平原があるが，（　Ａ　）平野はさらに準平原や$_a$構造平野などに分けられる。一方，日本の平野のほとんどは（　Ｂ　）平野であり，一般に小規模である。（　Ｂ　）平野には，遠浅の海底が離水して形成された（　Ｃ　）平野や，完新世に形成された（　Ｄ　）平野がある。（　Ｄ　）平野には，河川が山地から平野に出たところに形成される$_b$扇状地，河川の中・下流域に形成される氾濫原，河川が海に流入するところに形成される$_c$三角州などがある。また，更新世に形成された三角州や扇状地などが隆起したり，海水面の低下によって周囲の平野より一段と高く位置するようになった台地を（　Ｅ　）台地という。

問１　文章中の空欄に当てはまる語句を答えよ。

問２　下線部ａについて，パリ盆地やロンドン盆地においてみられる，低地と丘陵が急崖を伴って非対称に連続する地形を何というか答えよ。

問３　下線部ｂについて，この地形では天井川がみられることがあるが，天井川が形成される過程を説明せよ。

問４　下線部ｃについて，右の図のような三角州を何というか。また，このような三角州が形成されるためには，どのような条件が必要か説明せよ。

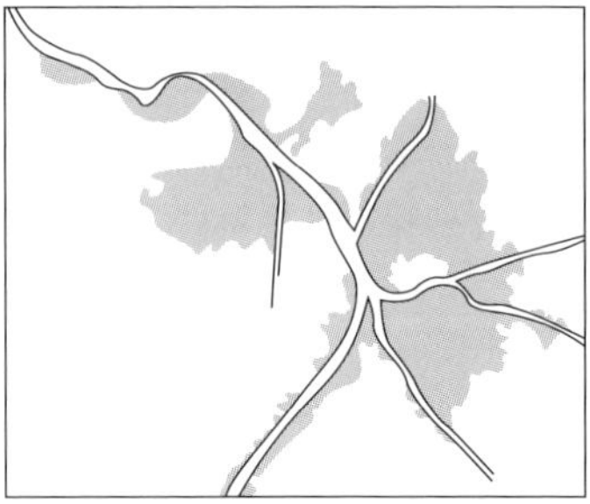

〈新潟県/長崎県改題〉

26 ★★☆

次のⅠ～Ⅳの作物に関する各問いに答えよ。

Ⅰ

Ⅱ

Ⅲ

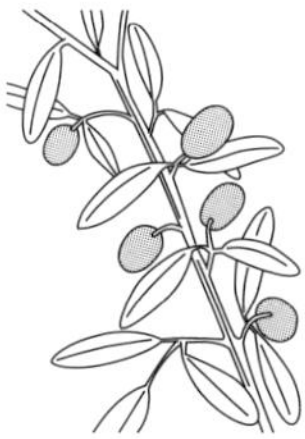

Ⅳ

Ⅰ．世界の２大穀物の１つである。インドのアッサム地方～中国華南が原産地といわれており，生産量の約90％が $_{a}$モンスーンアジアで生産されている。

Ⅱ．世界の２大穀物の１つである。西アジアあるいは $_{b}$カフカス地方が原産地といわれており，世界で最も広く栽培されている。

Ⅲ．食用や油脂原料として利用されている。耐乾性のある樹木作物で，$_{c}$地中海性気候の地域で広く栽培されている。

Ⅳ．繊維原料作物である。排水の良い肥沃な砂質土壌に適し，収穫期に乾燥する気候の地域で，広く栽培されている。

(1)　Ⅰについて，

問１　生産量，輸出量を示す次の表を見て，空欄A，Bに当てはまる国名を答えよ。

（2020年）

国名	生産量（万t）	%
（　A　）	21,186	28.0
インド	17,831	23.6
バングラデシュ	5,491	7.3
インドネシア	5,465	7.2
ベトナム	4,276	5.7
（　B　）	3,023	4.0
ミャンマー	2,510	3.3
世界計	75,674	100.0

（2020年）

国名	輸出量（万t）	%
インド	1,446	31.7
ベトナム	569	12.5
（　B　）	567	12.4
パキスタン	394	8.7
アメリカ合衆国	279	6.1
（　A　）	227	5.0
ミャンマー	185	4.0
世界計	4,559	100.0

（『データブック オブ・ザ・ワールド2023』）

問２　下線部aがこの作物の栽培に適している理由を，気候の面から簡潔に説明せよ。

(2) Ⅱについて，

問１ この作物の生産が盛んなところを次から選べ。

ア．リャノ　イ．カンポ　ウ．セルバ　エ．プスタ

問２ 次の表は，この作物の収穫期を示すものである。空欄Ｃに当てはまる国を次から選べ。

ア．中国　イ．アメリカ合衆国　ウ．ロシア　エ．アルゼンチン

国名＼月	1	2	3	4	5	6	7	8	9	10	11	12
（ Ｃ ）	━	━										━
インド			━	━	━							
イタリア						━						
フランス						━	━	━				
カナダ							━	━	━			

※注：━━は収穫期を示す

問３ 下線部ｂについて，次の文章中の空欄に当てはまる語句をア〜クから選べ。

カフカス地方は，黒海と（ Ａ ）に挟まれた地域で，（ Ｂ ）造山帯のカフカス山脈が走る。古くから民族的な対立の絶えない地域であり，アゼルバイジャンでは，（ Ｃ ）人が多数を占めるナゴルノ＝カラバフ自治州で紛争が続いた。また，首都をグロズヌイにおく（ Ｄ ）共和国でも，ロシアとの対立が続いている。

ア．地中海　イ．カスピ海　ウ．アルプス＝ヒマラヤ
エ．環太平洋　オ．アルメニア　カ．グルジア　キ．ダゲスタン
ク．チェチェン

問４ この作物を大規模に生産している「企業的穀物農業」について，次の２つの語句を用いて説明せよ。

【土地生産性　労働生産性】

(3) Ⅲについて，

問１ この作物名を答えよ。

問２ 下線部ｃの地域の気温と降水量を示すグラフを次から選べ。

ア

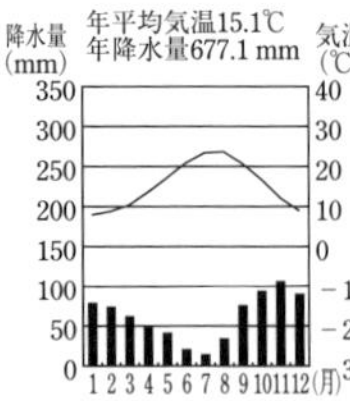

イ

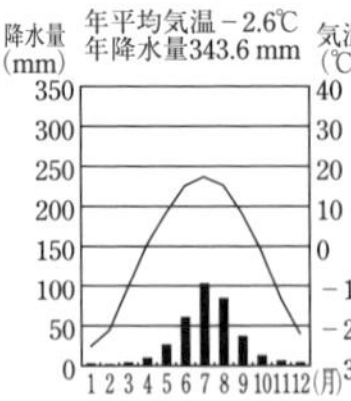

ウ

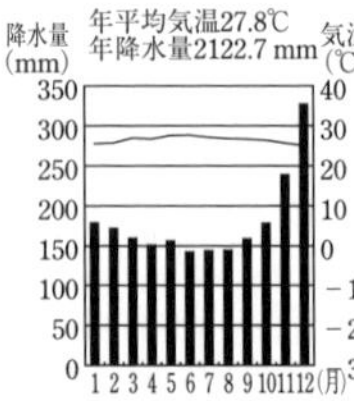

エ

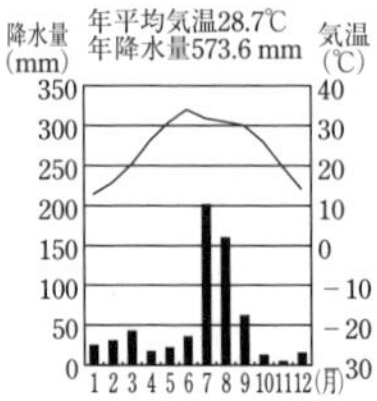

(4)　Ⅳについて，

問１　この作物の栽培が盛んなデカン高原に分布する間帯土壌名を答えよ。

問２　この作物の栽培が盛んな地域を地図中ア～エから選べ。

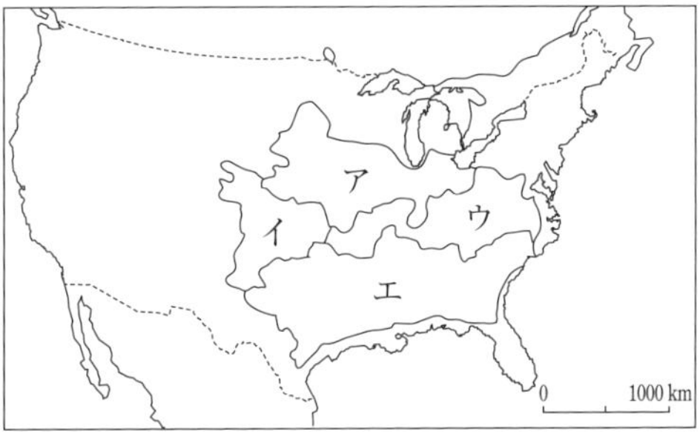

〈北海道・札幌市改題〉

27　★★☆

次の文章を読んで，各問いに答えよ。

a工業の立地に影響を及ぼす条件を立地条件という。立地条件には，地形，気候，用水，b原料，市場（消費地），c労働力，交通などがある。また，これらの条件が工業の立地に与える影響は，工業の種類や技術の進歩などによって異なってくる。

(1)　下線部aについて，

問１　工業の立地に関する理論を体系的にまとめ，1909年に著書『工業立地論』を著したドイツの経済学者名を答えよ。

問２　次の文章中のA，Bに当てはまる語句を｛　｝のア，イからそれぞれ選べ。

一般に，工業の立地においては，製品価格が高く小型で軽量な製品を大量に作る工業は，生産費に占める輸送費の割合がA｛ア．小さい　イ．大きい｝ため，空港の近くに立地する傾向がある。また，原料の重量に比べてB｛ア．軽い　イ．重い｝製品を作る工業は，原料産地に立地する傾向がある。

(2)　下線部bの産地と工業の立地に関する記述として誤っているものを２つ選べ。

①　オーストラリア北西部のピルバラ地区では，マウントニューマンなどから産出するボーキサイトを利用したアルミニウム工業が盛んである。

②　瀬戸内海に面した山口県の山陽小野田市では，周辺で産出する石灰石を利用したセメント工業が盛んである。

③　インド南部のバンガロールでは，デカン高原で生産されるジュートを利用したジュート工業が盛んである。

④　アメリカ合衆国太平洋岸のポートランドでは，豊富な森林資源を背景に，製材業や紙・パルプ工業が盛んである。

⑤　イギリスの北東部ミドルズブラでは，北海油田からパイプラインで送られる石油を利用した化学工業が盛んである。

(3)　下線部ｃについて，次の表中ア～エには，スペイン，モロッコ，タイ，韓国のいずれかが当てはまる。タイとモロッコに当てはまるものをア～エからそれぞれ選べ。

	女性の労働力率（%）2020年	国民１人当たり GNI（ドル）2020年
ア	21.7	3,062
イ	51.6	27,570
ウ	53.1	32,193
エ	59.2	6,988

（『世界国勢図会2022/23』）

（注）　労働力率は労働年齢人口に対する労働力人口の割合

(4)　次のａ～ｊの地域で多く産出される地下資源として最も適当なものをア～オから１つずつ選べ。

ａ．チュキカマタ　　ｂ．ニコポリ　　ｃ．アパラチア　　ｄ．ビンガム
ｅ．ウェイパ　　ｆ．メサビ　　ｇ．カラジャス　　ｈ．ビンタン
ｉ．シロンスク　　ｊ．キルナ

ア．石炭　　イ．ボーキサイト　　ウ．鉄鉱
エ．銅鉱　　オ．マンガン鉱

(5)　次の表は，発電エネルギー源別割合と発電量を示したものである。表中Ａ～Ｄに当てはまる国をア～キから１つずつ選べ。

〈発電エネルギー源別割合（%）と発電量（億 kWh）（2019年）〉

国	水力	火力	原子力	発電量
A	8.9	81.7	6.3	9,708
B	10.8	10.9	69.9	5,708
C	17.4	69.6	4.6	75,041
D	58.8	19.8	15.7	6,454

（『世界国勢図会2022/23』）

ア．アメリカ合衆国　　イ．中国　　ウ．日本　　エ．ブラジル
オ．カナダ　　カ．ドイツ　　キ．フランス

〈北海道・札幌市/新潟県/愛媛県改題〉

28 ★★☆

人口に関する次の文章を読んで，各問いに答えよ。

2021年現在，地球上には約（　A　）億の人々が暮らしている。世界の人口は，ヨーロッパで（　B　）が始まった18世紀末頃から増加の傾向を速めた。さらに第二次世界大戦後には，近代医学の普及などによって世界的に（　C　）率が低下し，（　D　）といわれる人口急増が始まった。第二次世界大戦後の人口増加は，特に（　E　）国の地域で著しいといった特徴がある。出生数と死亡数の差は人口の（　F　）増加といわれ，人口増加の主な要因である。世界各国の人口増加は，出生率や死亡率の組み合わせから，いくつかの類型にまとめられる。第1の類型は，出生率も死亡率も高い（　G　）の人口漸増型であるが，現在ではこれに該当する国はほとんどみられない。第2の類型は，死亡率が低下したにもかかわらず，高い出生率が維持されている（　H　）の人口急増型である。第3の類型が，出生率・死亡率ともに低い（　I　）の人口漸増・停滞型である。

⑴　文章中の空欄A～Fに当てはまる語句を答えよ。

⑵　文章中の空欄G～Iに当てはまる語句を次から選べ。

　ア．多産少死　　イ．多産多死　　ウ．少産少死

⑶　次の図はインド・スウェーデン・エチオピア・ブラジルの各国の年齢別人口構成と1人当たりの国民総所得（GNI）を示している。それぞれの国に当てはまるものをア～エから選べ。

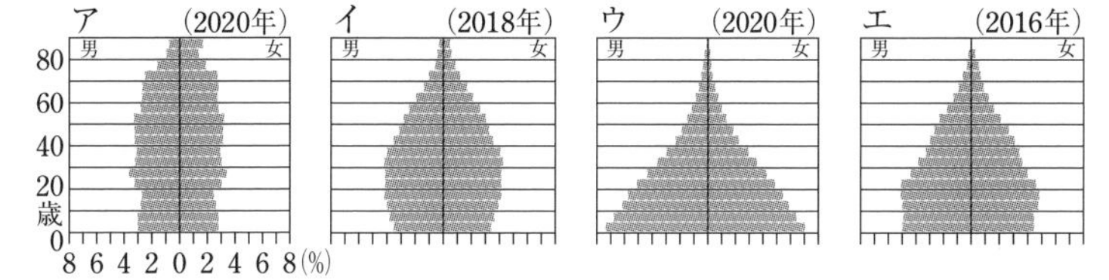

GNI　54,290ドル　　7,800ドル　　890ドル　　1,910ドル

※国民総所得（GNI）は2020年　（『データブック オブ・ザ・ワールド2023』）

(4) 次の表中ア〜エは，メキシコ・韓国・ドイツ・イタリアのいずれかの産業別人口構成比（2020年）と首都の緯度を示したものである。韓国とイタリアに当てはまるものをそれぞれア〜オから選べ。

国	第１次（%）	第２次（%）	第３次（%）	首都の緯度
ア	1.3	27.5	71.2	北緯52.31度
イ	12.5	25.4	62.2	北緯19.24度
ウ	4.0	26.4	69.6	北緯41.54度
エ	5.4	24.6	70.0	北緯37.35度

（『データブック オブ・ザ・ワールド2023』）

〈静岡県・静岡市改題〉

29 ★★☆

次の文章を読んで，各問いに答えよ。

1949年に建国された中華人民共和国は，世界最大の人口を有し，面積においても世界有数の国である。行政単位としては，ペキン（北京）などの直轄市や省，$_{a}$自治区，そしてホンコン（香港），マカオ（澳門）などの特別行政区からなる。共産党主導による社会主義国家として，世界的にも大国として歩んできたが，1970年代後半に始まる「改革開放政策」によって，政治的には社会主義，経済的には市場原理の導入という体制下での国家建設が進められている。自然環境では，西部のチベット高原から東部の東シナ海に向かうにつれ標高が低くなり，東シナ海に流れ込む$_{b}$大河川の流域は広大な沖積平野となっている。

人々の生活を支える農業地域では，（　A　）山脈と（　B　）川を結ぶ線が年降水量800〜1,000mmの等降水量線とほぼ一致し，この線の北側が乾燥した畑作地帯，南側が湿潤な稲作地帯となっている。工業では従来の原料産出地の工業地域をはじめ，沿海地域にも経済特区に指定された地域を中心に新興の工業地帯が形成されている。また，2013年には習近平国家主席がアジア，アフリカ，ヨーロッパ大陸を陸路と海路で結ぶ（　C　）を提唱している。

近年の中国は，$_{c}$国内における一方向的な労働力移動の問題，都市の深刻な大気汚染など，急速な経済発展の一方で様々な問題も生じている。

(1) 文章中の空欄に当てはまる語句を答えよ。

(2) 次の文章は，下線部aのある自治区について説明したものである。この自治区の位置を資料１中の記号から選べ。

「区都はウルムチで，牧畜とオアシス農業が盛んであり，大規模な油田開発が行われている。」

〈資料１〉

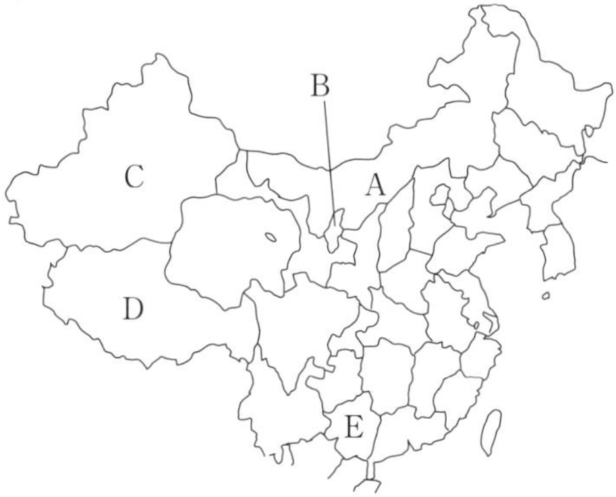

⑶　下線部ｂについて，この川の河口はエスチュアリー（三角江）となっている。この河川名を答えよ。

⑷　下線部ｃについて，この現象はどのような国内事情を背景としているか。また，その結果どのような問題が生じているか説明せよ。

〈宮城県・仙台市改題〉

30 ★★★

東南アジアに関する次の各問いに答えよ。

⑴　東南アジア地域付近の気候の特徴について，下記に示した語句を用いて60字程度で説明せよ。

【モンスーン　　降水量】

⑵　次の表は，ASEAN 加盟国のうち，マレーシア・シンガポール・インドネシア・タイ・フィリピンの５ヵ国について，人口・国民総所得（GNI）・輸出額上位５品目を順に示している。表中Ａ，Ｃ，Ｅに当てはまる国名をそれぞれ答えよ。

国名	人口（万人）（2021年）	GNI（億ドル）（2020年）	輸出額上位５品目（2020年）
Ａ	7,160	4,878	機械類　自動車　金（非貨幣用）　プラスチック　ゴム製品
Ｂ	27,375	10,299	パーム油　石炭　機械類　鉄鋼　衣類
Ｃ	3,357	3,304	機械類　石油製品　パーム油　衣類　精密機械
Ｄ	11,388	3,893	機械類　野菜・果実　精密機械　銅　ニッケル鉱
Ｅ	594	2,984	機械類　石油製品　精密機械　金（非貨幣用）　プラスチック

（『世界国勢図会2022/23』）

(3) 次の文章は，東南アジアで信仰される宗教に関する記述である。A，Bに当てはまる宗教名をそれぞれ答えよ。

A．インドネシアは，この宗教の国別信者数で最大規模である。

B．インドネシア国内では，バリ島に多くの信者が分布している。

(4) マレーシアのブミプトラ政策について説明せよ。

(5) ベトナムのドイモイ政策について説明せよ。

(6) 次の図は，東南アジアの島々の輪郭を示している。これを見て，各問いに答えよ。ただし，各島の縮尺は異なっている。

A

B

C

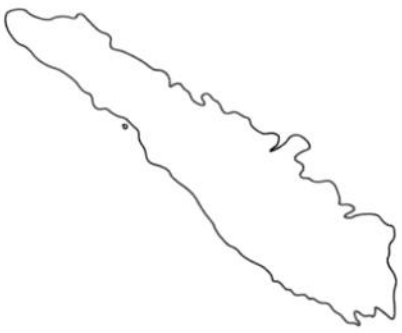

D

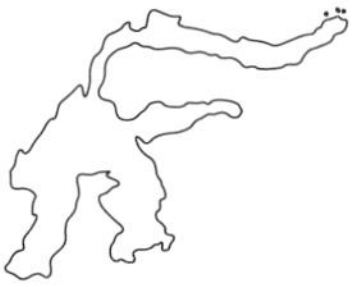

E

F

問1　A，Dの島名を答えよ。

問2　B，E，Fの島に関する記述として正しいものをそれぞれ選べ。

① 島としては世界第3位の面積をもち，3つの国家によって分割されている。北西部に油田があり，サラワクでは熱帯林の伐採が盛んであった。

② 環太平洋造山帯の一部に当たり，マヨン山，ピナトゥボ山などの火山がみられる。台風の襲来が極めて多く，山岳部では棚田による稲作が行われている。

③ 島の西部は熱帯雨林気候，東部はサバナ気候が卓越する。多くの都市があり，人口密度が極めて高いため，周囲の島々への移住を促す動きがみられる。

④ 島の中央にはミナス油田，南部にはパレンバン油田があり，良質の原油を産する。北部のアチェでは独立の動きがみられた。

⑤ この島は，マニラ麻，バナナ，パイナップルなどの栽培が盛んである。島の西半分では，宗教の異なるモロ族が居住している。

⑥　この島は全体的に山がちで金・銀・ニッケルなどの鉱産資源に恵まれる。島の西側には日本向けタンカーが通過するマカッサル海峡がある。

〈静岡県・静岡市〉

31 ★★☆

次の①〜⑤の都道府県に関する図や表，文章を読んで，各問いに答えよ。

都道府県	各都道府県の主な特徴
①	全国一の a農業生産額を誇る。b紙・パルプ工業も盛んである。2002年1月までに c主要な炭鉱はほとんど閉山した。
②	日本有数の d米作地帯である。この都道府県の地名は，「新しく造られた e河跡湖」という意味である。小千谷縮などの f伝統工芸でも知られる。
③	2011年に新幹線が全線開通し，交通網の発展が期待される。畜産物では，肉用牛，鶏卵，肉用若鶏，（　A　）の生産や出荷が多い。
④	海岸平野では，なす・きゅうりなどの g施設園芸農業が盛んである。清流四万十川があり，足摺岬や（　B　）岬がある。（　B　）岬は台風の通路に当たり，暴風日数が多い。
⑤	日本の政治・経済・文化の中心地である。人口も三大都市圏中で最大であり，工業生産額も多い。h産業の空洞化が進み，i ウォーターフロント開発が進んでいる。

〈図1〉

〈図2〉

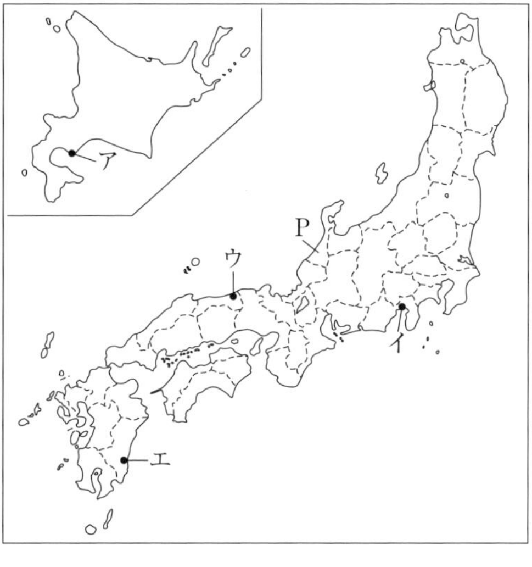

(1)　表中の空欄A，Bに当てはまる語句を答えよ。

(2)　下線部aについて，①が全国一の生産を誇る図1の農産物を答えよ。

(3)　下線部bの盛んな都市として最も適するものを，図2のア～エから選べ。

(4)　下線部cについて，日本の炭鉱の閉山した主な理由を「国内」「海外」という語句を用いて説明せよ。

(5)　下線部dについて，図3を見て，小麦に比べて米の生産量と輸出量にはどのような特徴がみられるか。また，その理由として考えられることを説明せよ。

〈図3　米と小麦の生産量・輸出量（2020年）〉

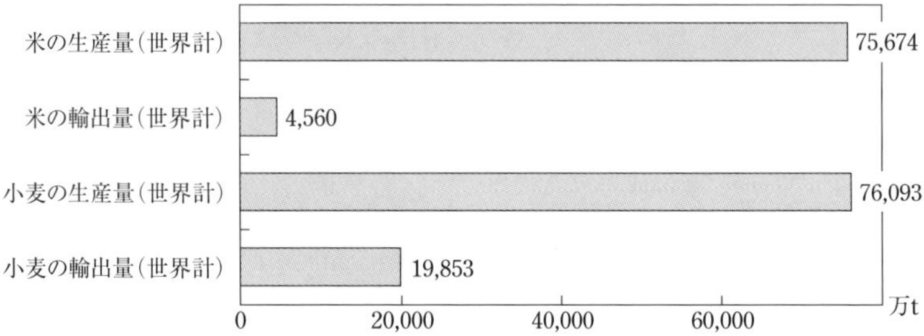

（『世界国勢図会2022/23』）

(6)　下線部eについて，この地形の成因を説明せよ。

(7)　下線部fについて，図2のPの県にみられる伝統工芸を1つ答えよ。

(8)　下線部gについて，なすの施設園芸の聞き取り調査をする際，地理の教員として，どのようなことを質問すべきか。質問事項とそのねらいをそれぞれ答えよ。

(9)　下線部hが進むと，日本国内の産業にはどのような影響が現れるか説明せよ。

(10)　下線部iの主な目的やねらいについて，「これまで倉庫や港湾施設などで占められていた水際地域の価値を見直し，」に続けて説明せよ。

〈鹿児島県改題〉

32 ★★☆

次の地図を見て，各問いに答えよ。

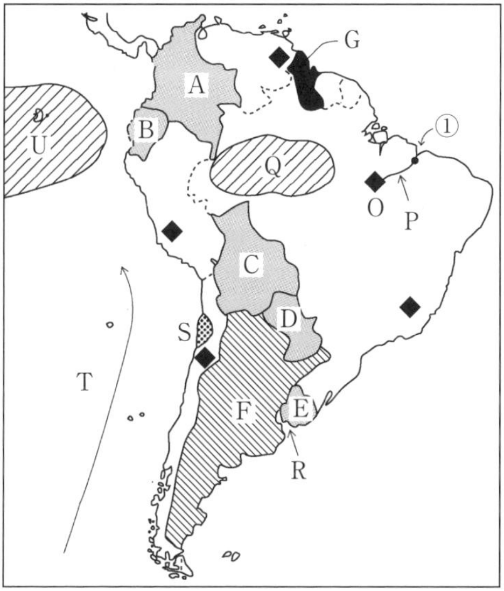

⑴　地図中◆は，ある鉱産物の主な産地を示している。この鉱物名を答えよ。

⑵　地図中Oは，⑴の鉱産物が採掘される鉱山で，世界有数の埋蔵量を誇る。この鉱山名を答えよ。また，ここで採掘された鉱物はPの鉄道で海岸部の①の港まで輸送され，日本などへ輸出されている。①の港のある都市名を答えよ。

⑶　地図中Q周辺には，熱帯雨林がみられる。この熱帯雨林は現地では何とよばれるか答えよ。

⑷　地図中Rは，ある河川の河口部を示している。この海岸地形名を答えよ。

⑸　地図中Sは砂漠を示しているが，この砂漠の成因に地図中Tの海流が深く関わっている。Sの砂漠名とTの海流名を答えよ。また，この砂漠と同じ成因によって形成されているものを次から選べ。

ア．ナミブ砂漠　　イ．サハラ砂漠　　ウ．ゴビ砂漠

エ．ルブアルハリ砂漠

(6)　次の表は，地図中Ａ～Ｅの国の主要輸出品及びその輸出額（2020年，単位百万ドル）を示したものである。Ｃ国及びＥ国に当てはまるものを選べ。

ア

輸出品	輸出額
原油	7,130
石炭	4,166
金（非貨幣用）	2,911
コーヒー豆	2,523
石油製品	1,598
野菜・果実	1,435

イ

輸出品	輸出額
肉類	1,833
木材	780
大豆	752
酪農品	641
米	462
麦芽	188

ウ

輸出品	輸出額
魚介類	5,359
原油	4,685
野菜・果実	4,363
装飾用切花	838
カカオ豆	816
石油製品	564

エ

輸出品	輸出額
大豆	2,147
電力	1,736
牛肉	1,118
植物性油かす	683
大豆油	417
とうもろこし	322

オ

輸出品	輸出額
天然ガス	1,989
金（非貨幣用）	1,230
亜鉛鉱	820
植物性油かす	513
銀鉱	482
大豆油	260

（『世界国勢図会2022/23』）

(7)　次の表は，地図中Ｆ国，ブラジル，ベネズエラ，ペルーの４ヵ国における2020年の国民総所得と１人当たりの国民総所得を示したものである。Ｆ国に当てはまるものを表中ア～エから選べ。

	国民総所得（億ドル）	１人当たりの国民総所得（ドル）
ア	14,171	6,667
イ	961	3,380
ウ	3,678	8,138
エ	1,945	5,898

（『世界国勢図会2022/23』）

(8)　地図中Ｇ国の公用語を答えよ。

(9)　地図中Ｕの海域の海面温度が高くなると，世界的な異常気象が発生するといわれている。この現象を何というか答えよ。

〈鳥取県改題〉

33 ★★★

アメリカ合衆国の農業について，各問いに答えよ。

(1)　アメリカ合衆国の農業について，栽培作物や農業経営形態などによって農業地域区分をした場合，地図中Ａ～Ｃの農業地域についての特徴を具体的に説明せよ。

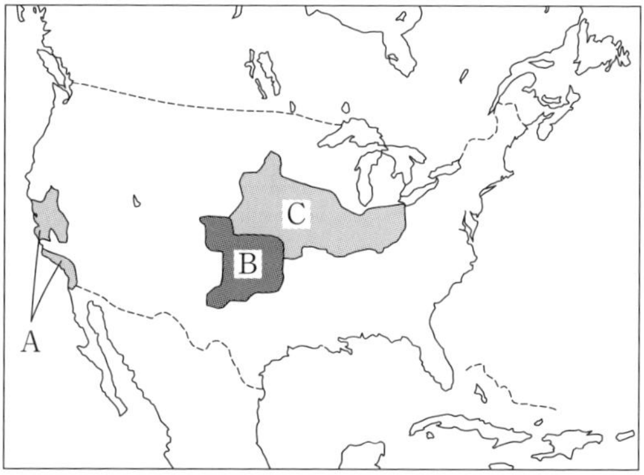

(2)　アメリカ合衆国の農業経営についての特色を説明せよ。

(3)　アメリカ合衆国の農業に関して，問題となっている点について説明せよ。

(4)　近年，綿花栽培地域はどの地域に立地移動しているか。また，かつての綿花地帯（コットンベルト）はどのように変容したか説明せよ。

(5)　アメリカ合衆国ではフィードロット方式とよばれる牧畜が導入されている。その肥育形態の特色を簡潔に説明せよ。

(6)　19世紀にグレートプレーンズでは，商業的農業が発達した。その要因を土地制度や交通・市場などの観点に着目して説明せよ。

〈大阪府・大阪市・堺市/岡山県/鳥取県改題〉

34 ★★☆

次の文章を読んで，各問いに答えよ。

オセアニアはオーストラリア，ニュージーランド，その他の太平洋の島々の総称である。オーストラリア大陸は$_a$ゴンドワナランドとよばれる（　Ａ　）の一部に当たり，$_b$東部には古期造山帯がみられる。また，ニュージーランドは新期造山帯の（　Ｂ　）造山帯の島である。

オーストラリアでは，アーサー＝フィリップがボタニー湾北岸に上陸した1788年を建国の年としている。その後，入植してきたイギリス人は，シドニーに最初の植民地を建設した。植民拠点は各地に広がり，$_c$ブリズベン，パース，メルボルン，アデレードなどに植民がなされた。それにより，先住民族の（　C　）が減少していった。乾燥した気候の地域が多いこの国では，広大な土地を利用して$_{d}$降水量に対応した農業を発展させてきた。また，広大な国土は豊かな$_{e}$鉱産資源をもたらし，この国の経済の発展に大きな役割を果たしてきた。19世紀半ばから20世紀初頭において，羊毛や小麦の生産を中心とする農牧業の発達と鉱産資源の開発で，オーストラリアはめざましい興隆期を迎えた。また，1880年には，（　D　）盆地で最初の$_{f}$掘り抜き井戸が開発された。そして，1890年には羊の数が1億頭を超え，羊毛が輸出の半分以上を占めるようになった。

開発の歴史が浅いこと，$_{g}$白豪主義政策を推し進めていたこと，砂漠が広大なことなどが要因で，オーストラリアは$_{h}$世界第6位の面積がありながら，人口は約2,618万人（2022年）と極めて少ない。そのため，農牧業製品や鉱工業製品の国内市場は狭く，その多くが$_{i}$輸出に回されている。オーストラリアの最大の輸出相手国は長らく日本であったが，近年は（　E　）が最大の輸出相手国となっている。

オーストラリアの隣国のニュージーランドは，17世紀半ばにオランダ人探検家のタスマンによって発見された。ニュージーランドの原住民は，ポリネシア系の（　F　）族である。彼らは入植してきたイギリス人に激しく対抗し，弾圧されたが，今日では白人と同等の権利を有している。

ニュージーランドは北島と南島に二分される。北島には火山が多く，南島には氷河がみられる。全島が西岸海洋性気候で，北島では酪農，南島では牧羊が発達している。北島の最大の都市はオークランドであり，南島の最大の都市はクライストチャーチである。ともに，農畜産物の集散地となっている。

⑴　文章中の空欄に当てはまる語句を答えよ。

⑵　下線部aについて，これに属するものを次から選べ。

ア．ニューギニア島　　イ．ハワイ島

ウ．グリーンランド島　エ．マダガスカル島

⑶　下線部bについて，これに当てはまる山脈名を答えよ。

(4)　下線部cについて，図1のA～Dとの各都市の位置の組み合わせとして正しいものを選べ。

〈図1〉

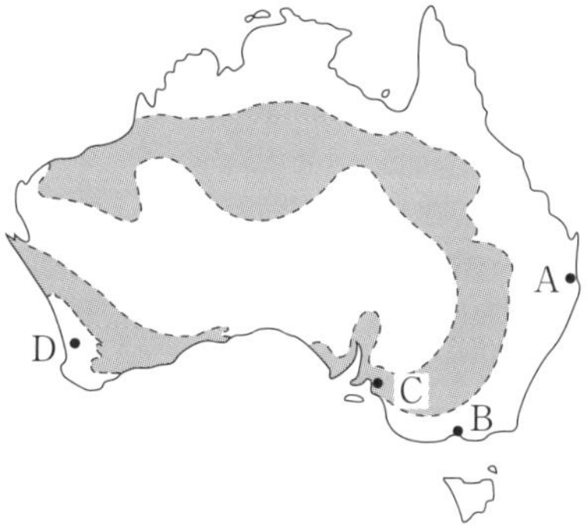

	ブリズベン	パース	メルボルン	アデレード
ア.	B	C	D	A
イ.	B	A	D	C
ウ.	A	D	B	C
エ.	A	D	C	B

(5)　下線部dについて，図1の　　　　の地域に当てはまる年降水量として正しいものを選べ。

ア．125～250mm　　イ．250～500mm

ウ．500～1000mm　　エ．1000～2000mm

(6)　下線部eについて，図2はある鉱産資源の世界の主な産出地域の分布を示したものである（ただし，オーストラリアには示していない）。この鉱産資源のオーストラリアにおける分布として正しいものを図3のア～エから選べ。

〈図2〉

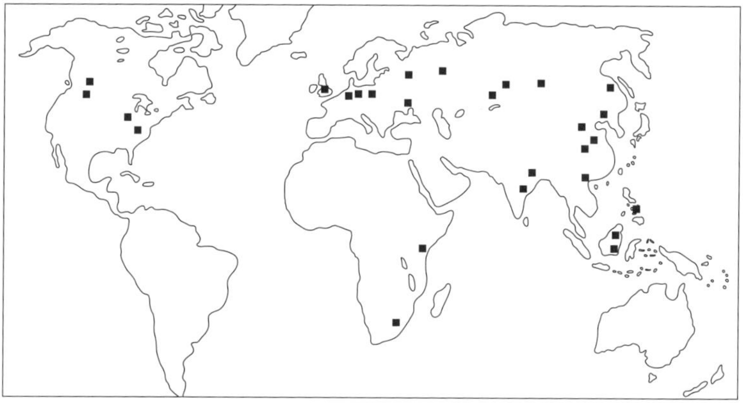

〈図3〉

⑺　下線部ｆについて，この井戸で利用する最初の不透水層以下の地下水の名称を答えよ。

⑻　下線部ｇについて，白豪主義政策はその後どのように変容したか，簡潔に説明せよ。

⑼　下線部ｈについて，国土面積の最も広い国を順に２つ答えよ。

⑽　下線部ｉについて，次の表はオーストラリア，カナダ，ブラジル，ロシアの輸出品と輸出額（単位：百万ドル）を示したものである（2020年）。オーストラリアの輸出品に当てはまるものをア～エから選べ。

ア

大豆	28,564
鉄鉱石	25,789
原油	19,614
肉類	16,855
機械類	11,480
鉄鋼	9,066
砂糖	8,744
自動車	6,588
パルプ・古紙	5,987

イ

鉄鉱石	80,234
石炭	30,098
金(非貨幣用)	17,591
肉類	10,144
機械類	7,370
医薬品	3,826
銅鉱	3,208
野菜・果実	2,864
精密機械	2,719

ウ

原油	72,564
石油製品	47,665
金(非貨幣用)	18,537
鉄鋼	16,828
石炭	13,358
機械類	12,473
小麦	7,918
白金族	7,842
化学肥料	6,989

エ

原油	47,574
自動車	44,668
機械類	40,217
金(非貨幣用)	16,570
航空機	9,679
野菜・果実	8,407
石油製品	8,390
プラスチック	8,362
医薬品	8,322

（『世界国勢図会2022/23』）

〈岩手県改題〉

実践問題　解答・解説

1

(1)　A．15　　B．8　　C．4
　　D．12　　E．16　　F．2
　　G．17

(2)　A．7　　B．17　　C．14
　　D．9　　E．3　　F．11

(3)　A．21　　B．10　　C．6
　　D．19　　E．15　　F．13
　　G．1

2

(1)　カンビュセス2世

(2)　ヘロドトスの『歴史』はペルシア戦争を物語風に著したもので，トゥキディデスの『歴史』はペロポネソス戦争を厳密な史料批判に基づいて著したものである。

(3)　エフタル

(4)　プロノイア制

(5)　毛織物の産地フランドルとぶどう酒の産地ギエンヌの領有をめぐって争いがおこった。

(6)　北魏の均田制では奴婢や耕牛にも給田されたので，これらを多くもつ豪族はその分も受田することができたため。

(7)　女真（女直）　(8)　李朝大越国

(9)　ルブルック　(10)　マリンディ

(11)　問1　カルヴァン
　　問2　社会学者名：
　　　マックス＝ヴェーバー
　　　著作名：
　　　『プロテスタンティズムの倫理と資本主義の精神』

(12)　イ　(13)　エ

(14)　ウ　(15)　ア

(16)　バーブ教徒の乱

(17)　アデナウアー

解説

(3)　エフタルは，トルコ系ともイラン系ともいわれる。6世紀後半ササン朝と突厥の挟撃で滅んだ。

(9)　フランス国王は，第6回・第7回十字軍に参加した，聖王といわれたルイ9世（在位1226～70年）である。

(10)　マリンディにはヴァスコ＝ダ＝ガマも立ち寄った。ここでイスラーム教徒の航海士イブン＝マージドを乗船させ，インドのカリカットに到達した。

(12)　ゾラ（1840～1902年）はフランスの代表的な自然主義文学者で，ドレフュス事件ではドレフュスの無罪を主張して闘った。

(16)　バーブ教徒はイスラーム教シーア派の神秘主義的新宗派である。

(17)　アデナウアー（首相：在任1949～63年）はキリスト教民主同盟の政治家である。

3

3世紀に入ると各地の軍隊が皇帝を擁立して争う軍人皇帝の時代を迎えたため，元首政（プリンキパトゥス）の実態は失われ，3世紀末には専制君主政（ドミナトゥス）がしかれて帝国の統一維持が図られた。この地方の自立化と混乱の中で商業は衰退し，農業も奴隷労働によるラティフンディア（ラティフンディウム）の維持が困難となり，コロヌスによる自給自足的な経営に転換されていった。

解説

ローマにとって，3世紀の軍人皇帝時代

は，内乱の1世紀（前1世紀）に次ぐ混乱期であった。帝政ローマ（ローマ帝国）内部の混乱とともに，北方からはゲルマン人，東方からササン朝が侵入し，ガリア（フランス）ではバガウダエ運動という反ローマ農民反乱がおこった。

4

Ⅰ．b　Ⅱ．f
Ⅲ．c　Ⅳ．a
Ⅴ．g　Ⅵ．f
Ⅶ．h　Ⅷ．e
A．トラヤヌス　B．トルコ
C．カイロ　D．安息
E．元老院　F．郷挙里選
G．開封（汴州）

解説

①は11世紀，②は2世紀の地図である。

a．ファーティマ朝
b．ビザンツ帝国（東ローマ帝国）
c．セルジューク朝
d．西夏
e．北宋
f．帝政ローマ（ローマ帝国）
g．パルティア（アルサケス朝）
h．後漢
i．サータヴァーハナ（アーンドラ）朝

5

(1) 問1　A．国名：秦　場所：エ
　B．国名：魏　場所：ウ
問2　国王：孝公
改革者：商鞅
目的：中央集権制を確立する目的。
方策：信賞必罰による厳格な法治主義をとった。
問3　合従策　問4　張儀

(2) 問1　都市名：リューベック
場所：ツ
問2　ニシン
問3　都市名：ブリュージュ
場所：エ
問4　1143年にシャウエンブルク家のアドルフ2世によって建設されたリューベックは，次第に商業で繁栄していき，1180年神聖ローマ帝国直属の都市となった。皇帝フリードリヒ1世はリューベックに1188年，商業・航行・漁業の特権を与え，1226年にはフリードリヒ2世が帝国自由都市の特権を与えて商業都市としてますます栄え，ハンザ同盟の中心となっていった。
問5　ハンザ同盟の衰退は，国際的にはオランダ商人の台頭とイギリスなどの絶対主義国家の重商主義政策に圧迫されたことによる。内部的には同盟内部の対立や，都市内部の手工業者の台頭，ドイツ諸領邦国家において領邦君主が領邦内の都市を圧迫したことによる。

6

(1) ①　(2) ①　(3) ④　(4) ⑤
(5) ①　(6) ①　(7) ②　(8) ④
(9) ③　(10) ⑤

解説

(1) ①　クレタ文明（ミノア文明，前2000〜前1400年頃）は青銅器文明である。
(2) ②　中国への仏教の伝播は1世紀頃，一般に広まったのは4世紀である。
③　班固ではなく班超である。
④　法顕ではなく鳩摩羅什である。
⑤　匈奴ではなく大月氏である。
(3) ④　イル＝ハン国のことである。
(4) ①　イギリス王ジョン（在位1199〜

1216年）のことである。

② 自由競争を制限した。

③ カロリング朝が断絶した。

④ 第4回十字軍のことである。

(5) ① メッカからメディナに移った。

(6) ① ファン＝ボイ＝チャウ（1867～1940年）である。なお，ドンズー（東遊）運動は日露戦争後である。

(7) ① 失業者は急減した。

③ 廃止ではなく採用した。

④ ルールを占領した。

⑤ ヤング案のことである。フーヴァー＝モラトリアムは戦債賠償金の支払いの1年間猶予のことである。なお，1924年のドーズ案では賠償総額は不変である。

(8) ④ 李舜臣（1545～98年）のことである。

(9) ③ 独ソ戦開始は1941年6月，真珠湾攻撃開始は1941年12月，ヤルタ会談は1945年2月，ポツダム会談は1945年7～8月である。

① 五・三〇運動（1925年）→張作霖爆殺事件（奉天事件，1928年）→柳条湖事件（1931年）→盧溝橋事件（1937年）

② パレスチナ分割案（1947年）→スエズ運河国有化宣言（1956年）→第4次中東戦争（1973年）→湾岸戦争（1991年）

④ ドイツ革命（1918～19年）→ドーズ案（1924年）→ラインラント進駐（1936年）→ミュンヘン会談（1938年）

⑤ ソ連邦が原子爆弾保有（1949年）→朝鮮休戦協定（1953年）→キューバ危機（1962年）→核拡散防止条約（1968年）

(10) ① 保守党内閣を組織した。

② 国際赤十字社を結成したのはデュナン（1828～1910年）である。

③ 「扶清滅洋」である。

④ シュレジエンを失った。

7

A．2つの天安門事件はともに民衆弾圧という共通点をもつが，第1次天安門事件は，1976年4月，周恩来追悼のために天安門広場に集まった民衆が公安当局と衝突し，四人組の意向によって武力で弾圧された事件である。第2次天安門事件は1989年6月，民主化を要求して天安門広場で座り込みを行っていた民衆が，中国共産党の実質的指導者である鄧小平らの意向により武力で弾圧された事件である。

B．アベラールとアンセルムスはともに中世を代表するスコラ哲学者であるが，アベラールは唯名論，アンセルムスは実在論の立場をとった。

C．軍管区制（テマ制），プロノイア制はビザンツ帝国（東ローマ帝国）で実施された制度で，土地を与えて軍事義務を課したものであるが，軍管区制は全領土をいくつかに分けた軍管区に中央から長官を派遣したのに対し，プロノイア制では地方領主にその土地の支配権を認めた。

D．第1次囲い込み（エンクロージャー）は，15～17世紀にかけて牧羊のために非合法的に行われた。第2次囲い込みは，18～19世紀初頭にかけて農業の大規模化のために合法的に行われた。

8

(1) ②　(2) ③　(3) ①

解説

(1) ② ニーチェ（1844～1900年）に関する記述である。

(2)　③　Cは農民を中心とする反乱である。

A．太平天国の乱は1851～64年。

B．紅巾の乱（白蓮教徒の乱）は1351～66年。

C．赤眉の乱は18～27年。

D．黄巣の乱は875～884年。

(3)　①　マデロとディアスの記述が逆である。

A．メキシコ革命は1910～17年。

B．第一次ロシア革命は1905年。

C．青年トルコ革命は1908年。

D．辛亥革命は1911～12年。

9

④

解説

④　インドシナ戦争のことを指す。なお，朝鮮戦争の休戦協定は1953年，北緯38度線上の板門店で結ばれた。

10

(1)　中国国民党

(2)　エ→イ→ア→ウ

(3)　問1　ヘミングウェー

問2　戦火の拡大をおそれて不干渉政策をとり，政府軍を援助しなかった。

(4)　問1　キューバ危機

問2　ソ連がキューバにミサイル基地を建設していることが発覚し，ケネディ大統領が海上封鎖を行い，核戦争寸前の危機となった。

(5)　問1　フーヴァー

問2　1929年に世界恐慌が始まると，各国は様々な対策を打ち出していくが，特に植民地を多く保有していたフランスとイギリスは本国と植民地などを特恵関税制度などで結びつけた地域（ブロック）にして排他的なブロック経済政策をとった。アメリカではニューディール政策などで国内の景気の建て直しを図り，日本は金輸出を再禁止し，赤字国債の発行など積極的な財政で乗り切ろうとした。グラフのａ国は世界恐慌とは全く関係なく成長を続けているが，この国はソヴィエト連邦である。ソ連は資本主義国との交流が少なく，世界恐慌の影響をほとんど受けず，1928年から第一次五カ年計画に着手して重工業に重点を置く工業化を推進していた。

解説

(1)　Aは孫文である。

(2)　ア．1939年８月　　イ．1938年

ウ．1939年９月　　エ．1936年

11

(1)　母の名：インディラ＝ガンディー

記号：ア

(2)　英貨排斥・スワラージ（自治獲得）・スワデーシ（国産品愛用）・民族教育

(3)　イスラーム教の影響を受けたヒンドゥー教改革派。一神教的で，偶像崇拝やカーストを否定する。

(4)　総力　　(5)　フォード

(6)　ケインズ

(7)　C．マーストリヒト

D．シューマン＝プラン

E．ミッテラン

(8)　イ

(9)　〈支配地の変更〉

イギリスがフランスよりニューファンドランド・アカディア・ハドソン湾地方を得た。

〈戦争名〉
アン女王戦争（ヨーロッパではスペイン継承戦争）

⑽　③

解説

⑴　ア．平和十原則の内容である。

⑹　ケインズ（1883～1946年）の主著は『雇用・利子および貨幣の一般理論』（1936年）である。

⑼　英・仏間でのスペイン継承戦争の講和条約は，1713年のユトレヒト条約である。ただし，オーストリアとフランス間の講和条約は，1714年のラシュタット条約である。

⑽　③　ロカルノ条約は1925年である。

12

⑴　問1　ア
問2　班田収授法を実施するため。
問3　②，③

⑵　問1　①，②　　問2　④

⑶　問1　4枚
問2　〔解答例〕令外官
問3　〔解答例〕律令制度の改革

⑷　問1
御恩：先祖伝来の所領の支配を保障する本領安堵，新たな所領を与える新恩給与
奉公：戦時における軍役のつとめ，平時において朝廷を守る京都大番役や幕府御所を警備する鎌倉番役
問2　地頭の荘園侵略による紛争を解決する方法として，土地自体を折半し地頭と領主が完全な支配権を認め合う取り決めが必要であったため。

⑸　説明：D　都市：博多　位置：シ
説明：E　都市：府内　位置：ス

⑹　問1　④
問2　宣教師を国外に追放したものの，南方貿易は奨励したため。
問3　本百姓の経営をできるだけ安定させ，貨幣経済に巻き込まれないようにして，年貢・諸役の負担を確実にすることを目的とした。

⑺　問1　米価の変動に対して，取り分の大半が自家消費の小作人は無関係であるから，配分は変動しない。これに対し地主は，地租を金納するため米価高騰の恩恵を受け，配分比が増加するとともに国家の配分比が減少した。
問2　3番目：ウ　　5番目：イ
問3　民主主義が主権在民を唱えるのに対し，民本主義は主権在君の大日本帝国憲法下での民衆の政治参加を主張した。政治の目的は民衆の福利にあり，政策決定は民衆の意向によるとして，政党内閣制と普通選挙の実現を説いた。

⑻　問1　②，③
問2　労働組合の結成奨励，教育制度の自由主義的改革
問3　冷戦の激化と朝鮮戦争の勃発という東アジアの国際情勢の中で，ソ連などの東側諸国との講和は不可能であり，また，独立後基地提供の見返りにアメリカの安全保障政策に依存することで，再軍備を避け経済復興に専念する方が得策であると考えたため。
問4　首相名：池田勇人
政策：ア，オ

解説

⑴　問1　ア．684年　　イ．670年
ウ．701年　　エ．694年

オ．667年　　カ．663年

キ．672年

問3　①　30%ではなく3%である。

④　兵役の義務は正丁の3～4人に1人の割合で課された。

(2)　問1　③　口分田と同様，墾田は原則として租を納める輸租田であった。

④　寄進地系荘園は11世紀になって拡大した。

問2　①　密教の流行は平安初期以降である。

②　末法思想は11世紀に入ってから流行した。

③　神仏習合の起源は奈良時代であるが，強まったのは平安以降である。

(3)　cを行ったのは桓武天皇であり，この天皇に関係の深いカードはオ，キ，ク，ケである。

(6)　問1　①　戦国大名や織田信長が行った指出検地の記述である。

②　貫高制ではなく石高制が確立した。

③　土地の面積の表示を町・段・畝・歩に統一した。

(7)　問2　ア．1889年　　イ．1882年

ウ．1880年　　エ．1890年

オ．1874年　　カ．1881年

キ．1877年

(8)　問1　①　認めたのは1町歩ではなく5町歩である。

④　解放されたのは全小作地の83%である。

問4　ア．1961年

イ．1960年　岸信介内閣

ウ．1967年　佐藤栄作内閣

エ．1971年　佐藤栄作内閣

オ．1964年

13

(1)　問1　運脚

問2　名称：調・庸

分量：布2丈6尺

(2)　A．六国　　B．編年

(3)　C．受領　　D．遙任

(4)　出挙とは農民に春稲を貸し付けて秋に回収する利息付き貸与であり，政府が行う公出挙は5割程度の利息，民間で行う私出挙は10割程度の利息をとった。本来公出挙は貧農の救済の意味があったが，奈良時代以降貸付が強制的になり租税化した。

(5)　おわりのくにぐんじひゃくしょうらげ

(6)　E．下地中分　　F．六波羅探題

(7)　京都大番役を勤めるため。

(8)　紀伊国

(9)　G．馬借　　H．土倉

(10)　四職

(11)　嘉吉の徳政一揆では将軍足利義教が謀殺され，後継ぎとして将軍となった義勝に徳政が要求されている。このように中世では，支配者の代替わりに債務を帳消しにし貧民を救済する行為が，新しい支配者の徳を示すとして徳政が行われるべきという思想があり，嘉吉の徳政一揆もこうした思想が背景にあった。

解説

(2)　六国史の3番目以降は『日本後紀』『続日本後紀』『日本文徳天皇実録』『日本三代実録』。編年体は年代を追って記述する歴史叙述法である。

(10)　一色・赤松・山名・京極の各氏が務めた。

14

⑴　蔭位（の制）　⑵　大学別曹

⑶　往来物の１つで，手紙の模範文や日常用語・社会用語を類纂した『庭訓往来』や，『御成敗式目（貞永式目）』などが用いられた。

⑷　全国から集まった禅僧や武士に対して儒教・兵法・医学などの高度な教育が施され，また書物の収集も行われたため。

⑸　米沢藩：興譲館　庄内藩：致道館

⑹　領主の文書による民衆支配方式や，生産や商品流通の発達から庶民も文字や計算の学習の必要性を自覚し始めたため。

解説

⑴　三位以上の者は孫まで祖父の位階に応じた一定の位階を受けた。

⑵　藤原氏の勧学院，和気氏の弘文院，橘氏の学館院，在原氏の奨学院などが有名である。

15

⑴　問１　後醍醐天皇

問２　1333年

問３　Ａ．天暦　　Ｂ．先例

問４　『神皇正統記』

問５　幕府の再建をもくろんでいた足利尊氏は，1335年，鎌倉で中先代の乱がおこるとその討伐に向かい，新政権に反旗を翻した。1336年，湊川の戦いで楠木正成を破り京都を制圧すると光明天皇を立て，幕府を開く目的のもとにその施政ともいうべき建武式目を制定した。

⑵　問１　歴史書：『日本書紀』

記述：法隆寺は670年に全焼したとの記述がある。

問２　発掘調査により若草伽藍跡が発見され，現存とは異なる四天王寺式の寺が建っていたことが確認されたため。

⑶　将軍直臣や大名家臣への給付形態で，土地を与えて領地として支配させる地方知行制と，一方で土地以外の物（主に米）が給付される俸禄制度があった。

⑷　1888年の市制・町村制では，人口２万５千人以上の町を市として郡と対等な行政区域とし，市長は市会の推薦する候補者から内務大臣が任命し，市参事会が行政を担当した。町村長は無給の名誉職で，町村会で公選された。市会・町村会の議員は直接国税２円以上の納税者から選挙で選ばれた。1890年の府県制・郡制では，府県の知事・郡長は政府により任命され，府県会の議員は市会・郡会議員などの投票によって選ばれた。郡会の議員は町村会議員の投票と大地主の互選によって選ばれた。

⑸　不在地主の全貸付地，在村地主の貸付地のうち１町歩（北海道では４町歩）を超える分については国家が強制的に買い上げて，小作人に優先的に安く売り渡した。

解説

⑴　問１　後醍醐天皇（在位1318～39年）。

問３　延喜・天暦の治とは平安中期，醍醐・村上天皇の治世をいう。

16

⑴　史料名：『読史余論』

著者名：新井白石

⑵　Ａ．清和　　Ｂ．後三条

⑶　南朝の正統性

⑷　従来皇族が任命されていたが，臣下である藤原良房が外祖父として摂政に

就任した点で異なる。

⑸ 延喜・天暦の治　⑹ ②

⑺ 比叡山延暦寺の僧兵

⑻ 足利義昭　⑼ 惣無事令

解説

⑴ 新井白石が６代将軍徳川家宣に行った日本史講義案を基本に著述。摂関政治から江戸幕府の成立までを14の段階に時代区分している。古代貴族王朝の没落と武家政権の発展を対比し，江戸幕府成立の必然性を説く。独自の時代区分や設問の作りやすさからか，総合問題の史料問題としてよく使用されている。

⑹ ② 事件の処理に当たったのは藤原良房である。

17

⑴ 偽籍　⑵ エ

⑶ ①　⑷ 勘合

⑸ ア　⑹ ③

⑺ 荻生徂徠　⑻ ウ

⑼ ②　⑽ 豊田佐吉

⑾ エ　⑿ ②

⒀ 大日本産業報国会

⒁ ア　⒂ ③

解説

⑶ ① 平安中期以降に関する記述である。

⑹ ① ａは義満であるが，武士として初めて太政大臣になったのは平清盛である。

② ｂは義教であるが，永享の乱では鎌倉公方足利持氏が幕府と対立して滅ぼされた。

③ ｃは義政である。

④ ｄは義澄であるが，記述は義持に関するものである。

⑼ ② 『聖教要録』は山鹿素行の著書で，素行はこの著書の中で朱子学を批判している。熊沢蕃山は『大学或問』の中で幕政を批判した。

⑽ 豊田佐吉（1867～1930年）。

⑿ ① 第一議会（1890.11～91.2）に関する記述である。

② 1910年の大逆事件である。

③ 1897年の記述である。

④ 1924年の記述である。

⒁ ア．1960年代後半　イ．1975年

ウ．1952年　エ．1949年

⒂ ① 太平洋戦争の戦局の悪化は，1942年６月のミッドウェー海戦での敗北以降である。

② 猪苗代水力発電所の完成は，1915年である。

④ 第四次中東戦争が起きたのは1973年10月で，この後，原油価格が高騰し，石油の割合は低下した。

18

Ａ．光武　Ｂ．安帝　Ｃ．帯方

Ｄ．讃　Ｅ．煬帝　Ｆ．菅原道真

Ｇ．大輪田泊　Ｈ．大都（北京）

Ｉ．朱元璋　Ｊ．唐人屋敷

⑴ このような集落は防御的集落とよばれ，濠や土塁をめぐらした環濠集落や，山頂や眺望のよい丘陵地に造られた高地性集落がある。

⑵ ５世紀の倭国は国内の統一を目指し，朝鮮半島南部をめぐる外交軍事上の立場を有利にするため，中国の権威を利用して朝貢した。７世紀初頭には国内の統一がほぼ完了し，中国の権威は必要でなくなり，むしろ国内を統治するための中国の先進的な制度・文物を受け入れることが重要であったので，対等な関係をもとうとした。

⑶ 吉備真備は遣唐使として唐に渡り，学問習得後帰国すると，対外関係に精通していたことから橘諸兄政権で重用され，以後政権担当者がかわってもそ

の学識が国家に必要とされたから。

⑷　鎌倉幕府は1325年に建長寺を修築する費用を得るため，元に建長寺船という貿易船を派遣した。同様に1342年，足利尊氏は天龍（竜）寺を造営する費用を得るために天龍（竜）寺船を元に派遣した。

⑸　鎌倉時代の守護は各国に１名ずつおかれ，大番催促，謀叛人・殺害人の逮捕という大犯三カ条が任務であり，治安を維持するために国内の御家人を指揮して警察権を行使した。また戦時には御家人を統率して戦闘に参加した。室町時代の守護には刈田狼藉を取り締まる権限と使節遵行の権限が加えられた。さらに室町幕府は軍事費用の調達を目的に，地域と期間を限定して半済令を出し，守護に荘園・公領からの年貢の半分を徴発する権限を認めた。このような権限をもとに守護は一国の行政権を掌握して守護大名とよばれ，その領国を支配した。

⑹　倭寇の取り締まりを契機に始まった日明貿易は，朝貢形式をとり勘合貿易ともよばれた。当初幕府直営であったが，応仁の乱（応仁・文明の乱）後幕府の衰退により，実権は有力守護大名の大内氏と細川氏に移った。両者は激しく争い，1523年には中国の寧波で衝突し以降は大内氏が貿易を独占した。しかし，1551年に大内氏が滅亡し，貿易も断絶した。

19

⑴　①　　⑵　③

解説

⑴　①　生田万（1801～37年）は平田篤胤の門弟で国学者あった。

⑵　③　吉田兼倶（1435～1511年）は室町時代の神道家である。

20

⑴　玄昉　　⑵　ウ
⑶　④　　⑷　高時
⑸　ウ　　⑹　④
⑺　戯作文学　　⑻　イ
⑼　②　　⑽　ドッジ＝ライン
⑾　ア　　⑿　②

解説

⑴　玄昉（？～746年）。法相宗の僧で，717年に吉備真備とともに入唐。帰国後は橘諸兄政権下で活躍したが，745年に筑紫観世音寺に左遷され，翌年死去。

⑶　①　承和の変（842年）
②　11世紀前半
③　820年に成立した弘仁格式のこと。
④　渤海滅亡は926年，新羅滅亡は935年のことである。

⑷　北条高時（1303～1333年）。北条氏最後の得宗。

⑸　霜月騒動（1285年）は北条貞時が執権の時期におきた。

⑹　①　番号は執権の就任順である。得宗とは義時から高時までの嫡流をいう。
②　摂家将軍を廃し，皇族将軍を迎えたのは時頼である。
③　評定衆は廃止されていない。

⑻　ア．近松門左衛門は浄瑠璃作家である。浮世草子作家には井原西鶴などがいる。
ウ．曲亭馬琴は，『南総里見八犬伝』を著した。『東海道五十三次』の作者は歌川広重である。
エ．『春色梅児誉美』を著したのは，為永春水である。

⑼　②　浮世草子は元禄期に流行し，その代表的な作家が井原西鶴（1642～93年）である。浮世絵版画である錦絵

は鈴木春信（1725？～70年）によって18世紀後半に創始された。

⑾ ア．1955年　イ．1950年

ウ．1949年　オ．1949年

⑿ ②　戦後初のマイナス成長となったのは1974年で，直接の原因は第一次石油危機であった。

21

⑴ 花押

⑵ 地頭の勢力は幕府権力の伸長とともに強力となり，彼らは支配権の拡大に努めたため，荘園・公領の領主としばしば紛争をおこすようになった。領主らは幕府に訴訟をおこしたが，たとえ勝訴しても地頭の行動を阻止することはできなかった。そこで領主らがやむなく地頭との妥協を図ったのが，地頭に荘園の管理を任せて一定額の年貢納入だけを請負わせる地頭請や，史料Ａのように土地そのものを分けて支配権を与える下地中分であった。

⑶ 朝倉氏　⑷ 富樫泰高

⑸ 延暦寺と衝突して京を追われた本願寺蓮如が，越前吉崎に逗留し，この地を拠点に農民にわかりやすい平易な文章である御文を使って布教活動を行い，講を組織して惣（惣村）を直接取り込んだため。

⑹ 豊臣秀吉は検地を行うことで，課税対象と税収とを確定させるとともに，農民の身分を固定させた。刀狩も一揆の防止とともに兵農分離を図る目的があり，人掃令はさらに各身分を固定するものであった。

⑺ 東洲斎写楽

⑻ 菱川師宣の『見返り美人図』のように当初肉筆で描かれた浮世絵は，18世紀半ばには，鈴木春信が錦絵とよばれる多色刷り版画を創始したため，大量生産が可能になり大流行した。寛政期には美人画に優れた喜多川歌麿や大首絵の手法で個性的な役者絵・相撲絵を残した東洲斎写楽などが現れ，天保期には風景画（風景版画）に優れた歌川（安藤）広重や葛飾北斎などが現れた。これらの浮世絵はゴッホなどヨーロッパの印象派の画家たちに大きな影響を与えた。

解説

⑶ 朝倉氏は越前の戦国大名で，1471年に朝倉孝景が主君斯波氏より国を奪い，以後５代にわたって越前を支配した。1573年に義景が織田信長と戦って滅亡した。

⑷ 富樫泰高（生没年不詳）。1464年に政親に守護職を譲って隠居していたが，一向一揆に推されて再び守護となったが，実際には形式的なものであった。

⑺ 東洲斎写楽（生没年不詳）。1794～95年まで活動し，作品総計140点が知られる。

22

⑴ Ａ．サンソン　Ｂ．モルワイデ

Ｃ．ボンヌ

Ｄ．ユニバーサル横メルカトル（国際横メルカトル・UTM）

⑵ ①　イ　②　ク

③　ウ　④　エ

⑶ 問１　図の中心と任意の１点とを結ぶ直線の距離と方位が正しく，最短経路である大圏航路（大圏コース）を示すため。

問２　イ　問３　東

問４　ウ

⑷ 緯線は直線で，経線は中央経線を除いて正弦，もしくは楕円曲線である。極の長さが赤道の長さの２分の１で表され，面積が正しく，分布図などに利用される。

(5)　消防署：Ｙ　　　城跡：凸

解説

(3)

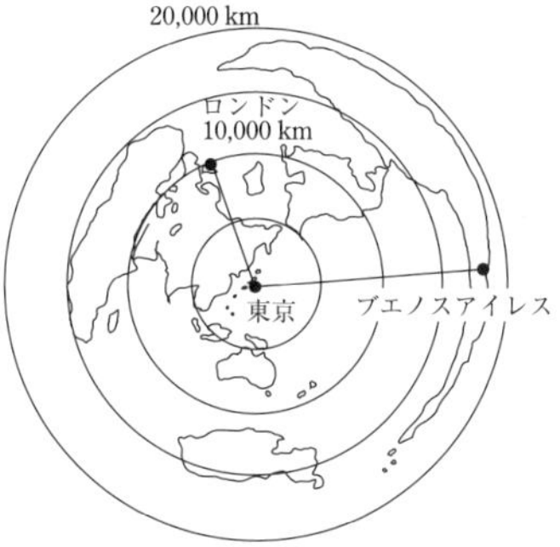

問２　正距方位図法の円の一番外側の緯線は中心から20,000km。緯線は同心円で表されるため，ちょうど半分の位置にある緯線は，中心から10,000kmとなる。

問３　ブエノスアイレス（南緯34度40分，西経58度30分）は，アルゼンチンの首都で，日本の対蹠点に近い。

問４　ア．正軸投影は地表と投影面が両極どちらかで接している。

イ．横軸投影は地表と投影面が赤道で接している。

ウ．斜軸投影は地表と投影面が両極・赤道以外で接している。

23

(1)・(2)

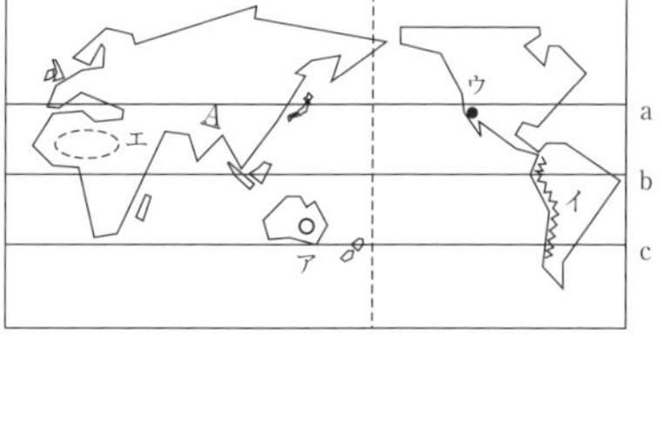

24

(1)　4 km（4,000m）　(2)　扇端（部）

(3)　問１　水無川，天井川

問２　立体交差

(4)　$\frac{8}{25}$（0.32）

(5)

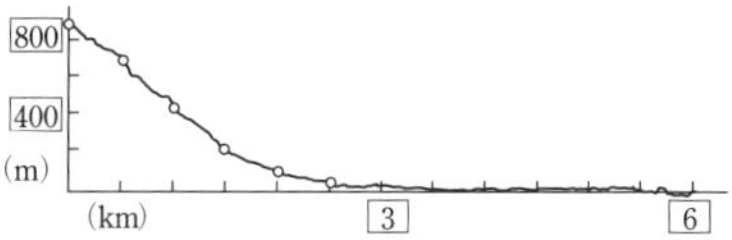

(6)　A．池　　　　B．揖斐川

C．後背湿地（バックマーシュ）

D．右　　　　E．畑

F．自然堤防　　G．輪中

解説

(1)　8 (cm) × 50,000 = 4 (km)

(2)　この地形図では，養老山地から流れる川が造る扇状地が連続している地形が読み取れる。

(3)　問１　涸れ川を示す地図記号となっている。養老鉄道養老線が川の下を通っていることから天井川と判断できる。

(4)　まず２点間（A－B間）の水平距離を求める。

2.5(cm) × 50,000 = 1,250(m)　…①

続いて２点間の比高（高さ）を求める。

600(m) − 200(m) = 400(m)　…②

①，②より

$$\frac{\text{比高（高さ）}}{\text{水平距離}} = \frac{400}{1{,}250} = \frac{8}{25}$$

※　問題によっては三角関数表を使って傾斜角まで求めることがある。

$$\tan\theta = \frac{400}{1{,}250} = \frac{8}{25} = 0.32$$

三角関数表により，$\theta = 18°$

(5)　２つの三角点の距離は12cm × 50,000 = 6 kmである。問題の地形図の縮尺は正しくないが，2点を結ぶ直線を引き，6等分すると断面図を描く際の目安となる。中間の3km地点の北小倉の近く（左斜上）に48mを示す三角点があり，859.3の三角点から1km辺りの計曲線が400mを示し，1.5km（谷の終わる辺り）付近では計曲線は200mを示している。これらの数字を参考にして断面図を描くことができる。

(6)　D．河川の流れる(下流)方向に向かって右が右岸，左が左岸である。

25

⑴　問1

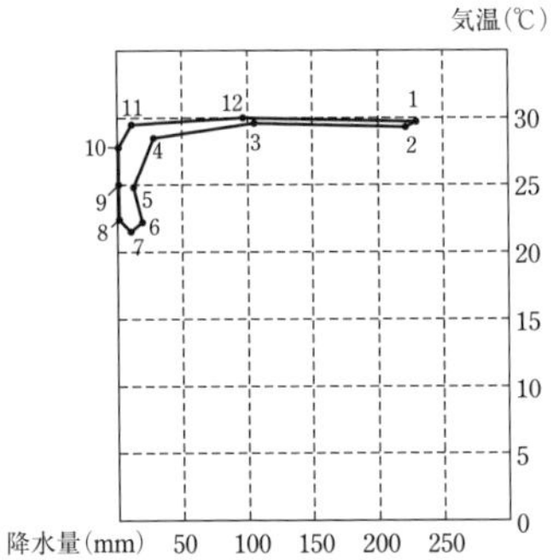

問2　BS

問3　降水量をみると冬に乾季があるので，乾燥限界値r＝（年平均気温＋14)×20＝（26.6＋14)×20＝812となり，年間降水量より多いのでB（乾燥気候）とわかる。さらに，年間降水量が$\frac{1}{2}$r以上なのでBS（ステップ気候）と判断できる。

問4〔解答例〕

オーストラリアのグレートアーテジアン（大鑽井）盆地やマーレーダーリング盆地など，掘り抜き井戸の水を家畜の飲料水に利用する牧羊が盛んである。

⑵　問1　A．侵食　B．堆積　C．海岸　D．沖積　E．洪積

問2　ケスタ

問3　堤防で流路が固定されると土砂の堆積作用により河床が高くなり，洪水の危険性が増す。このため堤防をさらに高くするが，流路が固定されているため，河床も同様に高くなる。このくり返しによって，河床が周囲の平野面より高い天井川が形成される。

問4　名称：鳥趾状三角州

条件：・河川の水量や上流からの土砂の運搬量が多く，沿岸流が弱いこと。

・海底の勾配が緩やかであること。

解説

(1)　この表は，オーストラリアのブルームの月平均気温・降水量である。

(2)　問3　扇状地の扇央では，川は伏流することもある。扇端部は湧水に恵まれ，集落や水田が多くみられる。

問4　三角州はデルタともいう。鳥趾状三角州はミシシッピ川の河口が特に有名である。他に円弧状三角州，カスプ状（尖状）三角州がある。

26

⑴　問1　A．中国　B．タイ

問2　季節風の影響で，夏季に高温多雨となるから。

⑵　問1　エ　問2　エ

問3　A．イ　B．ウ

C．オ　D．ク

問4　機械化が進んだ大規模粗放的農業であり，土地生産性は高くないが，労働生産性は極めて高い。

(3)　問1　オリーブ　　問2　ア

(4)　問1　レグール（レグール土）

問2　エ

解説

Ⅰ．米　Ⅱ．小麦　Ⅳ．綿花

(1)　問1　Aの中国は小麦の生産も世界第1位である（2020年）。Bのタイは米の輸出量が世界トップクラスである。

問2　米の栽培条件は生育期に平均気温17～18度，分けつ期には日中気温25度以上。年間降水量1,000mm以上，積算温度2,400度以上である。

(2)　問1　ア．ベネズエラ・コロンビアのオリノコ平原に広がるリャノは熱帯草原（サバナ）で，主に牛の放牧が行われている。

イ．ブラジル高原に広がるカンポは熱帯草原（サバナ）で，コーヒー，綿花，とうもろこしの栽培が盛んである。

ウ．アマゾン川流域に広がるセルバは熱帯雨林で，開発のため伐採が行われている。

エ．ハンガリーの東部に広がるプスタは温帯草原で，小麦やとうもろこしの栽培が盛んである。

問2　アルゼンチンは南半球の国であるため，北半球の国とは季節が逆になるので，小麦の収穫期が半年程ずれる。

(3)　問2　地中海性気候（Cs）は夏乾燥し，冬に降水量が多い。イは亜寒帯（冷帯）冬季少雨気候（Dw），ウは熱帯雨林気候（Af），エはステップ気候（BS）。

(4)　問2　ア．とうもろこし地帯

イ．冬小麦地帯

ウ．各種農業地帯

27

(1)　問1　(アルフレッド＝)ウェーバー

問2　A．ア　　B．ア

(2)　①，③

(3)　タイ：エ　　モロッコ：ア

(4)　a．エ　b．オ　c．ア

d．エ　e．イ　f．ウ

g．ウ　h．イ　i．ア

j．ウ

(5)　A．ウ　　B．キ

C．イ　　D．オ

解説

(2)　①　オーストラリア北西部のピルバラ地区では鉄鉱石が多く産出される。マウントニューマンにあるマウントホエールバックは同国有数の鉄鉱山である。ボーキサイトはオーストラリア北部のウェイパ，ゴヴで多く産出される。

③　バンガロールはインドのシリコンバレーとよばれ，ハイテク産業が盛んである。またデカン高原で栽培されているのは綿花である。ジュートはガンジス川下流域で生産される。

(3)　イ．スペイン　　ウ．韓国

タイは女性の社会進出がアジアの中でも高い国である。モロッコはイスラーム教の影響もあり，女性の社会進出は低い。国民1人当たりのGNIの高いイとウがスペインか韓国のどちらかになる。

(4)　a．チリ

b．ウクライナ

c，d，f．アメリカ合衆国

e．オーストラリア
g．ブラジル
h．インドネシア
i．ポーランド
j．スウェーデン

(5) 原子力発電の割合の高いBがフランスである。火力発電の割合が高く，原子力発電の割合が低いAとCは中国と日本(東日本大震災の影響で，2011年から原子力発電の割合が著しく下がっている)で迷うところだが，発電量世界一の中国がCとなる。カナダとブラジルはどちらも豊富な水資源を背景に水力発電の割合が高いが，ブラジルの原子力発電が約3％であるのに対して，先進国のカナダは約16％である。よってDがカナダとなる。アメリカ合衆国とドイツは同じ傾向だが，アメリカ合衆国は発電量合計が中国に次いで多い(統計はすべて2019年)。

〈参考〉

	水力	火力	原子力	発電量
アメリカ合衆国	7.1	64.2	19.2	43,918
ブラジル	63.5	23.8	2.6	6,263
ドイツ	4.2	54.9	12.3	6,091

28

(1) A．80　B．産業革命
C．死亡　D．人口爆発
E．(発展) 途上　F．自然
(2) G．イ　H．ア　I．ウ
(3) インド：エ
スウェーデン：ア
エチオピア：ウ
ブラジル：イ
(4) 韓国：エ　イタリア：ウ

解説

(3) ア．スウェーデンはつぼ（紡錘）型の人口ピラミッドである。人口が停滞，または減少する。
イ．ブラジルの人口ピラミッドは，ピラミッド型から釣鐘（ベル）型へ移行している。人口は漸増，または停滞する。
ウ．エチオピアは富士山型の人口ピラミッドである。多産多死の社会なので，ピラミッドの底辺が広くなる。
エ．インドはピラミッド型だが，人口抑制政策をとっていることもあり，底辺が狭くなっている。
また，1人当たりのGNIからも容易に判断できる。

(4) ア．ドイツ　イ．メキシコ

29

(1) A．チンリン（秦嶺）
B．ホワイ
C．一帯一路（構想）
(2) C　(3) 長江（チャンチヤン）
(4) 経済発展が進行する沿岸部（都市部）と内陸部（農村部）とでは所得格差が大きく，多くの労働者が職を求めて沿岸部へ移動している。そのため，地域間の不平等の拡大，内陸部の資金・人材不足による経済的効率性低下などの問題が生じている。

解説

(2) Cのシンチヤンウイグル自治区は，原油や天然ガスの埋蔵量が豊富である。
A．内モンゴル自治区
B．ニンシヤ回族自治区
D．チベット自治区
E．コワンシー壮族自治区

30

(1) 大部分が熱帯に属し，1年を通して降水量の多い地域，モンスーンの影響で冬に弱い乾季がある地域，雨季と乾季がはっきり分かれる地域がある。

⑵　A．タイ　C．マレーシア
　E．シンガポール
⑶　A．イスラーム教
　B．ヒンドゥー教
⑷　マレーシアでは，中国系住民が経済的に優位に立ってきたため，政府がマレー系住民に対して，公務員採用や教育の機会など，様々な面で優遇策をとり，マレー人の政治的・経済的・社会的地位の向上を目指した政策のこと。
⑸　社会主義指向型発展のもと，市場経済の導入と外資の誘致によって経済の立て直しを図った政策で，特に食料品や消費物資の生産が向上し，流通も大幅に改善された。
⑹　問1　A．カリマンタン（ボルネオ）島
　D．スラウェシ島
問2　B．⑤　E．③
　F．②

解説

⑵　B．インドネシア　D．フィリピン
A．タイは上位に自動車があることから判断できる。タイは工業化が進み，自動車の生産・輸出が盛んである。
B，C．インドネシアとマレーシアは上位にパーム油があることから判断できる。インドネシアとマレーシアはパーム油の2大生産国であり，また，地下資源が豊富なことでも知られる。なお，人口の多い方がインドネシアである。インドネシアの人口は世界第4位である（2021年）。
D．フィリピンは上位に野菜と果実があること，人口が1億人を超えていることから判断できる。
E．シンガポールは工業製品が輸出の上位を占めていること，人口が少ないことから判断できる。
⑹　問1　B．ミンダナオ島
　C．スマトラ島
　E．ジャワ島
　F．ルソン島
問2　A．①　C．④
　D．⑥

31

⑴　A．豚　B．室戸
⑵　大豆　⑶　イ
⑷　国内の石炭より，安価で効率のよい海外の石油へエネルギーの需要が移っていったため。
⑸　〈特徴〉
　米と小麦の生産量はほとんど変わらないが，生産量に占める輸出量の割合が，小麦と比べ米は小さい。
〈理由〉
　小麦は世界各地で生産され商品的性格が大きいが，米の主な生産地はモンスーンアジアで，自給的農業を行う地域が多いため。
⑹　川は平野部に入ると，高低差がほとんどないため蛇行して流れる。水量が増えて氾濫した際など，蛇行した河道の一部が本流と切り離されて新流路が形成され，残された旧流路が河跡湖となる。
⑺　輪島塗，加賀友禅，九谷焼，金沢金箔　などから1つ
⑻　〈質問事項〉
　なすの出荷時期や出荷先
〈ねらい〉
　大都市の近郊農業と比べると輸送費や鮮度面で不利だが，施設園芸によって出荷時期を調整し収益を上げていることを考察させる。
⑼　工場閉鎖や生産縮小に伴う雇用の減少により，国内での製品開発能力が低下する。

(10) （これまで倉庫や港湾施設などで占められていた水際地域の価値を見直し，）オフィスビルやショッピングセンター，スポーツ・レジャー施設などの建設を行い，都市の再開発を目指している。

解説

① 北海道　② 新潟県
③ 鹿児島県　④ 高知県
⑤ 東京都

(3) 我が国の紙・パルプ・紙加工品の生産量第１位は静岡県で（2020年），なかでもイの富士市は製紙業が盛んなことで知られる。北海道も紙・パルプの生産量が多いが，製紙業が盛んな都市は苫小牧や釧路で，アの室蘭市の主要産業は鉄鋼や造船，石油化学である。
ウ．鳥取市　エ．宮崎市

32

(1) 鉄鉱石
(2) 鉱山名：カラジャス
都市名：サンルイス
(3) セルバ
(4) エスチュアリー（三角江）
(5) 砂漠名：アタカマ砂漠
海流名：ペルー（フンボルト）海流
同じ成因：ア
(6) Ｃ国：オ　Ｅ国：イ
(7) ウ　(8) 英語
(9) エルニーニョ現象

解説

(1) ブラジルの鉄鉱石生産量は世界第２位である（2019年）。
(2) Ｐはカラジャス鉄道である。
(4) Ｒはラプラタ川河口部である。
(5) Ｓのアタカマ砂漠やアのナミブ砂漠は海岸砂漠，イのサハラ砂漠やエのルブアルハリ砂漠は亜熱帯砂漠（回帰線砂漠），ウのゴビ砂漠は内陸砂漠である。
(6) ア．Ａのコロンビアはコーヒー豆の生産量（2020年）世界第３位，輸出量（2020年）世界第３位である。また，地下資源も豊富である。
イ．Ｅのウルグアイは国土の大部分がパンパで，産業の中心は農牧業である。
ウ．Ｂのエクアドルは石油と農業と漁業が主産業で，バナナの輸出量は世界第１位である（2020年）。
エ．Ｄのパラグアイは農牧業が中心で，大豆の輸出量は世界第３位である（2020年）。
オ．Ｃのボリビアの主要産業は鉱業と農業である。
(7) ア．ブラジル　イ．ベネズエラ
ウ．アルゼンチン（Ｆ国）
エ．ペルー
(8) Ｇのガイアナは南米で唯一，英語が公用語となっている。

33

(1) Ａ．カリフォルニア州の地中海式農業地域である。この地域は温暖な地中海性気候（Cs）で，夏は乾燥するため水不足に悩まされてきたが，灌漑事業の進展によって生産性の高い農業地域が形成された。肥沃なセントラルヴァレーを中心に，機械化による集約的な農業が行われ，オレンジやぶどうなどの果実，野菜や米など商品作物が栽培されている。農作物はトラック，航空機，鉄道などで東部大都市や外国に供給されている。機械化できない農業労働はヒスパニックの季節労働者に依存している。
Ｂ．ロッキー山脈東麓にあるグレートプレーンズからプレーリーにかけての肥沃な黒土地帯である。年間降水量500～600mm 程度の比較的雨の少ない地域で，乾燥に強い冬小麦を大規模に栽培する世界有数の穀倉地帯である。カンザス・オクラホマ州が中心で，大型機械を用いる大農法が行われている。北米東岸の大都市への出荷だけでなく，輸出も多い。

C．オハイオ州の西側からアイオワ州を中心とした比較的温暖湿潤な地域はコーンベルトとよばれ，とうもろこしや大豆を中心とした飼料作物の輪作や，牛や豚の家畜飼育を行う混合農業が伝統的に行われてきた。土壌は主にプレーリー土か褐色森林土である。最近は，畑作と家畜飼育が分離される傾向にある。タウンシップ制を基盤に典型的な自作農が多いが，近年は企業化されてきている。

(2)　アメリカ合衆国の農業は大きな資本と最新の技術を投入し，合理化を進めた大規模な生産が特徴である。広大な農地で大型の機械を使う企業的農業が盛んで，地域に適した農産物を専門的に作る適地適作が行われている。また，生産性の高い農業地域を背景に，農作物を扱うアグリビジネスが巨大化し，世界の農産物の取引に強い影響力をもっている。

(3)　アメリカ合衆国の農業は品種改良やバイオテクノロジーの発達，生産から加工販売まで行うアグリビジネスの成長によって効率的な生産が可能となった。しかし，生産過剰による余剰農産物の蓄積や価格の低迷を受け，倒産や離農する小規模農家も増えた。また，大規模農場では農業の機械化や経営の合理化が著しく，大型機械の導入，大量の化学肥料や農薬の使用，無理な灌漑，等高線耕作の無視などによって，土壌侵食が進み，地下水が枯渇するなど，環境問題が深刻となっている。

(4)　大規模な灌漑施設をもつテキサス州，さらにカリフォルニア州の乾燥地域に移動した。かつての綿花地帯（コットンベルト）であるミシシッピ州やジョージア州などでは，現在は大豆・落花生・たばこ・果実などの作付けや酪農経営の普及が増え，多角化が進んでいる。

(5)　フィードロットとよばれるフェンスで囲まれた肥育場で，肉牛などの家畜を濃厚飼料によって短期間で肥育し，市場に出す。

(6)　開拓地に政府が無償で農地を与えるホームステッド法の成立や大陸横断鉄道の開通，国内東部市場やヨーロッパ市場との結び付きなどにより，商業的農業が発達した。

34

(1)　A．安定陸塊　　B．環太平洋
C．アボリジニ（アボリジニー）
D．グレートアーテジアン（大鑽井）
E．中国　　　　F．マオリ

(2)　エ

(3)　グレートディヴァイディング（大分水嶺）山脈

(4)　ウ　　(5)　イ　　(6)　ア

(7)　被圧地下水

(8)　労働力不足の解消やアジア・太平洋諸国との結びつきの強化のため，白豪主義を廃止し，有色人種の移民も受け入れ，産業・経済の発展を図った。

(9)　ロシア，カナダ

(10)　イ

解説

(2) ゴンドワナランド（ゴンドワナ大陸）は古生代後期から中生代にかけて南半球に広がっていたとされる。現在の南アメリカ・オーストラリア・アフリカ・南極大陸，インド半島，アラビア半島，マダガスカル島を含む。

(6) 図3　ア．石炭　　イ．金
　　　　ウ．鉄鉱石
　　　　エ．ボーキサイト

(8) 多文化主義とよばれる。

(10) オーストラリアは鉄鉱石が豊富で，その生産量（2019年）・輸出量（2021年）はともに世界一である。石炭の生産量は世界第4位，輸出量は第2位である（2020年）。また，4か国とも地下資源が豊富だが，オーストラリアの原油生産量はそれほど多くない。ア・ウ・エは原油が輸出額の上位に入ることからも，イがオーストラリアだと判断できる。

ア．大豆や砂糖が主要輸出品であることから，ブラジルと判断できる。ブラジルの大豆生産量・輸出量，サトウキビの生産量，砂糖の輸出量は世界一である（2020年）。また，ブラジルの鉄鉱石生産量・輸出量は，オーストラリアに次ぎ世界第2位である。

ウ．原油の輸出額が特に多いことから，ロシアと判断できる。ロシアはエネルギー資源に恵まれ，原油の輸出量は世界第2位，石炭の輸出量は第3位である（2020年）。

エ．他の3か国と輸出品目は似ているが，航空機が上位に入っていることから，カナダと判断できる。カナダは航空宇宙産業が盛んで，航空機の開発や製造も行われている。

2 公民分野

1 ★☆☆

次の文は，高等学校学習指導要領（平成30年告示）「公民」の「公共」の「目標」及び「内容」の一部である。次の①～⑧にあてはまる語句を書きなさい。

1　目標

人間と社会の（　①　）についての見方・考え方を働かせ，現代の諸課題を追究したり解決したりする活動を通して，広い視野に立ち，グローバル化する国際社会に主体的に生きる平和で民主的な国家及び社会の有為な形成者に必要な公民としての資質・能力を次のとおり育成することを目指す。

(1)　現代の諸課題を捉え考察し，選択・判断するための手掛かりとなる概念や理論について理解するとともに，諸資料から，（　②　）などとして活動するために必要となる情報を適切かつ（　③　）に調べまとめる技能を身に付けるようにする。

(2)　現実社会の諸課題の解決に向けて，選択・判断の手掛かりとなる考え方や（　④　）における基本的原理を活用して，事実を基に多面的・多角的に考察し公正に判断する力や，（　⑤　）や社会参画を視野に入れながら構想したことを（　⑥　）する力を養う。

(3)　よりよい社会の実現を視野に，現代の諸課題を主体的に解決しようとする態度を養うとともに，多面的・多角的な考察や深い理解を通して涵《かん》養される，現代社会に生きる人間としての（　①　）生き方についての自覚や，（　④　）に生き国民主権を担う公民として，自国を愛し，その平和と繁栄を図ることや，各国が相互に主権を尊重し，各国民が協力し合うことの大切さについての自覚などを深める。

2　内容

A　公共の扉

(1)（　④　）を作る私たち

（略）

イ　次のような思考力，判断力，（　⑦　）等を身に付けること。

(ア)　社会に参画する自立した主体とは，孤立して生きるのではなく，地域社会などの様々な集団の一員として生き，他者との協働により当事者として国家・社会などの（　④　）を作る存在であることについて多面的・多角的に考察し，表現すること。

（略）

C　（　⑧　）な社会づくりの主体となる私たち

（　⑧　）な地域，国家・社会及び国際社会づくりに向けた役割を担う，公共の精神をもった自立した主体となることに向けて，幸福，正義，公正などに着目して，現代の諸課題を探究する活動を通して，次の事項を身に付けることができるよう指導する。

ア　地域の創造，よりよい国家・社会の構築及び平和で安定した国際社会の形成へ主体的に参画し，共に生きる社会を築くという観点から課題を見いだし，その課題の解決に向けて事実を基に協働して考察，構想し，妥当性や効果，実現可能性などを指標にして，論拠を基に自分の考えを説明，論述すること。

〈青森県〉

2 ★★★

次の文章は日本国憲法で定められた我が国の国会について述べたものである。これを読んで，各問いに答えよ。

日本国憲法は，前文の冒頭において，「日本国民は，正当に選挙された国会における代表者を通じて行動し」と規定するとともに，第41条では，「国会は，国権の最高機関であつて，$_{\text{a}}$国の唯一の立法機関である。」として，主権者から直接選ばれる国会議員で構成される国会を国政の中心に位置付けている。

我が国の国会は，衆議院と参議院によって構成される$_{\text{b}}$二院制を採用し，両議院は全国民を代表する選挙された$_{\text{c}}$議員で組織される。法律案や予算案などの審議は本会議と委員会で行われるが，実質的な審議は委員会を中心に進められた後，本会議に上程されて最終的な議決がなされる。本会議は「各々その総議員の３分の１以上の出席」を定足数とし，議決は「両議院の議事は，この憲法に特別の定めのある場合を除いては，出席議員の過半数でこれを決し」とされている。

国会は憲法上，「国権の最高機関」とされているが，現実には$_{\text{d}}$立法の領域においても行政権の優位といわれる現象がみられるなど，$_{\text{e}}$国会のチェック機能が十分に発揮されない傾向にあるという指摘もある。

⑴　下線部ａは，国会についての２つの原則を示している。この２つの原則とは何か。それぞれ説明せよ。
⑵　下線部ｂを採用する理由を２つ説明せよ。
⑶　下線部ｃに与えられた憲法上の特権をすべて挙げよ。
⑷　下線部ｄとはどのようなことか，簡潔に説明せよ。
⑸　下線部ｅについて，
問１　国政調査権に関する記述として誤っているものを選べ。
①　両議院は国政調査権の行使として，証人の出頭及び証言並びに記録の提出を求めることができる。
②　浦和事件において，最高裁判所は独立権能説の立場から，参議院法務委員会の国政調査を批判した。
③　日本国憲法は，両議院に国政調査権があることを条文で規定している。
④　各議院から証人として出頭を求められた者が，正当な理由がなくて出頭しなかった場合は処罰される。
問２　国会における審議を活性化するとともに，政治主導の政策決定システムを確立するため，国会審議活性化法によって原則廃止された制度を答えよ。
〈新潟県改題〉

3　★★☆

日本の司法に関する次の各問いに答えよ。
⑴　刑事事件の場合の逮捕や捜索には原則として令状が必要であるが，令状は誰により発せられるものか答えよ。
⑵　捜査過程において，自己に不利益な供述や自白を強要されない権利を何というか答えよ。
⑶　警察や検察の厳しい取り調べが「うその自白を生む」ことを防ぐために，どのような方法が考えられるか，例を挙げなさい。
⑷　被疑者と被告人の違いを簡単に説明せよ。
⑸　犯罪の容疑により身体の拘束を受けた後，裁判で無罪となった場合は，国に対して補償を求めることができるが，この権利を何というか答えよ。
⑹　刑事司法の原則として，裁判が確定した後に同一事件について再び裁判にかけられることはない原則を何というか答えよ。
⑺　2005年に東京高等裁判所内に設置された，著作権や特許権などに関する高度な専門知識を要する事件を専門に扱う裁判所の名称を答えよ。
⑻　総合法律支援法に基づき，国民が気軽に法律相談ができる窓口として2006年，全国に法務省管轄の相談機関が設立された。この機関を何というか答え

よ。

⑼　重大な刑事事件につき，18歳以上の有権者の中から抽選によって選ばれた裁判員が，裁判官とともに事実認定や量刑判断を行う制度を何というか答えよ。

⑽　特定の刑事訴訟について，犯罪被害者やその家族が裁判に参加できる制度を何というか答えよ。〈長野県改題〉

4 ★★★

次の文章を読んで，各問いに答えよ。

2000年４月に$_{a}$地方分権一括法が施行されたが，その一方で$_{b}$市町村合併の動きが加速化した。その背景には深刻な地方財政の危機がある。

日本国憲法は$_{c}$第８章に「地方自治」を規定したが，自治権を裏付けるだけの$_{d}$自主財源は確保されてこなかった。それを補ってきたのが依存財源である。その１つは，自治体間の財政力格差を調整する機能をもっている（　A　）であり，国の財政赤字が拡大する中で，その見直しが打ち出されている。一方で，使途を特定する形で交付される各種の補助金があり，その総称が（　B　）である。

バブル崩壊以降，くり返し実施されてきた「景気対策」の一環としての公共事業が拡大したが，それは必然的に地方財政支出を膨張させることとなった。こうした失敗の教訓もあって，地域に根ざした地方独自の取り組みが模索され，地方からの「構造改革」も唱えられている。$_{e}$各地で活発化している「住民投票」の活用もその１つであり，$_{f}$独自の地方税を創設する動きもみられる。

⑴　文章中の空欄に当てはまる語句を答えよ。

⑵　下線部ａについて，

問１　地方自治体の事務は２つに大別されることになったが，それらの事務の呼称をそれぞれ答えよ。

問２　国と地方自治体は対等・協力関係におかれることになったが，両者の間に問題が生じた場合に申し立てをする機関として設置された常設の第三者機関を何というか答えよ。

⑶　下線部ｂについて，2023年６月時点における全国の市町村数として正しいものを選べ。

①　約5,000　②　約3,000　③　約1,700　④　約900

⑷　下線部ｃについて，第８章の最後におかれている条文の内容を答えよ。

⑸　下線部ｄについて，

問１　地方財政の歳入全体に占める自主財源の割合は，2019年度においては約何割であったか。整数で答えよ。

問２　自主財源となる税項目を３つ挙げよ。

⑹　下線部ｅについて，実施までの手続き（地方自治法第74条）を説明せよ。

⑺　下線部ｆについて，法定外目的税に対する同意権をもつ国務大臣を答えよ。

〈福島県改題〉

5 ★★★

次の文章を読んで，各問いに答えよ。

政府が経済活動にどのように関わってきたかという変化を見てみると，まず近代国家における a アダム＝スミスの経済理論がある。その考え方では，政府の役割は国防と治安維持に限定されていた。次いで19世紀半ばから20世紀前半になると，技術革新が進み，様々な問題が生じた。この問題を解決する方策として，マルクスやケインズの考え方が現れたのである。第二次世界大戦後，資本主義国では，b ケインズ政策が一般的となり，欧米を中心とする資本主義国では，1970年頃まで安定的に経済発展を遂げた。しかし，オイルショック以降の年代にアメリカやイギリスは，ケインズ批判を行うフリードマンなどの理論を採用し，c 新しい政策を展開した。その目的は，さらに d 市場機構が効率的に働くようにするためであった。

また，最近の国家間における経済関係をみると，世界では経済発展が思うように進まない国々があり，そのような国々に対して，DAC加盟国は e ODAとして経済援助を行っている。しかし，1970年の国連総会において採択された目標を達成している国は少ないのが現状である。

⑴　下線部ａの考え方として正しいものを選べ。

①　富とはあらゆる労働の生産物である。

②　資本家による労働者の搾取が行われ労働者の窮乏化が進む。

③　富とは貨幣・金銀であると考え，富は外国貿易によって増加する。

④　個人的利益の追求は社会全体の利益を減少させるので，法によって制限する必要がある。

⑵　下線部ｂとはどのような政策か，簡潔に説明せよ。

⑶　下線部ｃとはどのような政策か，簡潔に説明せよ。

⑷　文章中のアダム＝スミス，ケインズ，フリードマンの３人の経済学者の理論では，望ましい政府として経済活動に介入すべき度合いがそれぞれ異なっている。その度合いを小さい順に並べた場合，最も適当な関係を表すものを，次から選べ。ただし，Ａはアダム＝スミス，Ｂはケインズ，Ｃはフリー

ドマンとする。

ア．A＜B＜C　　イ．A＜C＜B　　ウ．B＜A＜C

エ．B＜C＜A　　オ．C＜A＜B　　カ．C＜B＜A

(5) 下線部ｄについて，

問１　次のグラフは，市場で大量に生産されている商品の需要・供給曲線である。このグラフに関する記述として正しいものを選べ。ただし，２直線の式はそれぞれ，$P=150-Q$ と $P=50+Q$ であり，Ｐは価格をＱは数量を表している。

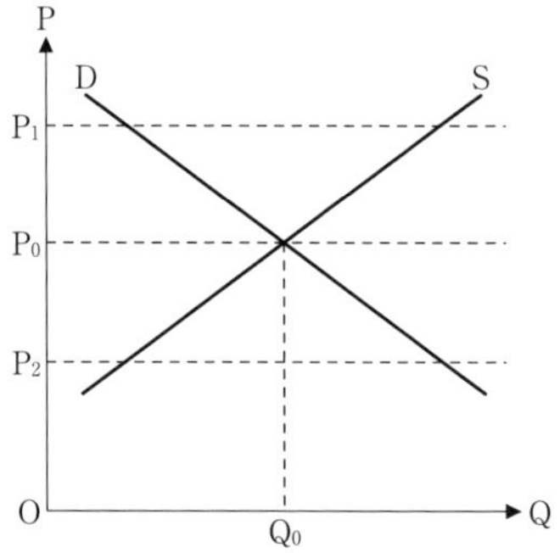

①　需要曲線Ｄの式は，$P=50+Q$ であり，供給曲線Ｓの式は，$P=150-Q$ である。

②　需要曲線Ｄと供給曲線Ｓの均衡価格 P_0 を50円とすると，そのときの供給量 Q_0 は100である。

③　価格 P_1 が120円のとき，需要量は170で供給量は30となり超過需要が生じる。その大きさは140である。

④　価格 P_2 が70円のとき，需要量は80で供給量は20となり超過需要が生じる。

問２　高額なものほど多く売れる商品があるとすれば，その所得・消費曲線はどのようになるか，簡単なグラフで示せ。また，このような所得・消費曲線が描ける場合の具体例を示せ。

(6)　下線部eについて，次の表はアメリカ，オランダ，デンマーク，日本におけるそれぞれの国のODA実績を表したものである。日本に当てはまるものを表のア～エから選べ。また，日本におけるODAの課題について，簡潔に説明せよ。

（単位　百万ドル）

国	2019年	2020年	2021年	GNI比（%）
ア	5,292	5,359	5,288	0.52
イ	2,554	2,652	2,874	0.70
ウ	15,588	16,260	17,619	0.34
エ	33,492	35,576	42,311	0.18

※GNI比は2021年の数値　（『世界国勢図会2022/23』）

〈群馬県改題〉

6 ★★★

次の文章を読んで，各問いに答えよ。

私達を取り巻く現代の社会は，国内では，社会変化に応じたa憲法の改正論議，地方分権の推進，少子高齢化に伴う問題など，政治・経済面で様々な課題を抱えている。一方，国外をみれば，グローバリズムやb主権国家の枠組みを超えた政治・経済のボーダレス化による国際化の一層の進展と相互依存の深まりなどの様々な変化，国際紛争やテロ，民族問題などの難しい課題を抱えている。「政治・経済」の学習においては，民主政治の基本原理や日本国憲法の基本的性格，c国会・内閣・裁判所などの政治機構，国際政治の動向，国際機構と役割などの政治分野の学習，そして，d日本経済の動向や国際経済，e現代経済の仕組みや国民経済などの経済分野，f現代社会の諸課題などの学習を通し，今後，一層激しい変化が予想される社会に生きていくために必要な資質・能力などを育成する指導が求められている。

(1)　下線部aについて，

問1　日本国憲法の三大原理を挙げよ。

問2　日本国憲法の改正手続きについて，簡潔に説明せよ。

問3　日本国憲法を実際に改正するために2007年に制定され，2010年5月に施行された法律を何というか答えよ。

(2)　下線部bについて，

問1　次の文章の空欄に当てはまる欧文略語を答えよ。

第二次世界大戦後の国際経済秩序は，1944年のブレトン＝ウッズ協定に基づき設立された国際通貨問題に関する協議・協力機関である（　A　）と，貿易における自由・無差別・多角の原則を確立するための（　B　）のもとに自由貿易を推進してきたが，（　B　）はウルグアイ＝ラウンドの最終合意で，1995年に（　C　）に改組された。また，近年，欧州や北アメリカ，アジアの諸地域で，関係の深い国々が，地域統合を目指す地域主義の動きが活発になり，関税や非関税障壁などを廃し，１つの経済圏を作る動きが進んだ。

問２　通貨統合などの経済分野のみならず，政治・安全保障・社会全般にわたり欧州統合を目指すEUを発足させた1993年発効の条約名を答えよ。

(3)　下線部ｃについて，司法の場へ国民の幅広い意見を反映させることをねらいとし，審理への参加を国民に義務付ける法律が成立し，2009年に施行された。その法律の一般的名称を答えよ。また，それはどのような裁判の審理において適用されるか答えよ。

(4)　下線部ｄ及びｅについて，

問１　次の図は，日本において，数年にわたって続いていた物価水準の継続的な下落(デフレーション)と景気の低迷(デフレ不況)の関係を示した図である。図の空欄に当てはまる語句を次からそれぞれ選べ。

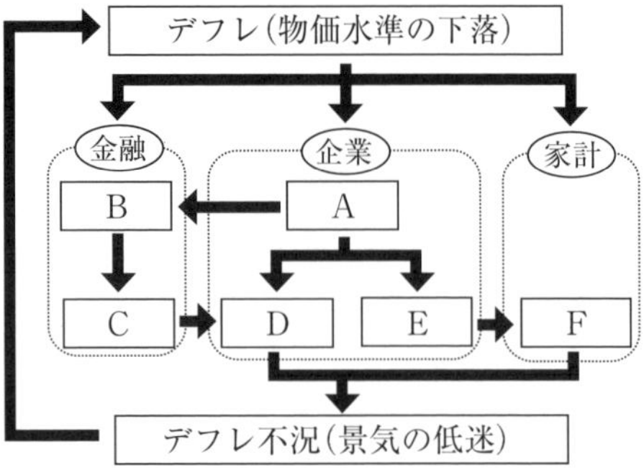

ア．設備投資抑制
イ．金融仲介機能低下
ウ．不良債権拡大
エ．収益悪化
オ．雇用・賃金調整
カ．消費抑制・住宅投資抑制

問２　現代の経済は，企業・家計・政府の経済主体から成立しており，政府や地方公共団体が家計や企業などから税を徴収し，公共支出を行う収支活動を財政という。財政には資源の配分機能，所得の再分配機能，景気調整機能がある。

ｉ）　財政の所得再分配機能について，簡潔に説明せよ。

ⅱ）　財政に備わるビルト＝イン＝スタビライザーについて，簡潔に説明せよ。

(5)　下線部ｆについて，

問１　社会保険・社会福祉以外の日本における社会保障制度の柱を２つ挙げ

よ。

問２ 右の図は社会保障給付費の部門別推移（会計年度）を示したものである。Ａ～Ｃのグラフは，それぞれ次のどの費用に当てはまるか答えよ。

ア．医療保険，後期高齢者医療の医療給付など

イ．厚生年金，国民年金などの公的年金など

ウ．社会福祉サービスや介護対策費，失業給付など

〈社会保障給付費の部門別推移〉

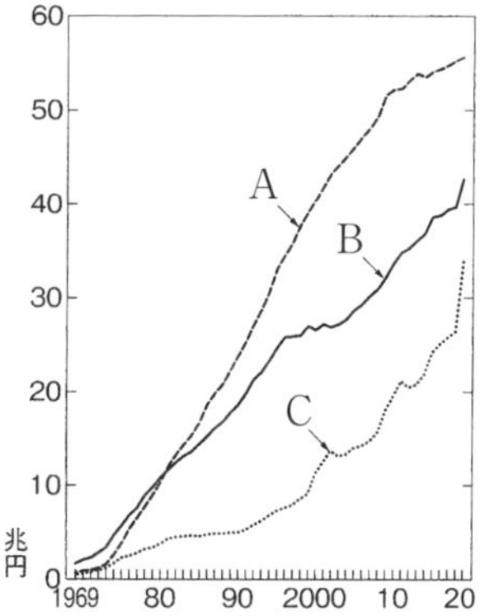

（『日本国勢図会2023/24』より作成）

問３ 公的年金の財源調達方法である積立方式，および賦課方式について，簡潔に説明せよ。 〈山形県改題〉

7 ★☆☆

次の文章を読んで，各問いに答えよ。

・紀元前６世紀頃，ギリシアの植民都市に現われた自然哲学者たちは，従来の（ Ａ ）世界観から脱却し，自然現象や事物の根本原理である（ Ｂ ）を求め，それに基づいて世界を説明しようと試みた。例えば（ Ｃ ）は水から，アナクシメネスは空気から，（ Ｄ ）は原子から世界を説明しようとしたのである。このように世界の本質を，理性によって論理的に探求しようとしたところに哲学が始まったのである。

紀元前５世紀頃になると，ポリスが栄え，民主政治が進展したため，弁論術が重視された。そのため弁論の駆け引きを教えたり，実用的な処世術を説いたりするソフィストとよばれる者たちが出現した。代表的なソフィストである（ Ｅ ）は「人間は万物の尺度である」と述べた。ここには人間中心の立場がうかがわれる一方で，尺度としての人間が主観的なものである以上，普遍的真理はないという一種の（ Ｆ ）な考え方が示されている。そして，その考え方が広まるにつれ，詭弁にはしる者さえ現われるに至った。

こうした思潮を批判し，人間にとって何が本当に大切なのかと，人々に自覚を促したのが a ソクラテスである。彼はアテネの人々に向かって「ただ生きるのではなく善く生きよ」と説き，問答によって人々に，魂の善さすなわち（ Ｇ ）についていかに無知であるかを知らしめたのである。

・仏陀は，この世界を「b 一切皆苦」と位置付け，そしてその原因を自身が生

み出す悪い心の働き，すなわち（　H　）であるとした。（　H　）の火を消すには，この世界をつらぬく真理を洞察しなければならないとする。その真理とは，（　I　）の法である。すなわち，この世のすべてのものは互いに依存しあって成立しているということである。別の形で表現すれば，cこの世のすべての事物は，絶えず変化し何１つ永遠に存在するものはないということ，すべてのものは，様々な原因・条件によって生じたものであって，それ自体で存在しているのではないということである。

真理を洞察し，自己へのとらわれを捨て去るとき，苦しみから解放された安らぎの境地に至るのであると説いた。

(1)　文章中の空欄に当てはまる語句を次から選べ。

ア．タレス　　イ．ピタゴラス　　ウ．プロタゴラス
エ．ヘラクレイトス　　オ．デモクリトス　　カ．アルケー
キ．アレテー　　ク．相対主義的　　ケ．絶対主義的
コ．神話的　　サ．人間中心主義的　　シ．縁起
ス．煩悩

(2)　下線部ａについて，彼の言動は，『ソクラテスの弁明』や『クリトン』の中に記されているが，その著者名を答えよ。

(3)　下線部ｂについて，生・老・病・死の苦しみを何というか，漢字２字で答えよ。

(4)　下線部ｃについて，これを何というか。漢字４字で答えよ。

〈高知県〉

8 ★★★

次の文章を読んで，各問いに答えよ。

Ⅰ．『善の研究』の著作で知られる彼は，真の実在は，西洋の唯物論が説く「物」でもなく，観念論の説く「心」でもなくて，物と心とがまだ分かれていない純粋な働きそのものであるとして，これを彼は（　A　）とよんだ。いわゆる「物」や「心」は，この（　A　）をわたしたちの知性によって反省し，対象化した二次的な存在にすぎないと考えた。

Ⅱ．古文辞によって六経を研究すべきことを主張して「古文辞学」を提唱した彼は，『論語』や『孟子』で説かれているａ先王の道についても独自の立場を主張し，日本的な儒学の成立に貢献した。

Ⅲ．阿弥陀仏の誓いを信じて，ひたすら口に南無阿弥陀仏を唱える教えを受け継ぎ発展させた彼は，ｂ「善人なをもて往生をとぐ，いはんや悪人をや」という言葉で表現される悪人正機といわれる思想を生み出した。

Ⅳ.「自己をわするるというは，万法に証せらるるなり」と主張して，ただひたすら（　Ｂ　）をする修行の中にすでに仏の境地が実現されていると考える彼の教えは，新興の武士階級の心を強くとらえた。

Ⅴ.『都鄙問答』の著作で知られる彼は，町人が正しい商いによって獲得する適切な利は，武士の俸禄や農民の耕作料や工人の工賃に当たるもので，それらは労働に対する正しい報酬であって，決して賤しいものではないと述べ，町人の徳として「（　Ｃ　）」や「倹約」を重んじた。

⑴　Ⅰ～Ⅴの各文章は日本の代表的な思想家の立場を示したものである。文章中の空欄に当てはまる語句を答えよ。

⑵　Ⅰ，Ⅳの文章中の「彼」とは誰か答えよ。

⑶　下線部ａについて，この人物の「先王の道」についての考え方を説明せよ。

⑷　下線部ｂについて，善人と悪人の意味を押さえて説明せよ。

Ⅵ．ヒューマニズムとは，ラテン語の「フマニタス」に由来し，ローマ時代に「人間らしさ」を意味する言葉として使われ始めたとされる。しかし，すでに，ヘレニズム時代のストア派の$_{c}$世界市民の平等の思想にもその存在を知ることができる。$_{d}$ルネサンス時代には古代ギリシア・ローマの古典文化を復興する運動として展開されるとともに，（　Ｄ　）の『人間の尊厳について』にみられるような新しい人間観が主張され，$_{e}$新たな理想的人間像を生み出した。

また，フランスの（　Ｅ　）は絶対確実な真理を探究した結果，精神としての自己の存在を見出したが，それは$_{f}$機械論的自然観を切り開くものでもあった。

現代のヒューマニズムには人間性の回復の前提として，世界の平和を求め，人類を破滅に導く戦争を防止しようとする内容が含まれている。シュヴァイツァーは「われわれ人間が，自分自身と世界における人間の位置とを理解しようとするとき，われわれ自身が生きようとする生命であるとともに，またわれわれは同じような生命に取り囲まれている事実に気が付く」と語り，この「（　Ｆ　）」の思想を彼の倫理の根源として行動した。この考え方はインドの独立を指導した$_{g}$ガンディーの立場とも通じるものがある。これらは人類全体の運命に関わる世界的な意味をもつ思想であり，ヒューマニズムの思想にさらに新しい展望をひらくものである。

⑸　Ⅵの文章はヒューマニズムの思想の変遷について概観したものである。文章中の空欄に当てはまる人名や語句を答えよ。

⑹　下線部ｃについて，どのような意味ですべての人間は「世界市民」として平等であると主張したか説明せよ。

(7) 下線部 d について，ルネサンス期のモラリストで，その著書の中で，自己の理性の有限性の自覚に基づき，「ク＝セ＝ジュ」と述べた人物名とその著書名を答えよ。

(8) 下線部 e について，中世の神への信仰に生きる人間ではなく，自己の中にある多様で個性的な諸能力を発展させて生きる理想的人間像を何というか答えよ。

(9) 下線部 f について，説明せよ。

(10) 下線部 g は「サティヤーグラハ（真理把持）」ということを行動の原則にしていたが，そのために説いた実践のうち「ブラフマチャリヤー」と「アヒンサー」について説明せよ。

〈鹿児島県〉

9 ★★☆

次の各問いに答えよ。

(1) 現行の政治資金規正法に関する記述として誤っているものを選べ。

① 政治家個人に対する企業・団体からの献金は禁止されている。

② 政治家の後援会を母体とする団体が，政治資金を集めるためのパーティーを開催することは認められている。

③ 政治家は政治献金の受け皿となる政治家個人の資金管理団体を 3 つまでもつことが認められている。

④ 政治家は年間 5 万円を超える寄付を受けた個人については，その氏名を公開しなければならない。

(2) 我が国の国会における議員立法に関する記述として正しいものを選べ。

① 成立する法案の大半は，議員立法による。

② 議員は，単独で法律案を発議することが認められている。

③ 議員立法が全体に占める割合はわずかであるが，国会自身に関する法律のほか，消費者保護など国民生活に密接に関連するものも少なくない。

④ 議員立法は，行政からの資料提供や官僚によるサポートを受けることはできない。

(3) 第二次世界大戦後から現在までの国際関係に関する記述として正しいものを選べ。

① 旧ユーゴスラビアの内戦が終結すると，多民族を統一した国家が復活した。

② 湾岸戦争の際，国際連合は総会で「平和のための結集」決議を採択し，国連軍を派遣した。

③　ソ連のキューバにおけるミサイル基地建設計画をめぐり，米ソ対立が高まった。

④　旧ソ連の解体後，東ヨーロッパの民主化が始まり社会主義政権の崩壊が相次いだ。

(4)　消費税に関する記述として正しいものを選べ。

①　消費税は法人税などと同じく直接税に分類される。

②　消費税は所得の低い人ほど負担率が高い累進課税となりやすい。

③　消費税と同じような税は，アメリカよりヨーロッパでよくみられる。

④　日本では，消費税による税収は国税収入全体の約１割を占める。

(5)　1971年のニクソン＝ショックに関する記述として正しいものを選べ。

①　ニクソン大統領は，ドルのデノミネーションを実施した。

②　ニクソン大統領は，IMF協定で約束されていた，金とドルとの交換を停止すると宣言した。

③　ニクソン大統領は，ドルに代わってSDRを基軸通貨とすると宣言した。

④　ニクソン大統領は，金本位制に復帰すると宣言した。

(6)　ドル高を是正するための方策に関する記述として正しいものを選べ。

①　日本銀行が円売りドル買いの介入を実施するが，それは公開市場操作の買いオペレーションと同じ効果も併せもつ。

②　日本銀行が円売りドル買いの介入を実施するが，それは公開市場操作の売りオペレーションと同じ効果も併せもつ。

③　日本銀行が円買いドル売りの介入を実施するが，それは公開市場操作の買いオペレーションと同じ効果も併せもつ。

④　日本銀行が円買いドル売りの介入を実施するが，それは公開市場操作の売りオペレーションと同じ効果も併せもつ。

(7)　国会議員の身分に関する記述として誤っているものを選べ。

①　国会議員の不逮捕特権は，会期中の現行犯の場合にも適用される。

②　国会議員は，議院で行った演説，討論，または表決について，院外で責任を問われない。

③　何人も，同時に両議院の議員になることはできない。

④　議員を除名するには，出席議員の３分の２以上の多数による議決を必要とする。

(8)　戦後の日本経済に関する記述として誤っているものを選べ。

①　高度成長によって，1960年代の後半には日本はGNP（現GNI）で西ドイツを抜いて自由主義世界第２位になった。

②　1970年代の２度の石油危機で，日本経済は激しいデフレと不況に陥った。

③　1985年のＧ５によるドル高是正によって日本経済は大幅な円高に見舞われ「円高不況」といわれたが，やがて数年で不況を脱することになった。

④　1980年代後半からの好況は株や不動産の資産価格の急激な上昇によるところも大きかったが，1992年に入ると資産価格は顕著に下落し始め，長い不況に突入することになった。

⑼　我が国の公債制度に関する記述として誤っているものを選べ。

①　建設国債の発行は財政法によって全面的に禁止されているが，赤字国債の発行は許されている。

②　赤字国債は，別名，特例国債ともいう。

③　2007年度以降，国債依存度は一旦膨れ上がり，その後低下傾向となり，近年の一般会計歳入に占める国債発行額の割合は約３割となっている。

④　国債は国の借金であるのでいずれ元本・利子は償還しなければならないが，償還のための歳出が財政硬直化の一因になっている。

⑽　次の記述は歴代政府の日本国憲法第９条に関する考え方をまとめたものである。発表された年代を古い順に並べ替えたとき，３番目に当たるものを選べ。

①　憲法第９条第２項が保持を禁じている戦力とは，自衛のための必要最小限度を超える実力組織をいう。

②　憲法第９条の規定は直接には自衛権を否定していない。しかし第９条第２項から自衛権の発動としての戦争や国の交戦権は放棄している。

③　我が国も国際法上，集団的自衛権を有する。しかし，必要最小限度の範囲の防衛を許容するにすぎない憲法第９条の下では，集団的自衛権を行使することは許されない。

④　憲法第９条で保持を禁止している戦力とは，近代戦争を遂行するに役立つ程度の装備と編成を備えているものをいう。

⑾　1999年以降，国会の議論を活発化するために実施された改革として誤っているものを選べ。

①　党首討論（クエスチョン＝タイム）の導入　　②　副大臣制の導入

③　特別委員会の廃止　　④　政府委員制度の廃止

⑿　社会契約説に関する記述として正しいものを選べ。

①　ホッブズは，自然状態で人々は互いの権利を尊重しあうと考えた。

②　ルソーのいう一般意志は，全人民の共同の利益を追求するものである。

③　ホッブズは，主権は神から国王に委ねられたもので，絶対的だと主張した。

④　ルソーの直接民主主義の思想は，アメリカ独立宣言に大きな影響を与えた。

⒀　青年が社会的責任や義務を猶予されている理由として最も適当なものを選べ。

①　身体的には成熟してくるが，さらに成人になるための知識・技術の習得や人格的発達を社会が期待するから。

②　家族や社会を批判的な目でみることができるようになると同時に，感情の起伏も高まり，第二反抗期に入るから。

③　他人と自分とを比較し，劣等感や優越感を抱きやすくなり，青年期特有の悩みを多くもつようになるから。

④　中学生以上になると青年として扱われるようになり，親への心理的依存を断ち切ろうとする欲求が生じてくるから。

⒁　ソクラテスの「無知の知」に関する記述として正しいものを選べ。

①　人間にとって最も大切な事柄について，相手は知らないのに知っていると思いこんでいるのに対し，自分は知らないことを自覚していること。

②　人は学問をいくら積んでも，常に自分より知識ある人，経験ある人がいる。彼らに比べれば自分は無知であることを自覚し，謙虚な態度を保つこと。

③　人はいくら知識を積んでも，学び知るべき事柄には限りがない。そのことを自覚し，絶えず向学心を忘れずに探究すること。

④　先入観を排除するため，物事について自分がもっている知識をいったん白紙に戻し，自覚的に無知の状態を保って事柄を探究すること。

⒂「葛藤」の説明として最も適当なものを選べ。

①　欲求の充足が妨げられて，緊張が高まった状態。

②　欲求に耐えて，自己をコントロールしている状態。

③　欲求と欲求が対立しあい，心が緊張している状態。

④　欲求と理性がぶつかりあって，精神的に錯乱している状態。

⒃　ベーコンの４つのイドラに関する記述として正しいものを選べ。

①　種族のイドラは，民族や人種についての誤解から生まれる。

②　洞窟のイドラは，個人の経験や知識の狭さから生まれる。

③　市場のイドラは，貧富の差による立場の違いから生まれる。

④　劇場のイドラは，みる者とみられる者の違いから生まれる。

(17) 古来，日本人は祝詞や神楽を通じた神々に対する様々な祭りを整えてきたが，これらは禊や祓いを伴っていた。こうした考えは何につながっていくか，次から選べ。

① 清明心へとつながる，自然に対する畏敬の念。

② 無常感へとつながる，自然に対する神秘の念。

③ 清明心へとつながる，自然に対する愛惜の念。

④ 無常感へとつながる，自然に対する畏怖の念。

(18) 「無常の世界」を表現したものとして最も適当なものを選べ。

① 朝に道を聞かば，夕べに死すとも可なり。

② 世間は虚仮にして，唯，仏のみ是れ真なり。

③ ゆく河の流れは絶えずして，しかも，もとの水にあらず。

④ 善人なほもて往生をとぐ，いはんや悪人をや。

〈鳥取県改題〉

実践問題　解答・解説

1

①　在り方　②　倫理的主体
③　効果的　④　公共的な空間
⑤　合意形成　⑥　議論
⑦　表現力　⑧　持続可能

2

(1)　・憲法上の例外を除いて，立法を行う国家機関は国会だけであること（国会中心立法の原則）。
・憲法上の例外を除いて，国会が立法を行うに際して，他の国家機関の関与を否定すること（国会単独立法の原則）。

(2)　・異なる議員の選出方法により，国民の多様な意思を国政に忠実に反映させるため。
・審議を慎重にして，公正な判断と決定を確保するため。
・第一院の専制を防止するため。
などから２つ

(3)　不逮捕特権，免責特権，歳費特権

(4)　国会に提出される法案のうち，議員立法より内閣提出法案の数が多くなっていること。法律の具体的な内容を政令や省令に委ねる委任立法が増加していること。

(5)　問１　②
問２　政府委員制度

解説

(1)　第41条に規定されている「唯一の立法機関」とは，「法律」と名の付く法規範を作る権限は国会にしかないという形式的な意味ではなく，一般的・抽象的な法規範を作る権限は国民代表機関である国会にしかないという実質的な意味であると理解されている。

(3)　不逮捕特権とは，議員は法律の定める場合を除いては，国会の会期中逮捕されないことをいう（憲法第50条）。この法律の定める場合とは，院外における現行犯逮捕の場合と，議員の所属する議院の許諾のある場合の２つである（国会法第33条）。

(5)　問１　②　独立権能説ではなく補助的権能説である。最高裁判所は，法務委員会の措置は「司法権の独立を侵害し，憲法上国会に許された国政に関する調査の範囲を逸脱する」として批判した。国政調査権の法的性質については，立法権などの憲法上議院に認められた権能を行使するために必要な調査を行うという補助的な権能であるとするのが通説である。

問２　従来の国会審議では，委員の質問に官僚（政府委員）が答弁することが認められていた。

3

(1)　裁判官　(2)　黙秘権
(3)　取り調べの可視化（録音・録画）
(4)　犯罪が発生し，捜査の対象になった者を被疑者，起訴された者を被告人という。
(5)　刑事補償請求権
(6)　一事不再理
(7)　知的財産高等裁判所
(8)　日本司法支援センター（法テラス）
(9)　裁判員制度
(10)　被害者参加制度

解説

(9) アメリカでは，一般市民が事実認定を行い，裁判官が量刑を判断する陪審制が行われ，ドイツやフランスでは，市民と裁判官の合意によって量刑まで判断する参審制が行われている。日本の裁判員制度は，市民と裁判官の合意により量刑まで判断している点で参審制に近いが，参審制と異なり，法律の適用については，裁判官のみが判断する。

4

(1) A．地方交付税交付金
　B．国庫支出金

(2) 問１　自治事務，法定受託事務
　問２　国地方係争処理委員会

(3) ③

(4) 一の地方公共団体のみに適用される特別法を制定するときは，その地方公共団体の住民の投票において，その過半数の同意を得なければならない。

(5) 問１　約４割
　問２　固定資産税，都道府県民税，市町村民税，事業税　など

(6) 有権者の総数の50分の１以上の者の連署をもって，その代表者から普通地方公共団体の長に対し，住民投票条例の制定を請求する。議会にかけて決議されれば住民投票が実施されることになる。

(7) 総務大臣

解説

(3) 市町村合併特例法の改正により，財政支援措置などがとられたことから，市町村合併の動きは2003～2005年にかけてピークを迎えた。しかし，その後は合併があまり進まなくなったこともあり，政府主導の合併推進策は2010年３月末をもって終了した。

(6) この場合の住民投票は，地方公共団体の条例制定権に基づくものであって，住民投票結果の内容に法的拘束力はない。

5

(1) ①

(2) 政府の公共投資によって刺激された民間投資や消費の相乗効果により，有効需要を高めることで完全雇用を実現し，不況と失業を克服する政策。

(3) 政府支出の抑制と規制緩和を行って，市場機構の働きを重視する「小さな政府」への転換を図る政策。

(4) イ

(5) 問１　④
　問２

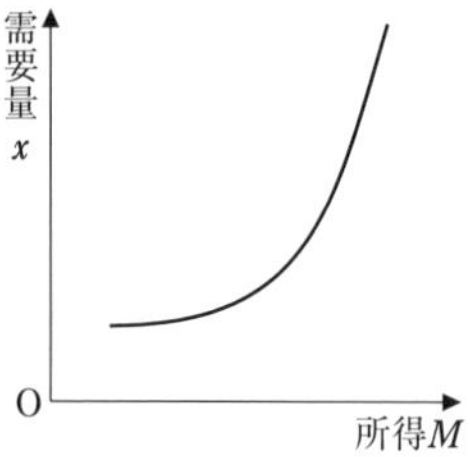

具体例：高級ブランドバッグ
　宝石　など

(6) 記号：ウ
　課題：無償の資金協力や技術協力の贈与の割合が低い。また，対GNI比が低い。

解説

(1) ②　社会主義のマルクスの思想。
　③　重商主義のトマス＝マンの思想。

(5) 問１　①　需要曲線Dと供給曲線Sの式が逆である。
　②　均衡価格 P_0 は100円であり，このときの供給量 Q_0 は50である。
　③　価格 P_1 が120円のとき，需要量は30，供給量は70であり，40の超過供給が生じる。
　問２　所得・消費曲線は，所得 M の

変化と特定の財の需要量xとの関係で表される。上級財の場合，右上がりの曲線となり，さらにぜいたく品の場合には，傾きが比較的急となる。

(6)　ア．オランダ　　イ．デンマーク
エ．アメリカ

6

(1)　問1　国民主権，平和主義，基本的人権の尊重

問2　各議院の総議員の3分の2以上の賛成で国会が発議し，国民投票で過半数の賛成を得た後，天皇が国民の名でこの憲法と一体を成すものとして直ちに公布する。

問3　国民投票法

(2)　問1　A．IMF　　B．GATT
C．WTO

問2　マーストリヒト条約

(3)　法律名：裁判員法
適用される審理：殺人や傷害致死などの重大犯罪の刑事裁判

(4)　問1　A．エ　　B．ウ　　C．イ
D．ア　　E．オ　　F．カ

問2　ⅰ）所得の不平等を是正するため，所得税などに累進課税制度を取り入れ，高所得者から徴収した税金を，生活保護や失業保険などの社会保障制度を通じて低所得者に再分配する機能。

ⅱ）財政の中に組み込まれた累進課税制度や社会保障制度が，自動的に景気を調節する機能をもつこと。

(5)　問1　公的扶助，公衆衛生

問2　A．イ　　B．ア　　C．ウ

問3　〈積立方式〉
各人が拠出した保険料が積み立てられ，この原資に利息がついて，老後に年金として受け取るもので，貯蓄的な要素が強く，世代間での所得の再分配は生じない。
〈賦課方式〉
その年に拠出された保険料でその年の年金給付をまかなうもので，振り替え的な要素が強く，世代間での所得の移転が生じる。

7

(1)　A．コ　　B．カ　　C．ア
D．オ　　E．ウ　　F．ク
G．キ　　H．ス　　I．シ

(2)　プラトン　　(3)　四苦

(4)　諸行無常

8

(1)　A．純粋経験　　B．坐禅
C．正直

(2)　Ⅰ．西田幾多郎　　Ⅳ．道元

(3)　道は，朱子学が説くような天地自然にそのまま備わっているものではなく，中国古代の聖賢が天下の人民に平安をもたらすために人為的に作った安天下の道である。

(4)　自らの力で悟りを開こうとする善人すらも阿弥陀仏は救うのだから，自分の無力さを自覚して阿弥陀仏の救済にすがっているような，悪人とされる人は当然救われる。

(5)　D．ピコ＝デラ＝ミランドラ
E．デカルト
F．生命への畏敬

(6)　理性は万人に共通であるという意味。

⑺　人物名：モンテーニュ
　　著書名：『エセー（随想録）』

⑻　万能人（普遍人）

⑼　自然現象は物体とその運動からなり，その法則は機械的・数学的な因果関係によって説明できるという，目的論的自然観と対比される考え方。

⑽　〈ブラフマチャリヤー〉
　一切の感覚を統制し，真理のみをひたすら探求する心構えを確立すること。
〈アヒンサー〉
　あらゆる虚偽・不正・不合理を許さず，一切の生けるものへの愛情を実践すること。

解説

Ⅱ．荻生徂徠　　Ⅲ．親鸞

Ⅴ．石田梅岩

⑹　ストア派は，その理性に従うことの妨げとなる欲望・感情を抑える禁欲主義と不動心の境地を理想とし，この理性を有する意味で人間は平等な同胞であるという世界市民主義を説いた。

9

⑴　③	⑵　③	⑶　③	⑷　③
⑸　②	⑹　④	⑺　①	⑻　②
⑼　①	⑽　①	⑾　③	⑿　②
⒀　①	⒁　①	⒂　③	⒃　②
⒄　①	⒅　③		

解説

⑴　③　政治家個人の資金管理団体への献金は2000年に禁止された。

⑵　①　成立する法案の大半は，内閣提出法案である。
　②　法律案の発議は，議員１人で行うことはできず，原則として衆議院では議員20人以上の，参議院では議員10人以上の賛成が必要とされる（国会法第56条第１項）。
　④　議員立法は，内閣法制局などからサポートを受けることも可能である。

⑶　①　旧ユーゴスラビアは，現在，セルビア，ボスニア・ヘルツェゴビナ，クロアチア，北マケドニア，スロベニア，モンテネグロ，コソボの７ヵ国に分裂している。
　②　「平和のための結集」決議を採択したのは，朝鮮戦争が勃発したときである。湾岸戦争では多国籍軍が派遣された。
　④　東ヨーロッパの民主化の方が先である。

⑷　①　法人税とは異なり，間接税に分類される。
　②　大衆（逆進）課税となりやすい。
　④　消費税による税収は国税収入全体の約３割を占める（2021年度）。

⑹　④　いずれも資金を手元に戻したい場合にとられる政策である。

⑺　①　不逮捕特権は院外の現行犯の場合には適用されない（国会法第33条）。

⑻　②　第一次石油危機ではインフレと不況が同時に発生するスタグフレーションの状態に陥った。第二次石油危機の際には，物価は比較的安定しており，インフレに陥ることはなかった。

⑼　①　建設国債と赤字国債の記述が逆である。

⑽　①　1972年の田中内閣の見解である。
　②　憲法制定当初の吉田内閣の見解である。
　③　1981年の内閣法制局の答弁である。
　④　1952年の政府の「戦力」に関する統一見解である。
　よって，②→④→①→③となる。なお，2014年には，憲法解釈を変更し，他国に対する武力攻撃が発生した場合には，集団的自衛権の発動があり得るとの閣議決定を行った。集団的自衛権の発動については，①日本と密接な関係にある他国に対する武力攻撃が発生し，日本の存立が脅かされること，②これを排除し，日本の存立を全うし，国民を守るために他に適当な手段がないこと，③必要最小限度の実力行使にとどまるべきこと，という3つの要件が規定された。

⑾　③　特別委員会とは，国会の両議院で，特に必要と認めた案件または常任委員会の所管に属さない特定の案件を審査するため，必要に応じてその都度，設けられる委員会をいう。廃止されてはいない。

⑿　①　人間の自然状態は「万人の万人に対する闘争」状態であるとした。

③　王権神授説についての記述である。

④　フランス革命に大きな影響を与えた。アメリカ独立宣言に影響を与えたのはロックである。

教員採用試験対策　オープンセサミシリーズ
ステップアップ問題集③　専門教科　高校　社会

発　行　2023年10月20日　第1版第1刷

編　著　東京アカデミー
発行人　佐川泰宏
発行所　株式会社ティーエーネットワーク
〒450-6306 名古屋市中村区名駅1-1-1
ＪＰタワー名古屋６Ｆ
電話：052-586-7805㈹
FAX：052-563-2109
発売元　東京アカデミー七賢出版株式会社
〒171-0021 東京都豊島区西池袋1-11-1
メトロポリタンプラザビル13F
電話：03-6852-0803
FAX：03-6852-0180

ISBN978-4-86455-621-7　C7337

●出版案内，テキストの追補等の情報については東京アカデミー七賢出版のホームページをご覧ください。

https://www.shichiken.co.jp